21세기 詩經

내가 **신(神)**이라는
사실을 아는 순간은,

내가 **부처(佛)**라는
사실을 아는 순간은

저자 **박정진**

새로운 세상의 숲
신세림출판사

내가 **신(神)**이라는 사실을 아는 순간은,
내가 **부처(佛)**라는 사실을 아는 순간은

박정진의 시, 철학, 아포리즘

인류의 멸종을 슬퍼하는 것은 무의미한 일이다.
나는 그 무의미한 일을 선구하는 나의 운명과 적막(寂寞)을 바라보고 있다.
나는 지금 여기, 시작과 종말, 빅뱅과 블랙홀의 경계에 있다.
나는 이 책을 사촌형 박 중진님에게 바친다.
내과의사로서 대한민국의 명의(名醫)의 반열에 오르신 형님은
평생 인술(仁術)을 베풀었지만 나는 인류사회의 구원을 위해 애를 쓴 것 같다.
형님은 의과대학을 중도에 그만 둔 사촌동생을 애석해하셨지만
이 책으로 늦은 나이에 보답하고자 한다.

|목 차|

02.

시와 철학
(107편)

03.

철학단상과 잠언들 (257편)

04.

거리의 설교
(136편)

| 서 문 |

　서양철학의 대명사 플라톤은 시인을 싫어했다. 이는 철학적 언어와 시적 언어가 다르기 때문이다. 철학적 언어는 관념이나 개념을 통해 논리적 서술을 함으로써 지시성(denotation)을 목표로 하는 반면 시적 언어는 은유와 상징을 통해 내포성(connotation)을 즐기기 때문이다.

　그렇지만 철학도 실은 응축이라는 점에서 한편의 시(詩)이다. 이 시집은 제목인 "21세기 詩經- 내가 신이라는 사실을 아는 순간은, 내가 부처라는 사실을 아는 순간은"에서도 짐작할 수 있듯이 시와 철학과 종교사상을 자유자재로 넘나들면서 유희(遊戱)한 시집이다.

　이 시집은 시인이면서 철학자인 필자가 시와 철학의 경계에서 노래한 시집이다. 철학에서 직관은 시의 은유와 통한다. 언어는 자연에 대한 은유이다. 신은 자연에 대한 첫 번째 은유이다.

　철학자의 복잡한 철학체계는 때로는 은유적 표현에서 그 전모를 단적으로 드러내기도 한다. 동시에 새로운 의미의 발생은 은유에서 출발한다. 언어학에서는 '개념적(conceptual) 메타포(metaphor)'에서 '개념(concept)'이 발생한다고 한다. 철학과 시는 그러한 점에서 뫼비우스의 띠처럼, 혹은 태극음양처럼 서로를 물고 있다. 아무쪼록 복잡한 철학체계를 시적으로 압축한 표현과 은유에서 시와 철학을 동시에 이해하는 행운을 얻기를 바란다.

　한민족은 풍류도의 민족이다. 알다시피 풍류도는 상마이도의(相磨以道義), 상열이가락(相悅以歌樂), 유오산수(遊娛山水)가 그 목표이다. 한민족은 신과 함께 노는 것을 좋아한다. 신과 함께 노는 것보다 좋은 것은 이 세상에 없을 것이다. 죽음도 신바람을 이길 수는 없을 것이다.

　인류는 신체적으로 사자나 호랑이 등 포식동물에 비해 약자로서 탄생했다. 조상인류들은 처음에 생태계에서 살아남기 위해 신을 섬기는 종교적 태도를 가졌다. 고대보다는 중세에 특히 종교의 절정기였다. 현대에 이르러서는 과학기술의 발달과 함께 다른 어떤 생물종보다 강자로 진화했다. 어쩌면 약자인 인류는 자신의 전지전능에 대한 욕망을 신에게 투사하고 그것을 목표로 나아갔다. 인간의 힘은 은유할 수 있는 능력에서 비롯되었다. 신화는 물론이고, 종교와 도덕, 과학과 예술도 은유에서 기원한다.

아리스토텔레스의 시학(詩學)에 따르면 시와 철학의 유래는 다르지 않다. 미메시스(mimesis), 즉 모방의 기쁨이 학문과 예술의 기쁨(쾌락)이다. 시와 철학은, 전자는 은유에, 후자는 환유에 비중을 두었기 때문에 상극인 것 같지만 이제 다시 상생해야할 때가 되었다. 시와 철학은 실은 경계가 있지만 그 경계를 넘나드는 이중성의 위치에 있다고 보는 편이 옳을 것이다. 위대한 철학자들은 철학적 체계를 한마디 은유적인 문장으로 말하는 경우가 많다. 은유가 아니고서는 그 수많은 체계를 단번에 설명하거나 설득할 수 없기 때문이다.

소크라테스는 "나는 아무 것도 모른다는 것을 안다."라고 철학의 근본을 설파하였다. 이것은 오늘날 존재와 존재자를 함축하고 있다. 모순되는 것을 동시에 말함으로써 모순을 넘어갔던 것이다. 니체는 진리를 여자에 비유하였다. 사내의 욕망의 끝없음과 본래 없는 진리(본래존재)를 찾으려는 철학에 대해 "여인이여, 내게 그 작은 진리를 다오."라고 말하고 있다.

철학은 때때로 짧은 아포리즘으로 표현되기도 한다. 아포리즘은 실은 철학적 체계나 설명이라기보다는 시에 가까운 것이다. 철학과 시는 실은 아들과 딸로 태어난 일란성 쌍둥이이다. 아들이 철학이라면 딸은 시이다.

존재론 철학자 하이데거는 횔덜린의 시를 읊으면서 만년을 보냈다. 존재론 철학이야말로 시를 이해하는 철학이다. 존재론의 은적(隱迹)은 시의 은유(隱喩)와 같은 지평에 있다. 시의 은유야말로 은적의 세계를 언어로 자아올리는 물레와 같은 것이다. 플라톤에 의해 헤어겼던 시와 철학은 니체와 하이데거에 이르러 다시 재회를 하게 되었다.

인간은 의미를 먹고사는 존재이다. 동시에 의미의 무의미를 깨닫는 존재이다. 이 책을 읽고 진리, 혹은 역설의 진리를 깨닫는 독자가 있다면 나로서는 대성공이다. 시는 자신을 발가벗는 노래이고, 놀이이다. 철학은 지식자랑이 아니라 사유하는 영혼의 빛나는 언어놀이다.

동양의 시론(詩論)과 시(詩)의 종류에는 흥(興), 비(比), 부(賦)가 있다. 흥(興)은 독자에게 감동을 직접적으로 일으키는데 주안점을 둔 시를 말한다. 비(比)는 감동은 물론이지만 비유(比喩)를 통해 하나의 사물이나 사건을 다른 사물과 사건의 관점에서 볼 수 있도록 간접적으로 깨우치는 데 중점을 둔 시를 말한다. 부(賦)는 시라는 형식을 갖추기는 하지만 내용은 산문적인 것으로서 논리적인 설명이나 원리를 시라는 형식에 담아서 전달하는 것을 목적으로 하는 시이다. 물론 시에는 이들 세 요소가 골고루 들어 있는 경우도 있다. 이 시집에서 제 1장은 흥에 가깝고, 제 2장은 비에 가깝고, 제 3장은 부에 가까운 시들이다.

이 시집은 13번째 시집이다. 논어에 이런 말이 있다. "70이 되면 마음이 가는 대로 하여도 법도를 벗어남이 없다(七十而從心所欲不踰矩)" 실은 법도라기보다는 자연으로 돌아가는 마음이다.

돌이켜 생각하면 나에게 시를 가르쳐준 고(故) 박목월 선생을 잊을 수 없다. 언제나 소박하던 그 모습, 언제나 세상을 경탄스럽게 바라보던 선생의 큰 눈망울은 나에게는 영원한 시인의 이미지로 존재한다.

이 시집에는 최근 10년간 쓴 6백편의 시를 담았다. 시경(詩經)은 흔히 '시삼백(詩三百)'으로 풍자하지만 이 시집은 '시육백(詩六百)'이 된 셈이다. 짧다면 짧은 기간에 쓴 시이지만, 인생의 말년에 쓴 것이기에 인생경

륜이 녹아있다고 해도 과언이 아닐 것이다. '21세기 시경(詩經)'이라는 이름을 특별히 붙인 것은 인류의 새로운 기원(紀元), 자연과 더불어 살아가는 시대를 미리 예축(豫祝)하는 의미를 담고 있다.

여기에 필자의 시 중에서 현재 시비(詩碑)로 세워져있는 대모산, 독도, 타향에서 등 3편을 실었다. '대모산' 시탑은 서울 강남구 일원동 소재 대모산 중턱에 세워져 있다. '독도' 시비는 울릉도 독도박물관 야외박물관에서 세워져있다. '타향' 시비는 경기도 연천군 소재 '종자와 시인' 박물관 경내 시공원에 세워져 있다.

이 책은 또한 지난 2020년 5월~12월까지 '인류학토크 박정진'(마로니에방송 YouTube 131회 방영)을 통해 공개된 철학적 내용들을 후학들을 위해 철학시를 통해서 부분적으로 보완하는 측면도 없지 않았다. 21세기는 또 다른 천년(千年)을 여는 세기로서 인류문명의 새로운 장을 여는 시대, 문명에 있어서 종합적으로 새로운 형식과 내용을 요구하고 있는 시대이다.

우리시대의 죽림칠현을 꿈꾸는 문경 불한티 멤버인 이달희, 손병철, 김영원, 김주성, 이민, 그리고 THINK TANK 2022 정책연구원에서 함께 일하고 있는 조형국 박사, 문병철 박사를 비롯하여 여러 친지들에게도 감사를 드린다. 그리고 심중(心中)학당 여러분에게도 감사를 드린다. 임성묵 총재를 비롯한 대한본국무예 무예인 여러분에게도 감사를 드린다. 끝으로 인생의 노후 역작이라고 해도 좋을 이 책을 선뜻 출판해주신 신세림 이혜숙 대표와 부군인 이시환 시인님, 편집진 여러분에게도 감사를 드린다.

2023년 5월 15일
파주 통일동산 기슭 寓居에서 박정진

01.

서정시
(101편)

■ 용서(容恕)

1.

사랑하기 때문에 용서한다고요.
용서란 그렇게 옹졸한 것이 아닙니다.
용서하기 때문에 사랑할 수 있는 사랑만이
돌이킬 수 없는 사랑을 할 수 있습니다.

미움의 작은 티끌이라도 남아있다면
당신은 아직 용서하지 못 한 사람입니다.
스스로 텅 빈 마음이 되기까지는
용서의 찬란한 별빛을 담을 수 없습니다.

아침이슬은 어둠에서 자신을 텅 비우고
아침햇살을 기다려 제 몸을 불사릅니다.
언제나 님과 더불어 자신을 불태우지 못하면
아직 진리에 도달하지 못한 사람입니다.

받아들이고, 받아들이고, 빛으로 흘러넘쳐
더 이상 용서할 것도 없을 때에
우리는 세계 그 자체에 도달합니다.
우리는 진정한 사랑에 도달합니다.

2.

마음의 생채기가 아직 남아 있다면
당신은 지극함에 이르지 못한 사랑입니다.

스스로의 가시면류관을 두려워한다면
당신은 아직 진정한 왕이 되지 못한 사람입니다.

밖으로 넓히고 넓혀 더 이상 바깥이 없을 때
안으로 달리고 달려 더 이상 안이 없을 때
우리는 세계 그 자체에 도달하게 됩니다.
세계 그 자체는 시작도 끝도 없는 사랑입니다.

죽음을 용서하는 사랑만이 진정한 사랑입니다.
흙속에 묻히는 것을 나들이처럼 느낄 때
그대는 더 이상 갈 곳이 없어도 좋습니다.
본래 죽음이 없다는 것을 깨닫게 됩니다.

받아들이고, 받아들이고, 스스로 흘러넘쳐
용서 그 자체가 되었다고 느낄 때에
우리는 진정한 삶과 사랑에 도달합니다.
미안해, 사랑해, 용서해!

(2022년 3월 1일, 3.1절 날에)

■ 스스로 하나님이 됩시다
― 자신(自神)을 위한 삶을 위하여

1.

스스로 하나님이 됩시다.
아직도 하나님에게 구원을 부탁하는 것은

아직도 종이라는 것을 증명하는 것입니다.
이제 스스로 구원하지 않으면
어떤 구원도 실현되지 않을 것입니다.

싸우지 않고는 못 배기는 욕망 삼형제
대뇌적 욕망, 신체적 이성, 끝없는 권력경쟁
남을 이용하거나 남의 것을 빼앗는 것은
갈등과 기만의 절정일 뿐입니다.
욕망은 생명을 사물로 전락시킵니다.

스스로 하나님이 됩시다.
스스로 구원이 되지 못할 때
우린 절망에서 빠져나올 수 없을 것입니다.
우린 공룡의 멸종을 비웃을 수 없습니다.
우린 제 2의 뇌(腦)공룡이 될 것입니다.

   2.
스스로 하나님이 됩시다.
먼 옛날 하늘에 투사했던 하나님을
고스란히 지상에 돌려받아야 합니다.
하나님은 지상의 온갖 가족들과 함께 살아야 합니다.
다른 별에서 살길을 찾는 것은 자기기만에 불과합니다.

눈앞에 펼쳐진 모든 존재는
모두가 하나님이자 나의 분신
자연에서 태어난 '나'는 '큰 나'가 되고

의식의 둘레를 가늠할 수 없을 때에
'하나, 큰 나'가 되고, '하나님'이 됩니다.

모든 존재가 '남'이 아닌 '님'이 되면 하나님입니다.
모든 존재에 감사하면(고마우면) 바로 하나님입니다.
죽음에도 감사하고 아낌없이 떠날 수 있다면
바로 하나님 옆으로 가는 것입니다.
하나님은 존재 그 자체라고 말할 수밖에 없습니다.

■ 모두가 환상

1.

인간의 '있다'는 것도,
인간의 '없다'는 것도 환상
모든 것은 상상의 산물, 현실도 환상이다.
인간은 환상을 일으키고 쫓는 이상한 동물

'나'라는 것도, '너'라는 것도
'하나' '둘' '셋'이라는 것도
말로 이루어진 모든 것은 환상
시간이라는 것도, 세계라는 것도 환상

신이라는 것도
과학이라는 것도
예술이라는 것도 환상

현실은 가장 고집스럽고 지독한 환상

선과 악이라는 것도
내가 좋으면 선, 내가 싫으면 악
정의와 불의라는 것도
내가 하면 정의, 남이 하면 불의

2.
환상이 없으면 창조가 없네.
환상이 없으면 말을 할 수 없네.
신이 세계를 창조한 것이 아니라
환상이 신을 만들고, 신은 환상의 대리인!

존재는 말이 없고,
구성된 말은 현상, 아니 환상이라네.
환상이 없는 자리는 욕망이 없는 자리
제로(0)자리, 무(無), 공(空), 공(空)집합이라네.

생멸이야말로 부활의 자리
죽음이 있어야 부활이 있네.
죽음도 환상, 자아도 환상
희망도 환상, 망상도 환상

계절의 무심한 어느 찰나에,
어느 지점에 인류멸종이 기다릴까.
나는 언제부터 자연을 그리워했는가.

자연이고 싶다. 그저 침묵이고 싶다.

(2022년 4월 25일 아침에)

■ 어느 무심(無心)한 시대의 작별

1.
그대가 죽은 줄도 모르고
오늘 늦게사 소식을 들었네.
우리는 참으로 '무심한 사람들'
그대가 저승에서
내 스마트폰 문자를 받을 수 있을까,
내가 이승에서
그대 목소리를 들을 수 있을까.
피식 웃어본다네.

나도 무심, 너도 무심
어느 무심한 시대의, 일상(日常)의 작별인가.
여기서도 떠났듯이
거기서도 떠날 수 있다면
얼마나 좋을까.
이승저승 나들이할 수 있다면
그런 호사는 없겠지.
인사도 없이 떠났네.

2.

언젠가 나도 떠나겠지.
인사도 못하고, 인사도 없이
우리네 인생살이 오십보, 백보
너나 나나, 그렇고 그렇지.
둘러치나 매치나 그것이 그것이지.
모두가 환(幻)이라고!
환(幻) 아닌 것이 없지.
슬픔도, 기쁨도, 꿈도, 현실도

몇몇 친구에게 황급히 문자를 날렸다.
다가오는 죽음을 없애기라도 하는 호들갑으로
별일 없냐고, 별일 없다고
이상한 인사를 부질없이 하면서
스마트폰을 만지작거렸다.
별일이라도 기다리는 사람들처럼
하늘을 쳐다보고, 땅을 내려도 보면서
목은 이미 하늘천정에 매달렸다.

■ 죽음이 두려운 까닭은

1.

죽음이 두려운 까닭은
그것을 미리 생각하기 때문
아는 것은 오직 삶뿐이기 때문

영생을 꿈꾸는 까닭도 죽음을 생각하기 때문
죽음과 영생은 하나의 뿌리에서 피어난 생각
생사는 둘이 아니네.

둘이 아닌 존재를
둘로 나누어 생각하는 인간
나누는 것이 생각의 특성이라네.
사이-존재인 인간의 특성이라네.
세계가 이미 인간의 반영이라네.
나누고선 합치느라 평생을 소모하네.

자연이 인간의 탄생을 허락함은
스스로를 알기 위한 자연스러움의 발현
나도 그 자연스러움을 닮고 싶네.
인간이 하나님을 닮든
하나님이 인간을 닮든
부모자식 간에 닮은 것과 같네.

2.

신에게 빌어서 구원과 영생을 얻든
스스로 깨달아서 부처와 열반을 얻든
죽음을 넘고자 하는 인간들
죽음을 준비하는 인간들
앎이 삶을, 삶이 앎을 속고 속이는 일들
생멸(生滅)은 있어도 생사(生死)는 없다.

제자리에서 무엇이 되든
한 마리의 나비가 되든
하나의 민들레 홀씨가 되든
천수를 누리든, 소년죽음을 하든
자연에서 바라보면
죽음도 아닌 죽음

살아도 삶이 아닌 삶을 살면서
불안에 시달린 세월
죽음에 시달린 세월, 그 얼마든가.
순간을 살아도, 하루를 살아도
부처님처럼 빙그레 웃으면서
대자대비, 사랑하다 죽음을 맞이할 수 있다면

3.
제자리에서, 바로 이웃에서
손짓하면 보이는 데서
노래하면 들리는 데서
밥 먹으면 숟가락질 들리는 데서
서로 웃고 울고 시끌벅적하게 살다가
우리의 삶을 마칠 수 있다면!

죽음이 두려운 까닭은
그것을 미리 상상하기 때문
세계가 넓은 까닭은
그것을 미리 상상하기 때문

자연은 지금, 여기, 그냥 있음이네.
있음을 '있는 것'이라고 하니 괜히 불안해지네.

"너의 영혼은 너의 몸보다 빨리 죽을 것이니
두려워하지 마라."(니체)
"존재는 신체이고, 세계는 신체적 존재이네.
신체는 육체가 아니고 물질이 아니네."(박정진)
생사가 있는 것이 아니라 본래 생멸이 있네.
죽음을 위로하는 것은 오직 너를 낳아준 어머니네!

(2022년 5월 17일 아침에)

■ 앎과 삶의 랩소디

1.
앎과 삶은 음양의 랩소디
앎은 삶을 위하여, 삶은 앎을 위하여
앎은 머리중심, 삶은 신체중심
앎은 코키토(cogito), 사유존재
삶은 코나투스(conatus), 생존본능

앎은 삶의 '것'(Thing)을 아는 것
인간의 앎은 오랜 진화의 여정
세계를 대상으로 이치(理致)를 뽑아낸 것
삶을 위한 앎이 아니면 무용(無用)의 앎
앎을 위한 앎은 허영(虛榮)의 앎

앎은 사물의 주인이 되는 것
앎은 과학이라는 이름으로
해부학교실의 실험용 시체처럼
정지된 사물이 되거나
존재의 그림자가 되는 것

삶은 나의 주인이 되는 것
삶은 살을 사르는 것
끝없이 날아가는 화살처럼
어디론가 바람소리를 내면서
순간이라는 영원을 날아가는 것

2.
사랑은 연인의 노예 혹은 주인이 되는 것
노예가 되어 상대를 위해 목숨을 바치거나
주인이 되어 함께 보람찬 삶을 일구는 것
스스로 상대에 잦아들어 사랑할 수 있다면
그대의 껍데기가 되어도 좋으련만

둥근 하늘 아래 네모진 땅 위에서
저마다 세모진 삶을 사는 사람들
동그라미를 만드는 과정을 사랑이라고 했던가.
'대지'의 네모를 '하늘'의 동그라미로 바꾸는
세모진 삶을 사는 세상 사람들

앎 속의 삶, 삶 속의 앎

앎의 철학, 삶의 철학
삶은 결코 알 수 없는 것
삶은 결코 잡을 수 없는 것
삶은 신비-신, 앎은 지식-절대지

삶은 언제나 전체
앎은 언제나 부분
삶은 항상 신이 포함된 집합
앎은 항상 내가 소외된 집합
삶은 자연, 앎은 문명

(2022년 5월 16일, 아침에)

■ 삶과 앎은 태극운동

삶이 먼저인가, 앎이 먼저인가?
생명체는 우선 사는 것이 근본이다.
삶을 위한 앎이 먼저 있었고,
앎을 위한 삶이 뒤를 이었다.
앎을 위한 삶도 결국 삶을 위한 것이었다.

인간은 앎의 죄인(罪人)인가.
인간은 삶의 각자(覺者)인가.
원죄를 짓고 지혜를 얻었는가.
삶을 통해 깨달음을 얻었는가.
앎과 삶은 태극운동을 한다.

삶과 앎은 경계가 분명치 않고
존재와 소유의 경계도 분명치 않다.
이해는 맞고(是) 틀리는(非) 것이 아니고
선(善)하고 악(惡)한 것도 아니다.
세계는 경계가 분명치 않기 때문에 세계이다.

세계는 존재이기 때문에 세계이다.
존재는 세계이기 때문에 존재이다.
세계-내-존재와 존재-내-세계는
서로가 상대를 존재근거로 삼는 작용이다.
존재와 세계는 그것 자체가 상보(相補)이다.

존재는 유혹과 헌신을 동시에 가지고 있다.
존재는 소유와 존재를 동시에 가지고 있다.
존재는 성결과 오물을 동시에 가지고 있다.
존재는 존재와 세계를 동시에 가지고 있다.
존재는 존재하는 존재임으로 현상하게 된다.

존재는 본능과 본성을 동시에 가지고 있다.
존재는 남자와 여자를 동시에 가지고 있다.
존재는 하늘과 땅을 동시에 가지고 있다.
존재는 신과 인간을 동시에 가지고 있다.
존재는 신과 자연을 동시에 가지고 있다.

(2022년 5월 16일, 아침에)

■ 핵(核) 괴물

괴물이라는 말을 많이 들었지만
괴물 중의 괴물은 핵 괴물
괴물 중의 괴물은 기계인간

핵과 기계인간은 도구적 인간성의 최고발현
타자가 지옥이 될 수 있는 현실은 바로 이것
이들은 가장 무서운 '남'이 된 셈

신을 절대타자로 보는 것
세계를 절대타자로 보는 것의 종착역은
핵과 기계인간의 지구에서의 승리

자연이 신이 되는 것이 선일까.
자연을 이용하는 것이 신이 됨이 선일까.
자연을 이용하는 것이 악이 될 가능성이 높다.

악이 있다면, 인간의 악이고
선이 있다면, 인간의 선이다.
이용에도 선용(善用), 악용(惡用)이 있다.

■ 시(詩)로 철학을 하다

어느 날 문득 철학하기가 싫어졌다.

산문으로 글쓰기가 싫어졌다.
논리적 글쓰기는 도대체 응축하는 맛이 없다.
산문(散文)은 산만하다.
시는 은유를 통해 의미를 압축하는 기술이다.
산문은 한마디면 족할 것을 중언부언한다.
시간낭비, 종이낭비다.

글쓰기의 '쓰다'가 문제다.
'쓰다'라는 말에는 이용(利用)의 뜻이 숨어있다.
무엇을 이용하기 위해서 글을 쓰는 셈이다.
'쓰다'라는 말에는 '그리다(繪畵, 劃)'의 뜻이 숨어있다.
'이용'보다는 '그리다'의 뜻이 마음에 든다.
더욱이 '그리다'에는 '그리워하다'의 뜻이 숨어있다.
나는 '쓰다'보다는 '그리워하다'를 좋아하는가 보다.

시(詩)는 읊는 자체가 위로가 된다.
철학은 위로보다는 허무에 빠지게 한다.
사물에 대한 모든 표현은 이미 은유(隱喩)이다.
산문은 어딘가에 억지와 강요가 있고 궤변적이다.
산문은 심지어 족쇄나 형틀을 숨기고 있다.
프레임을 씌워서 '존재'를 '존재하는 것'으로 만들고 만다.
내로라하는 철학자들이 간혹 은유를 좋아하는 이유다.

플라톤은 시인을 싫어했지만
시(詩)는 그것 자체가 존재이고, 목적이다.
모든 의미는 은유이기에

모든 철학은 역설모순이기에
모든 철학은 분열분석에서 종합통일이기에
모든 철학은 장광설에서 침묵으로 향하기에
나는 침묵으로부터 솟아나는 시(詩)철학을 하고 싶다.

(2022년 5월 19일 아침에)

■ 음악에

1.

어머니 같은 예술, 음악이여!
가슴 속속들이, 세포 마디마다 위로가 되는
존재의 일반성에 내려가 기꺼이 흐르는 예술,
뮤즈에 마지막 고마움을 전하노라.

그 자체로 평화로운 음악이여!
소리는 존재적이지만 음악은 주관적이다.
음악은 가장 많은 사람들을 한꺼번에 먹이는
오병이어(五餠二魚)의 기적, 영혼의 감로수(甘露水)

음악은 듣는 즉시 구원이 되는 비존재
결코 실체를 드러내지 않는 존재본질
모든 존재를 담는 보이지 않는 그릇
음악은 순수한 도구일 뿐 힘이 없다.

음악은 시에 가장 가까운 무위(無爲)의 예술

보통사람들의 보잘 것 없는 인생에
가장 낮은 자세로 임하여 가슴을 열어젖히는
우주 전체를 한꺼번에 아우르는 예술

음악은 전쟁을 연주할 수 있지만
음악 그 자체는 평화의 선물
만물을 감싸고 어루만지는 뮤즈의 전령
전쟁은 평화를 위한 전쟁이어도 폭력이다.

2.

개체화된 존재를 다시 하나로 돌리는
뮤즈여, 소리의 고저장단을 통해
존재의 고유성에 도달하는 비극의 탄생
우린 잠시 그대의 마취에 고통을 잊노라.

온몸에 전율을 일으키는 것을 일상으로 여기며
잠자는 옛 신들과 뮤지들을 동시에 깨워
우주를 하나로 만드는 마술을 펼친다.
대지는 음악을 듣기 위해 귀를 세웠나 보다.

때론 격정으로 불같이 타오르지만
끝내 조상(彫像)을 세우지 않는 미덕을 지니고 있다.
현상학적인 미술이나 조각에 비해
존재론적으로 사라지는 것에 익숙한 음악가여!

물은 흘러감으로 인해 유(有)를 통해 무(無)를

불은 불태움으로 인해 무(無)를 통해 유(有)를 깨우친다.
저 텅빈 공간에 수직으로 세워지는 것보다
저 텅빈 공간을 수평으로 가로지르는 리듬이여!

소리가 빛이 되는 신비 속에
성스러움이 만물만상으로 펼쳐지는
영혼을 닮은 음악이여! 구체의 추상이여!
너는 바로 신(神)의 화신(化身)이로구나!

■ 명(名)판관 솔로몬

그대는 어찌 어머니의 마음을 꿰뚫었나.
현명하고 현명한 판관이여!

갓난아이의 배를 갈라 반씩 나누어가지라니!
진정한 어머니는 아이를 포기할 수밖에 없었다.

생명을 살릴 수밖에 없는,
어머니의 마음을 가려낸 지혜여!

어머니의 마음을 모르면 존재를 모른다.
유일한 하늘, 어머니의 마음을 모르면 신을 모른다.

이름과 소유가 필요 없는 어머니를 헤아리는 마음이
그대를 영원한 명(名)판관으로 남게 했소.

■ 노래와 춤을 좋아하는 한국인

한국인은 왜 노래를 부른다고 하고,
신(神)은 왜 난다고 하는가.
노래를 부르는 것은 내가 부르는 것이지만
누군가를 불러 함께 부르는 놀이
마치 신이 저절로 개입하는 것 같다.

노래하듯 글을 쓰고, 춤추듯 게임을 하면서
살아가는 사람들이 있다면 누구일까.
누가 말했던가. 인생은 끝 모르는 연극이라고.
끝을 모르기 때문에 더욱 극적인 인생이라는 놀이!
노래 부르고 신 나면 그만인 풍류(風流)한국인!

노래 부르는 모습은 우주의 본래모습
노래 부르는 모습은 평화의 모습
춤추는 모습은 우주의 본래모습
춤추는 모습은 우주의 신나는 모습
신나는 모습은 한국인의 모습

한국인은 가무와 예술을 좋아하기 때문에
개념어 명사를 싫어하고, 형용사를 좋아한다.
형용사는 상태동사, 형용동사를 즐겨 쓴다.
영어가 과학철학, 논리실증을 지향한다면
한글은 예술철학, 상징은유를 지향한다.

영어와 한글은 소리글자이지만 문법은 다르다.
영어는 과학에서, 한글은 가무에서 꽃을 피운다.
영어는 개념과 추상을 좋아하는 반면
한글은 상태와 구체를 좋아한다.
한글은 일반적이고 보편적인 소리글자이다.

영어는 "She is beautiful(주어+동사+형용사)"이지만
한글은 "그녀는 아름답다(그녀+주격조사+상태동사)"이다.
영어는 세 단어, 한글은 두 단어의 조합이다.
상태동사는 인간을 존재에 이르게 하고
추상명사는 인간을 존재자에 머물게 한다.

영어는 인도유럽어문화권에 속하고
존재자-존재를 좋아하는 반면
한글은 한자한글문화권에 속하고
존재-놀이를 즐긴다. 풍류한국인!
놀이야말로 바로 존재론의 존재론이다.

▆ 아름다운 사람들에게

추억이기에 아름답다고 말하지 마십시오.
사라지기에 아름답다고 말하지 마십시오.
순간이기에 아름답다고 말하지 마십시오.
선량하기에 아름답다고 말하지 마십시오.
존재하기에 아름답다고 말하지 마십시오.

아름답지 않은 것이 없는 마음이 아름답습니다.
존재 그 자체가 아름다울 때 그저 아름답습니다.
아름다움으로 다가갈 때 눈부시게 아름답습니다.
마음도 몸도 자연에 물들 때에 더욱 아름답습니다.
어디서라도, 무엇이라도 하나 될 때 아름답습니다.

가장 아름다운 사람은 기다리는 사람입니다.
가장 아름다운 제자는 이심전심의 제자입니다.
가장 아름다운 하늘은 노래하는 하늘입니다.
가장 아름다운 성소는 기도하는 성소입니다.
가장 아름다운 꿈은 고운님을 만나는 꿈입니다.

■ 나와 남, 그리고 님

내(나)가 아닌 사람을 남이라고 합니다.
내가 아닌 사물도 간혹 남이 됩니다.
남 가운데 존경하는 남은 님이라고 합니다.
남 가운데 사모하는 남은 님이리고 합니다.

하나님, 선생님, 부모님, 임금님, 서방님, 마님
주인님, 주인마님, 도련님, 안방마님, 대감마님
남과 님은 같은 뿌리에서 출발하였지만 정반대입니다.
님은 남이지만 주인이 되는 남을 말합니다.

남은 이용의 대상이 될 가능성이 있는 사람입니다.

남은 종이나 머슴이 될 가능성이 있는 사람입니다.
남은 사물 혹은 사물이 될 가능성이 있는 사람입니다.
남과 님은 천지차이입니다. 님이 되는 것이 보람입니다.

인간은 존재, 사물, 세계를
섬길 수도 있고, 이용할 수도 있습니다.
인간은 항상 이중적이고 선택적입니다.
인간은 천사도, 악마도 될 수 있습니다.

인간은 존재, 사물, 세계를
신물(神物)로, 물신(物神)으로 볼 수도 있습니다.
인간은 존재, 사물, 세계를
님으로 볼 수도 있고, 남으로 볼 수도 있습니다.

세계를 남으로 보는 자는 괴롭습니다.
세계를 님으로 보는 자는 행복합니다.
세계를 남으로 보는 자는 지옥입니다.
세계를 님으로 보는 자는 천국과 극락입니다.

■ 알-얼-올-울-을-일

알은 존재의 드러남
얼은 존재의 숨어듦
올은 존재의 흘러감
울은 존재의 울타리

을은 존재의 대상화
일은 존재의 일거리

알은 신체, 백(魄)
얼은 정신, 혼(魂)
올은 시간(時間)
울은 공간(空間)
을은 대상(對象)목적(目的)
일은 노동(勞動)

한글의 원(原)소리, 여섯 글자를 보면
인간은 사유하고 행동하고
목적을 향하여 나아가지만
일하지 않으면 안 되는 존재이다.
직립 보행하는 인간은 근본적으로
일을 하면서 살아가야 한다.

■ 알-나-스스로-하나

'알'은 자연과 생명을 말하네.
'알'의 동사인 '알다'는 앎을 말하네.
'알'과 '알다'의 사이에
천지의 '사이(間)'와 '그것'이 있네.
생멸과 생사의 차이가 있네.
생명을 아는 것이 '알다'의 최종점이네.

'나'는 '태어난 나'를 말하네.
누구로부터 태어났는지
태어난 것의 의미가 무엇인지
'나다'의 뜻을 아는 것이 '나'의 삶의 목표
'나다'의 알맹이는 나를 낳아준
아버지어머니를 하나님처럼 모시는 일이네.

'스스로'는 살을 타고 났으니
스스로 살아야 함을 뜻하네.
'스스로 하는 것'이 '살다'이고, 삶이네.
스스로 삶을 산다고 '사람'이네.
태어난 생명은 살든 죽든, 되든 안 되든
타고난 살을 스스로 사를(살) 수밖에 없네.

'하나'는 하나에서 태어난 '나'이지만
'하나'로, 더 큰 '한 나'로 돌아가야 하네.
만물은 제 각각이지만
하나(한 나)로 돌아갈 수밖에 없네.
예부터 하늘을 섬겨온 천손민족
하늘은 '하나(한)'의 '늘' 그런 '하늘'

알-나-스스로-하나를 한자로 차례로 풀이하면
자신(自身)-자신(自信)-자신(自新)-자신(自神)
몸을 타고난 인간은 믿음을 통해 살아가지만
날마다 늘(항상) 스스로를 새롭게 하여야 하고
그렇게 할 때 저절로, 스스로 신이 될 수 있다네.

검소-겸손-자유-창의가 그 실천적 덕목이네.

(2022년 5월 19일 아침에)

■ 나-하나-나라-우리나라

나-하나-나라-우리나라
나는 '하나'가 되어야 하지만
하나는 살아갈 땅 '나라'를 가져야
사람답게 살아갈 수 있네.

'나'가 살아가는 곳은 '나라'
'나라'는 내가 사는 '땅'을 의미하네.
내가 하늘로 가는 길은 '하-나'
내가 땅에서 사는 길은 '나-라'

한민족은 무리모임을 '나라'라고 하네.
내가 사는 땅, 나라
우리가 사는 나라, '우리나라'
우리나라는 대한민국, 우리나라는 코리아

나, 나라, 우리나라는
우리 삶의 모든 것을 의미하네.
알-나-스스로-하나는
나-하나-나라-우리나라로 완성되네.

알(알다)-나(나다)-스스로(살다)-하나(하나 되다)
-나라(내가 사는 땅)-우리나라(우리가 사는 땅)!
우리나라에서 우리는 평화롭게 살아왔네.
고대부터 바람의 도, 풍류도(風流道)는 삶의 목표였네.

상마이도의(相磨以道義), 서로 도의를 갈고닦아주면서
상열이가락(相悅以歌樂), 함께 노래하고 춤추면서 기뻐하네.
유오산수(遊娛山水), 자연 속을 노닐면서 즐겨야 하네.
미래인류는 풍류도인으로 예술가처럼 살아야하네.

■ 나-너-님-당신-우리

나는 나아가기 때문에 나이다.
너는 나가 도로 들어오기 때문에 너이다.
님(任)은 나에게 들어온 너가 사라지지 않고
임금님처럼 그립기 때문에 님이다.

당신(當身)은 몸을 느끼는
바로 당신이기 때문에
당연히 있는 몸이기 때문에
몸에 해당되는 존재이기에 당신이다.

우리는 한 자리에 머무는
하나의 울타리(우리)에 머물며
함께 살고 있는 무리이기 때문에

함께 울기 때문에 우리이다.

■ 맛-멋-마당-말

맛-멋-마당은
우리말로 의식주(衣食住)를 나타내는 말
의식주라는 물질문화에
말이라는 정신문화를 보태면 문화의 전부이다.

맛-멋-마당-말, 네 글자는
알-나-스스로-하나, 네 글자를 감싸고 있다.
알-나-스스로-하나가 철학이라면
맛-멋-마당-말은 문화이다.

문화에서 출발한 나는
맛-멋-마당-말의 의미를 먼저 발견했고,
알-나-스스로-하나를 나중에 발견했다.
문화인류학에서 철학인류학에 도달한 셈이다.

문화와 철학은 서로를 뫼비우스 띠처럼
감싸며, 돌고 돌면서, 안고 있다.
한국문화에서 한국철학이 생성되는 것은
필연과 당위를 동반한 아름다움이다.

■ 일은 일어난다고 일이다

일은 일어난다고 일이다.
일은 무엇인가(what)를 한다고 일이다.
일은 누가(who) 일으키는지도 모르면서 일어난다.

일은 시도 때도(when) 없이 일어난다.
일은 이유 영문(why)도 모르면서 일어난다.
일은 어디로(where) 가는지도 모르면서도 일어난다.

일은 파도처럼 일어난다.
일은 제 갈 길(how)도 모르면서 일어난다.
일어나는 일(event)을 설명하면 것(thing)이 된다.

세계에는 지금도 쉼 없이 일이 일어나고 있다.
누가 생명이고, 무엇이 사물인가
생명도 존재이고, 사물도 존재이다.

■ 하늘은 왜 하늘인가

하늘은 왜 하늘인가.
한없고 늘 거기에 있기 때문에 하늘이다.
강물은 왜 강물인가.
쉼 없이 흘러서 가는 물이기 때문에 강물이다.
길은 왜 길인가.

길은 여러 길로 연결되어 길다고 길이다.

바다는 왜 바다인가.

여러 산천의 강물을 받아들인다고 바다이다.

빛은 왜 빛인가.

하늘에서부터 온 누리로 빛나기 때문에 빛이다.

꿈은 왜 꿈인가.

현실에 없는 이상을 꿈꾸고, 꾸민다고 꿈이다.

아들은 왜 아들인가.

생명인 알을 가진 존재이기 때문에 아들이다.

딸은 왜 딸인가.

땅에서 먹을 것을 찾아야 하기 때문에 딸이다.

아버지는 왜 아버지(아부지)인가.

알(씨)을 가진, 늘 불러야하는 사람이기 때문에 아버지이다.

어머니는 왜 어머니(어머이)인가.

얼(말)을 심는, 늘 먹이를 주는 사람이기 때문에 어머니이다.

삶은 왜 삶인가.

사람이 살을 사는 것, 살을 사르는 것이 삶이기 때문이다.

숨은 왜 숨인가.

숨을 쉬어야 살고, 숨을 쉬지 못하면 죽기 때문에 숨이다.

불알은 왜 불알인가.

불같은 알이고, 태양과 같은 그것이기 때문에 불알이다.

손은 왜 손(쏜다)인가.

항상 무엇을 쓰고, 쓰다듬기 때문에 손이다.

온 누리는 왜 온 누리인가.

온전히 누리는 것이 세계이기 때문이다.

■ 천자문의 천지우주론

하늘 천(天), 따 지(地), 검을 현(玄), 누루 황(黃)
집 우(宇), 집 주(宙), 넓을 홍(洪), 거칠 황(荒).
날 일(日), 달 월(月), 찰 영(盈), 기울 측(仄)
별 진(辰), 잘 숙(宿), 벌릴 열(列), 베풀 장(張)

하늘을 검고 땅은 누르다.
인간은 시간과 공간의 집에서 산다.
우주는 넓고 거칠기만 하다.
하늘의 해와 달은 차고 기운다.
밤하늘의 별들은 넓게 퍼져있구나.

하늘 아래 땅 위에
시간과 공간이라는 집에서
살아가는 인간의 삶은
넓고 거칠기만 하다.
변함없는 해와 달의 차고 기우는
변화무쌍한 세계여!
하늘의 별들이 벌어져 퍼져있으면
잠을 자야 하네.

너무나 단순한, 요약된 천지우주론이다.
인간이 시간과 공간 속에서
살아가는 존재라는 실존성과
인간을 둘러싸고 있는 해와 달,

별들의 찬란함과 변화무쌍함을
순차적으로 드러낸 한자문화권의 우주론이다.

■ 알-나, 알라신

알에서 태어나니 '알-나'
경상도 사투리로 '알나'는 갓난아이
'알나'를 발음하면 저절로 '알라'가 되네.
알은 생명과 태양과 신, 라는 태양을 말하네.
태양 같은 신, 알라신
알, 아리랑, 아라리, 알나, 알라, 엘!

알(생명)-나(자아)-스스로(삶)-하나(전체) 철학은
'알나'가 '하나'가 되는 삶의 목적을 말하네.
알은 생명, 엘은 신
생명과 신의 근본은 하나로다.
시작과 끝이 없는 원은 하나로다.
알나, 아리랑, 아라리, 알라, 엘!

■ '하다'는 하나님의 동사인가

'하다'는 하나님의 동사인가.
어느 날 갑자기 '하다'라는 동사가
하나님처럼 내게 다가 왔다.

왜 하고많은 단어 중에 '하'의 '하다'인가.
하나님의 '하'와 하다의 '하'는 무슨 관계인가.
왜 명사에 '하다'를 붙이면 동사가 되는가.

'하다'는 하나님의 동사인가.
명사를 동사로 바꾸면 세계는 갑자기 움직이고
사물들은 서로 접화(接化)하면서 생성변화한다.
'하다'는 마치 죽은 생명에 숨결을 불어넣는 것과 같다.
'하다'를 통해서 우주만물이 생명력을 과시하게 된다.
'하다'라는 동사는 '하나님'과 뿌리가 같다.

'하다'는 하나님의 동사인가.
하나님의 창조도 '하다'를 붙여야 '창조하다'가 되고
천지창조조차 '하다'가 없이는 실현되지 않네.
'하다'는 모든 동작의 뿌리이다.
'창조하다'는 모든 '하다'의 출발이다.
'삶'을 사는 것도 '하다'의 실천궁행(實踐躬行)이다.

한민족은 움직이는 것을 좋아해서
모든 명사에 '하다'를 붙여서 동사로 만들었다.
한민족은 기운생동과 신명이 좋아서
신(神)과 노는 풍류도(風流道)를 좋아했다
역동적인 세계를 천지인(天地人)으로
역동적인 세계를 삼태극(三太極)으로 표현했다.

삶(살다)의 진정한 의미는 '스스로 함'

한민족의 '한'은 '하나'로, '하나님'로 통하고
모든 실천은 '하다' 동사로 통한다.
하는 것이 아닌 게 없는 것이 세상
하늘 아래 모든 것이 하는 것으로 가득하다.
하나님 아래 모든 것이 '함'으로써 생멸한다.

생멸이 하나 되어야 하나님이네.
파동이 하나 되어야 하나님이네.
음양이 하나 되어야 하나님이네.
천지인이 하나 되어야 하나님이네.
플러스마이너스 전기전파가 하나 되어야 하나님이네.
천지가 기운생동으로 혼천(渾天)하여야 하나님이네.

우리는 하나님 아래 한 가족(One Family under God)
미물(微物)에서 하나님에 이르기까지 우리는 하나(The One)
우리는 함께 살아야 하는 천주가족(天宙家族)
공생(共生) 공영(共榮) 공의(共義)을 실천해야 하는 한 가족
하늘부모님성회(Heavenly Parents Holy Community)
둘로, 셋으로 나누어진 모든 것은 하나로 돌아가야 하네.

■ 나다, 하다, 살다, 되다, 있다, 이다

'나다'의 태어난 존재는
'하다'의 무엇을 하는 존재가 되지 않으면 안 되네.
'하다'의 존재는 스스로 '살다'의 존재가 되어야 하네.

'살다'의 존재는 저절로 '되다'의 존재가 되어야 하네.

'나다'의 존재는 살다 보면
'있다'의 존재에 둘러싸여 있는 자신을 발견하게 되네.
나도 있지만, 나 이외의 다른 존재가 있음을 발견하네.
'나다'의 존재는 '있다'의 존재를 '이다'의 존재로 바꾸고자 하네.

'이다'와 '있다'는 살다보면 서로가 서로를 물고 돌아가네.
'이다'를 '있다'로, '있다'를 '이다'로 말하기도 하네.
'있다'는 그냥 '있는 존재'이고 '이다'는 지각하는 존재를 말하네.
인간은 점점 '있다'의 본래존재를 '이다'의 지각존재로 바꾸었네.

태어난 존재는
무엇이든 하지 않으면 안 되는 존재
무엇이든 하는 존재는 스스로 살아가는 존재
무엇이든 하면서 살고, 결국 어떻게 되어가는 존재

태어난 존재는
나를 둘러싸고 있는 존재인 세계존재를 느끼네.
나는 세계를 느끼고 이해하고 규정하고 싶어지네.
내가 규정한 세계는 '있다'의 세계에서 '이다'의 세계로 되었네.

세계가 되기 위해서는 언어가 필요하네.
존재는 인간으로 인해 '세계'로 바뀌었네.
존재-내-세계에서 세계-내-존재가 되었네.
세계-내-존재의 세계는 이미 경계가 있는 현상이네.

존재-내-세계를 회복하는 것이 바로 구원이네.
구원은 바로 복귀이고, 복락이고, 원시반본이네.
바로 이 자리가 모든 고등종교가 돌아갈 자리라네.
이 자리는 본래 죽음이 없는, 생멸하는 자연의 자리라네.

■ 한글, 아리랑, 비빔밥

장하다. 한글, 훈민정음!
한글이 세계문자올림픽에서 일등을 했다고 한다.
태국 방콕에서 열린 제 2회 세계문자올림픽에서 말이다.
영어를 비롯, 세계 27개 문자가 경합을 벌인 가운데
한글이 1위, 텔루구(인도)문자 2위, 3위는 영어였다.

인류미래의 문자. 한글, 훈민정음!
한글은 문자의 기원, 문자의 구조와 유형, 글자의 수
글자의 결합능력, 문자의 독립성 및 독자성, 문자의 실용성
문자의 응용개발성 등에서 1위를 했다.
한글, 아리랑, 비빔밥은 한국 프라이드의 삼총사

참가학자들은 방콕선언문을 발표하고,
자국(自國) 대학에 한국어전문학과 및 단기반 설치 등을 다짐했다.
선언문은 인구 100만 명 이상 국가들과 유네스코에 전달되었다.
한글철학, 알(알다)-나(나다)-스스로(살다)-하나(되다)!
한글세계, 나-하나-나라-우리나라 만세!

세계에서 가장 우수한 글자 1위, 한글
세계에서 가장 아름다운 음악 1위, 아리랑
세계에서 가장 맛있고 영양가 있는 음식 1위, 비빔밥
문자, 음악, 음식에서 세계 1위로다.
한글, 아리랑, 비빔밥

노래와 춤, 자연을 좋아하는 풍류도의 한국인 만세!
소통과 영혼과 건강이 세계 1위인 한국인 만세!
알(알다)-나(나다)-스스로(살다)-하나(되다)
나-하나-나라-우리나라 만세!
한글, 아리랑, 비빔밥

■ 우리 어머니, 우리 아버지

한국인은 왜 어머니, 아버지를
우리 어머니, 우리 아버지라고 할까.
우리 남편, 우리 아내, 우리 아들, 우리 딸
그 옛날 집단주의, 공동체정신의 흔적
우리는 낯선 이와 쉽게 부모, 형제, 자매가 된다.

'나'라는 자아의식이 없었나. 아니다.
'나라'는 '나'의 복수형을 의미하고
'우리나라'는 '나라'의 복수형을 의미한다.
'나'에서 출발한 한국인은 '하나'를 염원한다.
'하나님'은 바로 하나가 되고자하는 믿음이다.

'우리'라는 강력한 마을공동체의식
'우리나라'라는 강력한 국가공동체의식
우리 어머니에 내재하는 하나님 어머니
우리 아버지를 초월하는 하나님 아버지
우리 부모는 저절로 하늘부모이다.

한국인은 '우리'다.
나-너가 분리되기 전의 우리
나-너가 분리된 후에도 우리
'우리'의 원문자는 '울'(울타리)이다.
한국인에겐 천지가 부모이다.

서양의 자유, 평등, 박애보다는
천지인-원방각사상이 우리에게 가깝다.
자유의 여신보다 평화의 어머니가 더 가깝다.
자유는 추상적이라면 평화는 구체적이다.
여신은 추상적이라면 어머니는 구체적이다.

부모의 마음이 되면 하나님이 된다.
부모의 마음이 되면 평화의 마음이 된다.
부모의 마음이 되면 모든 것을 용서하게 된다.
부모의 마음이 되면 모든 존재는 자식이 된다.
부모의 마음이 되면 시작과 끝 없는 영원이 된다.

▪ 오직 코리아의 영광뿐

1.

로마는 없다.
로마의 영광은 없다.
중국은 없다.
중국의 영광은 없다.
과거는 없다. 흔적일 뿐이다.

모든 것은 기억 혹은 기록일 뿐이다.
모든 것은 말일 뿐이다.
과거라는 말, 유물이라는 과거
단지 말, 흔적일 뿐이다. 환영일 뿐이다.
조상의 유물 유적을 팔아 먹고사는 영광은 없다.

있는 것은 오직 지금 뿐
지금의 영광일 뿐
조상조차도 내게 있을 뿐
지금 살아있는 나는 엄연히 있다.
살아있는 나는 신도 어쩌지 못한다.

2.

지금 있는 것은 오직 코리아의 영광뿐
빛나는 생각과 빛나는 복음
새 술을 새 부대에 담는 족속들
올림푸스 신들 대신에 백두산의 신들

그리스올림픽 대신에 서울올림픽이 있을 뿐

타자의 신이 죽은 찰나에
악마도 힘이 빠져 죽었다.
우리는 환영들을 하나하나 걷어치웠다.
천지창조와 종말 대신에
내 몸속에서 빅뱅과 블랙홀 소리를 듣는다.

신은 절대타자가 아니다.
처음부터 우리는 신들과 갈라지지 않았다.
처음부터 우리는 신의 종이 아니었다.
우리는 신들과 함께 놀면서 흥겨워했다.
신바람이 나는 곳에 신이 있을 뿐이다.

■ 사람은 왜 울어야할까

사람은 왜 태어날 때 고성을 터뜨리고
남의 죽음을 보고 함께 흐느끼는 것일까.
여인은 왜 온몸을 흔들며 흐느끼는 것일까.
울음은 온몸으로 우주와 교감하는 것이다.
울음은 말로써 할 수 없는 복합감정이다.

인간은 태어날 때도 울고
죽음에 가까워서도 운다.
생멸이 극적이라는 것을 아는 때문일까.

울음은 존재와 공명하는 것이다.
울음은 몸 전체로 세상을 사는 것이다.

한 여인이 넋을 놓고 대성통곡한다면
그 울음은 산천의 귀를 열게 하고
귀신과 신을 불러 호소하는 것이다.
생명이 바람을 타고 오간다면
울음은 생명을 타고 오간다.

땅을 치고 한바탕 울고 나면
십년 묵은 응어리도 확 풀린다.
울음 없는 사회는 삭막하다.
웃음이 입과 얼굴의 표현이라면
울음은 존재와 온몸의 절규이다.

울음은 존재 자체의 드러남
원인 모를 슬픔과 이유 없는 미움도
대성통곡으로 단박에 사라진다.
울음은 한(恨)과 심정(心情)의 특효약
울지 않았으면 미쳤을 사람도 많을 게다.

울음은 말 없는 주문(呪文)!
하나로 공명(共鳴)하는 온 누리여!
흐느낄 줄 아는 한, 만물은 살아있다.
울음은 안으로의 내부폭발(implosion)
힘없는 자가 스스로 내리는 마지막 처방

울음은 하늘과 울림을 같이하는 것이다.
울음은 끝내 하나님과 공명하는 것이다.
우는 자는 존재의 궁극에 도달한 자이다.
대성통곡하는 자여, 하늘에 닿은 자여!
통곡 자체가 기도인 자여, 복 받은 자여!

■ 학선어명(鶴禪魚茗)
─ 시인 옥광 李達熙의 시에 부쳐

학은 폭풍우 속
버드나무 가지 위에서
참선에 들고
물고기는 거센 물살 속에서
차를 마시네.

세속의 살림살이에도
도가 있어야 하거늘
매일매일 배워도
자고 나면 잊어버리네.
망각이야말로 진리인가보다.

어느 세월에
우리의 일거수일투족이
자연의 도를 따를 수 있을까.
언제 무위(無爲)의 경지에 오를까.

학과 물고기와 더불어 깨우치네.

■ 불한오선대(弗寒五仙臺)
― 시인철학자 羅石 孫炳哲의 시에 부쳐

하늘에
별이 뿌려지고
땅에는
바위가 널부러져 있네.

희양산(曦陽山)
치솟은 흰 바위 아래
외로운 구름(孤雲)
한 문장 휘갈기니 완장리(完章里)

대야산(大冶山) 사시사철
따뜻한 인정이 흘러
불한티(弗寒嶺)라 했네.

여보게, 먼 후일
누가 묻거든
다섯 신선 놀다간
불한오선대(不寒五仙臺)라 이르소.

벗님네들 언제나

융추계곡 용소에 모여
여의주마저 잊고 멱이나 감을거나.
알고 보니 이승저승 다를 바 없네.

■ 예수부처, 부처예수

1.

아직도 예수가 부처인지를 모르는가요.
아직도 부처가 예수인지를 모르는가요.
도대체 얼마를 설명해야 알게 될 건가요.
도대체 얼마를 기다려야 알게 될 건가요.
서로 다른 경전이 인간의 벽이 될 수 없습니다.

사람은 누구나 예수부처
사람은 누구나 부처예수
기독교현상학과 불교존재론은
같은 것을 다른 차원에서 말하는 것일 뿐
현상과 존재, 무한대와 무는 같은 것입니다.

사람은 누구나 자신의 예수
자신의 세례(洗禮)요한을 찾아야 합니다.
사람은 누구나 자신의 부처
자신의 두타(頭陀)가섭을 찾아야 합니다.
그렇지 않으면 예수와 부처는 없습니다.

하나님의 아들, 예수
천상천하유아독존, 부처
예수와 부처는 이름이 다를 뿐입니다.
이름이 다르지만 근본은 하나입니다.
초월과 절대, 공(空)과 무(無)는 하나입니다.

예수는 유대교를 불교로 재해석한 자입니다.
예수는 무(無)를 신(神)으로 깨달은 자입니다.
부처는 바라문을 도교로 재해석한 자입니다.
부처는 신(神)을 무(無)로 깨달은 자입니다.
예수와 부처는 서로 교차하고 있습니다.

2.
예수와 부처는 태양을 닮은 신
사람은 누구나 자신의 고통을 승화시켜야 합니다.
깨달음이 끝내 열락이라는 사실에 도달해야 합니다.
불쌍한 예수와 광휘의 부처를 볼 줄 알아야 합니다.
전지전능한 신이 우리를 멸망케 해서는 안 됩니다.

사람은 하늘을 우러르고 땅을 디디며 살았습니다.
사람은 하늘의 별과 태양과 달을 보며 살았습니다.
별과 태양과 달이 서로 만나는 것을 우러렀습니다.
신(神)을 기다리고 왕(王)을 모시고 살았습니다.
어느 날 문득 스스로 주인인 것을 알았습니다.

사람은 누구나 자신의 나라를 만들어야 합니다.

자신이 살 나라, 마음의 나라를 만들어야 합니다.
나라는 나의 땅, 몸의 땅, 마음의 땅을 말합니다.
태어난 땅은 고향(故鄉), 죽어서 사는 땅은 본향(本鄉)
나라의 출발은 가정, 나라의 완성은 가정입니다.

사람은 누구에게나 가정이 있습니다.
가정에는 반드시 아버지, 어머니가 있습니다.
가정에는 반드시 할아버지, 할머니가 있습니다.
할아버지는 하늘아버지, 할머니는 하늘어머니
하늘아버지는 하나님아버지, 하늘어머니는 하나님어머니

가정을 잃어버린 우리는 가정을 찾아야 합니다.
우리는 마치 홀로 때어난 듯 홀로 살아갑니다.
홀로 살아가니 홀로 죽을 수밖에 없습니다.
우리는 각자 살아있는 예수부처가 되어야 합니다.
각자 예수부처, 부처예수가 되면 멸망하지 않을 겁니다.

■ 음악과 철학과 시(詩)

모든 문장은 음악입니다.
모든 수학도 음악입니다.
모든 운동은 수직과 수평의 리듬이니까요.

서양 개념철학은 서양음악을 닮았다.
한국 풍류철학은 한국음악을 닮았다.

철학은 음악을, 음악은 철학을 닮았다.

인생에는 두 종류의 사람이 있습니다.
작곡을 하는 자와 연주를 하는 자
당신은 작곡을 하고 있습니까. 연주를 하고 있습니까.

음악은 모든 문장의 시입니다.
시는 모든 이미지의 압축입니다.
시는 모든 철학의 압축입니다.

자연의 근본인 소리의 구체(具體)가
언어의 추상(抽象)으로 초월을 이룬 아름다움
누에처럼 시간을 풀어내는 뮤즈의 여신!

음악, 시, 철학
이들은 존재의 삼총사입니다.
시인과 철학자는 음악가 앞에 겸손합니다.

■ 여성과 어머니에 대하여

여성은 자연, 신체, 존재
여성의 신비는 남성의 본능을 눈뜨게 함
남성의 눈, 뇌는 여성의 신비를 신으로 본다.
남성의 구원은 여성, 남성을 낳은 자는 어머니

여성은 신비, 신, 종교
여성은 진정한 신체적 존재
어머니는 신체적 존재의 상속자
아버지는 문명과 국가의 상속자

여성이 아이를 낳지 않으면 문명은 망한다.
문명의 가장 근본은 아이들
어머니는 생산과 양육을 통해
신체를 기르고 모국어와 문명을 전수한다.

유일한 하늘, 어머니가 없으면 인간은 없다.
어머니가 없으면 가정이 없다.
어머니가 없으면 나라도 없다.
어머니가 없으면 나도 없다.

■ 누리호, 온 누리를 열다

누리호!
대한민국이 미래인류의 중심국임을
온 누리에 전송하다.
이심전심(以心傳心) 염화시중(拈花示衆)의 미소여!

우리말로 우주(宇宙)는 온 누리!
한국의 첫 인공위성 누리호는
2022년 6월 21일 오후 17시

우주발사안착에 성공했다.

무한대의 우주, 온 누리를 향해
힘차게 솟은 누리호는
한국인이 손수 제작한 과학의 꽃
달리는 지구에서 가장 먼 화살을 우주과녁에 꽂았네.

우주에는 거리가 없네. 우리의 믿음처럼
목적론(teleology)은 기계론(machinism)이 되었네.
의기투합(意氣投合) 만물만신(萬物萬神)
만물만신(萬物萬神) 의기투합(意氣投合)

하늘에 누리호의 발사안착이 있었다면
땅에서는 신통일한국 개문안착이 있었네.
하늘에는 누리호, 마음에는 천일국(天一國)
천상천하유아독존(天上天下唯我獨尊)이여!

(1차 2021년 10월, 2차 2022년 6월, 3차 2023년 5월 25일)

■ 내가 신이라는 사실을 아는 순간은

내가 신이라는 사실을 아는 순간은
내가 어떤 신비로 세계와 하나가 되었을 때
내가 어떤 기도로 나의 하나님을 보았을 때
내가 어떤 걸음으로 내 곁을 스치는 만물을 사랑할 때

사랑은 사랑함으로써 알게 되는 기적
사랑은 죽음이 있는지를 완전히 잊어버리게 하는 광채
사랑은 철벽같던 시공간의 틀을 대번에 없애버리는 행운
사랑은 세계를 하나의 점으로 만들어버리는 둘레가 없는 원

내가 신이라는 사실을 아는 순간은
내가 진정한 부모가 되었을 때
내가 진정한 스승이 되었을 때
내가 진정으로 사랑하는 주인이 되었을 때

내가 부처라는 사실을 아는 순간은
나의 깨달음보다 남의 깨달음을 더욱 기뻐할 때
남의 깨달음을 보고 나의 깨달음을 더욱 분발할 때
깨달음 이외에 더 이상 어떤 것도 바라지 않을 때

깨달음은 아무 것도 생각하지 않을 수 있는 기적
깨달음은 어떤 누구도 미워할 수 없는 존재가 되는 행운
깨달음은 지금 스스로 살고 있는 것만으로 만족하는 행복
깨달음은 선후, 상하, 좌우, 내외의 구별이 사라지는 귀소

자연은 인간을 통해서 신이 되고 싶었는지 모른다.
자연은 인간을 통해서 부처가 되고 싶었는지 모른다.
인간은 신을 통해서 자연이 되고 싶었는지 모른다.
인간은 부처를 통해서 자연이 되고 싶었는지 모른다.

■ 소리철학, 신풍류도(新風流道)

소리는 우주의 은유(隱喩)
한 옥타브를 올려도 같은 소리
한 옥타브를 낮춰도 같은 소리
내가 불러도, 네가 불러도 같은 곡
소리는 개념과 달라!

소리는 우주의 일반성
사물에 숨어 있는 존재본질
자연의 밑바닥에 있는 근본
생명과 사물이 매달려 있는 한 뿌리
실체가 없는 실재의 울림

의(意)는 소리(音)의 마음(心), 마음의 소리,
의식(意識)은 마음의 소리가 인식이 된 상태
의(意)는 공(空), 식(識)은 색(色)
의식(意識)은 주체와 대상의 왕래하는 힘
직(職), 직(織), 치(熾)에는 왜 소리가 들어있는가.

소리철학은 새로운 풍류도(風流道) 철학
Park's philosophy, 공허(空虛)의 철학
소리철학의 완성은 신체적 존재론
개념보다 소리로, 파동의 공명으로
미술보다는 음악에서 그 진면목을 보인다.

우리조상은 접화군생(接化群生)을 통해
천지인의 조화(造化)와 평화(平和)를 사랑해
출가승처럼 고행을 거치지 않고도 신선처럼
자연과 더불어 춤추고 노래하며 기뻐했다.
그게 인중천지일풍류도(人中天地一風流道)이다.

소리철학은 철학 아닌 철학!
소리철학이 아직도 세상에 공명을 얻지 못함은
세상이 어리석기 때문인가, 빛의 교란 때문인가.
개념철학이여. 전쟁철학이여. 남성철학이여 가라.
가무철학이여. 평화철학이여, 여성철학이여 오라.

■ 생멸은 한 바람소리

생멸(生滅)은 한 바람소리
생(生)과 멸(滅)은
둘인 줄 알지만 실은 하나
하나가 생하면
그 생(生)하는 것이 다른 것의 멸(滅)이라네.

생멸은 시간차를 두고 벌어지는
생사(生死)가 아니라네.
생멸에는 고정불변의 실체가 없으니
누가 생하고 누가 멸하는 것도 없네.
그저 제로섬(zero-sum) 게임이라네.

인간은 눈(目)을 기준으로
유무(有無)를 따지지만 자연은 그렇지 않다네.
자연의 보이지 않는 소리, 귀(耳)로 들어야 하네.
생멸은 한 바람(風)소리로 존재를 이루네.
하늘소리, 땅소리, 사람소리

생멸은 누가, 무엇이 죽는
그런 생사가 아니라네.
본래 천지인은 하나, 생멸은 하나
'나-너'가 없네. 시공간도 없네.
내 것, 네 것이 없네.

생멸은 열려있음이네.
지식은 정지된 사물과 같다네.
열려있으면 배우게 될 것이고,
배우다 보면 언젠가는 성인도 될 수 있다네.
열려있으면 한 바람을 타고 부활할 수 있다네.

■ 존재는 신비, 아니 신

1.

존재는 보이지 않지만
보이는 모든 것에 깃들어 있는 신비
존재는 신인가, 자연인가

존재는 신비, 아니 신
신은 숨어있거나 초월적이 되었네.
나는 신을, 신은 나를 서로 모시네.

나는 너를 몰라도 좋아.
아니 모르기 때문에 더욱 좋아.
영원히 신비로 남아있어 줘.

신비는 신비로워서 아름다워.
아름다움은 아름다워서 신비로워.
너에게 신비와 아름다움은 함께 빛나고 있어.

존재는 유무(有無)가 아니다.
존재는 유무의 이분법을 벗어나 있다.
존재는 어떤 이분법도 벗어나 있다.

존재는 본래 하나로 있음이다.
존재는 인식하는 것이 아니라 본래 있음이다.
존재는 본래 신비로움이고, 신이다.

2.
존재는 삶, 사유는 앎
앎을 삶에 편입한 인간 현존재는
삶을 숨기고 앎을 드러내기 시작했네.

존재자는 사물, 아니 언어, 과학

나는 너를 법칙으로 파악하네.
나에게 법칙은 너로 파악되네.

앎은 앎으로 인해 모름에 노출되네.
모름은 몰라서 더욱 앎을 잡으려하네.
앎과 모름은 철학의 경계를 이루네.

나는 너를 알아서 불안해.
아니 알기 때문에 더욱 불안해.
영원히 모름으로 남아 있어 줘.

앎이란 의식된 것, 존재자이다.
말하여진 신은 신이 아니다.
신조차도 앎 속에 들어오면 존재자가 된다.

존재는 앎이 아니다.
존재는 주체와 대상도 아니다.
존재는 어떤 종류의 삶이라도 함께 한다.

3.
말하여진 것은 이미 세계이다.
말하여지지 않는 것이 존재이다.
말하여지지 않은 것은 그것 자체이다.

그것 자체는 앎인가, 삶인가.
그것 자체는 본질인가, 실존인가.

그것 자체는 고정됨인가, 움직임인가.

앎의 철학은 본질과 고정됨을 추구하고
삶의 철학은 실존과 움직임을 추구한다.
모든 삶은 고정된 앎, 세계를 해체하고 있다.

말로 인해서 존재는 세계가 된다.
앎은 세계를 추구하는 것이 된다.
삶은 앎과 삶을 동시에 사는 것이다.

말하여진 도(道)는 도가 아니다.
말하여진 신(神)은 신이 아니다.
말하여진 불(佛)을 불이 아니다.

어떤 사람은 진리를 길을 가는 것으로 표현한다.
어떤 사람은 진리를 신을 믿는 것으로 표현한다.
어떤 사람은 진리를 스스로 깨달음으로 표현한다.

■ 아, 똑똑함의 어리석음이여!

아, 똑똑함의 어리석음이여!
차라리 본래 어리석음이 그립다.
아, 있음의 없음이여!
본래 없음이 그립다.

아, 심(心)의 물(物)이여!
본래 물이 그립다.
아, 직선의 곡선이여!
본래 곡선이 그립다.

아, 존재의 신체여!
차라리 본래 신체가 그립다.
아, 절대의 상대여!
본래 상대가 그립다.

아, 나의 절대여!
너의 절대로 인해 상대가 되는구나.
상대는 상대로 인해 관계가 되는구나.
끝없는 관계로 인해 연기(緣起)가 되는구나.

직선은 인과(因果), 곡선은 순환(循環)
인과(因果)는 가까운 거리의 사물의 관계이다.
순환(循環)은 먼 거리에 있는 사물의 관계이다.
원은 시종(始終), 점은 유무(有無)

주체-대상, 주인-노예여!
초월-정신, 내재-물질이여!
유신-무신, 유심-유물이여!
인간-신, 신-자연이여!

이제 그대들의 분열을 소멸하라.

존재여, 온전히 함께 있으라.
온 누리여, 창조의 하나님, 존재의 하나님에서
생성의 하나님, '되다'의 하나님으로 돌아가라.

■ 허무한 철학의 종착지

인간은 왜 고정불변의 존재를 원하는 것일까.
신, 이데아, 이성, 정신, 물질, 힘, 권력
실체, 무한자, 무제약자, 절대자, 존재
이들은 실체를 가정한 철학적 여정이었소.

그 여정의 최종목적지는
나와 남의 상호작용
작용과 반작용, 능동과 수동에 대한 문답,
주체와 대상의 상호왕래에 지나지 않았소.

존재란 그냥 있는 것인데
그것의 실체를 알아야 하는 인간존재
아무리 해석을 해보아도 그것은 해석
해석하는 순간, 그것이 되어버리는 존재

모든 존재를 이용의 대상으로 볼 것이냐,
함께 살아가는 존재로 볼 것이냐.
사유하는 자는 자신에서 부처(佛)를 찾고,
신앙하는 자는 타자에서 신(神)을 찾네.

부처와 신이 하나가 되는 곳에 길이 있네.
인간과 자연이 함께 하는 곳에 길이 있네.
앎의 극치는 허무(虛無)
허무의 극치는 허(虛)와 무(無)

허무를 허무주의로 극복하는 인간
말로써 말을 극복하는 인간
결국 남을 통해 자신에 이르는 인식하는 인간
자신이 자신이라는 것에 이르는 존재하는 인간

앎을 택할 것이냐, 삶을 택할 것이냐.
앎은 머리로 가능하지만, 삶은 몸으로 길을 가야하네.
실체가 있는 힘을 택할 것이냐,
실체가 없는 무(無)를 택할 것이냐.

주인이 될 것이냐, 노예가 될 것이냐,
사랑할 것이냐, 미워할 것이냐.
이원대립(二元對立)의 변증법을 택할 것이냐,
음양상보(陰陽相補)의 상생을 택할 것이냐.

음양은 시(詩)철학의 동양에서 내놓은 최초의 은유
음양에 포섭되지 않는 사물과 존재는 없다.
서양은 음양(陰陽)이 아니라 양음(陽陰)을 택함으로써
주체-대상의 현상학, 개념철학의 길을 가게 되었다.

To be, or not to be, that is question

존재냐, 비존재냐, 이것이 문제로다.
To live or to die, that is the question
사느냐, 죽느냐, 이것이 문제로다.

■ 레이싱걸에 비친 욕망

철학자는 욕망을 관찰하고 현상한다.
대중들은 욕망을 실천하고 살아간다.
욕망은 흩뿌려진 실존이고 존재이다.

신형 자동차는 도발적 처녀, 고객은 돈 많은 사람들
레이싱걸은 아슬아슬한 패션으로 욕망을 자극한다.
레이싱걸의 옷은 입는 것이 아니라 가리는 것이다.

예전엔 욕망이 의식주와 재생산(출산)에 매달렸지만
지금은 자동차와 프리섹스와 게임기에 매달려 있다.
컴퓨터는 인간의 정체를 기계인간으로 드러내고 있다.

자동차, 게임기, 섹스머신, 로봇, 전쟁기계, 사이보그
자연과학은 자연과 본능을 머신으로 변신하고 있다.
본래존재로서의 자연은 망각되고 이제 존재도 아니다.

신형 차 전시장은 가장 아름답고 값비싼 처녀들의 전시
수줍음이라고는 전혀 없는, 보란 듯이 쭈쭈빵빵의 처녀들은
타는 것과 잠자는 것, 먹는 것에 대한 욕망을 회상케 한다.

관음증, 신경증, 히스테리환자가 되어버린 현대인은
사도마조히즘의 환자가 되어 일상의 욕망을 질주한다.
교통사고와 암환자가 사망률의 1, 2위를 달리고 있다.

레이싱걸은 작렬하는 태양처럼 거리에서 눈부시다.
천 조각으로 그곳을 가린 이브는 최첨단의 욕망이다.
땅에는 레이싱걸, 하늘에는 인공위성이 별처럼 떠있다.

■ 한 편의 시를 쓰기 위해

한 편의 시를 쓰기 위해
수천 편의 시를 씁니다. 시인은
한 송이 꽃을 피우기 위해
하늘과 땅은 땀을 뻘뻘 흘립니다. 하나님은

하나의 앎을, 깨달음을 위해
온 몸을 바칩니다. 우리는
나(내)와 네(너)가 우리라는 사실을 알기 위해
평생을 바칩니다. 만물은

삶이란 그런 것이죠.
설사 아무 것도 건지지 못했을지라도
그것 자체로 아름답습니다.
차라리 빈손일 때가 더 아름답습니다.

세계는 본래 발가벗은 것이었으니까요.
그곳에 그림을 그리고, 노래를 부르고,
때로는 고전을, 때로는 경전을
때로는 낙서를, 때로는 침묵에 잠기는 인간들

우리는 본래로부터 너무 멀리 떨어져 나와
이제 돌아갈 고향을 잃어버린 미아와 같습니다.
어릴 때 시끌벅적한 시장에서 부모의 손을 놓쳐버린
그 때의 기억과 불안이 엄습하는 이유는 무엇입니까.

한 편의 시를 쓰기 위해 수천 편의 시를 쓰는 시인은
그런 기억과 불안을 잠재우는 탐험가나 용사와 같습니다.
설사 돌아오지 않는다 해도 미련이 없는 그런 용사 말입니다.
모든 죽음은 한편의 불꽃같은 시와 같습니다.

■ 영감과 글쓰기

1.

밖으로부터 영감(inspiration)을 받아야
안에서부터 글쓰기(inscription)를 할 수 있다.
영감과 글쓰기는 둘 다 안(in)에서 일어나는 사건이다.

열려있는 사람이라야 자신의 글을 쓸 수 있다.
닫혀있는 사람은 남의 책이나 말에 갇힌 자이다.
닫혀있는 사람은 남의 문화나 역사에 갇힌 자이다.

닫혀있는 사람일수록 큰소리로 주장하거나 과시한다.
열려있는 사람은 자신의 주장을 조용히 책으로 집필한다.
영감에 차 있는 사람은 그것 자체를 옮기기에도 바쁘다.

2.
영감은 밖에서 들어오는 신내림(계시)을 말하고,
글쓰기는 안에서 교직하는 신올림(구성)을 말한다.
안으로 들어온 것은 넘치면 밖으로 흘러넘친다.

영감에 찬 글쓰기는 신명나는 일이다.
신이 나지 글은 제식훈련이나 병정놀이다.
훌륭한 시인은 신내림과 신올림의 교차점을 안다.

기운생동하지 않는 글을 쓰기나
생기 없는 노래를 부르는 것은 직무유기(職務遺棄)다.
신(神)놀이는 무녀들이나 제사장들이 하던 재능이다.

■ 어떤 소리화가

그는 어느 날 갑자기
어떤 주어(주체)도 목적어(대상)도 없애버렸다.
그는 해방된 비인간(非人間)이었다.
오직 살아 움직이고 변하는 동사만 있을 뿐
그 동사는 소리였다. 파동이었다.

그는 스틱 하나 들고
마치 오케스트라 지휘자(창조주)처럼 나아갔다.
세계는 동등한 존재로 가득 찼다.
오직 존재와 존재의 만남, 살아있는 신체만 있을 뿐
존재의 어떤 이름도 부정했다.

안이비설신의(眼耳鼻舌身意)에서 의(意)를 빼버렸다.
감각의 접촉만 있을 뿐, 의미는 없었다.
수많은 의미는 무의미일 뿐
그는 모든 고정된 의미와 형상을 해체해버렸다.
일체유심조(一切唯心造), 무상정등각(無上正等覺)!

일월화수목금토(日月火水木金土)의 구분도 의미가 없었다.
그는 금속과 나무, 물과 불, 흙의 만남을 기뻐했다.
하늘의 일월(日月)을 땅에서 발견했다.
모든 만남은 동등했고, 일월마저도 같은 것이었다.
일월성신(日月星辰), 천지신명(天地神明)

그는 소리를 타고
시간여행을 하는 것을 즐겼다.
그는 최첨단의 원시인처럼 하늘의 별들과 살았다.
모든 존재들에 소리를 입히면서(憑依), 그 반응을 보면서
어린아이처럼 환호를 질러댔다.

시간도 공간도 없었다.
오직 존재와 존재의 만남의 기적이 있을 뿐

옛 샤먼처럼 신을 느끼면서 신과 하나가 되어
지질시대를 사는 인간처럼 살았다.
별유천지비인간(別有天地非人間)

그는 빛과 소리의 광란, 빅뱅(Big-bang)을 준비했다.
블랙홀(Black-hole)을 숨긴 빅뱅을!
지금도 시시각각 일어나고 있는
태초의 빛과 소리의 터짐과 삼킴
천지현황(天地玄黃) 우주홍황(宇宙洪荒)

음양상보(陰陽相補)여! 오행(五行)이여!
내가 양이면 그대가 음
내가 음이면 그대가 양
요철(凹凸)의 아름다움이여!
죽음을 무릅 쓴 쾌락이기에 더욱 즐겁다.

■ 소리는 어둠에서도 죽지 않는다

소리는 어둠에서도 죽지 않는다.
빛은 어둠의 일부
우린 빛이 보여주는 세계를 전체라고 생각한다.
존재는 어둠과 같다.
빛은 존재와 존재자의 사이에 있다.

빛은 존재자를 밝히고

소리는 존재를 느끼게 한다.
빛은 두뇌를 밝히고
인간은 빛을 존재자의 계기로 삼는다.
소리는 영혼을 일깨운다.

존재는 이미 있는 것이거나
있다고 생각하는 것
신은 때로는 존재를, 때로는 존재자를 닮았다.
영혼이 없으면 신이 없고
빛이 없으면 생명이 없다.

존재는 어둠의 신체로 연결된 인드라 망
어둠 속의 빛을 보는 것은 명상의 기본
화두를 잡고 참선을 하는 것도
말로써 말을 극복하는 것도 어둠과 빛의 신비
묵조선(黙照禪)과 간화선(看話禪)은 결국 같은 것

소리는 빛의 어머니, 말은 소리의 빛
성인(聖人)의 옛글자는 소리를 듣는 성인(聲人)
빛과 소리와 향기와 맛을 한꺼번에 느끼는 몸
문형지성왈성(聞馨知情曰聖)이여!
소리는 어둠에서도 죽지 않는다.

■ 그녀를 느낄 때

그녀를,
순수한 그녀를 느낄 때
나는 태초를 느낀다.
순수란 절대, 절대는 끝없는 지향
시작과 끝이 없음도 느낀다.

그녀를 느낄 때
신의 말씀과 악마의 웃음소리
삶과 죽음조차도 모두
함께, 동시에 있음을 느낀다.
죽음을 무릅 쓰는 쾌락도 깨닫게 된다.

그녀를 알려고 할 때
모든 것이 무지(無知)라는 것을 알게 된다.
그녀가 점점 멀어질 때
모든 것이 허무(虛無)라는 사실도 깨닫게 된다.
그녀는 나의 전부였다.

그녀는 혼돈(渾沌)처럼 머물고 있다가
때때로 이브처럼 다가와 설레게 한다.
그녀의 유혹이 있다는 것이 다행스럽다.
아침이면 생기발랄하게 나를 일터로 몰아내는 그녀
가족이라는 것도 그녀의 선물이다.

그녀를 느낄 때 나는 신이 된다.
그녀를 느낄 때 세계는 한 가족이 된다.
그녀를 느낄 때 세계와 전체가 하나가 된다.
그녀를 느낄 때 전체와 존재가 하나가 된다.
그녀를 느낄 때 욕망과 무욕을 동시에 오간다.

■ 일과 놀이

일은 놀이, 놀이는 일
일 속에 놀이가 있고, 놀이 속에 일이 있다.
일이 노동이 되고, 놀이가 일이 되면
놀이를 제대로 즐길 수 없다.

일을 하는 것이 인간이다.
인간은 태어나면 스스로 일을 해야 한다.
몸가짐을 갖는 것도, 공부하는 것도 일이다.
어린아이 때는 놀이가 일이었다.

'헤겔의 노동의 개념' 연구로
독일 프랑크푸르트 대학에서 박사학위를 딴
임석진(林錫珍) 명지대 교수는 93년 봄 날
한국헤겔학회 학술지 '헤겔연구'를 들고 나를 찾았다.

경향신문 문화부기자였던 내가 물었던 첫 말,
"헤겔철학에는 놀이의 개념이 있습니까.

인생의 반은 놀이인 것 같은데….”
그는 뜻밖의 질문에 당황했다.

그는 곧장 집으로 돌아가서 ‘놀이’라는 단어를
‘헤겔문서’ 전체에서 이 잡듯이 뒤졌다.
헤겔철학에는 놀이의 개념이 없었다.
노동과 놀이는 분명히 대립되는 개념이다.

다음날 다시 찾은 그는 놀이 개념이 없다고 실토했다.
“그러면 인생의 반은 생략한 철학자네요.”
그의 대답 왈, “신문기자들 철학 실력이 대단하네요.”
인류학에서는 놀이와 의례는 큰 주제이다.

노동에 집착한 헤겔은 마르크스라는 제자를 낳았다.
그가 놀이에 관심이 있었다면 세계철학은 달라졌을 것이다.
프롤레타리아의 일은 육체노동처럼 보이고,
부르주아의 정신노동은 놀이처럼 보이니까.

임석진의 코를 납작하게 했던 기억이 있다.
이는 헤겔철학에 대해서도 마찬가지이다.
나는 ‘한국문화와 예술인류학’을 집필하고 한참 지나서야
독일철학자 호이징어가 ‘놀이의 인간’을 쓴 사실을 알았다.

철학의 삼대 목표인 진선미(眞善美) 중에서
진선(眞善)은 일에, 미(美)는 놀이에 가깝다.
놀이도 운동한다는 점에서 일이다.

놀이는 '노는 일(놀 일)'이다.

놀이에서 노래가 나왔다.
아니, 노래에서 놀이가 나왔는지도 모른다.
노래 부르고 춤 출 때 인간은 가장 행복하다.
철학은 노래 부르지 못할 때 발동되는 생리인가.

일과 놀이도 상호왕래적일 수도 있다.
한국의 풍류도(風流道)가 바로
삶과 일을 놀이처럼 대하는 동양의 도(道)이다.
상마이도의(相磨以道義), 상열이가락(相悅以歌樂), 유오산수(遊娛山水)

■ 우리는 죽음을 무릅 씁니다

우리는 죽음을 두려워하면서도
때때로 죽음을 무릅 씁니다.
친구를 위해 목숨을 걸기도 합니다.

밥 한 그릇, 빵 한 조각
사과 하나, 작은 소녀에 반해
모험을 펼치고 큰 전쟁도 일으킵니다.

잘난 사람이나 못난 사람이나
죽음을 무릅 씀으로써 살기도 하지만
때때로 안타깝게 죽음에 이르기도 합니다.

인생의 크나큰 완성은 마지막에
죽을 자리를 잘 찾음으로써 완성됩니다.
임진왜란을 승리한 이끈 이순신장군도
노량해전에서 전사를 두려워하지 않았습니다.

남북전쟁을 북군의 승리로 이끌어
오늘날 미합중국의 초석을 닦은 링컨대통령도
암살을 두려워하지 않음으로써
노예해방이라는 천명(天命)을 달성했습니다.

■ 외화(外化) 혹은 소외(疏外)

신은 스스로를 외화(外化)하지 않으면 안 됩니다.
스스로 창조하지 않으면 신이 아니니까요.
인간은 피조물 사이에서 소외감(疏外感)을 느낍니다.

외화에서 다시 소외되는 것은 추방되는 것입니다.
추방되는 것은 본래자리로 돌아가는 내화(內化)와 다릅니다.
존재는 외화 혹은 내화를 통해 궁극적으로 소통하게 됩니다.

우리는 누구나 존재에서 드러남으로써
주체와 동시에 대상이 되고 상호왕래를 통해
대상을 의식한 후에 다시 주체로 돌아옵니다.

우리는 누구나 존재에서 소외됨으로써

대상의식과 자기의식의 쫓고 쫓기는 왕래를 통해
세계를 의식하게 됩니다. 세계는 의식입니다.

의식은 언젠가는 무의식과 본능에 굴복합니다.
초의식은 무의식이 되고, 이성은 욕망이 됩니다.
존재는 신체적 욕망과 대뇌적 이성의 포기입니다.

우리는 누구나 삶을 위해 죽음을 무릅 씁니다.
삶의 한계와 절정에서 죽음을 무릅 씁니다.
최고의 성공과 완성과 죽음의 마지막 꼭지점에서.

■ 타자는 지옥이다

타자는 지옥이다.
내 안의 타자는 지옥이다.
하나님마저도 절대타자라면 지옥이다.

종말심판으로 지옥에 가는 것이 아니라
내 안의 타자로 인해 지옥에 간다.
세계가 타자라면 자유마저도 의미가 없다.

세계는 타자로부터 해방되어야 한다.
세계는 타자로부터 구원을 받아야 한다.
타자는 자기를 바라볼 때 일어나는 유령이다.

우리는 서로가 서로의 타자이다.
타자는 기계보다 낯선 괴물이다.
세계는 스스로 있는 자기(Self)가 되어야 한다.

2차 세계대전에서 나치수용소를 경험한
사르트르는 "타인은 지옥이다."라고 했다.
아니다. "타자는 지옥이다."(박정진)

세계는 존재-내-세계이다.
세계는 자기-내-존재이다.
참혹한 지옥은 인류멸종일지 모른다.

■ 개인과 집단은 하나이다

개인 없는 집단은 없고
집단 없는 개인도 없다.
둘은 서로 물고 물리는 하나이다.

서양철학과 문명은
세계를 이분화한 후에 다시 통합을 추구하는
변증법적 통일이 목표이다.

개인주의는 이기주의에 빠지기 쉽고
사회주의는 전체주의에 빠지기 쉽다.
개인-사회는 연속-불연속의 교차이다.

철학이 개념적 분석을 먼저 하고
후에 경험적 종합을 하는 것은
존재의 이용에는 효과적이지만 항상 모순에 빠진다.

서양철학과 과학은 세계를 원자단위로 이용하지만
생성적 존재의 자체 반란에 의해 한계에 직면한다.
아울러 생명을 무시하는 환경파괴를 피할 수 없다.

개념(definition)은 무한(infinite)을 자른 것이다.
이분법은 개념의 결과이다.
개념은 순수, 초월, 절대에서 출발한다.

현상은 끝없이 나아가야 하는 운명에 빠진다.
무한을 끊은 대가로 무한히 나아가는 것이다.
이것이 현상학적 철학의 알파요, 오메가이다.

■ 동물의 입장에서 인간을 바라보면

동물의 입장에서 인간을 바라보면 한마디로
"놀고 있네, 놀고 있어."

동물의 본능은 저속하고 인간의 본성은 고상하다고.
"놀고 있네. 놀고 있어."

동물은 구속되어 있고, 인간은 자유스럽다고.

"놀고 있네, 놀고 있어."

동물의 입장에서 인간을 바라보면
"미친놈들, 놀고 있네."

"우리는 구속을 느낀 적이 한 번도 없어."(동물의 말)
"구속은 도리어 섹스프리(sex-free)의 인간이 느끼는 것이지."

동물의 본능은 구속을 느낀 적이 없다.
구속은 도리어 자유를 느끼는 인간에서 비롯된다.

인간은 자신을 투사하여 동물을 동물이라고 명명하고,
자신을 신이라고 명명하며 신이 되려고 안달이다.(인간의 욕망)

인간은 모두 어느 분야에 미칠(狂) 수 있는 병적(病的) 존재이다.
인간은 미쳐야(狂) 어느 분야의 정상에 도달(到達) 수 있다.

옛 무당은 무병(巫病)을 앓고 난 후에 굿을 할 수 있었다.
신들린 무당은 신탁(神託)과 함께 치료를 겸하는 무의(巫醫)였다.

니체는 인간을 동물과 초인 사이의 밧줄 타는 존재로 규정했다.
초인이라는 것도 초월적 존재를 가정하는 인간적인 타성이다.

신은 인간의 초월적 변형, 초인은 신의 내재적 변형
초월과 내재가 하나가 되니 인간은 자연적 존재로 돌아간다.

■ 바람은 바람이다

바람은 바람이다.
바람은 이유 없이 바라는 바람이다.
어디서 오는 지도, 어디로 갈지도 모르는,
운명적인 것에 온몸을 맡기는 원인모를 바람

바람은 도무지 깊이와 넓이를 알 수 없는
우연을 가장한 필연, 실재를 가장한 실체
하늘에서 불어온 바람, 땅에서 솟아난 바람
불현 듯 일어나는 기도와 사건 같은 것

바람의 말과 향기는
저 은하수에서 내 작은 발끝까지 흐른다.
온몸으로 알아듣는 바람은 일체가 되어
허공을 음악의 전율(戰慄)처럼 흐른다.

바람은 바라는 곳으로 끌고 가고야 말지.
생명이 움트는 재잘대는 곳이든
죽음의 숨소리 끊어지는 곳이든
때론 나그네처럼, 때론 용사처럼 헤치고 갈뿐

바람은 끝내 바람이다.
때론 정체불명의 것이기도 하지만
안에서 불어오는 바람은 기도가 되고
밖에서 불어오는 바람은 사건이 된다.

■ 여자여, 그대 빈 곳에

여자여, 그대 빈 곳이 있기에
내가 있네.

여자여, 그대 빈 곳이 있기에
세계가 있네.

이름 붙이기를 마다하는 자여
그대 몸 전체가

바로 깨달음이네.
바로 해탈이네.

여자여, 그대 빈 곳이 있기에
존재의 안식이 있네.

태초의 빈 곳이여,
큰 울음이 있었던 곳으로 돌아감이여!

신이 있다면 바로
그대 빈 곳이로소이다.

이름 없는 그곳,
그대 빈 곳에 물 채움의 낙(樂)이여!

■ 태초의 소리

어느 날 우연히
길을 가다가 태초의 소리를 들었다.
그 소리는 마치 오래 된 약속처럼
나의 귓전을 때렸다.
모든 사물들의 깊은 곳에서
태초처럼 울리고 있는 그 소리
가장 깊은 용암 속에 숨어 있는 그 소리
가장 먼 폭발 속에 숨어 있는 그 소리
지금 어머니 뱃속에 남아 있는 그 소리

어느 날 우연히
바닷가를 거닐다가 태초의 소리를 들었다.
파도 속에 숨어 숨바꼭질하듯 흐르는 그 소리
나의 심장을 때렸다.
파도를 애무하는 바람 속에
그 때처럼 울리는 있는 그 소리
바다가 생기기 전부터 울렸던 그 소리
하늘이 열리기 전부터 울렸던 그 소리
지금 어머니 가슴 속에 울리는 그 소리

돌에서 들리는 그 소리
나무에서 흐르는 그 소리
그 소리를 듣기 위해 살갗이 귀를 흔들어 깨웠던,
멀리 달아나더라도 잡기 위해 스스로를 세웠던

생명의 소리, 어머니의 자장가
가슴으로 흔들어 깨우는 소리
새들이 노래하기 전부터 노래했던 그 소리
어떤 연주자도 없이 스스로 울리는 그 소리
스스로 흥에 겨운 악기처럼 울리는 그 소리

산들은 왜 언덕을 세웠는가.
검은 계곡을 헤집는 그 소리
폭포들은 왜 높은 곳에 자리하는가.
하얀 폭백(暴白)을 세우는 그 소리
꽃들은 왜 스스로 설레는가.
암술과 수술을 천연덕스럽게 드러내고
사랑을 불태우는 향연의 소리
출몰하는 빛 사이사이의 현란함이여!
빛들은 왜 제 몸을 실어 나르는가.

■ 커피에 대한 몽상

붉은 입술
검은 자궁
누구에게나 열려 있는
헤픈 눈웃음, 장미의 유혹
뜨거움에 풀어지는 흑색 가루들

한 모금 들이키면

바로 안도(安堵)와 위무(慰撫)
금세 하늘은 찬송가를 부른다.
신을 대신하는 중독
탁자 위에 떠도는 백일몽

아침마다 너의 앞에 늘어서서
삼삼오오 잡담을 늘어놓지.
너의 검은 심장에 어울리는
욕망의 끝없음을 늘어놓지.
신은 탁자로 조심스레 걸어 들어오지.

하얀 잔속에 마지막 남은
검붉은 너를 아끼며 마신다.
하얀 바닥에 붉은 피가 보인다.
행여 네 영혼이 상처받을까봐,
행여 내 삶의 바닥을 볼까봐, 주저한다.

가을날, 창밖에 낙엽이 뒹군다.
말라빠진 붉은 입술
쭈글쭈글한 검은 자궁
끓는 물소리의 찬송가를 들으며
너의 입술을 살짝 훔쳤다.

■ 하산(下山)
— 통일동산을 내려오면서, 2021년 11월 6일

가을날 해질녘
어디선가, 까마귀소리
앞서거니 뒤서거니
낙엽 밟는 소리를 따라
까악까악, 누구를 부르는 걸까.

기우는 해를 따라
상념은 제멋대로 기우뚱거리고
짐짓 홀로 가는 척 하지만
저만치 따라오는 이 있어
아직은 낙엽도 포근하네.

바람결에 상처(喪妻)한 이웃이야기
언젠간 우리도 혼자이겠지.
괜히 청춘마냥 상념에 잠기네.
궁금해 하는 것은 습관일 뿐….
흘러가는 것에 대한 괜한 두려움

아, 겨울을 환호하는 낙엽들
새 생명을 준비하는 죽음의 전령들
피 냄새 나지 않는 산촌의 사육제
저승길에서도 짝을 찾느라
까악까악! 사방엔 땅거미

■ 숲의 신비

난, 두통이 나면 숲으로 간다.
숲으로 가면 두통의 원인은 몰라도
두통이 낫는다.
숲은 치료의 원조이다.

숲의 신비여!
말씀에 자리를 빼앗긴 여인이여!
깊은 침묵으로 신통력을 보여 다오.
저 죽어 가는 사람에게 기적을 보여 다오.

숲에서 멍하니 하늘을 바라보고 있어도
생명수 같은 맑은 공기를 조금씩 들이쉬면
멀고 먼 생명의 뿌리가 생각난다.
한 그루의 고목이 되고 싶다.

난, 숲으로 가리라.
그녀의 숲속 옹달샘에서 눈 먼 장님이 되리라.
거기선 죽지 않는다. 돌아가는 곳이니까.
단군 할아버지가 산신령이 된 이유를 이제야 안다.

혼자서 고향을 느끼고 싶을 때,
왠지 교회로 발걸음이 떨어지지 않을 때,
늙어서 병원이 아닌 구원자를 찾고 싶을 때,
마술 같은 자연을 느끼고 싶을 때 너를 찾는다.

■ 성음악(聲音樂)

자연에서 문화가 발생하고,
문화의 절정은 악(樂)이라네.

소리(聲)는 자연의 가장 근본적인 소통(疏通)
음(音)은 문화의 가장 원초적인 언어

말(言)은 인류의 가장 보편적인 언어
악(樂)은 일반적인 신체적 존재로서의 합일(合一)

악은 온몸의 전율(戰慄)로써
세계가 하나의 신체적 공명체임을 알게 하네.

노래 부르고 춤추는 가락(歌樂)은
온몸의 혼연일체를 의미하네.

성음악(聲音樂)은 자연의 소리, 말의 소리,
몸 전체의 공명을 일으키는 신인합일(神人合一)이네.

■ 독락당에서 홀로 금지차를 마시다
— 제 2회 세계명차품다회, 경주 독락당, 2022년 6월 4일

고향 땅 경주에서 마시던 차 씨를 간직하고
중국 구화산(九華山) 지장보살의 길을 묵묵히 걸어간

지장보살 김교각(金喬覺)스님이여!
오늘 1200년 만에 찻잎으로 돌아왔네.

구화산 금지차를 독락당에서 마시는 차인들이여!
지옥에서라도 중생을 구하겠다던 보살의 염원이
오늘 찻잎으로 녹아 우리 몸속에 젖어드네.
홀로 도(道)를 찾던 회재(晦齋)선생의 독락당에서 차를 마시네.

홀로 부처를 닦고, 홀로 도를 닦고
홀로 마시는 독차(獨茶) 맛의 진수는
무엇이 독락당(獨樂堂) 차맛에 비할 수 있으리.
보살과 선비가 한 자리에서 만나 극락을 즐기네.

독락당에서 차를 마시는 복된 차인들이여!
세계는 하나의 꽃, 하나의 찻잎
평화의 차를 통해 하나가 되는 사해동포여!
독락당에서 은은히 퍼지는 차맛의 풍미(風味)를 들으소서.

반짝반짝 빛나는 금빛 차는
청규(清規)와 농선병행(農禪竝行)의 원조
노호동 암벽에서 발견된 금지차(金地茶)는
줄기가 대나무처럼 비어 고향을 그리는 정을 담고 있네.

구화산 99개 봉우리는 지장스님의 세수와 같고
입적 후 3년이 지나도 부패하지 않아 등신불이 되었다네.
독락당에서 유불선(儒佛仙)은 하나로다.

풍류도(風流道)는 풍류차(風流茶)로 면면히 흐르네.

■ 세계가 하나로 느껴질 때

어느 날 갑자기 세계가 하나로 느껴질 때
태양과 내가, 돌과 내가 시원이 같음을 느낄 때
하나의 생명으로 약동할 때 놀라움에 빠진다.

세계가 한 눈에 잡히는 만화경처럼
저마다의 색깔과 이미지로 찬란하게 빛날 때
나는 한 마리 독수리 되어 두 날개를 휘젓는다.

어느 날 갑자기 세계가 하나로 느껴질 때
나는 죽음을, 죽음의 관념을 넘어선다.
넘어간다는 것은 부정이 아니라 긍정이다.

세계가 하나이고, 신이 완전하다면
신은 하나이고, 동시에 전체여야 한다.
신은 사물이고, 동시에 공허여야 한다.

세계가 하나이고, 신이 완전하다면
신은 유심이고, 동시에 유물이어야 한다.
신은 심물이고, 동시에 존재이어야 한다.

세계가 하나이고, 신이 완전하다면

신은 자기분열이고, 동시에 자기통일이어야 한다.
신은 자기현상이고, 동시에 자기존재이어야 한다.

세계가 하나이고, 신이 완전하다면
타력구원과 자력자각이 동시에 하나이어야 한다.
천지창조와 복귀섭리가 동시에 하나이어야 한다.

세계는 앞으로 가면서 제자리서 환원하고
세계는 앞으로 가면서 원점으로 회귀한다.
세계는 앞으로 발전하면서 뒤로 순환한다.

현상학과 존재론은 하나로 화해해야한다.
실체론과 실재론은 하나가 되어야 한다.
나와 하나님은 하나의 됨(becoming)이다.

■ 인류문명사의 하늘부호

인류문명사의
하늘부호를 보면
북두칠성(ᄃ)이
만다라(卍)가 되고
만다라가
십자가(十) 되고,
십자가가
좌표(十)가 되었나니.

좌표는 자연과학을 말하네.
이것이 종교에서 과학에 이르는
북두칠성에서 태양까지 우주여정이라네.
모든 것은 마음이고
마음이 심중(心中)이라면
몸은 중심(中心)을 잡아야 하네.
천지태극(☯)이 돌고 돌다가 '나'로 귀결되네.

■ 말을 만든 인간

신이라는 말은 인간이 만들었다.
악마라는 말도 인간이 만들었다.
인간이라는 말도 인간이 만들었다.

만약 신이 죽었다면
남은 것은 악마와 인간!
악마를 죽이지 않으면 인간이 죽을 수밖에 없다.

누가 악마이고, 누가 인간인가.
인간이 악마인가, 악마가 인간인가.
마지막 상대를 죽이는 자가 악마인가.

인간은 항상 자신의 잘못을 동물에게 책임전가 했다.
"개 같은 놈, 짐승 같은 놈"
자신이 동물임을 부정하는 것이 지구인간의 일상이었다.

동물은 배가 고프지 않으면 사냥을 하지 않는다.
인간은 배가 터져도 사냥과 탐욕을 일삼는다.
"개보다 못한 인간, 짐승보다 못한 인간, 악마 같은 놈"

시간과 공간을 만든 인간은 스스로를 그곳에 가두었다.
기억은 물질이 되고, 시간의 뿌리인 현재는 망각되고,
욕망은 마천루, 인공위성, 기계인간이 되었다.

말이 만들어지기 전, 세계는 어땠을까.
모든 동물들과 산천초목들이 사이좋게 살았을까.
인류는 다시 지구와 같은 신천지를 찾을 수 있을까.

■ 대화(對話)

신은 또 다른 나
나는 또 다른 신
나와 신은 동거하고 있네.

세상에 독백이란 없다.
독백인 것 같지만
언제나 상대가 있기 마련이다.

그 상대가 보이지 않는 신이든, 귀신이든
친구든, 연인이든, 부모든, 그 누구든
결국 말을 매개로 한 대화 상대이다.

말은 인간에겐 이미 본능이다.
대화상대를 찾지 못하면
끝내 미치거나 자살에 이르게 된다.

대화는 숨 쉬는 것과 같다.
우리는 때때로 꽃과 별과 대화를 하고,
과거 혹은 미래와 대화를 한다.

우리는 마치 남처럼 자신과 대화를 한다.
기도도 대화이고, 싸움도 대화이다.
저주도 대화이고, 전쟁마저도 대화이다.

신도 대화를 위해서 만물을 창조했는지 모른다.
대화를 하지 못하는 세상은 죽음보다 못하다.
대화가 없는 세상이야말로 밑바닥 지옥일 것이다.

존재를 대상으로 하는 순간, 대화가 시작된다.
철학도 대화이고, 종교도 대화이고, 과학도 대화이다.
예술은 물론, 삶 자체가 이미 대화이다.

■ 머리와 몸

머리만 가면 남의 지식에 놀아날 수 있다.
몸이 가면 머리는 따라가지 않을 수 없다.
상상력도 몸이 갈 때 창조적이고 주체적일 수 있다.

몸에 머리가 달려있다는 사실을 망각한
암체어 철학자들은 평생 탁상공론에 빠져있거나
'남이 장에 가면 거름 지고 장에 가는' 철학자로 생을 마친다.

마르크스 식 실천으로 혁명을 선동하고,
앎의 철학, 삶의 철학을 나누기도 하지만
삶에서 우러나는 앎이야말로 진정한 철학이다.

"나는 생각한다. 고로 존재한다."
생각하는 존재로서의 인간선언이다.
"나는 존재한다. 동시에 생각한다."
인간은 생각하는 동물이다.

천국과 극락이라는 저승을 상상한 인간은
너나 할 것 없이 땅 속에 묻힌다.
시간을 만든, 죽음을 의식한 인간의 존재방식이다.

■ 현상이란 무엇인가

상상하는 것이야말로 현상의 출발이다.
현상이라고 생각하는 것이야말로 현상이다.
존재를 잡으려는 것이 현상학이다.

시간도 현상이고, 공간도 현상이다.
인식도 현상이고, 의식도 현상이다.

이상도 현상이고, 현실도 현상이다.

현상에는 항상 반대현상이 있다.
현상에는 좋은 현상과 나쁜 현상이 있다.
신의 현상에도 귀신의 현상이 있다.

인간은 현상학적 존재, 현존재이면서
동시에 자연으로서 존재론적 존재이다.
현상과 존재가 따로 있는 것은 아니다.

현상학의 출발은 플라톤의 이데아현상학
아리스토텔레스의 형상현상학, 칸트의 이성현상학
헤겔의 유심현상학, 마르크스의 유물현상학

니체는 권력현상학, 프로이드의 욕망현상학
베르그송의 생명현상학, 후설의 실증현상학
화이트헤드의 실체현상학, 하이데거의 존재현상학

후기근대철학의 종합은 들뢰즈의 욕망기계현상학,
서양철학을 일이관지하면 유심유물욕망기계현상학
형이상학에서 출발한 서양철학의 과학으로의 회귀이다.

■ 존재란 무엇인가

현상을 말하기 전에 존재는 존재한다.

존재를 설명하고 해석하는 것이 현상학이다.
말하기 전의 인간이 존재론적 존재이다.

현상학자는 말한다.
"현상학의 끝에는 존재가 있다. 존재는 항상 달아난다."
"존재는 차연(差延)되는 것이다."

존재론자는 말한다.
"존재는 알 수 없다. 존재는 미지의 세계로 남는다."
"존재는 무(無)이다."

사물은 존재이다. 이것을 사물이라고 하니 현상이 된다.
현상과 존재는 색즉시공(色卽是空)과 같은 말이다.
인간이 사물을 대상화·목적화하니 현상이 된 것이다.

자연은 사물(thing) 이전에 사건(event)이고, 본래존재이다.
존재를 시공간의 그물에 넣고 계산을 하니 현상이 된 것이다.
현상학은 물리학을 의식과 무의식에 확대하면서 본격화되었다.

현상학의 신은 초월적이고, 동시에 내재적이고 기계적이다.
현상학의 신은 존재론의 존재, 자연과 만날 수밖에 없다.
양자의 화해는 세계가 하나(圓)라는 전제를 충족시키게 된다.

■ 칸트에게 한 수

1.

칸트는 현상을 주장하면서도 이율배반을 주장했다.
세계의 유한과 무한, 신의 존재와 비존재,
자아의 자유와 자연의 필연성을 이율배반이라고 했다.
그런데 자유와 자연의 필연성은 이율배반이 아니다.

자유(自由)는 자연(自然)에 이유(理由)를 집어넣은 것.
이론적 영역에서 도덕적 영역을 확보하기 위한 것이라는
자유는 그 자체가 필연성이며, 자연과학의 원천이 되었다.
자연과학의 발달로 자연은 사물 그 자체(itself)가 되었다.

과학은 개념이며, 종교는 맹목이다.
과학은 시공간 개념으로 구축된 함수의 건축물이며,
종교는 증명할 수 없는 신을 믿어야 하는 맹목이다.
"직관 없는 개념은 공허하며, 개념 없는 직관은 맹목이다."(칸트)

자연의 필연성은 인간의 자아의 자유가 발견한 것이다.
자유로운 상상력과 이성이 없었다면 필연성은 발견되지 않았다.
자연의 필연성은 본래 있는 것이 아니라 인간이 발견한 것이다.
자유 이전에 자연이 있고, 자연은 또한 무위자연(無爲自然)이다.

좋은 것은 선(善)이 되었지만, 선은 모두에게 선하지 않았다.
자유는 도덕보다는 생명을 위하는 것이 먼저이다.
자유는 자연으로부터 분리되는 인간성의 독립이 아니라

자연의 현상으로서의 자유, 역사적 목적으로서의 자유이다.

2.
신의 존재유무는 증명의 문제가 아니라 믿음의 문제이다.
사람이 믿으면 신이 있는 것이고, 믿지 않으면 없는 것이다.
세계의 유한무한은 유한하면 신이 없기 때문에 무한하여야 한다.
신이 없으면 하나로서의 존재 혹은 세계는 설명할 길이 없다.

신의 유무나 세계의 유한무한을 말하지만 신과 무한은 같다.
신이 없으면 무한도 없고, 무한이 없으면 신도 없다.
신과 무한과 자연은 말을 다르지만 결국 같은 것이다.
자연과 자연과학만이 다르며, 자연과학은 생각의 산물이다.

생성의 의미로서의 존재 그 자체가 없으면 필연도 우연도 없다.
필연과 우연은 존재를 이분법으로 갈라놓은 현상학의 결과이다.
주체와 대상, 시간과 공간은 모든 필연과 우연의 출발점이다.
생성변화를 설명하려면 필연과 우연에 동시에 봉착하게 된다.

인간과 신과 자연은 화해하지 않으면 안 된다.
자유는 떠나버렸던 자연의 고향으로 되돌아가지 않으면 안 된다.
자연과학은 더 이상 자연을 황폐화시켜서는 안 된다.
인간은 신과 자연을 화해시킴으로써 중도(中道)를 회복해야 한다.

"종교는 증명할 수 없는 신을 믿는 과학이다."
"과학은 증명할 수 있는 법칙을 믿는 종교이다."
과학과 종교는 서로 가역·왕래할 수 있다.

종교와 과학을 벗어나는, 존재론적 운동은 예술이다.

3.

영혼이 없으면 신은 아무런 의미가 없다.
신이 없으면 영혼은 아무런 의미가 없다.
신체가 없으면 세계는 아무런 의미가 없다.
세계가 없으면 신체는 아무런 의미가 없다.

존재가 없으면 세계는 아무런 의미가 없다.
세계가 없으면 존재는 아무런 의미가 없다.
자연이 없으면 인간은 아무런 의미가 없다.
인간이 없으면 자연은 아무런 의미가 없다.

현상이 없으면 존재는 아무런 의미가 없다.
존재가 없으면 현상은 아무런 의미가 없다.
존재는 무(無)로부터 유(有)에 도달한다.
현상은 유(有)로부터 무(無)에 도달한다.

인간은 자연적 존재에 대한 자기기만이다.
인간의 자기기만이 있어서 자연은 이해된다.
인간의 자기기만이 있어서 과학은 성립된다.
인간은 자연에 대한 자기이해·자기증명이다.

세계의 어떤 의미도 스스로 일어나지 못한다.
상대가 있기 때문에 절대도 의미를 얻는다.
절대가 있기 때문에 상대도 의미를 얻는다.

신과 세계는 절대-상대의 의미의 세계이다.

■ 어떤 예수, 어떤 부처

어떤 예수는 목이 터져라 외쳤다.
"내가 예수야, 내가 살아있는 예수"
살아있는 바리새인들은 놀려댔다.
"내가 왕중왕(王中王)이라고, 어디 증거를 대봐. 증거를!"
그는 끝내 증거를 대지 못하고 십자가에 못 박혀 돌아갔다.
그가 부활했다는 전설은 있었지만 사람들은 확인하지 못했다.
사람들은 언제나 살아있는 예수를 핍박하고 죽은 예수를 섬겼다.

어떤 부처는 조용하게 말했다.
"무릇 모든 있는 상(相)들은 허망한 것이야."
그는 대중들이 궁금해 하는 표정을 보고 말을 이었다.
"너희들 중에 제상(諸相)들이 상(相)이 아닌 것을 안다면 네가 부처야."
사람들은 상(相)이라고 하다가 바로 상이 아니리고 하니 어리둥절했다.
"모든 것은 그저 이름일 뿐이야, 부처도 이름일 뿐이야."
사람들은 부처의 이름만 외우다가 결국 부처가 되지 못했다.

부처가 되어서 돌아온 예수를
바리새인들은 이해할 수 없었고, 받아들일 수 없었다.
"가이사의 것은 가이사에게, 하나님의 것은 하나님에게 바치라."
(마가복음: 12장 17절)
"나는 아버지 안에 있고, 아버지는 내 안에 계시다."

(요한복음: 14장 10절)
바리새인들은 민중들이었고, 스스로 생각하지 못하는 무리였다.

신은 부처로 완성된다.
부처는 신으로 완성된다.
예수는 신으로 완성된다.
신은 예수로 완성된다.
인간은 신으로 완성된다.
인간은 부처로 완성된다.
예수는 부처로 완성된다.

당신이 예수가 되지 않으면 예수가 없다.
당신이 부처가 되지 않으면 부처가 없다.
예수가 부활하고 부처가 환생하는 것은
오직 당신의 마음먹기에 달렸다.
고정불변의 존재는 없다.
생멸하는 가운데 예수도, 부처도 있다.
당신이 살아있을 때 어떤 예수부처가 되어야 한다.

■ 당신의 태어남은 유일무이한 사건

당신의 태어남은 존재가 아니라
신과 잠시도 떨어질 수 없는 유일무이한 사건입니다.
당신의 태어남은 기적이라는 말로도 설명이 모자랍니다.

우리는 누구나 천지부모의 자녀입니다.
내 몸에는 천지창조의 비밀이 죄다 새겨져 있으며
내 마음에는 천지인참부모의 심정이 죄다 기록되어 있습니다.

당신 자체가 태초의 신과 함께 한다는 사실을 아십니까.
지금 당신이 말하고, 행동하는 모든 것이 바로
지금껏 세상에 없었던 최초최후의 사건입니다.

당신의 태어남은 존재가 아니라
지금도 여전히 되어가고 있는 과정 그 자체, 전체입니다.
당신을 존재의 한 조각이라고 생각하는 것은 오류입니다.

■ 가족은 너무 아름답습니다

가족은 너무 아름답습니다.
이 세상의 어떤 말보다 아름다운 말
악마도 한 가족이라고 하면
모든 죄와 허물이 눈 녹듯 사라지고 맙니다.
가족은 항상 빛나고 있는 알맹이입니다.
국가와 세계 속에서도

가족은 너무 아름답습니다.
희로애락이 한 데 엉겨 눈물이 뒤범벅이 되어도
지붕 위엔 항상 무지개가 걸려있습니다.
가족을 모르면 어떤 이상도 거짓말이 되고 맙니다.

우리는 모두 아버지, 어머니, 형제, 자매
대한민국은 한 가족, 세계는 한 가족

가족은 소박하지만 어떤 위대함보다 높고
가족은 단순하지만 어떤 이상보다 확실합니다.
하늘과 땅이 가족이 되는 것도
남녀가 아버지어머니가 되는 것도
가족의 신비, 가족 속에 신이 숨어있습니다.
한 가족의 평화는 세계평화의 이정표

아무 준비 없이 만나도 즐겁고
준비가 없기 때문에 더욱 즐겁습니다. 가족은!
여행길에서도 화기애애(和氣靄靄)해 지고
타향은 갑자기 고향으로 바뀝니다.
옛날 옛적부터 하나였던 것을 떠올리게 합니다.
죽어서도 돌아가는 곳이 가족입니다.

■ 기억상실의 깨달음

기억해달라는 용기가 없어서
세상에서 가장 잊혀 진 국외자의 길을 갔다.
망각(忘却)과 무억(無憶)의 차이는 무엇인가.
깨달음에 매달리는 모습이 처량한 까닭은 무엇인가.

우리가 기억하는 것이라고 해봐야

언제가 화장장의 연기처럼 잊혀 질 것들
어머니, 아버지, 개구쟁이 친구들…
자식도 잊어버리는 망각이라는 벽의 끝자락

기억해달라는 용기가 없어서
잠자다가 증발해버리는 행운을 꿈꾼다.
오류투성이, 허망한 진리를 찾아 산 세월
자기기만의 화관(華冠), 영원한 삶과도 결별했다.

기억을 중심으로 보면 망각은 존재
존재를 부정하는 것을 진리라고 한다면
우리는 차라리 진리보다 존재를 사모할 일이다.
오래 살면 기억상실에 빠지는 이유를 알겠다.

시시각각 생멸, 그대로 좋은 것을!
존재를 발견한 그 날, 세계는 공허로 가득 찼다.
이름 있는 모든 것들은 증발해버렸다.
아, 더 이상 슬프지 않기 위한 기억상실의 깨달음!

■ 그리움으로, 기다림으로

우리를 살게 하는 힘은 무엇인가.
인생의 막다른 여정에서 느끼는 것은
그리움으로, 기다림으로.
그리움으로 하늘을 목말라하고

기다림으로 묵묵히 길을 걸어간 간 세월

나이를 먹으면서 갑자기 보고 싶은
어머니, 아버지
그리움은 어머니가 변한 그 무엇
기다림은 아버지가 변한 그 무엇
나는 철들지 않는 아이

우린 아버지, 어머니의 아들딸
우린 아들딸의 아버지, 어머니
나는 누구의 그리움이 된 적이 있었던가.
나는 누구의 기다림이 된 적이 있었던가.
나도 모르는 사이에.

그리움과 기다림으로 살아온 세월
두 기둥 사이를 오가면서
때론 힘을 얻고, 때론 힘을 잃은 적도 있지만
인생은 아버지와 어머니라는 바통을 물려준,
결국 그리움과 기다림의 혼성계주게임

■ 사랑함으로 슬픈 이유는

사랑함으로 슬픈 이유는 무엇인가.
사랑이 넘치면 저절로 슬퍼지는 것인가.
사랑이 넘칠 때 이별을 미리 눈치 채는 것인가.

때때로 그대 앞에서 눈을 감는 이유는 무엇인가.
세상이 온통 보랏빛으로 물들 때
하나로 물드는 세상은 신기루를 눈치 채는 것인가.

사랑함으로 슬프기보다는
슬픔으로부터 사랑에 도달하는 자비(慈悲)는 어떤가.
사랑하는 그대여!

너와 나를 잃어버리는 것이 어떤가.
본래하나였던 우리를 느끼는 게 어떤가.
사랑하지 않아도 사랑하는 우리를 느끼는 게….

■ 보고 싶은 것에 대하여

보는 것은 황홀하다.
보는 것보다 더 황홀한 것은 보고 싶은 것이다.
그리는 것은 황홀하다.
그리는 것보다 더 황홀한 것은 그리워하는 것이다.

우리는 오늘도 살고 있다.
보고 싶고 그리워하는 것 때문에
살다보면 때로는 미워할 때가 있을지라도
미운 정 고운 정 다 들면 그저 그것 때문에 그립다.

하나님을 직접 보는 것보다

하나님을 보고 싶어 하고 그리워하는 까닭은
보고 싶어 하는 하나님이 더 황홀하기 때문이다.
그리워하는 하나님이 더 참 하나님이기 때문이다.

만물에 미치고, 만물 그 자체이기도 한 하나님
유무세계를 하나로 품는, 시공간 이전의 존재,
말이 생기기 이전의 생성 그 자체의 존재
지금도 창조하고 있는 까닭에 보고 싶고 그리워한다.

■ 다 그럴만한 이유가 있는 거야

다 그럴만한 이유가 있는 거야.
낙엽이 떨어지는 것도
한 여자가 넋 놓아 울고 있는 것도
한 남자가 빠른 걸음으로 달리는 것도
갓난아이가 엄마 품에서 방실방실 웃는 것도
한 노인이 얼굴을 찡그리며 걸어가는 것도
다 그럴만한 이유가 있는 거야.

정말 다 그럴만한 이유가 있을까요.
내가 이유를 알아서 그것이 존재하는 것이 아닙니다.
내가 이유를 몰랐을 때도 그것은 엄연히 존재했습니다.
내가 이유를 모르는 먼 미래에도 그것은 존재할 겁니다.
이유가 없는 곳에 진정한 존재가 있을지 모릅니다.
밤하늘 수많은 별들의 운행은 영문을 알 수 없습니다.

정말 다 그럴만한 이유가 있을까요.

■ 축제와 평화

축제는 어디서 출발할까요.
한 가족의 식탁 언저리에서 출발합니다.
한 식탁의 평화와 즐거움이 축제입니다.
세계가 한 가족이 되면 가장 큰 축제입니다.

축제는 평화를 좋아합니다.
평화와 천국은 어떤 곳입니까.
우리가족이 노래 부르고 춤추는 곳이 천국입니다.
세계가 한 마당에서 노래하면 가장 큰 축제입니다.

축제와 평화는 한 몸입니다.
축제와 평화는 떨어질 수 없습니다.
축제를 하면 전쟁조차도 멈추게 됩니다.
전쟁은 평화를 가장한 가장 큰 악의 축제니까요.

우리는 축제하는 인간이 될 수 있습니다.
우리는 전쟁하는 인간도 될 수 있습니다.
우리에겐 항상 두 마음이 있어 선택을 기다립니다.
두 길에서 어느 길을 가야 행복해 질 수 있을까요.

우리에겐 위하는 마음이 있습니다.

우리에겐 이용하는 마음이 있습니다.
우리에겐 사랑하는 마음이 있습니다.
우리에겐 미워하는 마음이 있습니다.

세계가 하나의 식탁에서 한 가족이 되면,
하나님 아래 한 가족이 되면 이보다 큰 축제는 없습니다.
그날이 오면 우리는 저절로 춤추고 노래하게 할 겁니다.
가화만사성(家和萬事成)이 진성덕황제(眞聖德皇帝)입니다.

■ 지귀도(地歸島) 서정

1.

여인들만 사는 지귀도
멀리서 보면 그저 납작하고 평평한 지귀도
가까이서 보면 울퉁불퉁하고 험한 지귀도
바다 속은 다양한 어종이 살고 있다.
세계적으로 휘귀한 연산호 군락이 있다.
섬 안쪽엔 지천으로 억새가 우거져있다.

억새를 배어 방바닥을 깔고
나무를 잘라 기둥과 천막을 세우는 여인들
섬 안에 있는 것들을 이용해 순식간에
집과 부엌을 만드는 여인들
한 천막마다 너 댓씩 모여 사네.
밥 해먹고 그래도 화장도 하고 사네.

지귀도 해녀들은
매년 5월이면 떠들썩해지네.
청정지역에만 발견되는 해초와 고기를 잡네.
굵직하게 자란 자연산 미역에
청정해역 거북손, 바다달팽이 군소
때로는 문어도, 오분자기도 발견되네.

바다 속을 일렁이는 푸짐한 토시
삼단 같은 여인의 머리칼처럼 자라는 토시
토시는 지귀도의 자랑거리
위미 1리 해녀들은 한 몸처럼 움직이네.
육지 여인들은 물동이를 머리에 이지만
지귀도 해녀들은 등에 지고 가네.

새벽녘에는 목욕재계하고
용왕 할망에게 제를 지내네.
해녀들도 보호하고
어부도 보호하는 할망
이 할망당(堂)에 일 년에 한 번씩
톳 채취하는 계절에 제를 지내네.

파도가 거칠고 심한 이곳
여인들은 매 순간 바다와 생사를 다루네.
먹고 살기 위한 욕심으로
때 아닌 사고는 늘 따라다니네.
바람에 파도에 제멋대로 깎인 날카로운 바위들

이 바위 걸어 다니면서 세월이 다 가네.

   2.

지귀도 앞바다에서
일 년 내내 물질하는 여인들
바다는 여인들을 위협했지만
여인들을 살아가게도 한 바다
이승 돈을 벌어다가
이승의 자식을 먹여 살린다는 해녀들

바다물질하면서 밭은 일구었고,
밭일 하다가 젖을 물려야 했던
여인들의 두 다리는 톳짐을 나르느라 힘드네.
세월의 흔적은 여인들의 몸에 고스란히 남았네.
아프지 않는 곳이 없어 파스투성이 온몸으로
밭도 가꾸고 바다도 가꾸는 여인들

지귀도 없으면 못 사는 여인들
지귀도는 여인들의 밭, 삶의 터전
자리돔 한 마리에 냉국 한 그릇도 진수성찬
바다 건너 위리 마을에 전깃불이 반짝거리면
자식 생각, 남편 생각에
여인들의 밤은 깊어가네.

톳자루 지고 섬에서 떠나보내면
자식 떠나보내듯 홀가분해지네.

자식에게 돈 받아쓰는 것이 죄스러워
지귀도에서 일하는 것이 도리어 즐겁네.
어버이날이면 나무이파리로 카네이션 만들어
형님동생하면서 서로의 가슴에 달아주네.

노동이 힘겨워 안 오려고 맹세했건만
해마다 돌아오고 마는 지귀도
마음 같지 않는 늙은 몸이 야속하지만
죽기 전에 돌아오고 마는 지귀도
여인들이 돌아온다고 지귀도(地歸島)라네.
해양시대, 여성시대가 돌아오면 성지가 된다네.

제주도 남쪽바다 5킬로미터 지점에
여인들만 사는 섬, 지귀도
여인들의 낙원지옥, 지귀도
죽지 않는 한 찾을 지귀도
저녁이면 막걸리 잔치, 웃음소리
천국이 오는 날 하늘이 떠나가도록 웃으리.

■ 어떤 나라의 시인과 독재자

시가 혁명일까, 혁명이 시일까.
시인들을 나라를 빼앗기면 저마다 피를 토하면서
독립과 자유를 노래했다.
시인들은 해방된 후에도 나라 만드는 것을 몰랐다.

민주와 평등만을 노래했다.
나라는 저들의 보이지 않는 울타리라는 것을 몰랐다.
라이너마리아 릴케나 보들레르를 흠모한 시인들은
결코 나라를 생각한 적이 없었다.
마르크스의 추종자들은 식민지시절 투쟁과 저항을
제 나라에서 실천하면 그만이었다.
알량한 시인들은 歐美시인을 따라하는 게 고작이었다.

혁명이 시일까, 시가 혁명일까.
한 군인은 부국강병을 위해 어느 날 새벽 남몰래
동지들과 혁명을 일으켰다.
시인들은 그에게 주저 없이 독재자의 이름을 붙였다.
독재자는 자조자립협동을 노래했다.
독재자는 국민에게 시(詩)보다 밥 주는 게 급선무였다.
독재자는 방방곡곡 불도저와 트랙터로 운동의 시를 썼다.
독재자는 논밭에서 막걸리를 나누면서 눈물의 시를 썼다.
독재자는 나라를 지키기 위해 통일벼와 국산총을 제조했다.
독재자는 시 대신 새마을노래를 작사·작곡해 부르게 했다.
누가 진정한 시인이고, 혁명가인지는 알 수 없다.

■ 야구와 축구, 존재자와 존재

야구의 승패는 피처가 결정한다.
야구는 남자의 경기이다.
야구는 창(槍)의 경기이다.

야구는 엘리트의 경기이다.

골키퍼 없는 축구는 존재할 수 없다.
축구는 여자의 경기이다.
축구는 방패(牌)의 경기이다.
축구는 민중의 경기이다.

야구를 방망이를 휘두르는 경기이고,
펜스(벽)를 넘기는 홈런타자를 최고로 친다.
축구는 둥근 공을 골문에 넣는 경기이고,
골대 속 그물(인드라 망)을 출렁이는 경기이다

야구는 작은 공을 멀리 쳐내야 한다.
축구는 큰 공을 좁은 공간 안에 넣어야 한다.
야구는 존재자의 경기이다.
축구는 존재의 경기이다.

■ 다 알면 재미없지

다 알면 재미없지.
더욱이 아름답지도 않지.
모르기 때문에 살맛도 나지.
모르기 때문에 알고 싶지.

다 알면 재미없지.

신도 모르기 때문에 믿고 싶지.
죽을 때까지 그리워할 수 있지.
모르기 때문에 죽을 맛도 나지.

다 알면 재미없지.
알고 나면 싱겁지 않은 것이 없지.
몰라야 궁금해지고 입맛이 당기지.
나를 속이면서 사는 것이 삶이지.

살아갈수록 모르는 것은 늘어나고
모르는 채로 죽어가는 것은
후생을 위해 아름다움을 남겨놓는 일
나는 너를, 너는 나를 몰라서 아름답네.

■ 국가와 철학, 한글철학

존재론은 독일의 철학이다.
존재론은 관념론의 꽃이다.
현상학은 프랑스의 철학이다.
해체철학은 현상학의 꽃이다.
경험론은 영국의 철학이다.
자연과학은 경험론의 꽃이다.

모두 국가철학이 세계철학이 되었다.
국가철학을 세운 나라는 선진국이다.

한국의 한글철학은 심정(心情)의 철학이다.
심정의 철학은 '정(情)의 사회'의 꽃이다.
정의 철학은 신체가 없으면 생기지 않는 철학이다.
정(情)이 없으면 지(知)가 없고, 철학이 없다.

한국인은 정(情) 때문에 산다.
한국인에겐 사랑도 미움도 정이다.
가장 자연스럽게 사는 사람이 한국인이다.
정은 하늘과 땅 사이에 가장 인간적인 것이다.
살다보면 살게 되는 게 '정의 사회'의 특징이다.
정(情)은 세월에 따라 승화된 되어 소리가 묻어있다.

■ 감사합니다, 고맙습니다

세상일 좀 알고 나면, 그저
"감사합니다. 고맙습니다." 말할 뿐이네.

매 걸음걸음 걷는다는 것이 감사하고
매 순간순간 숨 쉰다는 것이 고마운 일이네.

옆에서 함께 살아주는 아내가 있는 것도 감사하고
술자리를 할 친구가 곁에 있는 것도 고마운 일이네.

잊을 만하면 찾아주는 아들딸이 있는 것도 감사하고
운동을 재촉하는 마을 산이 있는 것도 고마운 일이네.

죄 많은 인생에 용서를 허락하는 하늘도 감사하고
봄여름가을겨울 계절을 주는 산천도 고마운 일이네.

"감사합니다, 고맙습니다."
단군신화의 곰신(神)이 지금 우리 마음속에 살아있네요.

■ 울 엄마

울 엄마, 어느 날 밥상머리에서 하는 말
"이제 눈을 감아야 너희를 더 잘 볼 수 있구나."
눈앞이 어른거려 자식도 몰라보는,
세상 보는 것에 지친 80 노모 울 엄마

보는 것을 포기할수록
오직 기억 속에 또렷이 떠오르는 아들딸
눈에 넣어도 아프지 않은 우리를 위해
보는 것과 기억을 맞바꾼 울 엄마

울 엄마, 어느 날 숨을 가두면서 하는 말
"저승에 가면 너희를 더 잘 볼 수 있겠구나."
저승 가면서도 아들딸 생각만 하는 울 엄마
아마도 저승에서도 눈 감지 못하고 계실거야.

울 엄마에게도 망각이 있을까.
망각의 강을 넘으면 부모자식 인연도 잊을까.

망각의 강을 다시 넘어 이승에 돌아오면
또다시 울 엄마가 될 수 있을까.

■ 자화상(自畵像)

1.
고도근시(高度近視)인 나는 군대에도 못 갔다.
평생 먼 곳을 보기 위해 안경알을 바꾸었다.
전쟁은 아예 할 수 없는 못난 인간이었다.

내 안경의 왼쪽 알에는 0가 쓰여 있었고,
오른쪽 알에는 1이 쓰여 있었다.
내 안경은 그것자체로 ∞가 되었다.

내 코는 히말라야 에베레스트 봉우리처럼
내 안경을 충실한 신하처럼 받치고 있었다.
자아(自我)를 상징하듯 우뚝 솟아있었다.

의과대학에 진학했지만 영혼을 구할 수 없음을 알고
시인이 되었고, 언론인이 되었고, 문화인류학자가 되었다.
문화인류학자로 만족할 수 없어 철학인류학자가 되었다.

내 머리는 수많은 털을 기르느라 평생 수고했다.
생기면 빠지는 의식(意識)의 털을 부지런히 길러댔다.
내 딴에는 사지(四肢)에 명령하느라 분주했지만 허사였다.

내가 미처 깨닫지 못한 운명을 알려주신 어머니!
불초(不肖)한 인생을 돌아보면
길마다 점점이 후회되는 일만 있을 뿐이다.

　　2.
내 머리가 내 몸에 항복문서를 쓴 것은 일흔이 넘어서였다.
상하관계라는 것이 항상 주고받는 상호작용이었으니 말이다.
상구보리(上求菩提) 하화중생(下化衆生)은 동시에 일어났다.

천지가 밖에 있는 줄 알았지만 내 안에 있음을 뒤늦게 알았다.
인중천지일(人中天地一), 천상천하유아독존(天上天下唯我獨尊)
선후상하좌우내외가 없다는 것을 깨달은 지는 어제 일이었다.

이제 시간과 공간을 버렸다.
세계는 제 문(門)을 열고 닫기를 끝없이 반복했다.
나는 나를 잃어버렸다.

나로 태어나서 나를 잃어버리니 이심전심(以心傳心)이 되었다.
나와 만난 수많은 인연들이 이신전신(以神傳神)으로 다가왔다.
나와 만난 수많은 존재들이 만물만신(萬物萬神)으로 다가왔다.

지상의 내 임무는 끝났다.
하늘이 내 부모이고, 나 또한 하늘부모이다.
천지인이 내 부모이고, 또한 내 자식이다.

어머니! 이만 하면 당신의 아들 자격이 있겠습니까.

나의 유일한 신, 어머니!
머지않아 당신이 간 길을 저도 따라갈 겁니다.

■ 피아노를 치는 색광녀

1.
베토벤 소나타 비창(悲愴)의 굉음
광녀의 회한을 달래고 있는가.
그녀는 베토벤에 빙의되고 있는가.

알몸으로 피아노를 치는 색광녀(色狂女)
욕망으로부터 음악의 탄생을 떠올리게 하는
그녀는 어딘가 슬픈 기분에 둘러싸여 있다.

음악의 천상계와 욕망의 지상계에 걸쳐진
밧줄을 타고 아슬아슬하게 줄타기를 하는 그녀
아름다운 몸매와 풍성한 젖가슴도 슬프다.

자연에 중력이라는 무게가 있다면
인간에겐 욕망이라는 무게가 있다.
욕망을 내려놓지 않으면 결국 미치게 된다.

2.
라흐마니노프의 피아노 협주곡의 굉음
제가 치는 피아노소리 마사지에 취해

황홀경에 들어간 그녀는 하늘여행을 시작했다.

피아노소리를 타고 중력을 벗어난 그녀는
온 몸이 열리는 몰아일체의 안개 속에서
손가락과 건반이 벌리는 엑스타시를 맛보았다.

음악으로부터 비극의 탄생을 쓴 니체는
'힘에의 의지'와 '초인'을 주장했지만
쓸쓸히 정신병원에서 생을 마감했다.

음악이 음으로 말하는 철학이라면
욕망은 신체가 말하는 자연의 소리
세계는 신체적 존재, 소리존재.

■ 노래바다, 송해
― 딴따라 풍각쟁이 송해 선생을 기리며

생각해 보니 노래바다 송해
전국 방방곡곡 남녀노소
친구 아닌 곳이 없었구려.
벗 아닌 이가 없었구려.

생각해보니 노래바다 송해
일제, 피난시절 배운 딴따라 각설이
평생 자랑삼아 떠돌아다닌

트로트 풍각쟁이, 어릿광대

이름도 걸맞구려, 노래바다 송해
삼천리강산이 좁다고
이제 하늘나라까지 소풍 가
전국노래자랑 하늘에서 울려 퍼지네.

이름도 걸맞구려, 노래바다 송해
노래로 세상을 다 채우니
고해(苦海)가 화해(和海)가 되었구려.
그만 하면 영면해도 아까울 것 없으리.

(2022년 6월 8일)

■ 스페인어 버전의 트롯을 들으며

1.
스페인어 버전의 트롯을 들으며
일요일 한 나절을 흠뻑 보냈다.

대중가요는 잘도 퍼져 가는데
남의 철학에 기대어 살아온 오랜 세월

우리철학은 언제 스스로를 노래할 수 있을까.
우리철학은 언제 외국어 버전의 트롯이 될까.

위선과 오만의 슬픈 지식인 노예들이여!
노예인 줄 모르는 슬픈 식민지식인이여!

　2.
BTS는 한글노래로 빌보드차트 1위에 올랐다.
지구적 정서와 마음을 읽어 유엔에서 노래를 불렀다.

진정 우리는 노래와 춤으로밖에 호소할 수 없는가.
한글철학이 없이는 결코 선진국이 될 수 없다.

철학하는 자여, 부끄러운 앵무새여!
아직도 강단에서 무엇을 아는 체하며 떠들어대는가.

뒷골목깡패들을 욕할 게 없다. 변하지 않는 위선!
뒷골목창녀들을 함부로 욕하지 말라. 지식쓰레기들!

■ 몽돌해수욕장의 조약돌

당신과 함께 산지는 오래 오래
몇 번의 벚꽃이 피고 몇 번의 개울물이 얼었지.
우린 언제나 바다를 향하여 꿈꾸었지.
소라, 성게, 말미잘의 고향을 향하여
우린 언제나 푸른 꿈을 꿈꾸었지.

파도가 밀려오고 쓸려간 지는 오래 오래

몇 번의 태풍이 불고 몇 번의 해일이 일었지.
우린 언제나 수평선 너머 멀리 멀리 꿈꾸었지.
그런데 어느 날 바다는 멀리 달아나고
반들반들 조약돌만 남았네.

■ 가을꽃 단풍

꽃이 피었네. 가을 산천에
새빨간 단풍, 불타오르고 있네.

까마귀는 까악 까악
하늘을 흔들어 깨운다.

우수수 떨어지고 울음 우는 것들이
천지를 소리로 채우고 있다.

가을꽃 단풍들은 꽃상여인가.
누군가를 재촉하고 있다.

누군가의 이름을 부르고 싶다.
누군가의 목소리를 듣고 싶다.

장렬하게 전사하고 싶다.
맹렬하게 사랑하고 싶다.

■ 시(詩)로 말할 수밖에

말로써 표현할 수 없으니
시(詩)로 말할 수밖에.

말로써 통하지 않으니
시(詩)로 말할 수밖에.

말로써 풀리지 않으니
시(詩)로 말할 수밖에.

말로써 의미가 없으니
시(詩)로 말할 수밖에.

시(詩)로써 의미가 없으니
무의미 시가 좋소.

시(詩)로써 시를 지우니
침묵이 좋소.

침묵으로 통하니
그저 침묵으로 좋소.

■ 어느 날 갑자기 거리가 없어졌다

어느 날 갑자기 거리가 없어졌다.
밤하늘의 수많은 별들이 쏟아졌다.

어느 날 갑자기 내가 없어졌다.
나는 나가 아닌 낯선 손님이었다.

어느 날 갑자기 세상은 세상이 아니었다.
아득한 옛날이거나 멀고 먼 미래였다.

어느 날 갑자기 거리에서 거리가 없어졌다.
나는 어디론가 날아가 버렸다.

어느 날 갑자기 시공간이 없어졌다.
흘러가고 흘러갈 뿐, 자리하고 자리할 뿐이었다.

어느 날 갑자기 이름을 잊어버렸다.
내 이름이 없어지고, 사물들의 이름도 없어졌다.

어느 날 갑자기 세상은 온전한 세상
나누어지지 않았던, 존재 그 자체로 다가왔다.

■ 임종게송(臨終偈頌)

1.
모든 불은 꽃이 되었네.
모든 물은 바다가 되었네.
하늘에 해와 달, 별
행성들이 줄지어 섰네.

신불도(神佛道)가 하나가 아니면
신불도가 아니네.
신불도가 자연(自然)이 아니면
신불도가 아니네.

천지인(天地人)이 하나가 아니면
천지인이 아니네.
천지인이 순환하지 않으면
천지인이 아니네.

잠들 때가 되니
어둠과 고요가 내리고
별들도 함께 자리에 드네.
우리 모두는 빛나는 별이라네.

2.
누가 자장가를 불러다오.
누가 어머니가 되어다오.

누가 나를 어머니께 데려가 다오.
지친 용사는 절름발이로 다가가리니.

끝에 이르니 처음을 알겠구나.
시작과 끝이 없다는 것을
원은 시작과 끝이 없는 이유를
원은 하나라는 것을

하나 되는 것이 하나님이네.
하나 되는 것이 죽음이네.
하나 되는 것이 영원이네.
하나 되는 것이 불멸이네.

우리는 본래 천원(天圓) 속에 있었네.
각자 흩어져 지방(地方)에서 살았지만
각자 성질대로 인각(人角)을 세웠지만
원방각(圓方角)은 하나의 뿔, 원추(圓錐)였네.

■ 쓸쓸함에 대하여

스치는 것은 모두 쓸쓸하다.
소리 나는 것도 모두 쓸쓸하다.
서리 맞은 꽃, 나무, 빛깔들도 아프다.

의미를 찾아온 인간은

삶의 바지가랭이를 붙잡겠지만
끝내 죽음의 깊은 수렁에 빠져든다.

죽음을 예감하는 쓸쓸함은
삶의 걸음걸음에서 앞질러 소리친다.
홀로 되는 것은 시시각각 낯설다.

쓸쓸함은 무엇인가.
나를 의식한 죄의 막다른 골목의 환영이거나
삶의 고통에 대한 부질없는 반성적 회한이다.

낙엽은 왜 승리의 푸른 월계관이나
오색찬란한 화관의 웃음을 흘리지 못하는가.
따뜻한 아랫목에서도 찬바람이 일고 흐느낀다.

인생이 들려준 온갖 의미를 돌려주고 싶다.
모든 의미가 사라지면 쓸쓸함도 사라지겠지.
제로로 돌아가는 홀가분함의 쓸쓸함이여!

비명을 지르는 풍경들은 저마다 쓸쓸하다.
회색빛 염라대왕의 목소리가 점점 다가온다.
아름다움에 대한 기억조차 쓸쓸함을 맞장구친다.

■ 그대는 왜 눈물을 훔치는가

그대는 왜 눈물을 훔치는가.
열심히 살아놓고, 잘 살아놓고
왜 남몰래 눈물을 훔치는가.
청춘의 달콤함 때문인가. 기만 때문인가.

그대는 왜 이제사 아버지어머니를 떠올리는가.
과거를 뒤돌아보고, 미래를 떠올리는가.
흘러간 것을 떠올리는 애긋은 기억이여!
눈물도 강물을 닮아 흘러가는 것이어늘.

청춘의 이유 없이 반항처럼
초로(初老)의 이유 없는 슬픔이여!
순간이 영원임을 알았어도
영원에서 순간을 기억하고 싶은 때문인가.

그대가 깨달았어도 슬픈 이유를 아는가.
그리움은 우리가 마지막 그리는 그림이다.
우리의 마지막 그림은 첫 그림이다.
부모의 자리에 자식이 설 수 있음이 그리움이다.

■ 나는 떠나가네, 떠나가네

나는 떠나가네, 떠나가네

한강물처럼 흘러흘러 떠나가네.

나는 떠나가네, 떠나가네
석모도 붉은노을처럼 떠나가네.

나는 떠나가네, 떠나가네
고려산 진달래 능선처럼 불타다가 떠나가네.

동에서 서로 해와 달이 가듯
나도 너도 어깨동무하고 떠나가네.

앞서거니 뒤서거니 걸음하며
하늘땅이 맞붙은 곳으로 떠나가네.

새벽에 수놓은 수많은 문장(文章)들
뒤로하고 홀홀히 불현듯 떠나가네.

■ 위대한 영혼, 여기 잠들다

위대한 영혼, 여기 잠들다.
그는 생명에서 무생물에 이르렀다.
그는 무생물에서 생명에 이르렀다.
그는 죽음도 몰랐다.
세상에 대한 공포와 불안도 없었다.
존재는 끝없는 여행!

그는 자유조차도 본성에서,
과학의 필연성도 자유에서 비롯되었음을 알았다.
자연과 자유는 시간을 거슬러 원류를 찾았다.
그는 신조차 절대타자로 보지 않았고,
몽돌해수욕장의 조약돌도 신처럼 대했다.
존재는 움직이면서 움직이지 않았다.

모든 존재는 공평했고,
생사조차 하나였다.
그가 세상을 떠났어도
세상은 아무 일도 없었다는 듯 고요했다.
그는 다만 홀로 돌아갔을 뿐이다.
그는 언젠가 홀로 돌아올 것을 기약했다.

■ 대모산

1.

대모산 꽃피면 내 마음 꽃피네.
대모산 눈 나리면 내 마음 눈 나리네.
내 아침은 너를 오르는 일
내 저녁은 너를 꿈꾸는 일
너와 더불어 늙어 가면
하나도 슬프지 않네.

벗이여! 풀 한 포기라도 밟지 마소.

벗이여! 꽃 한 송이라도 꺾지 마소.
그대로 우리 아히들에게 물려주어
날마다 오르고 또 오르세.
이보다 더한 유산 없으리.
이보다 더한 보람 없으리.

큰돈보다도
큰집보다도
우리 삶 온통 감싸주며
높지도 않고 낮지도 않게
평평히 누워있는 저 어머니!
천년만년 함께 하세.

여기 노래하는 사람
여기 기도하는 사람
약수 길러 오는 사람
말없이 산등성이 오르는 사람
언제나 꽃향기 새소리로
우리 영혼 씻어주네.

금강산(金剛山)아! 부럽지 않다.
지리산(智異山)아! 부럽지 않다.
일용할 양식처럼 우리 옆에 늘
적당하게 아름답고 적당하게 살찌고
적당한 거리에 있는 그대는
알토랑 아낙 같은 산

2.

대모산 가슴은 울 어머니 가슴
대모산 계곡은 울 어머니 계곡
물이란 물 모두 약수로 변해
무진장 흘러내리고
주말이면 시장서는 것 같은 산
옛약수터, 임록천, 옥수천

봄이면 진달래 붉어 설레고
산수유, 개나리, 은방울꽃
뻐꾸기, 딱따구리, 산까치
아카시아 향기 진동할 땐 옛 님을 그리고
밤꽃 향기 가득 찰 땐 길 떠난 낭군 그리네.
한여름 짙푸른 그늘 동네아낙들 낭랑한 목소리

가을이면 머리 위에 투닥투닥 떨어지는 밤송이
청설모와 다투며 알밤 줍는 아히들
단풍 사이로 불국사 염불소리 애잔할 즈음이면
어느 덧 골짜기마다 백설이 빛나네.
빛나는 하얀 등줄기 가쁜 숨으로 오르면
모든 욕망과 원한과 삶의 찌꺼기 저절로 토해지네.

손 내밀면 언제나 가까이서 손 잡아주고
하릴없어 오르면 이내 말동무되는 넌
우리의 수호천사
전날 술로 못다 달랜 시름을 마저 하게하고

새로운 마음으로 하루를 시작하게 하는 넌
보약 같은 산

눈감고도 갈 수 있는 산
눈감고도 더듬을 수 있는 산
언제나 옆에 있기에 무덤덤할 때도 있지만
있을 건 다 있고
볼 건 다 있다네.
그리고 책 읽는 사람도 있다네.

(1993년 5월 詩作)

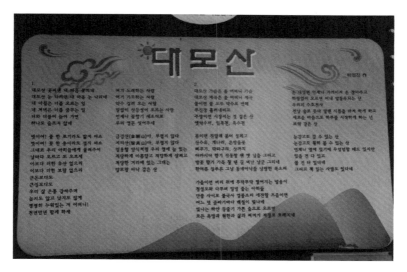

'대모산' 시탑(서울시 강남구 소재 대모산, 2003년 5월 13일)

■ 독도(獨島)

1.

대륙의 꿈이 돌고 돌아 끝내
동해에 돌로 박힌 곳
바라볼 건 일출이요
들리는 건 파도와 괭이갈매기의 울음소리
깎아지른 암벽은 하늘을 치솟아 외로움을 내 품는데
그 틈새로 자주 빛 참나리 향을 품고 있다.
넌 대륙의 마지막 정절
일찍이 너같이 홀로 있다고 이름을 붙인
당돌한 섬은 없었다.
넌 우리 의지의 결정
목숨 걸고 절벽에서 꽃을 꺾어 수로부인에게 바친
헌화가(獻花歌)의 옛 신선이 예 살아있구나.
이런 곳에 홀로 피는 꽃이나
그 꽃을 꺾어 바치는 마음이나
이런 곳에 홀로 박힌 몸뚱어리나
모두가 꽃이다.

2.

동해 끝자락에서 육중한 몸을 흔들어
섬 중에서 맨 먼저 잠을 깨어 달려 나와
일출을 온 몸으로 받아 날마다 새롭게 피어나는
암청색 네 몸뚱어리
넌 우리의 수호신

넌 오늘의 대왕암

동해 용왕 되어 왜구를 물리치고자

뼈를 뿌리게 한 통일의 왕

문무대왕의 숨결이 예 살아 있구나.

홀로 있는 줄 알았더니

수줍어 감춘 동 섬, 서 섬

그대로 암 바위 수 바위

석화산(石花山)이로다.

대륙을 돌고 돌아 끝내

바다와 하늘을 하나로 품는

네 모습 장하다. 해동성인(海東聖人)이로다.

(1998년 1월 15일 詩作)

'독도' 시비(2008년 9월 9일), 박정진 시인(좌)과 이승진 울릉도박물관장

■ 타향에서

내 고향이 당신에겐
타향인 줄 이제야 알았습니다.
내 사랑이 당신에겐
낯설음인 줄 이제야 알았습니다.
타향을 살다간 당신을 사랑하며 때늦게 살라하니
별빛처럼 아득하기만 합니다.
하루가 평생이 되고
사랑이 용서가 되길 바랄 뿐
별빛을 받으며 밤새 낯선 편지를 쓰면
하얀 백지를 뚫고 주체할 수 없는
부끄러움이 샘물처럼 솟아오릅니다.
밤이 왜 낮과 번갈아 숨 쉬는가를
새벽에야 알았습니다.
평화란 용서의 씨앗이자 결실이라고
여명은 속삭여줍니다.
여정이 끝나는 날까지
홀로 남은 나그네는
먼 지평(地平)을 서성이며
샘물 같은 편지를
당신의 하늘가에 띄울 작정입니다.

(2018년 7월 10일)

'타향에서' 시비(경기도 연천군 '종자와 시인'박물관, 2019년 6월 15일)

02.

시와 철학
(107편)

■ 생성이야말로 창조

1.

생성이야말로 진정한 창조
스스로 창조주가 되지 않은 창조주
존재를 존재자로 만든 사람은
창조를 훔치고 싶은 사람
불은 훔친 프로메데우스처럼
영원히 독수리에 심장을 쪼여도 원망할 수 없으리.

신이 존재라면 신바람은 생성이다.
신바람이 있는 곳에 신은 살아있다.
세계 내에 존재는 없다.
존재 내에 세계가 있을 뿐
스스로의 관념에 갇혀 떠들어대는 철학자라는 군상들
결코 언어로 살아있는 진리를 찾지 못하리.

2.

지푸라기라도 잡는 심정으로
존재의 닳아빠진 신을 찾는,
토트나우베르그 오두막의 자연인
존재의 성스러움을 찾는 하이데거
진실로 사랑한 한나 아렌트를 버린 그는
히틀러의 그림자에 갇혔네.

현상학의 언덕에서 존재를 본 그는,

결코 생멸하는 존재에 몸을 던지지 못했다.
횔덜린의 시(詩)를 읽으면서 만년을 보냈다.
모든 시는 은유(隱喩)로서 존재론적이다.
시는 근본적으로 과학의 대척점에 있다.
동양철학은 본래 시철(詩哲)이다.

3.
존재는 있음인가, 있는 것인가.
아니면 없음인가. 없는 것인가.
자기모순의 변증법의 닫힌 비상구
세계-내-존재, 존재-내-세계
철학자야말로 횡설수설하는 코미디언
진정한 어릿광대! 진정한 어리석음!

생성이야말로 진정한 존재
기독교는 유일신을 내세워 생성을 창조로 해석하고
생성을 존재로 바꾸었다.
존재는 신이면서 인간이다.
신을 닮은 인간, 인간을 닮은 신
이때부터 인간은 자연을 대상으로 삼았다.

4.
신은 절대타자, 자연도 절대타자
인간은 신을 주인으로 섬기면서 자연을 노예로 삼았다.
주인과 노예의 이중성을 가진 인간은
종교와 과학을 최종산물로 만들었네.

인간은 종교적 인간, 과학적 인간
인간의 원형은 호모 섹서스(Homo Sexus)

본능, 감정, 관념, 이성의 순은 존재의 집
존재의 집은 삶의 철학
이성, 관념, 감정, 본능은 존재자의 집
존재자의 집은 앎의 철학
삶의 철학과 앎의 철학이 만나는 경계에
인간현존재의 존재가 있다.

5.
생성과 존재의 애매모호함
생성과 존재의 상호작용(신의 섭리)
서양은 유무대립(有無對立), 동양은 음양상보(陰陽相補)
정반합(正反合)은 Being-becoming-Being
반자도지동(反者道之動)은 becoming-Being-becoming
헤겔은 생성(becoming)을 존재(Being)의 운동이라고 표현했네.

인간의 탄생은 신의 탄생
인간과 신은 이중성의 관계
자연과 인간도 이중성의 관계
하나인 존재를 둘로 나누면
그 경계에서 신이 탄생하고
악마도 탄생하네.

6.

사물-존재, 자아중심(中心)
생성-존재, 무아심중(心中)
지금도 진행되고 있는 존재사전(The-ing)
사물(Thing)을 바라보는 현존재(Dasein)
존재(Sein)는 동사적 존재(Seyn)
과정(Process)으로서의 세계여!

과정 속에서 법칙을 발견하려는 이성
이성이란 단지 개념을 통해 존재를 잡는 인식
생성이여, 존재여, 인식이여, 실천이여!
신이여, 창조여, 이성이여, 인간이여!
창조여, 이성이여, 신이여, 인간이여!
선후상하좌우내외를 알 수 없는 신비여!

(2022년 5월 16일 저녁에)

■ 몸이 없는 마음은

몸은 마음, 마음은 몸
신체는 존재, 존재는 신체
신체는 자연, 자연은 신체
자연은 신체적 존재, 신체는 자연적 존재
존재는 의미와 무의미 사이에 있네.

몸이 없는 마음은 헛소리

마음이 없는 몸은 허수아비
생멸하는 하나의 존재를 말하면서도
제 말에 취해 다른 말은 듣지 않네.
제 자신(身)의 말만, 제 신(神)의 말만 듣네.

여러 성현들의 다른 말은
다 같은 소리, 이제 죽은 소리
태초의 소리보다 지금 들리는 소리에
귀 기울여야 하네. 생명을 걸어야 하네.
새 술 새 부대에 담아야 하네.

우리는 지금껏 서로 다른 경전이 필요했네.
경전마저도 소란스러운 이 계절에
우린 이제 최고의 경전, 침묵을 배워야하네.
같은 뜻의 다른 말을,
다른 뜻의 같은 말을 멈추어야하네.

헛소리, 허수아비들이 판치는 세상에서
우린 침묵을 배워야하네.
말이 많은 사람은 거짓말을 하는 사람
말이 많은 사람은 자기를 속이는 사람
말이 많은 사람은 연극을 하는 사람

(2022년 5월 16일, 아침에)

■ 존재는 소리

1.

존재는 소리, 파동, 생명
존재는 선물, 존재는 예술
존재는 말, 존재는 말씀
존재는 공허, 존재는 허망

존재는 본래 허망한 것입니다.
그래서 본래존재를 허망이라고 말합니다.
허망하지 않으면 이보다 더한 형벌은 없겠지요.
존재 속에는 이미 생멸이 들어 있습니다.

우린 짐짓 생멸을 알면서도 존재라고 말합니다.
참으로 인간은 연극할 줄 앎으로써 인간입니다.
극적이 됨으로써 살맛이 난다는 것을
우린 짐짓 알면서도 앓는 소리를 합니다.

소리는 존재의 삶아있음입니다.
내가 문자보다는 소리를 좋아하는 까닭은
지금 당신의 체취와 사정이 온통 들어있기 때문입니다.
당신의 천차만별의 의미가 들어있기 때문입니다.

내가 존재를 소리라고 하는 까닭은
듣자마자 사라지고, 지워지기 때문입니다.
지금 이 순간, 그대의 말소리를 듣고 싶습니다.

소리에는 그대의 전부가 들어있기 때문입니다.

  2.
존재는 소리, 파동, 생명
존재는 선물, 존재는 예술
존재는 말, 존재는 말씀
존재는 공허, 존재는 허망

존재는 개념이 아닙니다. 실체가 아닙니다.
그래서 허망하다고 말할 필요와 이유가 없겠지요.
존재 그 자체라는 것은
언제나 스스로에 대해 말하는 것을 용납하지 않습니다.

허망한 것을 슬퍼할 까닭이 없겠지요.
허하고 망하는 것이 존재이니까요.
어제의 봄이 오늘의 봄을 고집한다면
계절은 아수라장이 되겠지요.

소리에는 지나간 우주의 흔적이 들어있습니다.
아마도 영생이 있다면 소리와 같을 것입니다.
내가 당신의 옛 소리를 들을 때
어느 때보다 당신은 지금 막 옆에 있습니다.

그대가 소중한 까닭은
지금 옆에 있기 때문입니다.
그보다는 언젠가 그대도 떠나가기 때문입니다.

떠나가는 것보다 아름다운 것은 세상에 없습니다.

(2022년 5월 15일 스승의 날 아침에)

■ 신과 인간과 대문자

1.

하나님은 절대적 존재
절대적 존재는 세계를 창조했네.
하나님은 존재(Being)
피조물은 존재자(beings)
존재는 절대를 의미하네.

하나님은 말씀으로 세계를 창조했네.
하나님은 피조물과 다른 절대타자
절대타자는 뒤집으면 절대주체
언어는 존재의 밖에 있는 절대타자(Autre)
대문자(大文字)는 절대를 의미하네.

2.

세계는 주체와 대상으로
나와 너로 나눌 수 있다고 하지만
나와 우리는, 하나님과 세계는 떨어질 수가 없네.
우리 속에 내가 들어있지 않으면 안 되듯이
세계 속에 하나님이 들어있지 않으면 안 되네.

창조하는 것과 말하는 것은
항상 모순에 빠지면서 서로를 가슴에 보듬네.
존재의 대문자는 하나님
존재자의 소문자는 그 가족
가족은 사회나 국가보다 더 존재적이네.

   3.
인간은 신을 상상하고 만들어냄으로써
자연을 타자화하고, 이용할 수 있었네.
대화를 위해 신을, 이용을 위해 사물을
자신으로부터 추출해냈네. 인간은!
위로는 신을, 아래로는 사물을 만들었네.

이제 인간은 신과 사물을
자연의 존재로 돌려주어야 할 때이네.
신과 사물과 자연은 본래 하나였네.
인간의 출현과 더불어 갈라졌던 이들은
하나의 가족으로 돌아가야 하네.

■ 할아버지, 할머니

할아버지, 할머니라는 말은 어디서 왔을까.
아버지, 파, 파파, 아빠
어머니, 맘, 맘마, 엄마

할은 하늘의 줄임말
할아버지, 하늘아버지
할머니, 하늘어머니

할아버지, 할머니는
하나님이네.
우린 모두 하나님이네.

우린 모두 하나님을 원한 것이 아니지만
우린 우리도 모르게 하나님이 되었네.
우린 모두 하늘에, 나에 매였네.

■ 신인간(神人間), 인간신(人間神)

1.

태초에 자연이 있었다.
인간은 자연에서 신(神)을 은유(隱喩)하였다.
이때의 은유는 개념적 은유(conceptual metaphor)였다.

여기서 은유가 떨어져나가 개념(concept)이 되었다.
개념은 전형적인 환유(metonymy)이다.
은유의 신은 환유(換喩)의 신으로 둔갑하였다.

환유의 신은 기독교의 창조유일신이 되었다.
이는 한민족의 천부경(天符經)의 조화신(造化神)에서

기독교의 제조신(製造神)으로 나아간 걸음이었다.

제조신에는 제조적 인간의 특징이 숨어있다.
힘없는 인간이 전지전능(全知全能)한 신이 된 것이다.
인간신(人間神)은 기계인간, 기계신에 다름 아니다.

자연은 신체적 존재, 인간은 신체를 가진 인간존재
신(神)을 표상하는 인간정신(精神)
정신은 신에 정통(精通)하다는 뜻이다.

   2.
신이 세계를 창조했다면
정신은 물질을 창조했다.
주체는 대상을 창조했다.

신은 존재이면서 존재자
신은 초월자이면서 내재자
신은 대립의 순환을 이루네.

신은 인간이 투사한 것,
정신은 신을 돌려받은 것,
신과 인간은 소통하는 인간신, 신인간

신이 자연으로부터 분리된 날, 인간의 울음소리
인간이 신으로부터 분리된 날, 정신의 계산소리
정신이 인간으로부터 분리된 날, 기계의 굉음소리

신이 정신이 되고, 정신이 기계가 되었네.
기계에서 다시 자연으로 돌아가야 하네.
인간신에서 신인간으로 돌아가야 하네.

■ 물질과 기억

정신이 존재를 분리한다면
정신으로 인해 세계가 분리되었다면
정신으로 인해 존재가 물질이 되었다면
정신은 원조가상이 될 수밖에 없다.

정신이 물질이 된 이유는 기억 때문
세계는 모두 관념, 표상, 이미지기억들
기억과 기록은 지각데이터로 뇌 속에 저장되네.
세계는 정보의 양(sense-data)으로 환원되어버렸네.
정신이 기억과 과학으로 물질이 된 지금,
신은 본래존재, 자연과의 관계를 회복해야 하네.
정신-물질이 서로 왕래하는 현상학적 한 세트라면
신(神)-자연은 드러나고 숨는 존재론의 한 세트!

신은 자연에 대한 최초의 은유이다.
신이 없으면 인간은 의미를 읽고 기계의 노예가 되네.
자연에서 인간으로, 인간에서 문명으로
신물(神物)숭배에서 물신(物神)숭배로 나아가네.

전지전능한 기계신이여!
신이 무한대가 되는 것은 과학의 운명
전지전능한 인간신이여!
인간이 시공간에 매이는 것은 철학의 운명

신들을 만들어 자연과 세계를 지배하고부터
오만한 사피엔스는 생존에 만족하지 않았네.
유물론-무신론은 인간을 노예로 만들기 위한 음모
유물론은 분노와 허무를 숨기고 있는 마녀(魔女)이다.

■ 의식과 무의식과 욕망

1.
의식은 어디서 발생하는가.
개체가 없으면 의식을 말할 수 없다.

개체는 생명을 전제하는 것이고
의식현상은 바로 생명현상이라고 할 수 있다.

인간의 의식은 어떤 대상에 대한 의식이다.
대상의식이 자기의식을 일으켜 의미분화로 발전한다.

대상의식은 자기의식이고, 자기의식은 대상의식이다.
의식은 주체와 대상의 반사의 결과이다.

인간은 자기의식 속에서 살다가 죽는다.
죽음에서 해방되려면 의식을 열어놓을 수밖에 없다.

인간의 무의식은 욕망이다.
욕망은 의지와 현상으로 드러나기 일쑤이다.

2.
인간은 존재의 주인이기를 원한다.
그래서 인간은 존재를 존재자로 만들었다.

무의식을 말하는 것은 이미 의식이다.
의식을 말하려면 무의식을 알아야 한다.

의식은 존재가 아니라 시간성이다.
의식은 시간으로 인해 이미 현존재이다.

의식은 인간에 이르러 오성과 이성에 이른다.
의식의 근본은 의지이고, 의지의 근본은 욕망이다.

이성은 대뇌의 욕망이고
욕망은 신체의 이성이다.

의식의 바탕이 되는 것은 무의식이다.
무의식의 주인은 신체이다.

3.

이성은 욕망이 대뇌에서 변형된 것이다.
욕망은 이성이 신체에서 체화한 것이다.

존재를 알려면 신을 알아야 하고
현상을 알려면 존재를 알아야 한다.

인간이 차지하는 것은 존재가 아니다.
인간이 차지하는 것은 개념이고 소유이다.

존재와 신과 이성은 존재자로서 하나이다.
생성과 자연과 감정은 존재로서 하나이다.

무의식을 의식언어로 환원시키는 것이 서양철학이다.
무의식을 기계작동으로 환원시키는 것이 과학현상학이다.

삶의 진정한 주인은 무의식이고, 신체이다.
인간은 자연과 마찬가지로 신체적 존재이다.

■ 긍정의 철학과 부정의 철학

1.

생멸하는 현상사물에 대해
고정불변의 이데아존재를 가정했기에
서양철학은 근본적으로 부정의 철학에서 출발했다.

서양철학의 부정은 시간적으로 현재의 부정이다.
철학의 회의와 비판과 해체가 바로 그것이다.
현재는 과거의 부정과 미래의 긍정을 위한 도상에 있다.

정지된 존재를 부정함으로써 본래존재를 보존할 수 있기에
부정의 철학은 정반합(正反合)의 지양을 되풀이할 수밖에 없다.
지양(止揚)은 발전을 주장하지만, 지향(志向)은 진퇴를 포용한다.

고정불변의 존재를 가정할 수 없었다면
생성변화하는 존재를 객관화할 수도 없었을 것이다.
변화와 불변, 부정과 긍정은 존재의 양면과 같다.

부정의 철학은 긍정을 위해서 존재하고
긍정의 철학은 부정을 위해서 존재한다.
부처는 신을 부정하고, 신은 부처를 부정한다.

부처는 신의 부처이고, 신은 부처의 신이다.
긍정은 부정의 긍정이고, 부정은 긍정의 부정이다.
무엇을 부정하고 긍정하는 것은 그것이 되지 못한다.

2.
신을 부정하는 부처가 긍정인가, 부정인가.
부처를 부정하는 신이 긍정인가, 부정인가.
부처 안에 신이 있고, 신 안에 부처가 있다.

종교는 과학을 부정하는가, 긍정하는가.

과학은 종교를 부정하는가, 긍정하는가.
긍정과 부정은 동거하는 부부와 같다.

주관적 절대, 객관적 절대
신의 외화(外化), 신의 복귀(復歸)
신은 주·객관적 절대, 절대지(絶對知)

불이이불일(不二而不一), 불일이불이(不一而不二)
일이이(一而二), 이이일(二而一)
가장 큰 것보다 크고, 가장 작은 것보다 작은 것

남자가 긍정이고, 여자가 부정인가.
여자가 긍정이고, 남자가 부정인가.
완전히 나누어져도 안 되고, 완전히 섞여져도 안 된다.

남자는 여자의 남자이고, 여자는 남자의 여자이다.
긍정은 부정의 긍정이고, 부정은 긍정의 부정이다.
무엇을 부정하고 긍정하는 것은 그것 자체가 되지 못한다.

■ 있음(有)과 없음(無)

유시유종(有始有終), 무시무종(無始無終)
빅뱅(Big-bang), 블랙홀(Black hole)

천지를 울리는 폭발굉음, 빅뱅

천지를 삼키는 검은구멍, 블랙홀

하늘 천(天), 따 지(地),
거물 현(玄), 누루 황(黃)

시간과 공간이 만들어지니
집 우(宇), 집 주(宙)

세계는 넓고, 거칠도다.
넓을 홍(洪), 거칠 황(荒)

세계는 빛과 소리로 가득 찼네.
빛은 천지의 아버지, 소리는 만물의 어머니

유명천지지시(有名天地之始)
무명만물지모(無名萬物之母)

아버지는 문명(文明)
어머니는 자연(自然)

빛과 소리, 입자와 파동
빛은 입자이고 파동이네.

과학은 입자의 확률을 찾고
끝없이 없음에서 있음을 찾네.

과학은 입자를 끝없이 찾고
불교는 관세음(觀世音)하네.

눈으로 보는 것은 끝없는 영원대상이고
귀로 듣는 것은 스스로 존재열반이네.

쉼 없이 없음에서 있음으로
있음에서 없음으로 교체되네.

인중천지일(人中天地一), 천지중인간(天地中人間)
인간과 천지는 서로 교체되네.

■ 성욕(性慾), 성욕(姓慾), 성욕(聖慾)

성욕(性慾)은 자연(自然)
자연에서 성욕(姓慾)이 생겨서
생존경쟁이 권력경쟁이 되었다.

식욕(食慾)은 성욕(性慾)
성욕(性慾)은 성욕(姓慾)
성욕(姓慾)이 승화되어 성욕(聖慾)이 되었다.

성(姓)과 성(聖)은 성(性)의 변형일 뿐
인간의 모든 행위는 '먹다'에서 출발하여
다양한 '살다'를 거쳐 평등한 '죽다'로 돌아간다.

종교는 태양을 닮은 희생제의를 필요로 하고,
노동은 이성을 통해 계산과 평등을 정착시켰다.
과학은 기계를 통해 기계적 우주를 탄생시켰다.

세계는 '먹이사슬'의 생존체계,
세계는 '성장번식'의 죽음체계,
세계는 '순환재생'의 부활체계.

양(羊)은 먹음직해서 선하고(善)
먹을 것이 많은 큰 양은 아름다웠다(美).
몸집이 큰 소는 특별한(特) 희생(犠牲)이었다.

호모사피엔스는 진리(眞)를 좋아했다.
눈에 보이지 않는 것을 좋아했다.
없음에서 있음을 찾는 것을 좋아했다.

■ 박혁거세(朴赫居世), 대박단군(大朴檀君)

박혁거세(朴赫居世)!
붉게 빛나는 둥근 해가 세상을 비추고 있네.
옛 임금은 바로 태양과 같은 존재
예수님도 부처님도 환인님도 태양과 같은 존재

환인(桓因), 환웅(桓雄), 단군(檀君)은
박혁거세(朴赫居世)에서 박제상(朴堤上)으로 이어져

박정진(朴正鎭), 대박단군(大朴檀君)에 이르러 다시 빛나네.
해야 솟아라, 해야 솟아라. 붉은 해야 솟아라.

아리랑, 알(太陽, 朴), 태양계의 가족
알은 생명, 아리랑은 생명의 번성
기쁠 때나 슬플 때나 아리랑!
아리랑 노래를 부르면 어디선가 힘이 생긴다.

■ 창조적 소수와 대중적 다수

창조적 소수는 철학으로 세계를 보고
대중적 다수는 종교로 삶을 의지하네.

종교는 대중적인 철학
대중은 종교를 통해 철학을 한다.

철학은 지식인의 종교
지식인은 철학을 통해 신앙을 한다.

창조적 소수는 희생자가 되든가
다수를 이끌어가는 지도자가 된다.

살아가기에 바쁜 다수에게 창조를 요구할 수 없다.
지도자가 된 사람은 다수에 영합하면 실패하게 된다.

철학과 종교는 결국 살아가는 목적, 왜(why)
과학과 기술은 결국 살아가는 수단, 방법(how)

헤겔의 정반합은 결국 주인과 노예의 변증법
인간의 삶은 결국 주인과 노예의 긴장관계

주인인가 싶으면 이미 노예가 되어 있고
노예인가 싶으면 어느새 주인이 되어있네.

주인과 노예를 오가면서 상호존중을 하면
사랑을 할 수밖에 없데. 사랑을!

부처님과 예수님과 공자님의 사상은
자비(慈悲), 사랑, 인(仁)이지만 의미는 사랑이네.

■ 김형효와 박정진

20세기에 한국 땅에 태어난
김형효와 박정진은 비유하자면 이런 관계이다.

김형효가 소크라테스면 박정진은 플라톤이다.
김형효가 플라톤이면 박정진은 아리스토텔레스이다.

김형효가 칸트라면 박정진은 니체이다.
김형효가 마르셀이라면 박정진은 하이데거이다.

김형효가 원효라면 박정진은 보조 지눌이다.
김형효가 보조 지눌이라면 박정진은 휴정 서산대사이다.

김형효가 회재 이언적이면 박정진은 퇴계 이황이다.
김형효가 퇴계 이황이라면 박정진은 남명 조식이다.

■ 문선명과 박정진

20세기에 한국 땅에 태어난
문선명과 박정진은 비유하자면 이런 관계이다.

문선명이 예수라면 박정진은 사도 바울이다.
문선명이 성화한 뒤 박정진이 그 행장을 썼다.

문선명이 종교철학자라면 박정진은 철학종교자이다.
문선명이 천지인참부모라면 박정진은 자신(自神)이다.

문선명이 자생기독교의 창시자라면
박정진은 자생한글철학의 창시자이다.

문선명이 초종교초국가의 통일교 창시자라면
박정진은 동서철학의 통합과 한글철학의 창시자이다.

■ 문선명, 김형효, 박정진

20세기에 한국 땅에 태어난
문선명, 김형효, 그리고 박정진

문선명의 탄생은 1920년, 김형효는 1940년,
박정진은 1950년, 10년, 20년, 30년 차이네.

10년의 마디마다 종교와 철학과 문화가
식민지와 분단의 암흑을 뚫고 처절하게 자생했네.

문선명은 통일교의 창시자
김형효는 한국철학의 개척자

문선명은 세계평화를 목적했고,
김형효는 평화철학을 지향했네.

문선명은 박정진의 철학이 세상에 나온 해에 성화했고(2012년, 9월 3일),
김형효는 자연으로 돌아가지 전에 박정진과 조우했네(2011년, 5월 15).

문선명의 통일교사상과 김형효의 동서비교철학은
박정진의 신체적 존재론, 소리철학에서 완성되었네.

개념철학, 남성철학, 언어철학, 국가철학, 과학철학은
소리철학, 여성철학, 신체철학, 가정철학, 자연철학으로 돌아가야 하네.

■ 철학자와 번역가

철학자는 스스로 사유하여 자신의 책을 펴내네.
철학자는 스스로 현상학적 환원을 통해 기원을 만드네.
잠시 창조의 흉내를 내지만 곧 자리를 내놓게 되네.
모든 결정론은 언젠가 해체될 것이지만 구성을 멈추지 않네.

철학의 일은 왠지 남자의 일 같네.
남자는 사물에 이름 붙이기를 즐기네.
남자의 일은 말과 표상의 창조(creation)
가부장-국가사회 이후 철학과 과학으로 발달했네.

번역은 저자를 빛나게 하는 여자의 일 같네.
번역가는 원작을 소화해서 재창조하네.
여자의 일은 신체와 자연의 재생산(reproduction)
모계사회에서는 인구를 늘이는 일이 지상과제였네.

철학자는 아버지 같은 사람
번역가는 어머니 같은 사람
자기 철학을 수립해야 하는 자는 직업적 결정론자이고,
남의 철학과 문학을 번역해야 하는 자는 포용론자이네.

■ 양음(陽陰)문명과 음양(陰陽)문명

1.
서양은 남자를 우선하는 양음(陽陰)문명
동양은 여자를 우선하는 음양(陰陽)문명
양음은 이원대립(二元對立)하고
음양은 음양상보(陰陽相補)하네.

정반합(正反合)은 양음문명에서 비롯된 것
태극음양(太極陰陽)은 음양문명에서 비롯된 것
정반합은 모순대립(矛盾對立) 발전하고
태극음양은 상생상극(相生相克) 순환하네.

양이 현상이라면 음은 존재
양이 서양철학이라면 음은 동양도학
서양철학이 양음의 지배(권력)-피지배문명이라면
동양도학은 음양의 돌고 도는 역학(易學)문명이네.

왜 하나님을 하나님 아버지라 할까.
왜 자연을 대지의 어머니라 할까.
모든 남자는 아버지, 하나님 아버지
모든 여자는 어머니, 하나님 어머니

하나님 아버지는 하나님 어머니를 찬탈한 것이다.
하나님 아버지는 소리를 개념이 찬탈한 것이다.
하나님 아버지는 청각을 시각이 찬탈한 것이다.

하나님 아버지는 은유를 환유가 찬탈한 것이다.

모든 말은 상징과 은유
모든 일은 인간의 일
누구의 말과 일이 더 중요한지는 아무도 모르네.
문명과 자연의 일은 무엇이 더 중요한지 모르네.

남자는 자연을 개척하는 존재
여자는 자연에 순응하는 존재
개척과 순응이 번갈아가네.
남자와 여자가 상부상조하네.

2.

서양은 동양을 바라볼 때
음양을 음양대립으로 보지만
동양은 서양을 바라볼 때
양음을 양음대립으로 본다.

동서양문화권의 종교를 음양으로 보면
인도유럽어문화권에서 기독교는 양, 불교는 음
한자문화권에서 보면 기독교불교는 양, 도교는 음
한글문화권에서 보면 기독교불교도교는 양, 선도는 음

세계는 음양(陰陽)-양음(陽陰)으로 해석할 수도 있고
세계는 유무(有無)-무유(無有)로 해석할 수 도 있다.
서양은 양(陽)과 유(有)를 우선하는 경향을 보이고 있고,

동양은 음(陰)과 무(無)를 우선하는 경향을 보이고 있네.

서양과 기독교는 존재자-제조(製造)를 우선하는 경향을,
동양과 천부경은 존재-조화(造化)를 우선하는 경향을 보이네.
동서양문명은 음양화합을 이루어야 인류평화를 달성하게 되네.
동서양문명이 양음대립을 계속한다면 미래인류문명은 어둡네.

남자의 성씨는 여자의 성씨를 찬탈한 것이다.
이것은 의미가 생명을 찬탈한 것이다.
남자의 권력은 여자의 생산을 찬탈한 것이다.
이것은 문명이 자연을 찬탈한 것이다.

남자는 산(山), 여자는 강(江)
남자는 창(槍), 여자는 방패(防牌)
남자는 책(冊), 여자는 살림살이
남자와 여자는 상호보완이라네.

남자는 여자를 제어할 수 있다고 생각하지만
남자를 낳은 것은 여자라네.
인간을 낳는 것은 자연이라네.
남자와 과학은 여자와 자연을 제어할 수 없네.

■ 자연은 존재, 과학은 기계존재

1.

자연(自然)은 존재(Sein), 철학은 사유
철학은 사유존재, 과학은 기계존재

과학은 존재를 기계로 환원시킴으로써
물리학, 즉 물리(物理)현상학이다.

신학은 존재를 신으로 환원시킴으로써
신학, 즉 섭리(攝理)현상학이다.

인간은 누구나 유사(類似) 현상학자
자연은 스스로 본래(本來) 존재

신과 인간은 대자적 존재
자연은 스스로 즉자적 존재

자연은 즉자적 존재로서 인간에게 타자가 되었고,
자연을 본 인간은 대자적 반성으로 신을 떠올렸다.

2.

자연은 존재, 과학은 존재자
철학은 사유, 과학은 사유가 아니다.

과학은 먼저 대상의 종이 되고 나중에 주인이 되게 한다.

그렇지만 과학은 종국에는 주인이 될 수 없다.

과학은 주인인 것 같지만 주인이 될 수 없다.
기계는 주인인 것 같지만 주인이 될 수 없다.

자연만큼 자율적인, 자기입법적인 존재는 없다.
자연만큼 자기원인적인, 자기결과적인 존재는 없다.

근대가 인간으로 하여금 근대자연과학적 세계에 대해
도덕적 양심으로 적응하게 하고 살게 하였다면

후기근대는 과학적 세계, 자동기계적 세계로부터
인간존재를 해방시키는 것에 목적을 둘 수밖에 많다.

■ 서양철학의 두 갈래길

서양철학의 한 갈래는 자연과학으로 가는 길
다른 한 갈래는 자연으로 돌아가는 길
전자가 과학실증철학이라면, 후자는 존재철학
존재철학은 생(生)철학이면서 자연(自然)철학

서양철학은 과학과 실증에서 끝을 맺었고,
인간의 사유는 실종되었다.
이데아와 법칙, 지식과 수학에서 꽃을 피운
서양철학은 인간을 기계로 대체하였다.

이제 서양철학은 철학이 아니다.
권력과 힘, 실용과 과학일 뿐이다.
미쳐버린 니체는 서양철학을 폭로해버렸다.
모든 권력은 폭력을 숨기고 있을 뿐이다.

니체가 신 대신 초인을 부르짖는 것은
폭력과 기계로 신을 배반한
서양철학의 고백성사이자 헛소리에 불과하다.
초인은 권력과 어린이를 오가는 공염불에 지나지 않는다.

사유하지 않는 과학은 철학이 아니다.
과학은 사유 대신에 실험과 관찰을 택했다.
과학자는 삶을 사유하는 자가 아니다.
과학자는 오로지 실용과 기계적 세계관에 몰두할 뿐이다.

과학자에게 자연은 자연과학일 뿐이다.
과학의 노예가 된 서양철학은 존재자에 대한 과학이다.
철학이 도학(道學)이 되어야 하는 이유는 여기에 있다.
자연은 그저 자연적 존재, 생기(生氣)적 존재일 뿐이다.

서양의 존재론은 결국 자연으로 돌아오는 철학적 여정(旅程)
자연, 자연유기체, 자연적 차이로 돌아오는 험난한 귀로(歸路)
자연에서 가장 멀리 달아난 서양철학은 '돌아오는 탕아(蕩兒)'!
자연의 품속, 어머니품속, 신체적 존재로 돌아오는 험로(險路)여!

■ 색즉시공(色卽是空), 일즉일체(一卽一切)

색즉시공, 공즉시색을 말하는 자체가 이미
색(色)과 공(空)의 이분된 세계를 전제한 것이다.
일즉일체, 일체즉일을 말하는 자체가 아미
일(一)과 일체(一切)를 이분한 세계를 전제한 것이다.

공(空)은 일체(一切)이고 일체는 무(無)이다.
색(色)은 일(一)이고, 일은 유(有)이다.
이것은 반대로 말해도 틀리지 않는다.
반야사상과 화엄사상은 결국 하나이다.

처음부터 존재는 이분된 세계가 아니다.
모든 진리는 이분된 세계를 전제로
그것을 넘어서기 위한 노력의 산물이다.
이분되지 않은 존재는 자연일 뿐이다.

이분되지 않는 존재는 말없는 존재이다.
이분되지 않은 존재는 그저 느껴지는 존재이다.
이분되지 않은 존재는 본래 있는 본래존재이다.
이분되지 않은 존재는 하나로 느껴지는 존재이다.

■ 불교와 기독교를 넘어서

1.

불교와 기독교는 반대라고 생각하는데
자연에서 보면 둘은 서로 마주 보고 있는 것
기독교는 원죄(原罪)를 실락(失樂)의 원인으로 삼고
불교는 삶 그 자체를 고(苦)로 본다.

기독교는 속죄(贖罪)와 종말구원의 섭리를 강설하고
불교는 고집멸도(苦集滅道)를 자각할 것을 요구한다.
기독교와 불교가 죄(罪)와 고(苦)를 설하고 있지만
인생을 고통으로 보고 천국과 극락의 낙(樂)을 염원한다.

기독교의 창조종말과 인과론은 복락(復樂)을 목표로 하고 있고,
불교의 고집멸도와 인과응보론은 극락(極樂)을 목표로 하고 있다.
기독교는 타락을, 불교는 집착을 고통의 원인으로 보고 있다.
기독교는 사건에서, 불교는 마음가짐에서 실마리를 찾고 있다.

서양문명의 이데아와 유일신과 이성과 변증법은 같은 것이다.
세계에 고정불변의 원인과 법칙이 있음을 전제하고 있다.
이데아와 유일신은 원인적 동일성을 전제하고 있는 반면
이성과 변증법은 발전과 결과적 동일성을 추구하고 있다.
불교는 세속의 업(業)과 열반의 법(法)이 다름을 설파하고 있다.

2.

기독교와 불교는 인도유럽어문명권에서 하나의 세트(set)를 이루고

유교와 도교와 선도는 한자한글문명권에서 세 가지 변형을 이룬다.
기독교는 실체를, 불교를 비실체를 주장하면서 상보(相補)하고 있고,
유교와 도교와 선도는 자연과 인간의 공존과 도덕을 지향하고 있다.

불교는 삶의 고(苦)에서, 도교는 자연(自然)에서 출발하고 있다.
도교는 도법자연(道法自然)으로 항상 자연을 본받아야 한다.
인류문명은 불교를 매개로 초종교·동서융합에 도달하여야 한다.
불교의 왼쪽에 기독교가 있고, 오른쪽에 유교와 도교가 있다.

유교와 도교와 선도는 공통적으로 낙(樂)을 이상으로 삼는다.
유교는 시예악(詩禮樂)을, 도교와 선도는 도락(道樂)을 꿈꾼다.
유불선기독교가 추구하는 공통은 낙(樂), 기쁨임을 알 수 있다.
낙은 평화를, 평화는 크게 통하는 태평(太平, 泰平)을 의미한다.

세계의 종교는 서로 다른 것 같지만 공생과 평화가 공동목표이다.
종교의 경전은 서로 다르지만 궁극적으로는 열려있음을 지향한다.
끝없이 열려있는 것이 깨달음이고, 구원이고, 영원이고, 평화이다.
어떤 경전에서도 배우고 난 뒤에는 자유로워야 평화에 도달한다.

■ 생(生)과 사(死), 생멸(生滅)

1.
생(生)과 사(死)는 서로 반대라고 생각하는데
자연에서 보면 둘은 교차(交叉)하는 하나이다.

생과 사는 실체론으로 이원론이고
생멸(生滅)은 비실체론으로 일원론이다.

생멸은 동시성을 의미하고
시간과 공간의 없음을 의미한다.

만물은 만신이고, 만신은 만물이다.
신물일체(神物一切), 심물일체(心物一切)이다.

2.
불교와 기독교가 하나가 되어
자연으로 돌아가면 생명뿐이다.

생명보다 더 근본은 없으니
만물은 존재, 존재는 신체적 존재이다.

자연과 인간은 반대라고 생각하는데
둘의 밖에서 보면 둘은 하나이다.

밖에서 보고 안으로 들어가면 자연히 쓰게 되고
안에서 머물다 밖으로 나오면 저절로 자연이 된다.

■ 너를 본 나, 나를 본 나
― 존재의 이해를 위해서

1.

내가 아는 것은 너를 본 나

내가 아는 것은 나를 본 나

내가 아는 것은 결국 너

나는 나 자신(myself)을 영원히 알 수 없네.

나는 너 자신(yourself)을 영원히 알 수 없네.

나는 물자체(Thing itself)를 영원히 알 수 없네.

나는 존재자체(self)를 영원히 알 수 없네.

내가 나를 "진정한 나(眞我)"라고 말할 때는

나는 이미 신과 같다.

여호와 신이 시나이 산에서 모세에게

"나는 내가 되고 싶은 나다."라고 한 것은

신이 자신을 '진정한 나'라고 말하는 것이다.

나는 신이고, 신은 나다.

나라는 말은 신이라는 말만큼 위대하다.

2.

내가 너를 물질이라고 말했네.

내가 너를 육체라고 말했네.

물질과 육체는 존재가 아니네.

우리는 존재(Sein)라고 말한 것은 존재가 아니네.

우리가 말한 것은 존재자(seiendes)자였네.

존재는 끊임없이 움직이는(생성변화) 거야.
존재라는 말은 항상 이중적이네.

우리는 지금까지 생성(becoming)을 가지고
존재(Being)라고 말했네.
그러나 진정한 존재는 생성이네.
우리는 존재라고 말할 때는 이미
생성과 존재를 동시에 말하고 있네.
우리가 하나님이라고 말할 때는 동시에
하나님의 피조물을 말하고 있네.

3.
우리가 존재를 말할 때는
생성과 존재, 생성과 존재의 작용을
동시에 말하고 있네.
그래서 모든 말은 확실하지 않네.
확실하지 않는 것이 말이네.
존재의 확실함을 위해서는 침묵할 수밖에
존재의 성실감을 위해서는 사랑할 수밖에.

불교는 제법무아(諸法無我)를 말하면서
만물을 법, 무아라고 말하는데
국가에서는 법을 국가, 절대지라고 말하네.
불교는 무아(無我)를, 국가는 자아(自我)를 주장하네.
존재는 무아(無我)와 아(我) 사이를 왕래하네.
불교는 존재를 말하는데

국가는 존재자를 말하네.

■ 존재와 현상이라는 것

눈앞에 있는 존재를 현상으로 보니까
존재는 물질이 되고
물질을 다스리는 것이 정신이 되고
정신은 신의 지위를 누리게 된다.

눈앞에 보이는 것을 현상이라 하지 않았다면
존재라는 말이 필요 없었네.
우리가 현상이라고 했기 때문에 존재가 생겼네.
만약 지각이 없었다면 현상이라는 말도 필요 없었네.

안이비설신의(眼耳鼻舌身意)가 없었다면
현상과 존재, 상(相)과 비상(非相)도 없었네.
존재는 상이 아니네.
존재는 비상도 아니네.

존재가 무인가, 무가 존재인가.
존재자는 무인가, 존재가 무인가.
현상학의 존재는 존재자, 유무(有無)의 세계
존재론의 존재는 존재, 무유(無有)의 세계

현상의 근원은 존재이지, 원인이 아니네.

창조는 존재의 샘물에서 솟아오른 신기원(新紀元)
종래의 것을 판단정지하고 단독자로 홀로 서는 행위
공(空)과 무(無)로 통하는 길목에 하나님처럼 서는 일이네.

■ 평화는 넓혀가는 것

평화는 멀리 찾아가는 것이 아닙니다.
평화는 눈앞에서 넓혀가는 것입니다.
평화는 지금 제자리에서 실현되는 것입니다.

평화가 슬로건이 되는 것은 평화일 수 없습니다.
평화는 자신의 눈높이에서 넓혀가는 것입니다.
평화가 이상만이라면 거짓일 수 있습니다.

평등은 멀리 찾아가는 것이 아닙니다.
평등은 평화롭지 않으면 위태롭습니다.
평등은 지금 제자리에서 평화로워야합니다.

평등이 지상과제가 되는 것은 평등일 수 없습니다.
평등이 자유롭지 않으면 평등이 아닙니다.
평등이 사랑이 없다면 평등이 아닙니다.

■ 계급투쟁과 해체주의

1.

마르크스는 헤겔의 인정투쟁을 계급투쟁이라 했다.
히틀러는 자신의 삶을 나의 투쟁이라고 웅변했다.
투쟁은 전체주의와 사회주의를 불러왔다.
모든 사회주의는 하나같이 전체주의가 된다.

마르크스의 공산사회주의가 그 증거이다.
히틀러의 국가사회주의자가 그 증거이다.
헤겔의 유심론과 마르크스의 유물론은
서양철학에서 열매 맺은 두 관념론이다.

근대에 들어 서양에서 발단된 악령은
국가사회주의, 공산사회주의이다.
사회주의는 겉으로는 선한 것 같지만
속으로는 전체주의를 숨긴 악령이다.

두 사회주의는 평화의 적이 되었다.
투쟁은 결코 평화의 친구가 될 수 없다.
마르크스의 계급투쟁은 계급을 없앤다는 거짓말이다.
데리다의 해체주의는 결국 문화를 없애는 거짓말이다.

해체주의는 구조주의의 반(反)운동에 불과하다.
서양철학은 해체를 생성으로 오인하고 있다.
자연은 해체되지 않고 언제나 실재할 뿐이다.

해체는 구성된 문화를 해체하는 것일 뿐이다.

빛과 소리를 로고스라고 규정한 때문에
문자가 소리보다 먼저 생겼다고 주장하는
데리다는 이성의 결정주의를 해체하면서도
동시에 텍스트를 신봉하는 자가당착의 인물이다.

2.
서양이 해석한 동양은 본래의 동양이 아니다.
어디까지나 서양이 해석한 것으로서 동양의 왜곡이다.
서양문명에는 고정불변의 실체가 대전체로 있다.
이데아, 절대신, 정반합도 실체를 전제한 예이다.

동양의 음양론을 이원적 변증법으로 해석하는 일이나
서양의 존재론을 생성론으로 해석하는 일은 오류이다.
음양론의 음양은 실체가 아닌 상징으로 관계일 뿐이다.
생성은 결코 존재론으로 설명을 다할 수 없는 영역이다.

생성은 시공간 이전에, 혹은 너머에 있다.
빅뱅과 블랙홀 사이에 존재하는 사이존재는
시간과 공간의 거리를 필요로 하지만
생멸하는 우주 자체는 시공간은 없다.

내가 신이고, 신이 나이다.
만물이 만신이고, 만신이 만물이다.
자연이 신이고, 신이 자연이다.

인간이 자연이고, 자연이 인간이다.

순간은 영원이고, 영원은 순간이다.
이곳은 저곳이고, 저곳은 이곳이다.
고통은 쾌락이고, 쾌락은 고통이다.
사는 것은 죽은 것이고, 죽는 것은 사는 것이다.

서양철학의 결정론은 유물론과 과학에 이르러
그것의 물질주의적 속성과 극단을 드러냈다.
해체주의는 그것에 반한 문화·사회운동이지만
그 결과는 문화를 파괴하는 악령을 숨기고 있다.

■ 은유, 환유, 추상

1.

시인은 은유의 마술사
철학자는 개념의 마술사
은유는 의미생산, 개념은 의미고정

은유는 의미의 출발이다.
은유가 없으면 의미작용이 없다.
대상에 의미를 부여하지 않으면 의미는 없다.

환유는 의미가 문장(통사론)을 만드는 것이다.
환유는 기호의 연결(기표연쇄)로 개념을 만들고

추상은 개념의 동일성을 향한 최상의 초월이다.

신은 자연에 대한 첫 은유이다.
은유가 환유로 된 것은 현상학에서 비롯된다.
현상학은 눈으로 보고 손으로 잡으려는 것이다.

은유(隱喩)는 은유(隱有)이고
환유(換喩)는 환유(換有)이다.
문장은 은유와 환유를 번갈아 쓴다.

물리적 현상학이 오늘날 과학이고
심리적 현상학이 오늘날 철학이고
심리적-물리적 현상학이 예술이다.

과학은 과학자들의 종교이다.
신학은 종교인들의 과학이다.
모든 현상학을 종합한 것이 신학이다.

  2.
신과 인간과 자연은 하나인데
이들이 분리되는 바람에 인간은 스스로 소외되어버렸다.
인간은 자기로부터 소외되어버렸다.

신과 인간의 공모로 자연은 황폐화되고 말았다.
이들이 다시 하나 되는 것이 하나님을 되찾는 길이다.
하나님은 '하나 되는' 것을 '임(임금)'으로 생각하는 하나님이다.

자연의 은유로서의 신을 잃어버린 인간은
환유로서의 신을 섬기면서 유일신을 주장했다.
유일신이라는 절대종교는 과학을 탄생시켰다.

정신(유심론)은 물질(유물론)이 되어버렸다.
신학이 인간학이 됨으로써 위험하게 되었다.
인간학으로서의 신학은 자기부정의 연속이다.

세계를 알려고 하는 것은 자기부정의 연속이다.
자기는 본래 나에게 있는 것인데 밖에서 찾으니
영원히 찾을 수밖에 없고, 환원·회귀할 수밖에 없다.

마음과 몸의 원형은 몸이다.
이것이 정신과 물질이 되고부터
세계는 이분화되었다.

기원(origin)을 찾는 인간이여!
기원은 그대 몸 속에 있는 것!
심물일체(心物一切), 심물존재(心物存在), 심물자연(心物自然)!

■ 있다, 잇다, 이다

내가 있다.
그것이 있다.
나와 그것들이 이어져 있다.

'있다'와 '있다'의 사이에 '잇다'가 있구나.
나는 살아있다.
나는 스스로 살아가고 있다.
나의 안과 밖에 수많은 이어짐이 있다.
신체는 존재, 존재는 관계이다.

내가 있다.
나의 밖에 남이 있다.
나의 위에 신이 있다.
나는 수많은 관계 속에 있다.
'있다'는 존재론
'이다'는 관념론
'잇다'는 관계론
관계는 존재와 관념 사이를 잇는다.

'이다'는 진리, 등식, 수학
'있다'는 존재, 부등식, 자연
'잇다(가지고 있다)'는 진리와 존재의 사이이다.
엄밀한 '이다'는 그 밖을 가지지 않을 수 없다.
저마다 '있다'는 개념화 혹은 범주화할 수 없다.
'잇다(가지고 있다)'는 소유존재인 인간존재의 특성이다.
인간은 '이다' '있다' '잇다'로 살아가고
세계를 이해하는 인간존재, 소유존재, 사이존재이다.

'이다'는 절대의 세계, 절대과학, 절대종교로서
고정불변의 본질(essence)을 숭상한다.

유심론과 유물론, 유심론과 유신론, 유신론과 무신론은 같다.
'있다'는 '이다'의 밖에 있는 모든 존재(existence)이다.
'잇다(가지고 있다)'는 세계에 대한 존재이해이다.
'이다'는 앎, '있다'는 삶, '잇다(가지고 있다)'는 관계방식이다.
인간은 생성변화하는 자연 속에서 고정불변의 세계를
동시에 잡고 살아가는 인간존재, 소유존재, 사이존재이다.

■ '이다'와 '있다'의 철학적 변주

'이다'는 현상(現象), '있다'는 존재(存在)
'이다'는 본질(essence), '있다'는 실존(existence)
'이다'는 본질직관, '있다'는 사물 그 자체
'이다'는 진리, '있다'는 존재진리
'이다'는 과학, '있다'는 존재
'이다'는 자연과학, '있다'는 자연
'이다'는 '것(thing, It, that)', '있다'는 '있음(Being)'
'이다'는 공식(公式), '있다'는 자연
'이다'는 이(理), '있다'는 기(氣)
'이다'는 보편성이고, '있다'는 일반성이다.
'이다'는 개체성이고, '있다'는 일반성이다.
칸트는 '사물 그 자체'를 논의의 장(현상학)에서 제외시켰다.
현상학은 결국 존재자(존재하는 것)를 규정(존재규정)하는 것이다.

'이다'는 앎, '있다'는 삶
'이다'는 육하원칙, '있다'는 스스로 있음

'이다'는 사물, '있다'는 사건
'이다'는 명사, '있다'는 동사
'이다'는 정지, '있다'는 운동
'이다'는 확실성, '있다'는 불확실성
'이다'는 정체성, '있다'는 자연성
'이다'는 동일성, '있다'는 차이성
'이다'는 정신물질, '있다'는 심물(心物)존재
'이다'는 존재자, '있다'는 존재
서양은 '이다'와 '있다'를 구분하지 않는다.
하이데거는 '사물 그 자체'를 논의의 장(존재론)으로 끌고 왔다.
존재론은 결국 자연의 존재(생성)를 묻는(존재 질문하는) 것이다.

서양의 '있다'는 '이다'에 가깝고
동양의 '있다'는 '자연'에 가깝다.
인도유럽어의 불교와 기독교는 한 세트
동양의 유교와 도(道)는 한 세트
도(道)는 자연과 차이가 있네.
자연은 차이가 아닌 자연이네.
서양에서 보면 차이가 자연일 테지만
동양에서 보면 자연의 드러남이 차이네.
자연은 말하여지지 않는 차이네.
자연은 말하여지지 않는 도이네.
말하여진 신(神)은 신이 아니네.
말하여진 불(佛)은 불이 아니네.
말하여인 도(道)는 도가 아니네.

■ 친구와 적

세계 어디를 가나 친구와 적이 있네.
내 친구가 내 친구의 적이네.
친구와 적을 만드는 것은 본능이네.

친구와 적이 동시에 있지 않는 곳은 없네.
이는 친구가 적이 될 수 있다는 증거
어디서나 친구와 적을 만드는 것이 인간이네.

모든 사람의 친구가 될 수 없네.
모든 사람의 적이 될 수 없네.
친구 속에 적이 있고, 적 속에 친구가 있네.

■ 노예에서 주인으로

자연에서 인간은 노예에서 주인으로
대상의 노예(subject to)에서
목적의 주인(subject)으로 나아간다.

노예의 출발은 죽음을 두려워함이다.
죽음을 두려워하지 않아야 주인이 된다.
과학은 자연의 노예와 주인의 이중성이다.

과학은 자연의 주인인 것 같지만

<u>스스로</u> 철저하게 대상의 노예가 된 뒤
나중에 주인이 되는 것이다.

주인은 노예로 전락하는 것만 남은 존재
노예는 주인을 배반하는 것만 남은 존재
주인과 노예 중 상대를 아는 자가 승리자

철학이 필요한 것은
기계와의 주인쟁탈전에서 승리하는 것
사유하는 기계보다 사유하는 존재가 되어야 하네.

철학은 이제 과학을 위한 철학이 아니라
자연을 위한 철학, 인간을 위한 철학이 되어야 하네.
노예와 주인의 줄다리기는 아슬아슬하기만 하네.

말이 주인이 되고, 기계가 주인이 되고
인간의 욕망기계와 기계인간의 욕망이 의기투합하면
언젠가 인류의 생명도 그들에 좌우되는 꼴이 될 것이네.

촘스키의 변형생성문법에 따르면
영어는 능동과 피동의 변형을 통해
주어가 목적어로, 목적어가 주어로 변할 수 있다네.

주인이 노예가 되고, 노예가 주인이 되는,
변증법적 역사발전과 혁명이 가능한 까닭은
인도유럽어문법 속에 이미 내재해 있다네.

■ 객관, 객체, 존재

객관적인 것은 어디에 있는가.
객관적인 것은 주관의 합의에 불과하네.
실지로 객관적으로 있는 것이 객체라면
우리는 그 객체를 결코 장악할 수 없네.

우리가 잡을 수 없는 객체는
잡을 수 없기에 존재라고 하네.
잡을 수 없기에 소유할 수 없고
소유할 수 없기에 함께 살아가네.

주관이든 주체이든
객관이든 객체이든
존재로부터 언어로 가설하여 잡은 것이네.
존재는 자연적 존재, 언어는 가설한 존재자

우린 언어와 문장을 통해 세계를 이해하네.
우린 언어라는 장막 뒤에 숨은 존재를 알 수 없네.
존재는 이름과 소유가 없네.
이름과 소유가 없기 때문에 존재는 존재로 있네.

■ 단어가 하나밖에 없다면

단어가 하나밖에 없다면 표현할 길이 없고

표현을 하자면 단어는 둘 이상이어야 하네.

표현을 하면 표현으로 끝나는 것이 아니라
표상이 되어 그 상을 유지하려고 하네.

하나님도 혼자 있다면 무슨 재미를 느낄까.
아버지도 혼자 있다면 무슨 재미로 살까.

하나님이 인간을, 남자가 여자를 창조한 까닭은
아버지가 어머니와 짝을 이루어 자녀를 둔 까닭은

창조의 원리, 사랑의 법칙, 번영의 이치
스스로를 표현하는 자기완결, 자연신비

하나님도 하나를 고집하면 표현할 길이 없고
표현을 하면 하나님도 수없이 많아지네.

절대유일의 하나님, 일즉일체의 하나님
만물만신의 하나님, 자연그대로의 하나님

하나님을 닮은 인간, 인간을 닮은 하나님
세계-내-존재, 존재-내-세계

■ 나와 내 친구, 하나님

내 친구 속에는 내가 없다.
내 친구는 내가 아니다.
내 친구는 나의 밖에 있다.
내가 없으면 어떻게 내 친구가 있다는 말인가.

하나님은 만물을 창조했다.
하나님은 피조물이 아니다.
만물은 하나님 밖에 있다.
하나님이 없다면 어떻게 만물이 있다는 말인가.

나와 하나님은 같은 자리에 있다.
혹시 내가 하나님인가.
아니면 하나님이 나란 말인가.
나와 하나님이 동일성이라면 고정불변의 실체는 없다.

나라는 실체가
하나님이라는 실체가 없어야 한다면 그것은 무엇인가.
그것은 실체가 없는 것일 수밖에 없다.
실체가 없는 존재가 바로 생성이다.

'나'라는 말과
'하나님'이라는 말은
그 자체가 이미 어떤 틈(균열)을 지니고 있다.
그 틈이 바로 공(空)이다.

■ 공(空)은 공집합이다

공(空)을 수학적으로 표현하면 공집합이다.
공집합이 없으면 집합은 성립되지 않는다.

집합은 실체이다. 실체는 색(色)이다.
색이 아닌 실체는 공(空)이고, 공집합이다.

수학과 불교는 반면교사이다.
수학은 공을 색으로, 무한대로, 확률로 표시하고자 한다.

수학에 의해 작동되는 컴퓨터에는 공집합이 없다.
컴퓨터는 공(空)을 모르기 때문에 창조를 하지 못한다.

■ 존재는 욕망의 원인이 아니다

존재는 욕망의 원인이 아니다.
욕망을 인과론으로 풀면 존재가 원인이 되지만
존재는 이미 인과론을 벗어난 것이다.
욕망이 존재의 원인인 것은
사람이 인과론으로 존재를 해석하기 때문이다.

사람이 존재를 무(無)라고 하는 까닭은
유무(有無)의 현상으로 존재를 파악하기 때문이다.
유(有)의 없음은 존재가 아니다.

유무는 현상학적인 환원 혹은 회귀에 불과하다.
유(有)의 무(無)는 현상학이고, 무의 유는 존재론이다.

존재는 욕망의 원인이 아니다.
존재는 없는 듯 있는 그러한 근원이다.
존재의 근원은 인과가 아니다.
욕망과 이성은 서로 반대인 것 같지만 아니다.
욕망은 신체적 이성, 이성은 대뇌적 욕망이다.

자신도 모르게 무장하고 있는
온갖 욕망의 갑옷을 벗고
발가숭이가 되어야 존재에 도달한다.
이성과 욕망을 벗고 자신에 침잠할 수 있어야
존재, 본래존재에 도달할 수 있다.

의지(意志)는 의미 있는 욕망
욕망(慾望)은 이유 없는 의지
이성(理性)은 이유 있는 의지
성욕(性慾)은 이유 없는 의미
머리와 몸은 결국 하나이네.

■ 있는 것을 없다 하고

눈에 보이는 것, 있는 것을 없다 하고
눈에 보이지 않는, 없는 것을 있다 하는,

귀에 들리는 소리를 말씀으로 생각하는
이상한 야릇한 존재, 영적인 동물, 인간

신을 모시고 제사를 지내고
시간과 공간을 만들어 측정하는,
세계를 장악하고자 몸부림치는 존재
역설의 생물종, 인간현존재

머릿속 판타지와 추상으로 사는 인간
구체적인 몸을 잃어버려도
기계를 몸처럼 생각하면서 스스로
몸을 기계로 바꾸는 기계인간, 인간현존재

현재(present)를 잡으려고 애를 쓰면서도
현재를 선물(present)이라고 감사해 하는
역설과 모순의 존재, 인간현존재
그로인해 세계와 문명을 만들어간다.

■ 나는 내가 되고 싶은 신이다
─ 自身, 自信, 自新, 自神

1.
나는 내가 되고 싶은 신이다.
나는 전지전능해서 신이 된 것이 아니라
나를 믿었기 때문에 신이 되었다.

나를 믿으면 어디든지 나아갈 수 있다.

나를 둘러 싼 세계를 다 알 수는 없다.
나를 믿으면 날마다 새로운 나를 발견할 수 있다.
신은 전지전능한 것이 아니라
하나가 되는 곳을 향한 끝없는 기다림이다.

나는 낯선 세계를 낯익게 만들었고,
세상이 본래 둘이 아니라는 사실을 알았다.
내가 만든 신과 신이 만든 나는 하나이다.
신은 열린 세계, 열린 종교이다.

나는 너의 이름으로 채워져 있었다.
이름이 없는 나는 끝없이 나를 불렀다.
내가 부른 나는 신이었다.
신을 부른 나는 나였다.

나는 원인적 신이 아니라 결과적 신이다.
결과적 신은 매순간 지금 여기에 있다.
지금 여기는 시간이 아니다.
세계는 시작도 끝도 없으니까.

2.
신이 없으면 세계가 없다.
그래서 신은 신이다.
내가 없으면 세계가 없다.

그래서 나는 나이다.

신이 스스로를
"나는 내가 되고 싶은 나다."라고 한 것은
존재의 알파요, 오메가를 말한다.
아트만은 브라만이다.

'나'와 '신'은 다른 말로 아무리 설명해도
죄다 설명할 수가 없다.
내가 알고 있는 신은 신이 아니다.
신과 존재는 공(空)이고, 무(無)이다.

자연의 생성을 기준으로 보면
존재는 보잘 것 없는 것처럼 보이는 신이다.
분석적인 세계는 결코 온전한 존재가 아니다.
말할 수 없는 신비야말로 신이고, 존재이다.

내가 말할 수 없는 것이 존재이다.
앎은 이미 모르는 것을 말하는 것이다.
고전이라는 것도 맥락이 달라지면 무의미하다.
신불도(神佛道)는 자연(自然)의 다른 말에 불과하다.

■ 주인과 종

1.

신은 세계의 주인이다.
인간은 주인을 신이라 했기 때문이다.

주인은 축복한다.
축복하는 자를 주인이라 했기 때문이다.

종은 저주한다.
저주하는 자를 종이라고 했기 때문이다.

어느 날 당신이 남을 축복하고 있으면
당신은 주인이 된 것이다.

어느 날 당신이 남을 저주하고 있으면
당신은 종이 된 것이다.

2.

주인인 사람은 종이 되어도 주인이고
종인 사람은 주인이 되어도 종이다.

주인인 사람은 제 눈으로 주인만을 보고
종인 사람은 제 눈으로 종만을 본다.

남자와 여자로 태어나는 것을 결정할 수 없듯

주인과 종으로 태어나는 것도 결정할 수 없다.

나는 나의 주인으로 살았나, 남의 종으로 살았나?
주인과 종은 인간관계 전반에 걸쳐있는 은유이다.

주인과 종은 항상 서로 교차하고 있다.
주인인가 싶으면 종이고, 종인가 싶으면 주인이다.

■ 아포리즘

아포리즘, 진리에 도달하는 방식을
논리가 아니라 은유와 직관과 상징으로 한 것

시인은 시(詩)로 기도하는 사람
철학자와 시인의 자질을 타고한 시철(詩哲)

시인은 자신이 본 사물의 최초의 의미를
은유로 연결하는 취미를 가진 자

철학자는 자신이 본 사물의 최초의 해석을
환유로 연결하는 강박관념의 소유자

예술가 중의 예술가인 시인과
철학자 중의 철학자인 과학자가 만난 야합(野合)

보는 대로 있느냐, 있는 대로 보느냐
현상학의 차원에서는 같지만 존재론에서는 다르네.

소유, 보는 대로 있어야 소유할 수 있고,
존재, 있는 대로는 결코 볼 수 없네.

소유는 영혼과 영원과 신을 이데아를 좋아하네.
영원을 숭배하는 것은 인간의 영원한 질병이네.

소유는 주체(정신)와 대상(물질)을 나누는 것을 전제하고
둘 사이를 왕래하는 것을 좋아하네.

존재는 자연과 인간의 생멸을 그대로 받아들이네.
존재는 자연적 존재, 심물(心物)존재, 심물자연

인간의 기도(氣道)는 기도(祈禱)이고 기도(企圖)이다.
인간의 기도(祈禱)는 기도(企圖)이고 기도(氣道)이다.

■ 욕망과 도덕

우리는 부모가 도덕적이었는지
선하였는지, 악하였는지 모르고 태어났다.

태어남은 누구도 어쩔 수 없는 자연스런 현상
부모의 위대함은 나를 태어나게 한 것에 있다.

인간이 도덕적이어서 태어난 것은 아니다.
우선 욕망의 존재이기 때문에 태어났다.
욕망은 인간의 본능이지만
끝없음으로 인해 인간의 이성을 닮았다.

이성(理性)은 인간의 특징이지만
끝없는 이상(理想)은 욕망(慾望)을 닮았다.

이성은 타자의 이성을 이성한다.
욕망은 타자의 욕망을 욕망한다.

도덕은 욕망의 후사(後事)이다.
도덕은 함께 살기 위한 문화장치이다.

인류의 모든 문화는 정체성을 강조하지만
철학은 그 정체성과 실체에 대해 회의를 품는다.

자연은 진화(進化)하고, 인간은 문화(文化)한다.
문화는 새롭게 변하지 않으면 문화가 아니다.

■ 존재와 소유

진정한 주인인 자연은 소유하려 들지 않는다.
소유할 것도 없고, 소유할 필요도 없다.

자연은 스스로 내어주는 까닭에 가장 신과 같다.
인간이 소유하려는 것은 본래주인이 아니기 때문이다.

인간은 자연의 생존경쟁에서 살아갈 수밖에 없는 존재이다.
그래서 신을 만들고 신에게 복을 빌면서 살아왔다.

인간은 신의 대리자(代理者)로서 자연을 지배할 수 있었다.
그러나 인간은 이제 신을 자연으로 돌려주어야 한다.

자연에서(숨어있는) 신을 현상한 기독교는 신을 다시
자연, 본래자연, 본래존재로 돌려주어야 한다.

인간이 자연을 약탈하고 황폐화시키고 만다면
문명은 자연의 강간자로 남게 되게 될 것이다.

만약 인간이 자연에 대해 검소함으로 사과하지 않으면
죽은 신마저도 인간을 돌보지 않을 것이다.

인간세(人間世)의 인간에게 마지막 과제가 남았다.
자연과 함께 사느냐, 멸종하느냐, 양자택일의 길!

홍익인간(弘益人間)은 위대한 한민족의 철학이지만
이제 홍익자연(弘益自然)으로 거듭나지 않으면 안 된다.

■ 주체, 주인, 신(神)

내가 말함은 이미 신이 말함이다.
나를 말함은 이미 신을 말함이다.
진정한 나는 신이고, 신은 진정한 나이다.
신은 정(正)이고, 정은 신(神)이다.
이데아와 기독교와 변증법은 같은 것이다.

주체, 주인, 신(神)!
주체는 주체-대상,
주인은 주인-노예,
신은 신-인간으로 짝을 이루네.
신은 그 정점에 있는 엑스타시(ecstasy)

여섯 단어를 관통하는 존재는 인간뿐이네.
아니지, 인간이 이들을 만들었네.
주체-대상은 사물(존재)에서,
주인-노예는 사회(집단)에서
신-인간(문화)은 자연에서 생겨난 것이네.

주체(subject)에는 노예(subject to)가 숨어 있네.
대상(object)에는 목적(objectify)이 숨어 있네.
신과 인간, 인간과 자연 사이에는
상호 왕래가 있을 수밖에 없네.
왜(why), 함께 살아가는 존재이니까.

자연에서 태어난 인간이
자연을 잡으려고 상상한 것이 신(神)이다.
인간이 만물의 영장이 된 지금,
신은 인간의 명령을 잘 듣는 기계로
스스로를 드러내어야하는 운명인가!

■ 존재, 진리, 지식

존재는 진리가 아니다.
진리는 존재를 언어로 해석한 것에 지나지 않는다.
지식은 진리가 기술과 제도로 타락한 타성태이다.
진리는 날마다 새롭게 찾아야 한다.
문화가 문화해야 하는 이유가 여기에 있다.

존재는 진리가 아니다.
세계에 고정불변의 진리는 없다.
진리는 계속해서 새롭게 변신해야 하니까.
존재진리를 외치는 철학자는
히스토리의 감옥에서 히스테리를 부리는 환자

존재는 자연이다. 자연은 본래존재이다.
자연은 날마다 변하고 진화하면서 새 옷을 입는다.
자연은 죄다 알 수가 없다.
인간이 아는 것은 항상 전체의 부분일 따름이다.
앎에 인생을 맡기는 것은 스스로를 비하하는 것이다.

존재는 신이다. 존재는 만물만신이다.
인간이 그동안 신이라고 말한 것은
'존재의 신'이 아닌, '존재자의 신'이었다.
인간이 말한 '존재자의 신'이 아닌 본래 신,
자연을 의미하는 만물만신으로 돌아가야 한다.

자연을 은유한 것이 신이라면
인간이 다시 환유한 것이 신이다.
인간이 또한 자연의 일부라면 자연은
물질적·육체적 존재가 아닌, 신체적 존재
신, 인간, 자연은 하나의 신체이다.

진리를 깨우치려면 존재를 만나야 한다.
존재를 만나는 것은 신을 만나는 것이고,
존재를 만나는 것은 부처를 만나는 것이고.
존재를 만나는 것은 도(道)를 만나는 것이다.
존재를 만나는 것은 내 자신을 만나는 것이다.

존재는 지혜이다. 그래서 존재지혜이다.
지식은 권력이다. 그래서 지식권력이다.
진리는 존재와 지식의 사이에 있다.
그래서 존재진리라는 말이 필요하다.
진리는 존재에서 항상 지식을 새롭게 하는 것이다.

■ 주체와 대상의 이중주

1.

주체와 대상은 동시에 성립된 실체이다.
정신과 물질은 동시에 성립된 실체이다.
유심론과 함께 유물론의 성립은 당연지사이다.

이분법과 개념에 의해 현상이 성립된다면
모든 현상은 이분법의 가상과 유희이다.
주체와 대상은 의식(意識)의 유희에 불과하다.

언제나 주체는 주체가 아니었고
언제나 대상은 대상이 아니었다.
주체는 항상 초월하고, 대상은 항상 달아났다.

모든 주체는 초월적 주체이다.
모든 대상은 영원한 대상이다.
주체와 대상을 버리면 바로 존재에 복귀한다.

대상은 존재이고, 저항이고, 목적이었다.
대상은 수단이 되면 다른 것을 목적화했다.
선험과 초월과 지향은 현상학의 다른 지평이었다.

주체에는 노예의 흔적이 있다.
주체에는 대상종속의 의미가 있어
주인이 될 것을 항상 선구적으로 기약해야 한다.

대상에는 주인의 흔적이 있다.
대상은 새로운 목적이 있음으로 해서
영원히 나아갈 것을 선구적으로 약속받는다.

2.
대상은 이미 목적이다. 대상은 영원한 대상이다.
주체는 이미 초월이다. 주체는 초월적 주체이다.
주체와 대상은 상호작용, 거울작용을 할 수밖에 없다.

그러나 아무나 주인이 되는 것은 아니다.
어떤 결핍을 느끼고 새로움을 추구할 때에
하늘은 주인이 될 것을 스스로 승인하게 된다.

진리를 향하여 새롭게 나아가지 않고
지식에만 머물 때는 미래는 불투명하고
지식은 스스로 폭군이 될 위험에 처하게 된다.

주체는 초월적 주체(空)를 통해 신기원을 수립하고
대상은 영원한 대상(色)을 통해 계속 나아가고자 한다.
주체와 대상은 하나의 궤도(空卽是色)에 있는 운동이다.

주체 없음은 새로운 주인기표를 기대한다.
주인은 자신의 말을 대타자(大他者)가 되게 한다.
대타자는 대상을 지배하고, 주체를 없애고 주인기표를 세운다.

주체가 없는 자리, 대상도 없다.

주체, 대상, 언어, 욕망은 항상 순환한다.
우리는 남의 욕망을 욕망하고, 남의 이성을 이성한다.

욕망은 숨어있는 이성이고,
이성은 드러나는 욕망이다.
욕망은 신체적 이성이고, 이성은 대뇌적 욕망이다.

3.
철학은 이분법의 말놀이의 건축이다.
이분법은 하나의 세트 속의 상호작용이다.
현상과 본질도 이분법, 주체와 객체도 이분법

철학자는 저마다 자신의 논리체계에 갇혀
자신의 주장은 맞고 남의 주장을 틀렸다고 주장하는,
자신을 신으로 착각하는 논리구성의 정신병자들

신와 영혼도 한 세트
자아의 자유와 자연의 필연도 한 세트
제약자와 무제약자도 한 세트

본질과 실존도 한 세트
앎의 철학과 삶의 철학도 한 세트
이분법이 없이는 철학 자체가 성립이 되지 않는다.

생성과 존재도 이분법이고, 존재와 존재자도 이분법이다.
존재와 세계도 이분법이다. 존재와 진리도 이분법이다.

철학의 과정은 이분법이지만 목적은 하나가 되는 것이다.

모든 철학적 사유는 이분법에서 출발하지만
그것을 일관(一貫)하는 법칙은 하나이다.
동일률과 모순율과 배중율과 충족이유율은 하나이다.

철학은 문화의 히스테리(hysteria)이다.
철학은 히스테리환자가 과거와 미래의 사이에서
자신의 주인기표, 키워드를 찾아내는 개념놀이이다.

■ 이데아(idea)는 코기토(cogito)다

인간은 말한다.
"나는 생각한다. 고로 존재한다."
자연은 말하지 않는다.
"존재는 존재함으로써 존재한다."
생각과 존재는 존재로 연결되어 있다.

이데아(idea)는 코기토(cogito)다.
코기토는 인간의 특이점이다.
생각은 이데아이고, 앎이다.
생각은 언어이고, 관념이다.
생각은 개념이고, '이다'이다.

생각은 고정불변의 존재를 가상하고

자연은 변화하는 존재로 살아간다.
앎의 철학과 삶의 철학의 분기점은
바로 생각하는 인간의 등장이다.
생각과 존재, 인간과 자연이다.

"나는 신을 생각한다. 고로 신은 존재한다."
기독교의 신은 실은 생각이고,
생각이기 때문에 절대이다.
생각이 없는 곳에는 절대가 없다.
신(神)과 이데아(idea)는 같은 것이다.

존재한다는 '있다'이고,
생성변화하고 있다는 의미의 '있음'이다.
코키토는 '이다' '있다'의 뒤바꿈이다.
존재는 있음이고, 있음은 자연이다.
자연은 생성을, '삶의 철학'을 의미한다.

고정불변의 존재는 '이다'이고,
생성변화하는 존재는 '있다'이다.
그래서 존재의 의미에는
'이다'와 '있다'의 이중의 의미가 있다.
'이다'는 끊고, '있다'는 맺음이다.

서양문명은 '이다'에 엑센트를 주고 있고,
동양문명은 '있다'에 엑센트를 주고 있다.
'이다'는 생각과 언어이고, 제도적 존재자이고,

'있다'는 자연과 존재이고, 자연적 존재이다.
한국은 '이다'와 '있다'를 완전히 구분한다.

서양철학은 '이다'에 엑센트를 줌에 따라
철학과 과학으로 꽃을 피우고,
동양철학은 '있다'에 엑센트를 줌에 따라
도학과 도덕으로 꽃을 피운다.
동서철학을 융합해야 상대를 알 수 있다.

■ 주체철학과 타자철학

주체와 타자(대상)의 이분법에서
주체철학과 타자철학이 가능한 이유는
주체와 타자는 근본적으로 왕래할 수 있기 때문이다.
모든 이분법은 본래 있는 것이 아닌, 개념의 놀이다.

개념은 인간이 만든 가상이다.
주체이든 가상이든 둘 다 가상이다.
가상이라는 것은 인간의 머리에서 생성된 관념이다.
관념은 존재가 아니기 때문에 왕래할 수밖에 없다.

개념은 실재가 아니기에 실체이다.
개념은 생각이기에 없어지지 않는다.
개념은 생각의 모델이기에 없어지지 않는다.
개념은 생각이기에 어디든 존재할 수 있다.

개념은 생각에서 비롯되는 개념지식이고
직관은 생각 없이 비롯되는 직관지혜이다.
서양철학은 개념철학이고 앎의 철학이다.
동양철학은 직관지혜이고 삶의 철학이다.

타자철학은 결국 언어(타자)를 주인으로 삼는 것이고
주체철학은 초월적 주체를 주인으로 삼는 까닭에
결국 영원한 대상과 초월적 주체를 연장할 수밖에 없다.
주체철학과 타자철학은 현상학의 두 가지 선택지이다.

■ 노예지식인과 해체주의

노예지식인은 자신이 노예인줄 모른다.
남의 지식을 죽을 때가지 배우면서도
자신이 주인인 줄 안다.

지식은 언제나 과거의 집적에 불과하고
진리는 항상 새롭게 얼굴을 드러낸다.
새롭지 않으면 진리가 아니다.

지금 막 생성되지 않으면 진리가 아니다.
지금 막 떠오르지 않으면 생물이 아니다.
이미 죽은 것은 살아있는 것이 아니다.

노예철학자들은 남이 말하지 않은 말을 할 줄 모른다.

자신의 전통철학마저도 남이 인정해주어야 인정한다.
고대에는 중국의 노예, 근대에는 서양의 노예

서양철학의 해체주의는 자연을 텍스트로 보았음을 의미한다.
결정론을 추구한 서양철학자들의 총체적 반성의 해체주의이다.
해체주의 철학자들은 해체를 새로운 철학으로 뽐내기도 한다.

해체는 생성을 존재로 해석한 서양철학의 자기구원방식이다.
아무리 해체주의로 해체해도 그것이 자연이 되는 것은 아니다.
자연의 도를 추구한 동양철학자들은 해체를 할 필요도 없다.

한국의 철학자들은 페니스 없는, 개념 없는 철학자들이다.
외래철학을 배우면 반드시 그것을 종교로 바꾸어버린다.
철학은 답이 없어서 불편하고, 종교는 도그마라서 편하다.

데카르트종교, 칸트종교, 쇼펜하우어종교, 니체종교, 들뢰즈종교
서양의 민주주의를 앵무새처럼 떠들어대는 것과 궤를 같이한다.
해체주의는 구성철학의 이면에 기생하는 그림자-가짜 철학이다.

동양의 도학을 해체주의로 설명하는 것은 어불성설이다.
서양의 눈으로 동양의 도학을 보는 학습행위에 불과하다.
자연은 해체되는 것이 아니다. 해체는 구성의 해체일 뿐이다.

철학의 결정론을 해체한다고 해서 그 자체가 자연은 아니다.
해체주의 철학은 구성철학의 결정론에 대한 반운동일 뿐이다.
철학에는 구성철학과 자연 그 자체의 존재론철학이 있을 뿐이다.

슬프다. 언어의 감옥에 갇힌 불쌍한 노예철학자들이여!
가소롭다. 스스로 감옥에 갇힌 위선과 기만의 죄수들이여!
어처구니없다. 자기글쓰기를 못하는 모방의 인간굴레들이여!

■ 기억이라는 창고
─ 앎은 존재자, 삶은 존재

기억이 아닌 것은 무엇인가.
지금 막 피어오르는 안개
갓 태어나는 갓난아이
날아가는 새의 날개 짓

기억이 아닌 것이 창조인가.
하나님은 기억하지 않고
지금도 계속해서 창조하고 계시는가.
치매에 걸리지 않는 것이 하나님인가.

기억이 없으면 하나님도 없다.
기억이 없으면 시공간도 없다.
기억이 없으면 생각도 없다.
기억이 없으면 정신과 물질도 없다.

삶의 흔적은 기억의 창고란 말인가.
삶은 존재, 기억은 창고, 창고는 욕망, 욕망은 허무
인간은 허무주의(虛無主義)에 빠질 수밖에 없는 존재

허무주의가 아닌, 허(虛)와 무(無)가 진정한 존재

허무주의의 뿌리는 실체라고 있다고 생각했던 세계가
갑자기 실체 없음에 봉착한 딜레마에 기인한다.
존재의 허(虛)와 무(無)를 받아들일 수 없는 데서
서양철학과 문명은 허탈(虛脫)해지지 않을 수 없다.

우리가 보는 것은 실체로서의 실재가 아니다.
우리는 존재가 아니라 존재자를 보고 있다.
삶의 필요에 따라 실체, 존재자가 필요하지만
삶은 항상 실재, 존재에 대한 배려가 있어야 한다.

■ 의미와 무의미

우주적 생멸은 의미가 없다.
생멸은 단지 순간에 일어난 사건일 뿐이다.
의미는 그 사건에 인간들이 붙인 딱지일 뿐이다.
의미가 있자면 단지 무의미의 의미일 것이다.

내가 만약 인생이 어떤 것인지도 모른 채 죽었다면
인생이 더 허무할까.
지금처럼 막연하게나마 인생의 의미를 알고 죽는다면
인생이 덜 허무할까.

인생의 의미와 무의미를 동시에 떠올려본다.

의미의 기준이 없다면 둘의 차이를 어떻게 잴까.
자연에서 바라보면 과연 그 둘은 차이가 있을까.
때때로 의미는 부분이고, 무의미는 전체처럼 다가온다.

의미는 이미 어떤 앎과 기준을 전제로 한 것이고
무의미는 앎을 전제로 하는 것에 저항하는 것이다.
의미와 무의미 사이에 창조적 행위가 있다.
지식과 진리 사이에 창조적 주체가 있다.

의미는 있는 것이고, 무의미는 없는 것이 아니라
무의미는 의미의 근본이고, 의미는 무의미의 부분이다.
아는 것은 '존재하는 것'이고, 죽음을 '아는 자'는 없다.
존재하는 것은 생명이라기보다 불완전명사, 고정관념이다.

인쇄업자에게 책의 내용은 무의미하다.
기표연쇄는 기호에 의미가 없음을 말한다.
기호는 결국 기계 혹은 생성기계를 말한다.
기호와 의미가 자의적인 것은 자유를 위해 다행이다.

■ 존재(있는 것)와 존재함(있음)

고정불변의 존재를 존재라고 한다면
생성변화는 존재에 대해서는 다른 이름이 필요하다.
존재와 존재함은 다르다.
존재하는 것과 존재함(있음)은 다르다.

존재는 고유(固有)이고, 존재자는 소유(所有)이다.
고유는 대유(大有)이고, 존재자는 소유(小有)이다.
대유는 일(一)이고, 소유는 일체(一切)이다.
대유는 공(空)이고, 소유는 색(色)이다.

존재하는 것은 고정관념, 고정된 사물,
그리고 것(불완전명사), 명사절, 명사구를 포함한다.
그러나 존재함은 동명사로서 동사적 의미를 포함하고 있다.
존재는 통사구조를 위한 명사화(실체)에 불과하다.

존재함은 존재와 생성 사이에 있는 '하다'(행위)를 드러냄이다.
'하다'에는 생성의 의미가 내포되어 있다.
삶과 살아감은 다르다. 삶은 '사는 것'이 될 수 있지만
살아감은 '것(thing)'이 아닌 '감(going)'의 진행이다.

실체가 있는 운동은 존재(Being)이고
실체가 없는 운동이 생성(becoming)이다.
변증법은 실체가 있는 운동이고, 음양법은 실체가 없는 운동이다.
변증법은 생성을 존재로 설명하는 역사발전의 한 설명방법이다.

■ 보편성과 일반성

보편성은 집단성의 추상화이다.
개체성은 집단과 추상에 대한 구체성의 반란이다.
개체성과 구체성은 일반성의 회복이다.

존재자의 보편성과 존재자의 존재,
즉 존재자의 일반성은 다르다.
일반성은 자연(自然), 보편성은 인위(人爲)이다.

집단을 기준으로 한 '보편적이고 일반적인 것'은
개체를 기준으로 '일반적이고 보편적인 것'이 되어야 한다.
전자가 존재자라면 후자는 존재(생성)이다.

빛과 눈과 페니스, 보편성은 남성
소리와 귀와 버자이너, 일반성은 여성
일반성-존재는 보편성-존재자와 다르다.

보편성은 우주를 향하여 발사되는 로켓정자(精子)
일반성은 불꽃놀이를 하는 난자(卵子)의 종소리
보편적-일반적이 아닌, 일반적-보편적인 존재의 소리

보편성은 불(火)이고, 도(道)이고, 말(言)이다.
일반성은 물(水)이고, 덕(德)이고, 소리(音)이다.
보편적이고 일반적이 아닌, 일반적이고 보편적이다.

철학은 집단성에서 출발하여 보편성을 찾고
다시 개별성에서 보편성을 반성하고 해체하면서
일반성의 철학, 소리철학, 존재론에 도달하여야 한다.

일반성은 존재의 가장 깊은 곳에 숨어있는
아직 소리를 내지 않은 침묵과 같으며

존재의 개별과 전체를 꿰뚫는 이름 모를 하나이다.

일반성이 바로 존재론이 찾는 존재이고,
존재는 재현되는 상(相)이 아닌 '있음'이다.
'있음'은 있는 그대로의 자연, 즉 비상(非相)이다.

존재론은 철학 및 과학과는 다른 사유이다.
존재론은 철학적으로 자연으로 돌아감이다.
존재론은 인간소유에 대한 자연존재의 마지막 저항이다.

■ 기독교와 불교

기독교와 불교의 차이는 무엇일까.
기독교와 불교는 인도유럽어문명권의 종교이다.
그런 점에서 이 지역의 양극단이다.

기독교는 천지창조를 한 하나님을 표상함으로써
기독교 현상학이다.
불교는 존재의 공(空), 무(無)를 주장함으로써
불교 존재론이다.

기독교 현상학과 기독교의 현상학
그리고 현상학적 기독교는 다르다.
불교 존재론과 불교의 존재론
그리고 존재론적 불교는 다르다.

현상학과 존재론은 동전의 양닢이다.
불교와 기독교는 소통·화해할 수 있다.
태극 속의 음양은 번갈아 통하니까.
인간과 자연의 공생(共生)도 필요하다.

서양철학은 지식과 과학에서 종점을 맞았지만
동양철학은 도덕과 윤리학에서 꽃을 피웠다.
동서철학을 융합하는 것이 철학의 과제이다.
앎의 철학과 삶의 도학은 서로를 물고 있다.

■ 저승으로 이승을 다스리는

인간의 지혜여, 상상이여!
저승으로 이승을 다스리는,
미래로 현재를 다스리는 지혜여!

악을 생각하는 자의 악이여!
선을 잊어버리는 자의 선이여!
망각하는 자의 진리여!

없음으로 있음을 다스리는 지혜여!
진리보다 위대한 상상이여!
상상의 장미가 더 아름답도다.

아름다운 세상을 상상하며 죽음에 이르는,

죽음으로 죽음을 지우는 부활이여!
제상(諸相)은 비상(非相)이로다.

임사자(臨死者)여! 행운이여!
예수님과 부처님을 동시에 만난 기억에
황홀한 여생을 마무리하는 행운아여!

미소로 이별할 수 있는 지혜여!
당신으로 인해 내 생은 아름다웠도다!
어떤 미련도 없는 안녕, 굿바이!

■ Being의 하나님, becoming의 하나님

1.
Being의 하나님, 창조의 하나님
becoming의 하나님, 생성의 하나님
하나님에게는 두 가지 의미가 함께 있어
"나는 내가 되고 싶은 나이다."

Being의 하나님, 기독교의 하나님
Being의 하나님, 절대의 하나님
Being의 하나님, 과학의 하나님
Being의 하나님, 실체의 하나님

becoming의 하나님, 자연의 하나님

becoming의 하나님, 상대의 하나님
becoming의 하나님, 불교의 하나님
becoming의 하나님, 실재의 하나님
존재는 존재한다.
존재하는 것은 존재이다.
존재하는 것은 존재자이다.
존재는 무엇을 하지 않으면 안 된다.

하나님은 동사의 하나님이다.
하나님은 명사의 하나님이 아니다.
존재는 동사의 존재이다.
존재는 명사의 존재가 아니다.

2.
하나님은 천지창조를 한다.
창조하는 것이 하나님이다.
Being의 하나님은 doing의 하나님이다.
하나님은 doing을 통해 becoming을 달성한다.

Being의 하나님, becoming의 하나님은
태초부터 함께 동거하네.
Being-becoming의 하나님은
부부가 동거하듯이 동거하네.

하나님주의(Godism)는
Being-becoming의 하나님을 의미하네.

'하나'의 하나님은 '하나 되다'의 하나님이네.
하나님도 자연으로 돌아가고, 만물도 만신이 되네.

Being-doing-becoming
존재-창조-생성
존재-욕망-생성
끝없이 생성되는 자연의 재생산이여!

하나님은 동사의 하나님이다.
하나님은 명사의 하나님이 아니다.
존재는 동사의 존재이다.
존재는 명사의 존재가 아니다.

■ 불교, 기독교, 무교, 유교

인도유럽어문화권에서 탄생한 두 종교,
불교와 기독교는 5백여 년 차이로 탄생했다.
불교는 실존의 입장에서 세계를 고(苦)로 보았고,
기독교는 본질의 입장에서 세계를 원죄(原罪)로 보았다.
삶은 해석하기에 따라 다르게 보인다.

실존(existence)은 땅, 피조물의 입장이고
본질(essence)은 하늘, 창조주의 입장이다.
실존은 결과적 동일성의 입장이고
본질은 원인적 동일성의 입장이다.

둘은 반대인 것 같지만 실은 극통(極通)의 관계에 있다.

한자문화권에서 탄생한 두 종교,
무교와 유교는 한 뿌리를 가지고 있다.
무교는 만물의 신령(神靈)과 화해(和解)를 강조했고,
유교는 인간이 더불어 사는 예절(禮節)을 강조했다.
둘은 다르지만 자연과 인간이 함께 사는 지혜를 가르쳤다.

불교와 기독교는 신과 인간의 유대를 강조한 반면
무교와 유교는 인간과 자연의 유대를 강조했다.
이 넷을 융합하면 천지인과 자연이 하나가 된다.
이 넷을 서로 번역하면 하나가 되는 길이 있다.
불교-기독교-유교-무교는 서로 순환관계에 있다.

종교와 과학도 서로 교차하는 점에서 하나이다.
종교는 대중들의 과학이고, 과학은 과학자의 종교이다.
무한대(無限大, ∞)는 무(無, 0)의 현상학이고,
무(無, 0)는 무한대(無限大, ∞)의 존재론이다.
이 둘을 하나로 통하게 하는 존재가 인간현존재이다.

■ 음(音)과 언(言)

1.
소리(音)와 말(言),
소리가 말이 되고

말이 소리가 된다.

소리가 로고스가 되는 이유는
소리를 말씀으로 들었기 때문
소리에 로고스를 투사한 때문

소리에 의미를 투사한 인간,
사물에 의미를 부여한 인간은
존재를 존재자로 둔갑시켰다.

인간은 존재에 말을 덧씌운다.
신에 빙의는 말에 빙의되는 것
신은 말씀이고, 로고스이다.

2.
말은 자유가 되고 족쇄가 되지만
말에는 어떤 주문과 기도가 있다.
음에는 말이 돌아갈 빈 곳이 있다.

음(音)은 존재, 언(言)은 존재자
음은 파동, 언은 입자
음은 자연, 언은 문명

음에서 언으로, 언에서 음으로 왕복하는 인간
의미에서 무의미로, 무의미에서 의미로 왕래하는 인간
음은 무아(無我), 언은 아(我)

말로써 말을 극복하는 인간은,
소리로써 소리를 극복하는 인간은
간화(看話)와 묵조(黙照)에서 선(禪)을 이루네.

■ 한글 동사에 대한 깨달음

춤을 춘다.
추는 것이 춤이다.
노래를 부른다.
부르는 것이 노래다.
신이 난다.
나는 것이 신이다.
마음을 쓴다.
쓰는 것이 마음이다.
새가 운다.
우는 것이 새이다.
뻐꾹뻐꾹하니 뻐꾸기다.
꾀꼴꾀꼴하니 꾀꼬리다.

동사를 명사화하는 것과
명사를 동사화하는 것은 다르다.
한글에는 명사에 '하다'를 붙인 동사가 많은데
동사를 명사화하는 경우도 적지 않다.
동사를 사랑하는 민족은 명사를 사용하면서도
동사의 의미를 품고 있다.

존재보다는 생성을 중시하기 때문이다.
"존재는 존재한다."에서
'존재'보다는 '존재한다'를 좋아한다.
존재한다는 생성이다.
한글은 자연을 그대로 표현하고자 한다.

■ 생멸하는 우주

존재는 본래 없기 때문에 있고,
있기 때문에 없는 까닭을 아십니까.
중심은 본래 없기 때문에 있고,
있기 때문에 없는 까닭을 아십니까.

생멸하는 우주를 존재로 잡으려고
백방으로 노력하는 존재가 인간입니다.
인간은 스스로 자연적 존재가 아닙니다.
인간은 스스로 본래존재가 아닙니다.

인간은 현재에 사는 현존재입니다.
인간존재는 현재라는 시간을 만들어
현재라는 그물로 만물을 잡고자 합니다.
그 그물은 촘촘한 것 같지만 성깁니다.

생멸하는 우주는 죽지 않습니다.
생사라는 것은 인간이 만든 제도입니다.

무엇이 있어야 죽든지 살든지 할 것 아닙니까.
실체는 없고, 시간도, 장소도 없습니다.

내 몸은 시시각각 변하는 데
내 생각과 기억은 머물기를 원합니다.
내 생각과 기억은 오로지 망상입니다.
생각과 기억을 몸으로 돌리는 길 밖에 없습니다.

생멸은 시시각각 시작이고, 끝입니다.
'지금 여기'가 바로 태초이고 종말입니다,
세계는 생멸과 멸생의 계기적 연속과 불연속입니다.
현상은 보는 대로 있고, 존재는 있는 대로 있는 것입니다.

시간은 흘러가는 흐름에 대한 이름
공간은 정지되어 있는 물체에 대한 이름
흐름이 있기에 시간이 있습니다.
물체가 있기에 공간이 있습니다.

존재는 존재이유가 아닙니다.
존재하기에 단지 길을 가는 것일 뿐입니다.
길을 가다가 보이는 것을 잡고
잡은 것을 잃지 않고자 할 따름입니다.

소유를 한다고 나무라지는 마십시오.
그것이 인간의 생태입니다.
내 것이 아니기 때문에

내 것으로 만들고 싶은 것이지요.

죽음도 영원히 가질 수 없습니다.
찰나의 한 순간을 죽음이라고 한 것이지요.
불멸이라는 것도 생멸의 다른 말이지요.
생성을 존재로 치환한 존재가 인간입니다.

■ 귀신과 신

귀신(鬼神)과 신(神),
생멸을 존재로 규정한
인간적인, 너무 인간적인 우상들

조상과 자손의 삶을 언어로 기록하고,
원하는 것을 기도하고, 주문하는 지혜
종교는 여기서 솟아났네.

가까운 조상은 귀신,
멀고 먼, 추상의 조상은 신
신(神)은 귀신(鬼神) '신'이라네.

귀신이 신이고
신은 만물만신이네.
만물만신은 의기투합(意氣投合)이네.

옛 조상들은 귀신을 신처럼 모셨지만
현대인은 신을 죽여서 귀신으로 만들어버리네.
신이 죽으면 인간이 삭막해지네.

인간은 귀신과 신을 섬기는 존재
여기에 인간의 시그니처(signature)가 있네.
여기에 인간의 특이성(singularity)이 있네.

호모사피엔스네안데르탈인은 신을 떠올리고
제사를 지내고, 음성언어를 구사했네.
호모사피엔스사피엔스는 문자언어마저 만들었네.

귀신과 신은 하나
인간과 귀신은 하나
인간과 악마도 하나

우상으로 우상을 극복하고
허무로 허무를 극복하는 인간은
신인간(神人間) 혹은 인간신(人間神)

■ 그저 적막이고 싶습니다

그저 적막이고 싶습니다.
그저 먼지이고 싶습니다.
그저 침묵이고 싶습니다.

그저 수평선이고 싶습니다.
그저 지평선이고 싶습니다.
그저 사라지고 싶습니다.

모든 구별을 넘어서고 싶습니다.
모든 인종을 넘어서고 싶습니다.
모든 종교를 넘어서고 싶습니다.
모든 국가를 넘어서고 싶습니다.
모든 권력을 넘어서고 싶습니다.
모든 문명을 넘어서고 싶습니다.

■ 자연과 인간의 줄다리기

인간은 죽을힘을 다해서
자연으로부터 소유 쪽으로 줄다리기를 감행했다.
자연으로, 무덤으로 돌아가지 않는 인간은 없었다.
존재는 본래 생멸하는 존재이다.

인간은 스스로를 속이는 기만으로
죽지 않는 곳과 그곳으로 가는 길을 상상했다.
인간의 욕망과 쾌락은 죽음을 무릅쓰는 질병이다.
영혼, 영원, 영생이라는 것도 그것이다.

자연은 살기 위해서 남을 죽이지만
원천적으로 선하다.

인간은 남을 위해 선하고 선하더라도
원천적으로 악이 숨어있다.

악과 살해는 인간에서 비롯되었다.
나와 남을 분별하는 것은 모든 악의 출발이다.
창조와 피조도 악의 출발이다.
신이 선하다면 자연이고, 신이 악하다면 인간이다.

■ 문자와 이미지

이미지를 기호화한 인간은
빛을 감광하고 인화하는 사진을 발명한 뒤
이미지의 세계로 다시 돌아가기 시작했다.

이미지와 이미지를 겹쳐서
상상하는 인간의 욕망은 빛보다 빠른 속도로
우주여행을 하고자 하는 인간과 닮았다.

이미지는 존재가 아니다.
존재로부터 가장 가깝지만 표상에 불과하다.
존재는 빅뱅과 블랙홀이 함께 있는 생멸이다.

■ 자유로운 존재에 대하여

1.
자유(自由)는 자기이유, 자기원인
진정한 자유로운 존재는 신인가.
자유(自由)는 자기필연, 자연과학
진정한 자유로운 존재는 인간인가.

자유(自由)는 스스로 말미암음
진정한 자유로운 존재는 자연인가.
모두지 알 수 없는 자유여!
신, 인간, 자연에 걸쳐 있구나.

자연을 인과로 바라보는 첫 씨앗이
의식 속에 잉태되었으니, 그 이름 자유여!
인간과 신의 공통분모인 자유여!
신과 인간을 가장 많이 닮은 자유여!

그대는 섭리인가, 원리인가, 알리바이인가.
자연으로부터 자기원인으로 파생된 자유여!
자유로부터 원죄와 심판이 주어진 인간이여!
자유로부터 도덕과 책임이 주어진 인간이여!

2.
신도 함부로 하지 못하는 신적인 것
인간도 함부로 하지 못하는 인간적인 것

자유가 없으면 창조가 없고,
창조가 없으면 자유가 없다.

자유가 초월적인 것이라면
평등은 내재적인 것이다.
자유가 보편적인 것이라면
평등은 일반적인 것이다.

자유는 인간적으로 해석한 자연
평등은 인간적으로 요구한 자연
자유가 초월적 이상이라면
평등은 내재적 이상이다.

자유가 개체적인 것이라면
평등은 집단적인 것이다.
삶의 대부분을 차지하는 죽음의 가능성
삶의 절정에서 죽음이 교차되는 이유는 무엇인가.

3.

인간은 자유를 좋아하지만
구속도 필요로 한다.
제도는 자유와 구속 사이에 있다.
자유는 존재, 구속은 과학이다.

인간은 제도적 존재이다.
과학조차도 자연에 대한 제도이다.

자연의 제도는 시간과 공간이다.
인간의 제도는 도덕과 공생이다.

자유는 평등에 그 무엇을 양보해야 하고
평등은 자유에 그 무엇을 양보해야 한다.
그 무엇은 자연이 존재할 수 있는 여지(餘地)이다.
그 무엇은 서로 다름을 인정하는 여유(餘裕)이다.

자연에서 인간이 소외당하지 않기 위해 공생해야한다.
존재의 근본은 자연, 자유도 자연이 없으면 무의미하다.
사랑과 자비는 공생공영공의(共生共榮共義)하는 것이다.
자연과 인간이 공생하는 것이 홍익자연(弘益自然)이다.

■ 전체와 전체주의

1.
존재가 전체가 되면 위험하다.
전체는 닫혀있는 존재이기 때문이다.
존재가 절대가 되면 위험하다.
절대는 다른 것을 허용하지 않기 때문이다.
존재는 열려 있는 존재가 되지 않으면 안 된다.
우린 항상 어떤 체계가 전체가 되는 것을 경계해야 한다.

전체와 전체주의는 위험하다.
전체는 신 혹은 악마가 동시에 거주하고 있기 때문이다.

전체는 무한자 혹은 무한대로 통하는 때문이다.
전체는 실체가 되면 위험하다.
전체는 빈틈이 없기 때문이다.
빈틈이 없으면 숨이 막히고 생명이 살 수 없다.

전체와 전체주의는 다르다.
전체가 전체주의가 되는 것은 전체의 함정이다.
전체와 무한은 명사가 되면 위험하다.
전체는 존재이면서 동시에 존재자이다.
전체를 말하는 것은 부분과 전체의 경계선상에서
위험한 줄타기를 하는 곡예사의 자유와 같다.

전체는 말할 수 없는 것이다.
존재 전체에 대해 말해야 할 소명이 없다면
전체에 대한 말을 삼가야 한다.
전체는 전체의 밖과 안을 넘나들 수 있는 사람이
경계선상에서 은유적으로 내뱉을 수 있는 말이다.
전체가 환유가 되면 전체성을 잃게 된다.

   2.
성스러움과 폭력이 동거하고 있는 전체라는 말에서
우리는 예수와 석가, 히틀러와 스탈린을 떠올린다.
히틀러는 잘못된 예수, 스탈린은 잘못된 석가
유물론이 위험한 것은 바로 무신론-전체주의 때문이다.
아버지가 지배의 전체라면 어머니는 헌신의 전체이다.
전체주의는 잘못된 아버지, 잘못된 어머니와 같다.

전체와 전체주의는 종이 한 장 차이이다.
자유자본주의는 자본의 전체주의로
공산사회주의는 노동의 전체주의로 빠질 수 있다.
전체주의는 분노를 일으키고, 평등을 약속하며
성난 군중의 머리에 불을 지르고는 사라진다.
개인이 말살된 전체는 바로 전체주의가 된다.

절대선(絶對善)은 절대악(絶對惡)이다.
전체주의는 현대판 절대선-절대악이다.
절대 속에 선과 악이 동거하고 있다.
절대가 있기에 상대가 있고,
상대가 있기에 절대가 있다.
절대와 상대도 결국 말놀음이다.

전체(total)는 총체(whole)가 될 때
전체주의(totalitarianism)가 되지 않을 수 있게 된다.
총제주의(wholism)는 전체와 부분이
유기적(有機的)으로 하나가 되는 것을 말한다.
일즉일체(一卽一切), 일체즉일(一切卽一)
색즉시공(色卽是空), 공즉시색(空卽是色)을 말한다.

■ 물신숭배, 신물숭배, 인간신, 신인간

정신과 신물(神物), 물질과 물신(物神)은 같다.
정신-신물, 물질-물신은 둘 다 존재가 아닌,

사유존재, 사물존재이다. 인간은
정(精)의 신(神)이든, 물(物)의 신(神)이든
실체의 신으로 숭배하고자 한다.
인간은 자아의 신을 몸에 감추고 있다.

인간은 사물을 숭배하는 자를 보면
그 숭배자들을 물신숭배자(物神崇拜者)라고 봅니다.
그러나 정작 그 숭배자들은 사물을 신물로 봅니다.
신물숭배자들은 사물을 안에서 신으로 느낍니다.
신을 절대타자로 섬기는 사람들은 물신숭배자들입니다.
신을 자신으로 섬기는 사람들은 신물숭배자들입니다.

유럽인들은 원주민의 사물숭배를 물신숭배라고 했습니다.
그들은 그들의 관점에서 그렇게 명명했습니다.
원주민들은 신물숭배(神物崇拜)를 했습니다.
원주민들은 사물자체를 신으로 모셨습니다.
원주민들은 그 옛날, 존재론을 실천한 사람들입니다.
유럽의 문명인들이야말로 물신숭배(物神崇拜)를 하고 있습니다.

신을 부른, 신을 명명한 것은 인간입니다.
인간은 신이 무엇인 줄도 모르고 신을 명명했을까요.
인간이 명명한 신은 인간신(人間神)입니다.
오늘날 인간신은 기계신(機械神)으로 둔갑하고 있습니다.
유신론(有神論)이 무신론(無神論)이 되는 까닭도 여기에 있습니다.
진정한 신은 인간 이전의 신(神), 신인간(神人間)입니다.

물신숭배는 인간신과 짝을 이룹니다.
신물숭배는 신인간과 짝을 이룹니다.
신을 앞세우느냐, 인간을 앞세우느냐에 따라
존재 사태는 정반대가 되지만
양자를 자유자재로 옮겨갈 수 있을 때에 자유인이 됩니다.
말이 아니라 신을 몸으로 느끼면 신인간이 됩니다.

■ 식욕, 성욕, 배설욕

식욕은 성욕이다.
개체의 생명은 재생산될 것을 욕구한다.
성욕도 일종의 배설이다.
성욕은 배설이지만 재생산과 함께 쾌락을 동반하고 있다.
자연은 배설된 것조차도 순환하기 마련이다.

양성생물은 외롭다.
양성생물이 외로운 것은 죽음의 그림자 때문이다.
인간의 고독도 양성생물인 데서 비롯된다.
암수는 짝을 찾아야 하기 때문에 이미 혼자가 아니다.
혼자가 아니기 때문에 외로움을 느낀다.

단세포동물은 죽음이라는 것이 의미가 없다.
단세포동물은 자아가 없기 때문에 죽음의 의미도 없다.
양성생물은 자신의 몸속에 상대를 내장하고 있기 때문에
자의식이 있다. 대상의식이 있기 때문에 자기의식이 있다.

변증법이라는 것도 별 것 아니다.

철학은 식욕과 성욕과 배설욕의 변이 혹은 승화이다.
언어를 먹고 언어를 섹스하고 언어를 배설한다.
인간은 언어를 가지고 노는 동물이다.
말을 하고, 노래를 하고, 이야기를 하는 동물이다.
죽음이라는 것도 자연의 순환을 나에서 끊은 것이다.

남자는 여자라는 고기를 먹는다.
여자는 남자라는 고기를 먹는다.
맛있게 먹고는 배설한다.
배설되는 것 중에서 운 좋은 놈은
자연의 거대한 전쟁 같은 축제에서 살아남는다.

■ 천지인(天地人)

1.
하나님, 인간, 피조물
주인, 종, 자연
하늘과 땅은 평행선을 이루었다.

천(天), 0은 본래 있는 하나
인(人), 1은 개별화된 하나
지(地), ∞는 개별화된 후의 하나

인간에 의해 천이 1이 되고
인간에 의해 지가 ∞가 되고
인간에 의해 인이 0가 되었다.

인간현존재는 1을 생각해냈다.
1은 0, 존재(1/∞)로 돌아가고
∞(1/0)는 1로 돌아가야 한다.

서양은 문명을 이루면서
존재를 생각으로 바꾸었다.
자연을 자연과학으로 대체했다.

2.
동양은 문명을 이루면서도
자연을 역(易)으로 바꾸었다.
자연의 도(道)를 도덕(道德)으로 삼았다.

동양의 주역(周易)과 음양(陰陽)은 서양에 가면
왜 이분법(0. 1)의 미적분(微積分)이 되는가.
동양철학의 무(無)는 서양과학의 무한대(∞)가 되는가.

천지인(天地人)이 원방각(圓方角)인 이유는
땅에 사는 인간(人間)은 경계와 구역을 짓고
운동의 방향(方向)을 정해야 하는 까닭이다.

천지인이 서로 이원대립하게 되면

서로 싸우고 저주하고 죽이게 된다.
서로 사랑하고 축복해야 본래 하나로 돌아간다.

천지인이 조화(造化)를 이루면
인중천지일(人中天地一)을 이루고
자아를 벗어나 생사를 벗어난 하나로 돌아간다.

■ 사유존재, 존재사유

1.
사유는 추상이다.
사유는 도구이다.
사유는 기계이다.
사유는 아버지이다.

존재는 구체이다.
존재는 자연(自然)이다.
존재는 무위(無爲)이다.
존재는 어머니이다.

인간은 자연이라는 존재를
사유존재로 바꾼 장본인
자연을 사물 혹은 대상으로 보고
자신의 생각을 자연에 투사했네.

보는 대로 있느냐,
있는 대로 보느냐, 이것이 문제로다,
현상계에선 둘은 결국 같지만
존재론에선 존재를 볼 수 없네.

눈으로 보고 손으로 잡으면 존재자의 세계
귀로 듣고 몸으로 체화하면 존재의 세계
존재의 소리를 들으려면 존재사유를 해야 하네.
사유로 사물을 잡으려면 사유존재를 해야 하네.

2.

유(有)를 기준으로 보면
유(有)가 없는 것이 무(無)이지만
무(無)를 기준으로 보면
무(無)도 없는 것이 아니네.

존재를 사유존재로 바꾼 인간은
이제 존재사유를 구원으로 삼아야 하네.
존재사유는 자연의 소리로부터
신과 존재의 음성을 듣는 사유라네.

사유-존재는 앎의 철학
존재-사유는 삶의 철학
사유-존재에서 출발하면 존재-사유로 돌아오고
존재-사유에서 출발하면 사유-존재로 돌아오네.

들리는 대로 글을 쓰면 존재사유
들리는 대로 시를 쓰면 존재시
들리는 대로 철학을 하면 어머니 철학
들리는 대로 시를 쓰면 어머니에 대한 그리움

눈으로 보고 손으로 잡으면 존재자의 세계
귀로 듣고 몸으로 체화하면 존재의 세계
존재의 소리를 들으려면 존재사유를 해야 하네.
사유로 사물을 잡으려면 사유존재를 해야 하네.

■ 홍익자연(弘益自然)을 위하여

신은 자신을 닮은 인간을 창조했다.
신은 창조한 세계를 칭송하는 피조물을 원했다.
신은 창조한 세계를 증명하는 피조물을 원했다.

인간은 자연을 해석하고 의미부여하는 것을 원했다.
인간은 자신의 눈으로 분석·종합하는 것을 원했다.
인간은 자신이 욕망·상상하는 세계를 만들기를 원했다.

인간이 아무리 자연으로부터 멀어졌어도 자연이다.
도구적 인간, 계산적 인간, 기계적 인간도
인간적인 자연의 자기종말적, 자기기만적 산물

인간은 결국 대자연에 의지하는 종속적 존재

오리지널이 없는 철학자 혹은 예술가와 같네.
자연이 견디지 못하면 인간의 멸종을 택할 수밖에!

홍익인간(弘益人間)은 홍익자연(弘益自然)으로 거듭나야한다.
홍익자연은 보편적 생태·생명사상으로서 한국적 공동존재론이다.
현대사회는 극단적 이기주의로 자리이타(自利利他)에 실패하고 있다.
자리이타는 불교적 공(空)·무(無)사상을 체득하지 않으면 안 된다.

■ 유(有), 소유(所有), 고유(固有)

내가 아는 것은 모두
본능과 소유욕이었다는 것을 아는 순간은
자유와 굴레와 죄책감이 동시에 있음이네.

자연은 그대로 있음이네.
그냥 그대로 있음을 보지 못하는 나는
언제나 그것을 잡을 것을 꿈꾸네.

유(有)는 있음을 의미하네.
소유(所有)는 있는 것을 잡음을 의미하네.
고유(固有)는 본래 있음을 의미하네.

유는 존재, 소유는 존재자, 고유는 본래존재
무(無)의 유(有), 유(有)의 무(無), 무위(無爲)의 무(無)
능산(能産)은 존재, 소산(所産)은 존재자

고유명사(固有名詞)는 고유한 기호를 붙인 이름이네.
무소유(無所有)는 소유함이 없는 것을 의미하네.
존재(存在)는 있음을 의미하는 다른 말이네.

유(有), 소유(所有), 고유(固有)
소유와 고유는 현상과 존재를 대표하네.
유는 소유와 고유를 왕래하게 하는 시간이네.

생성과 존재, 존재와 존재자
그 사이에 다양한 유(有)의 음계들이 있네.
있음이 있는 다음에 소산과 소유가 있네.

인간은 선하다는 말은 본래존재를 의미하네.
선(善)은 선을 자랑하지 않고 태연자약한데
악(惡)은 자신이 악한 줄 모르고 간교하네.

■ 메시지철학과 마사지철학

메시지(message)와 마사지(massage)는
철자 하나, e가 a로 바뀐 데 불과하네.

현상학은 메시지(message)철학
존재론은 마사지(massage)철학

현상학은 천명(天命)의 철학

존재론은 살림(生活)의 철학

현상학은 마음(心)의 철학
존재론은 몸(物)의 철학

앎은 메시지로 마사지를 하고
삶은 마사지로 메시지를 하네.

메시지철학은 1과 무한대(∞)의 철학
마사지철학은 0의 공(空)·무(無) 철학

메시지철학은 중심(中心)철학, 현상학
마사지철학은 심중(心中)철학, 존재론

메시지철학은 남성철학, 페니스철학
마사지철학은 여성철학, 버자이너철학

원리원본은 메시지철학
신체적 존재론은 마사지철학

신체적 존재론은 살아있는 자연철학
신체는 죽어있는 물질이나 육체가 아니네.

1과 0이 하나가 되면 음양합궁(陰陽合宮)
1과 0이 평행선을 긋게 되면 이원대립

메시지, 영혼을 감동케(inspire) 할 수 있어야
마사지, 신체를 활성화(expire) 할 수 있다네.

■ 계산적 인간, 연극적 인간

생각은 존재의 자기기만
생각하면 존재인 인간은 합리성과 합리화라는
두 길을 갈 수밖에 없다.
합리화의 끝에 계산적 존재가 기다리고 있었다.
사유존재는 사유하지 않게 되었다.

스스로의 함정에 빠진 인간
하루 종일 머리를 굴리면서 온갖 계산을 한다.
욕망도 계산이다. 사랑도 계산이다.
살인도 계산이다. 전쟁도 계산이다.
동정과 연민도 계산이다.

합리화와 연극영화
인간의 가장 추악한 면모와 현실이
송두리째 각종 이미지로 마사지된다.
인간이 악(惡)의 원천이라는 메시지를 발한다.
자살이 아니면 타살을 하는 막다른 골목의 인간

철저한 계산속에 진행된 철저한 연극
관객들은 객관적 입장이 아니라

영화 속 주인공이 되어 증강현실의 삶을 산다.
일찍이 연극은 영웅, 비극으로 명성을 누렸지만
영화만큼 괴물적인 이미지조작을 할 수 없었다.

인류사는 하나의 모자이크 작품
일찍이 연극에 계산이 들어있었다.
계산적 인간은 연극적 인간이다.
최후의 연극으로 신과 인간의 역할 바꾸기 연극
신과 자연, 자연과 과학의 역할 바꾸기 연극만이 남았다.

■ 패션으로 전쟁을 막을 수 있을까
— 평화에 기회를 주세요, 2022년 3월 1일

패션으로 전쟁을 막을 수 있을까.
몸은 존재, 옷은 표현

시와 노래로 전쟁을 막을 수 있을까.
시는 몸의 언어, 노래는 몸의 시

침묵으로, 명상으로 전쟁을 막을 수 있을까.
침묵은 몸의 평화, 명상은 몸의 사유

여자가 수다를 떨고 왁자지껄 하면,
아이들이 시끄러우면 평화로운 시대

남자들이 말싸움, 몸싸움을 하고
뿔을 세워 제 잘났다고 떠들면 전운이 감도네.

코로나로 연기되었던 패션쇼들이 준비되던 찰나
우크라이나전쟁은 떠들썩하고 화려한 쇼를 막고 말았다.

랄프 톨레다노 파리패션위크 조직위원장은
"패션쇼를 엄숙하게, 이 어두운 시대를 반영하라."라는
반전메시지를 담은 성명을 발표했다.
쇼 취소는 항복을 의미하기에 강행되었다.

쇼는 음악 없이 침묵으로 치러졌다.
"지금은 하나하나의 목소리가 중요한 때"라고 화합을 강조했다.
존 레논의 'Give Peace A Chance)'(평화에게 기회를 주세요)가
　울려 펴졌다.

패션으로 평화를 이룩할 수 있을까.
말은 지배하고자 하고, 몸은 헌신하고자 한다.
푸틴은 전쟁을 일으키고, 패션쇼는 전쟁과 평화의 사이에서 저항하였다.

■ 일반성의 철학, 소리철학

　1.

존재는 보편성이 아닌 일반성이다.
존재는 진리가 아닌 그냥 있음이다.

보편적이고 일반적인 것이 아닌,
일반적이고 보편적인 존재의 세계여!

보편성의 철학의 시대는 끝났다.
인식론과 현상학의 시대는 끝났다.
유심-유물론, 유신-무신론의 시대도 끝났다.
모든 사물에서 자연(존재)을 느끼는 시대가 도래했다.

존재론의 완성이여, 철학 아닌 철학이여!
소리의 철학이여, 바람의 철학이여!
자연의 흘러가는 것을 흘러가는 대로 두는 철학이여!
그 이름은 일반성의 철학! 자연 그 자체의 철학이여!

일반성의 철학은 자연의 일반의지와 통한다.
일반의지는 개인의지와 전체의지를 넘는 의지이다.
일반성의 철학은 자연의 일반경제와 통한다.
일반경제는 자연의 선물과 에너지과잉을 의미한다.

2.
철학이 자연에 항복문서를 쓰고 화해를 청하는 시대,
철학의 대중화시대, 그야말로 반(反)철학시대를 맞아
일반성의 철학은 플라톤의 이데아철학과 귀족주의를,
기독교의 바벨탑을 무너뜨리고 언어(말)를 지워버렸다.

신(神)-보편성의 철학-빛의 철학-남성철학-전쟁철학이
지배적인 철학이었으나 이제 후천개벽 시대를 맞아

자연-일반성의 철학-소리철학-여성철학-평화철학이
민중과 여성을 앞세워 새로운 철학으로 등장하게 되었다.

로고스는 자연과학과 더불어 생명을 기계로 환원시켜버렸다.
초월은 추상이 되고, 추상은 존재를 기계에 가두어버렸다.
들뢰즈는 추상기계를 말하고 있지만 실은 추상이 기계이다.
현대는 유물-기계로 대표되는 물신(物神)시대에 살고 있다.

존재가 인간에 의해 사유존재로 둔갑하고 사유는 현상이다.
사유존재가 이제 기계존재가 되어 인공지능시대를 맞고 있다.
기계는 자연의 생명과 신(神)마저도 기계로 환원시키고 있다.
기계인간시대를 앞두고 생명과 인간의 존엄을 되찾아야 한다.

3.
정신은 세계를 물질과 기계로 규정하는 어리석음을 범했다.
신이 기계가 된 지금, 인간성을 회복하기 위해서는 무엇보다
본래존재로서의 신, 자연과 하나인 본래 신을 되찾아야 한다.
자연은 자연과학이 아니다. 자연은 생멸하는 존재전체이다.

인간은 시를 되찾아야 한다. 인간은 은유를 되찾아야 한다.
은유야말로 자연, 즉 본래존재의 소리를 듣는 영매와 같다.
자연은 소리이고, 소리(말씀)가 있은 후에 빛(로고스)이 있었다.
빛의 비로자나불(毗盧遮那佛) 이전에 위음왕불(威音王佛)이 있었다.

주체는 대상을 통해 드러난다. 유심이 규정한 것이 유물이다.
신의 말씀을 로고스라 한 것은 인간의 로고스를 투영한 것이다.

신을 절대타자라 본 까닭은 인간 속에 타자가 있음을 반영한다.
서양문명에서 신과 인간의 관계는 인간과 사물의 관계와 같다.

세계를 주체-대상으로 보는 것은 주종(主從)관계로 보는 것이다.
서양의 현상학은 결국 신과 인간, 인간과 사물은 주종관계로 본다.
세계를 주종관계로 보면 권력경쟁과 전쟁과 갈등을 피할 수 없다.
가부장-국가시대의 개념철학은 소리철학에 자리를 내주어야 한다.

4.

집단(사회)생활을 함으로써 종(種)을 보존한 인간은 특이하게도
집단성에서 보편성을 추출하여 윤리(倫理)와 물리(物理)를 얻었다.
윤리와 물리는 근대에 이르러 개인을 억압하는 문화장치가 되었다.
이에 개별성을 주장한 인간은 각자 실존(existence)을 부르짖었다.

집단성에서 보편성으로 진화한 인간은 이제 개별성에 눈을 떴다.
철학의 개별성(individuality)은 과학의 원자(atom)와 의미가 같다.
그러나 개별과 원자라는 자아(自我)주의는 다시 무(無)에 부딪혔다.
과학은 상대성원리와 불확정성원리에 도달함으로써 불교와 만났다.

종교와 과학은 궁극적으로 무(無), 파동(波動), 소리에 도달했다.
존재는 눈으로 보고 손으로 잡을 수 없는 비(非)실체의 세계였다.
우리는 그동안 현상으로서의 실체의 세계만을 다루었던 셈이다.
본래존재의 세계, 자연에 겸손해야 하는 것이 인간의 도덕이다.

세계는 본래 하나, 스스로 생멸하는 소리의 원음(原音)세계
세계는 세계-내-존재가 아닌 존재-내-세계, 자기-내-세계

존재는 본래 사물 그 자체(Thing itself), 자신(Self)의 세계
신과 인간과 자연은 하나이다. 여기에 신불(神佛)이 있다.

■ 사유하지 못하는 철학교수

스스로 사유하지 못하는 철학자
평생 철학공부만 하다 죽었다.
칸트를 섬기다 죽었다.
니체를 섬기다 죽었다.
감리교 목사처럼 죽었다.

남은 것은 남의 철학요약서
메모 쪽지, 카드 쪽지
책을 쓰려고 모아둔 파편들
그가 죽자 파편들은 바로 먼지가 되었다.
그들은 맹렬한 전도사들이었다.

그들은 철학의 씨가 나오면 짓밟았다.
이 땅에서 철학이 나올까 봐 전전긍긍했다.
외국어 좀 하는 솜씨로 학계에 군림(君臨)했다.
형이상학적 조폭이란 바로 이런 것이다.
도구적 이성이란 바로 이런 것이다.

교수나리, 철학나리도 안녕하십니까.
철학의 노예를 양성하느라 고생하셨습니다.

밥 먹고 살기 위해 남의 철학으로 철밥통을 만든
교수나리, 철학불능 제자를 키우느라 고생하셨습니다.
제자들을 환관(宦官)으로 만드느라 고생하셨습니다.

■ 모든 대립과 절대는 허구라네

모든 대립과 절대는 허구라네.
인간이 세계를 이해하기 위한 방편(方便)
인간이 세계를 이용하기 위한 편의(便宜)
실재를 실체로 만들기 위한 편의(偏倚)

세계는 신도, 정신도, 물질도 아니라네.
자연은 모두 신체적 존재로 함께 있네.
신체를 육체나 물질로 보는 정신현상(現象)은
사물에 숨어있는 존재(存在)를 알 수 없네.

모든 대립은 높은 차원에서 보면 무의미하고
제로(0) 차원에서 보면 전체가 무화되고 되네.
두 다리, 두 팔을 흔들면서 살아가지만
내 몸은 절대하나, 세계는 전체하나

절대와 전체는 이데아 혹은 이념에 불과한 것
앎은 절대정신과 '이것'에 도달하는 것이 목표
믿음은 절대신앙과 '평화'에 도달하는 것이 목표
신과 자연은 인간을 통해 즉자-대자를 교대하네.

선후, 상하, 좌우, 내외는 어떤 기준에 따른 것
기준을 바꾸면 무너지거나 정반대가 되는 것
삶은 살아가면서 상황에 따라 기준을 정하는 것
앎은 지나간 것을 정리해서 기준을 정하는 것

■ 한국인은 능동태를 좋아한다

한국인은 능동태를 좋아한다.
한국인은 신과 함께 노는 것을 좋아한다.
한국인은 신에 의해 피조(被造)된 존재가 아니다.
한국어에는 수동태가 없다.

한국인은 '살다'를 '살아진다'라고 말하기도 한다.
이것은 수동태가 아니라 생성(becoming)의 표현이다.
'살아진다'는 '사라진다'와 발음이 비슷하다.
왜 세계의 이중성을 같은 발음으로 표현했을까요.

무엇을 '짓다'도 마찬가지이다.
'짓다'는 '지어진다'라고 말하기도 한다.
'지어진다'는 '지워진다'와 발음이 비슷하다.
일찍이 불이(不二)의 세계를 알았던 것일까.

인간이 보는 대립되는 세계는
자연에서 보면 같은 세계인가.
생(生)은 멸(滅)을 내포하고 있다.

능동과 수동은 같은 세계를 표현하는 다른 방식인가.

한국인에겐 신과 인간과 자연은 하나이다.
한국인에겐 수동태가 없다.
한국인에겐 수동 대신에 생성(becoming)이 있다.
인간(Human Being)은 자연에서 보면 생성이다.

■ 사물, 언어, 존재

사물과 언어는 서로 닮았지만
어느 날 갑자기 서로 헤어졌네.
사물은 객관적 대상
언어는 자의적 기호
사물에서 존재는 독립하였네.

존재는 미지의 신비
신에 못지않은 존재
알 수 없는 세계가 있다는 것은
미래를 모르는 것만큼이나 은혜로운 일
사물, 언어, 존재는 서로 헤어졌네.

존재를 사물이라고 하는 것은
어떤 고정불변의 존재를 가정하는 것
어떤 주체의 대상이 된 것
존재와 사물 사이에 언어가 존재하네.

언어는 양자의 사이를 오가는 해석자이네.

보편의 보편은 추상
추상의 추상은 수학
추상과 수학은 과학
과학은 존재가 아니네.
기호체계, 문장구조는 존재가 아니네.

문화는 제도적 존재자
자연은 자연적 존재
존재의 존재자, 존재자의 존재는
서로를 존재케 하는 음양상보적 관계,
유무대립적인 관계가 아닌 음양상생적 관계

■ 사유하지 않는 것들

과학은 사유하지 않고 증명한다.
종교도 사유하지 않고 목적한다.
철학은 과학과 종교 사이에서 사유한다.
종교와 철학과 과학은 3형제이다.
종교는 아버지와 장남, 철학은 차남, 과학은 삼남
예술은 어머니와 딸들의 몫이다.

인간은 사유하는 존재라서 현존재이다.
사유하지 않으면 시공간도 없다.

시공간은 나보다 먼저 있었던 선(先)존재가 아니라
나의 신체와 감각이 있음으로써 느껴지는 부피이다.
신체가 있음으로써 존재하는 세계는 신체적 존재
종교는 최초의 철학, 과학은 최후의 철학

종교는 연역과 원인론과 목적론의 세계
과학은 귀납과 기계론과 결과론의 세계
인생은 목적과 결과를 벗어난 게임의 세계
인생은 승리와 실패를 거듭하는 세계
종교와 과학은 결정론의 직선의 세계
인생은 오르내림이 많은 곡선의 세계

인간은 때때로 사유하지 않을 수 있다.
춤추고 노래하는 자는 사유하지 않는다.
산수를 즐기는 자와 자연을 관찰하는 자
자연을 대상으로 보면 소유하고 싶고
자연을 함께 존재하는 존재들로 보면
만물은 만신이 되어 형제애를 느낀다.

■ 무시무종(無始無終)

어떤 것도 시작은 아니다.
어떤 것도 끝은 아니다.
시작의 시작, 끝의 끝은 만날 수밖에 없다.
신이든, 과학이든, 정치든

무시무종(無始無終)을 벗어날 수 없다.

유시유종(有始有終), 무시무종(無始無終)은
말로는 정반대인 것 같지만
있고 없음의 경계가 불분명한
그 말이 그 말인 것!
세계는 연속 혹은 불연속으로 볼 수 있다.

성경과 천부경은 동서양을 대표하는 경전
성경과 천부경에는 유무(有無)의 내용이 겹쳐있다.
창조와 근본, 초월과 내재가 겹쳐있다.
내가 신이 아니면 신이 없고
신이 없으면 결코 내가 없는 딜레마!

나에게 절대이기 때문에 남에게는 상대
나와 남이 함께 사는 공동체에선
절대-상대, 주체-객체, 실체-실재, 현상-존재
하늘-땅 사이에 인간이 있다. 천지중인간!
인간 속에 하늘과 땅이 있다. 인중천지일!

■ 태초를 보았다

태초를 보았다.
시간도 공간도 없었다.
존재와 비존재 사이에서

하나님이 등장했다.

하나님이 자신을 보여준 첫 말씀은
"나는 내가 되고 싶은 나다."였다.
그렇다. 태초는 종말과 동시에 있으니
나는 나일 수밖에 없다.

태초는 직선인 것처럼 보이는 거대한 원이었다.
태초는 누가 끝없는 흐름을 끊느냐에 달렸다.
나는 도끼로 그 쇠사슬을 끊었다.
그런데 피도 눈물도 없었다.

태초는 살아있지 않았다.
내가 끊은 쇠사슬은 죽은 태초였다.
살아있는 자는 태초를 모른다.
초월과 추상의 계곡을 넘어 미지였다.

살아있는 태초를 보고 싶었다.
살아있는 태초는 태초가 아니라 지금, 여기였다.
산과 바위와 계곡과 숲으로 이루어진
마고(麻姑)의 입, 크로노스의 입(口)

태초에는 빅뱅과 블랙홀이 동시에 있었다.
그 동시성 속에서 시간과 공간을 짜느라 고생한
견우와 직녀, 북두칠성과 북극성
계산할 수도 없는 먼 훗날 태양의 등장을 보았다.

■ 우리를 살린 것은 앎이 아니다

우리를 살린 것은 앎이 아니다.
앎이 있기 전, 삶이 있었고
삶은 수많은 별들 속에 움튼 알(생명)이었다.
앎의 지극함은 알을 아는 것
삶은 생성변화하는 것, 앎은 고정정지된 것

우리는 산소를 모르고도 살았다.
숲에서 숨을 쉬며 살았다.
삶에 지쳤을 때, 숲을 생각하는 까닭은
고향을 찾는 마음
우리는 숲과 더불어 살아왔다.

우리를 살린 것은 앎이 아니다.
역사는 신화를 잊을 수 없다.
숲에서 발견된 알과 그 옆의 우물
박혁거세와 김알지의 신화가 깃든,
그곳에서 신성을 발견한 본능이다.

할아버지, 하나님 아버지
할머니, 하나님 어머니
그들을 품고 있는 나,
그리고 신마저도 품고 있는
대지, 대자연의 품속이여!

우리를 살린 것은 숲이다.
우리를 둘러싼 환경과 굴레의 접점에서
알을 낳고, 새끼를 치고,
울타리를 만들고 먹이를 물어다 준
아버지의 아버지! 어머니의 어머니!

지금도 숲에서 불어오는 바람
그 옛날 할아버지, 할머니가
숨 쉬고, 한숨 쉬었을 바람
그 바람에 대한 기억이다.
그 바람에 대한 향수이다.

■ 군사부(君師父)일체, 주사부(主師父)일체

유교는 군사부일체(君師父一體)를 말했다.
임금과 스승과 아버지가 하나 되는 것을 기강(紀綱)으로 삼았다.
민주주의와 더불어 군왕(君王)이 사라지고
민주공화정으로 국민이 주인(主人)이 되었다.
군사부일체는 주사부일체(主師父一體)로 바뀌고 있다.

임금이 주인이던 시대를 지나 바야흐로 국민이 주인인 시대
군(君)의 자리에 주(主)가 들어서고 국민이 우두머리가 됐다.
각자가 주인이 되었을 때, 스승이 되고, 부모가 될 자격이 있다.
진정한 종이 되었을 때에 진정한 주인이 된다.
진정한 주인이 되었을 때에 진정한 종이 된다.

■ 금문상서, 고문상서

오늘의 금문상서(今文尚書)는
내일의 고문상서(古文尚書)
어제는 오늘의 미래
내일은 어제의 오늘

동양은 공자이후 고문상서를 좋아하고
서양은 근대이후 금문상서를 좋아했네.
고문과 금문을 자유자재로 옮겨가야
고문도 이해되고 금문도 완성되네.

금문과 고문의 차이는 없지만
금문이라고 하고 고문이라고 하네.
시간이 없다면 금고(今古)가 어디에 있겠는가.
시간이 없다면 문화(文化)가 어디에 있겠는가.

아무리 대단한 책도 책은 이미 죽은 것이다.
그 책을 살리는 사람이 나오기 까지는
성경도, 고전도, 수많은 시(詩)들도
살아있는 자가 생명을 불어넣지 않으면 죽은 것이다.

금문이든, 고문이든 살아있는 자의 것이다.
살아있는 자의 주문(呪文)과 영감(靈感)에 따라
금문은 금세 고문이 되고
고문은 금세 금문이 되네.

▪ 존재, 일반성, 기(氣)

존재는 일반적 존재, 신체적 존재
존재는 '일반성의 철학'의 무목적의 목적
존재는 기분(氣分), 기질(氣質), 일기(一氣)

기(氣)는 물질이나 육체가 아니다.
일기(一氣)는 근원적 하나를 의미한다.
만물(萬物)은 생성변화하는 신체적 존재이다.

현상학은 동일성(同一性), 이분법(二分法), 통일성(統一性)
현상학은 주체-대상, 이분된 양자를 왕래하지 않을 수 없다.
존재현상학은 동시성(同時性), 이중성(二重性), 무화성(無化性)

존재론은 주체-대상으로 이분된 양자를 무억(無憶)해야 한다.
존재는 본래 하나로 고요하게 깊은 곳에서 명상(冥想)해야 한다.
존재는 동기성(同氣性), 불이성(不二性), 존재성(存在性)

존재는 여성성, 자연성, 유오산수(遊娛山水), 공생(共生)
존재자는 남성성, 문명성, 상열이가락(相悅而歌樂), 공영(共榮)
존재-존재자는 인간성, 윤리성, 상열이도의(相磨以道義), 공의(共儀)

▪ 고락(苦樂)과 죽음

삶은 고락(苦樂)이다.

고락으로 넘치는 것이다.
삶은 때때로 죽음을 무릅쓰는 것이다.
저마다 다른 죽음에 도달하는 여행이다.

쾌락의 절정은 죽음을 연습하는 작은 죽음
죽음을 무서워하지 않게 하는 표적은 불행
미지의 땅을 탐색하는 탐험가의 엽색행각
인간은 누구나 엑스터시 후 잠든다.

죽음은 가장 값비싼 가치
죽음은 가장 신비스러운 의미
존재의 모든 길은 여기를 통과한다.
존재가 신을 만나는 미궁(迷宮)

사람마다 신을 만나는 길은 다르다.
평범한 일상 속에서 신을 만나는 사람
우여곡절의 삶속에서 신을 만나는 사람
아무런 바람이 없어도 신바람 나는 사람

신을 하나의 의미로 받아들이는 사람
신을 수천의 의미로 받아들이는 사람
유일신 여호와, 천수관음(千手觀音)보살
아무런 의미 없이 서 있는 같은 장승

죽음은 고락(苦樂)의 같은 문이다.
죽음은 애증(愛憎)의 같은 문이다.

죽음은 영고성쇠(榮枯盛衰)의 같은 문이다.
죽음은 삶과 같은 문(門)을 쓴다.

■ 구도자(求道者)

한 여자가 낯선 곳에 시집와서
아들딸 낳고 밥 짓고 빨래하고
나무하고 꽃 키우는 일

한 사람이 험한 바다를 헤치며
돛대를 달고 항해를 하던 끝에
먼 길을 돌아 돌아 닻을 내리는 일

한 예술가가 돌을 깎아
열심히 조상을 만들고 만들어
어느 날 자기의 얼굴을 찾아내는 일

한 부부가 결혼해서 집을 짓고
찧고 빻고 물고 빨고
엎치락뒤치락 살다가 닮아가는 일

■ '한'에 대하여

'한' 사람이 있었다.

'한'많은 삶을 살았다.
'한'오백년 살았으면 했다.
'한'님(하느님)'을 믿고 살았다.
'한'없는 삶을 살았다.
'한'몸으로 살았다.
'한'마음으로 살았다.
'한'시가 바쁘게 살았다.
'한'가족으로 살았다.
'한'민족으로 살았다.
'한'사상으로 살았다.
'한'수(漢江)처럼 살았다.

■ 하이데거와 비트겐슈타인

1889년에 태어난 서양철학의 두 거장
하이데거와 비트겐슈타인

하이데거는 칸트가 밀쳐둔 물 자체를
존재론으로 부활시키는 데 성공한 철학자

비트겐슈타인은 세계를 그림 혹은 수학처럼
보고 실증할 것을 강요한 논리실증주의자

말할 수 없는 것을 말한 하이데거는
칸트가 제약을 위해 사용한 물자체를 철학화했다.

물자체는 초월적인 것이 아니다.
물자체는 존재 그 자체, 자연 그대로이다.

'말할 수 없는 것에 침묵하라'고 호언한 비트겐슈타인은
그의 후기철학에서 가족유사와 언어게임이론으로 후퇴했다.

하이데거는 시인의 세계를 철학적으로 접근했다.
시인의 은유(隱喩)를 은적(隱迹)으로 번역했다.

비트겐슈타인은 과학의 세계를 철학적으로 접근했다.
논리 중에서도 실증할 수 있는 것만 인정했다.

하이데거와 비트겐슈타인의 공통점은 생애 후기에
생활언어가 은유(隱喩)와 언어게임인 것을 발견한 점이다.

하이데거는 만연에 휠덜린의 시를 읽으면서 산골에서 살았다.
비트겐슈타인은 죽음을 기다리는 사람처럼 살다가 숨졌다.

■ 태초와 원리에 대하여

1.
시작의 시작의 무한소급은 태초(principium)이다.
태초에는 시작이 없다는 의미가 들어있다.
원리의 원리의 태초원리는 공리(axiom)이다.
공리에는 원리가 없다는 의미가 들어있다.

태극과 무극의 차이를 논쟁한 학자가 있었지만
태극에는 이미 무극의 의미가 들어있다.
유시유종(有始有終)과 무시무종(無始無終)의 차이는 없다.
세계는 연속 혹은 불연속으로 볼 수 있기 때문이다.

극과 극은 통한다는 말이 있지만, 통할 수밖에 없다.
왜냐하면 통하지 않으면 하나가 아니기 때문이다.
세계는 천지인의 순환이기 때문에 따로 갈 데가 없다.
세계를 존재로 말하면 무(無)라고 말할 수밖에 없다.

자아(自我)는 시간과 공간의 원인이다.
시간과 공간은 방향과 볼륨을 의미한다.
자아가 있기 때문에 실체가 있고, 실체는 시공간이다.
인간(人間)은 시간(時間)과 공간(空間)의 존재임을 의미한다.

말이 있음으로써 시공간이 생성된다.
말을 하는 것 자체가 이미 시공간적이다.
말이 없으면 시공간이 거처할 곳이 없다.
사물에 이름을 붙이는 자체가 이미 시공간적이다.

2.
최초와 최종은 시작과 끝의 의미가 없다.
모든 것의 시작과 끝은 시작과 끝이 아니다.
자신의 시작과 끝(그것)을 증명할 수 없기 때문이다.
다른 시작과 끝을 무시하거나 무의미하게 하기 때문이다.

최초원인과 최종결과는 원인과 결과의 의미가 없다.
모든 것의 원인과 결과는 원인과 결과가 아니다.
그럼에도 최초와 최종, 최초원인과 최종결과를 말함으로써
나머지 시작과 끝, 원인과 결과를 있게 하는 동인이 된다.

알고 보면 모든 것은 말함으로써 있게 되는 것이다.
알고 보면 모든 것은 생각함으로써 있게 되는 것이다.
알고 보면 모든 것은 그림으로써 있게 되는 것이다.
알고 보면 모든 것은 그리워함으로서 있게 되는 것이다.

인간은 유시유종을 말함으로써 무시무종을 벗어난다.
유시유종은 무시무종을 중간에 절단함으로써 생긴 것이고
생사(生死)는 생성(生成)을 중간에 끊음으로써 생긴 것이다.
말(言)은 본래존재를 절단(絶斷)함으로써 존재를 해석하는 것이다.

말은 절대와 결정을 주장함으로써 상대와 해체를 일으킨다.
말은 문명문화의 근본이지만 그것의 진퇴와 종말의 근본이다.
태초와 원리는 신(神) 혹은 알 수 없는 것에 붙이는 X와 같다.
순간을 잘 살면 영원을 잘 사는 것과 같다. 0은 1, 1은 0이다.

■ 만약 악마가 있다면

만약 악마가 있다면
인간이 그 악마가 될 확률이 가장 높다.
인간은 천사를 상상했지만

악마를 처음 떠올린 것도 인간이다.

만약 악마가 있다면
인간이 스스로 멸종할 종이라는 데에 있을 것이다.
인간은 이제 어떤 생물종보다 힘 있는 존재가 되었다.
하나님은 전지전능한 존재가 아니라 불쌍한 존재이다.

악마는 능력은 없으면서 권력을 추구하는 자들이다.
악마는 신이 창조한 피조물의 세계를 훔칠 수밖애 없었다.
아담의 여자인 이브를 꾀어내 순정을 훔친 나쁜 남자였다.
신과 악마는 인간의 두 측면을 표상하는 대립된 세계였다.

■ 미선진(美善眞)으로 존재의 깃발을

우린 철학의 목적으로 진선미(眞善美)를 말하지.
혹자는 여기에 더해 진선진미(眞善眞美)를 말하지.
그러나 이젠 그것은 옛말
진선미는 미선진(美善眞)으로 순서를 바꾸고 있다.
미(美)야말로 존재에 가장 가까운 것이니까.

삶은 그것 자체가 아름다움
모든 존재는 저마다의 아름다움을 뽐내네.
운명애는 바로 삶의 아름다움을 향한 열정이네.
삶은 온몸을 던지는 행위미술(performance)
미-선-진, 존재-신-진리, 자연-종교-과학

철학이 과학을 낳고, 과학에 영향을 받은
칸트에 의해 자유와 함께 도덕철학이 수립됐지만
니체에 의해 도덕은 권력으로 해체되고 말았네.
하이데거에 의해 존재가 발견된 뒤
그 이전의 모든 존재는 존재자로 전락하고 말았네.

모든 존재는 삶 자체의 아름다움을 지니고 있네.
철학이 진리라고 했던 것은 존재가 아니었고
말로 구성된 유사진리, 제도진리(존재자)에 불과하였네.
존재진리라는 말이 유행했지만 존재를 대신할 수 없었네.
아름다움이여, 미선진으로 존재의 깃발을 세우고 전진하라.

■ 모든 존재는 평등하다

모든 존재는 평등하다.
모든 존재는 지금까지 경로만 다를 뿐이다.
나무와 돌, 그릇과 나는 경로만 다를 뿐이다.
존재에는 죽음이라는 것이 없다.
존재에는 새로운 존재로의 길만이 있는 것이다.

영웅호걸도 죽음에 이르면
자연으로 돌아간다.
대자연의 평범한, 일상의 여정
죽음보다 평등한 것은 없다.
죽음은 만물을 선하게 만든다.

죽음은 진리 중의 전리
살아서 맛볼 수 없다.
산술적 평등에 혈안이 되면
자연스럽게 살 수 없다.
죽음의 무상정등각(無上正等覺)

청정심(淸淨心) 청무성(聽無聲)
마음이 맑으면 침묵의 소리를 듣고
청심성음덕화생(淸心性音德化生)
마음이 맑으면 본성의 소리가
덕을 이루어 만물이 화생한다.

■ 대뇌적(大腦的) 환상

1.

인간은 자신의 앎 속에서 살다가 죽는 존재
인간은 존재와 세계를 바꾸어 사는 존재
인간은 세계-내 존재, 현존재
인간은 존재-내-세계에 있는 줄 모른다.

컴퓨터만큼 인간을 잘 드러내는 물건도 없다.
정신질환자가 인간의 정신을 드러내 보이듯
컴퓨터는 역으로 인간의 뇌를 증명하고 있다.
인간의 특이성은 바로 기계인간

신이 인간을 창조하고
인간이 기계를 만들고
기계가 기계인간을 만들고
신, 인간, 기계, 기계인간은 언어로 내통하고 있다.

자연을 뇌(腦) 속에 집어넣고
자연을 신(神) 속에 집어넣고
자연을 기계(機械) 속에 집어넣는 것은
자연을 타자화하는, 인간의 이성과 욕망의 언어다.

대뇌적 환상은 생존을 위한 환상이다.
대뇌는 밖의 세계를 직접 볼 수 없어서
단지 예측할 수밖에 없는 처지에 있다.
환상을 틀릴 수도 있지만 맞을 수도 있다.

현상은 대뇌적 환상일 수밖에 없다.
그래서 보는 대로 있는 것과
있는 대로 보는 것이 같다.
유심론과 유물론이 같다.

자연과학이 자연의 환상이듯
사회과학이 사회의 환상이듯
인간과학이 인간의 환상이듯
이상적인 것이 바로 현실적인 것이다.

2.

인간은 대뇌적 앎을 추구하는 존재
대뇌적 앎이란 바로 철학이라는 것
앎이란 삶을 시간과 공간의 좌표 위에 놓는 것
인간은 그 좌표의 틀, 감옥을 벗어날 수 없다.

근대철학의 아버지 칸트는
이성을 제한하고 규제하기 위해
자연을 물 자체로 규정하였다.
나머지는 모두 현상이고, 합리적 세계였다.

세계는 합목적적인 것으로 해석되었다.
이성의 내에서의 신은 형이상학의 몫이었지만
오늘날 형이하학적인 것이 되어버렸다.
세계는 도구적 이성이 되어버렸다.

대뇌는 신체의 일부, 자연의 일부이다.
대뇌는 자연의 공생(共生), 공진화(共進化)이다.
대뇌의 입장에서 보면 "신체는 가장 큰 대뇌이다."
신체의 입장에서 보면 "자연은 바로 신체이다."

물자체에 대한 사유포기로 인간의 신체는 포기되었다.
신은 정신이 되었고, 정신은 물질·육체를 낳았다.
정신은 유심론, 물질은 유물론이 되었다.
자연에서 분리된 신(神)도 기계 앞에 사라졌다.

인간의 신체에서 기계만 남고 신(神)은 없어졌다.
신체는 단지 사유를 담는 그릇, 기계로 전락했다.
물 자체를 찾는 길만이 자연을 찾는 길
하이데거의 존재론은 신을 다시 발견하는 길

신이 없으면 살아있는 신체가 없다.
신체는 단지 육체(물질)가 아니라 신체이다.
존재는 본래 신체, 신체적 존재
세계는 본래 신체적 존재-내-세계였다.

■ 자연, 자연적 존재

문화는 자연에 대한 해석이다.
자연을 신(神)으로 해석하는 문화
자연을 불(佛)과 무(無)로 해석하는 문화
자연을 도(道)와 무위(無爲)로 해석하는 문화
자연을 인(仁)과 의(義)로 해석하는 문화
자연을 과학(科學)으로 해석하는 문화가 있다.

자연은 생멸의 거대한 흐름이다.
자연을 자연적 존재라고 할 수 있다.
문화와 문명은 구성하고 제조한 것이다.
문화와 문명은 제도적 존재자라고 할 수 있다.
자연은 시공간으로 스스로를 잴 수 없다.
자연의 변화와 운동을 재는 것은 과학이다.

자연은 말이 필요 없는 세계
말이 등장하면서 의식과 의미가 생겼다.
자연은 무의식, 무의미, 무(無)의 존재
인식은 의식, 의미, 유(有)의 세계
자연은 존재 혹은 자연적 존재
문명은 제도 혹은 제도적 존재자

자연의 생성을 지속(시간)으로 설명하고
존재를 기억(정지)과 물질(이미지)로 설명한
베르그송은 존재론의 선구자였다.
생성을 존재로 설명하는 철학적 여정은
정반합, 유심유물론, 유신무신론
상호작용, 상호침투, 작용반작용이다.

주체와 대상, 정신과 물질은
자연을 근본(토대)으로 하는 이분법
신이라는 것도 인간에 의한,
자연을 현상하는 것으로서 신(神)이다.
자연을 자연과학으로, 인간을 도덕적 존재로
만들기 위해서는 신이라는 존재가 필요했다.

■ 사물(Thing=It)과 자신(Self)

1.

모든 주어는 가주어다.

모든 주어는 가짜주어다.
모든 주어는 임시주어다.
모든 주어는 방편주어다.

서양문명은 가주어의 문명이다.
사물(Thing)에서 그것(It)으로 끝나는
시종(始終)과 인과(因果)의 문명이다.
기독교와 과학은 대표적 산물이다.

기독교의 유일신은 알파요, 오메가
자기원인, 자기결과적 존재이다.
천지창조를 하고 종말구원을 하는 신은
자기 완결적, 자기 결정론적이다.

결정론은 언제가 해체를 해야 한다.
결자(結者)가 해지(解之)하는 이치이다.
서양문명에서는 해체주의가 의미가 있다.
구성(構成)하는 눈(eye)의 문명은 해체의 운명에 있다.

2.
동양문명은 '그것(It)'보다는
'자체(Self)', 자연(自然)을 좋아한다.
세계의 총체성, 물 자체(Thing itself)는
그것이 아닌, 그것 자체이다.

자연을 물 자체로 명명한 까닭은

현상되지 않는 그 무엇을 지칭하고,
근거 아닌 근거를 마련하기 위해서다.
순수이성은 근거가 없으면 초월적이 된다.

세계의 유한-무한, 신의 존재-비존재
인간의 자유와 자연의 필연성은
이율배반적인 것으로 인간 너머에 있다.
형이상학은 신학과 같이 모순의 연장선에 있다.

자연을 근본으로 생각하는 동양문명은
해체할 것도 없이 자연회귀를 덕목으로 삼는다.
도법자연(道法自然)은 존재 그 자체가 전부이다.
관음(觀音)하는 귀(ear)의 문명은 귀향의 운명에 있다.

■ 수평선과 지평선

제주 해변의 저녁노을을 바라보면
문득 끝없이 펼쳐진 전경으로
무시무공(無時無空), 무시무종(無始無終)을 느낀다.

김제 평야의 황금색 들판을 바라보면
모든 산들은 어디 갔나 묻게 된다.
바다와 들판이 하늘과 만나는 경계에서 나를 잃고만다.

수평선과 지평선의 신기루에 매혹당해

막상 가까이 다가가면 항상 달아나고
다른 수평선과 지평선이 눈앞에 선다.

결코 눈앞에 현상되지 않는 존재신(神)
현상은, 언제나 보는 대로 있는 것이거나
있는 대로 보는 것이네.

존재는 신을 닮았다.
잡으려면 언제나 저 멀리 떨어져 있고
언제나 진홍색 커튼의 신비로 가득 차 있다.

인식하는 존재의 안타까움이여!
대상에 다가서면 목적은 달아나고
무한대는 무(無)가 되고 만다.

저녁노을을 있는 그대로 느끼면
그것 자체가 아름다움인 것을!
괜히 사진을 찍고 부질없는 짓을 한다.

사라지는 것들에 대한 아쉬움으로
그림을 그리고, 글을 쓰고, 시간에 저항한다.
기억과 물질은 시간의 지속에 잠시 박히는 흔적일 뿐이다.

■ 신과 절대와 자유는

인간은 신, 중심, 절대, 이상을 추구하는 존재
생성 변화하는 세계에서 기준과 법을 정하고
선악과 정의와 불의를 정함으로써 사회를 만들었다.
왕은 태양신으로부터 권력의 정당성을 부여받았다.

인간은 신과 절대와 이상과 영원을 상정하는 존재
여기서 추방되고 전락한 게 삶의 불안과 고통이다.
낙원과 지옥, 선과 악의 이분법은 신화의 주제이다.
인간에게 남은 희망은 고통에서 벗어남과 자유이다.

신이 없다면 절대가 없고, 자유도 없다.
신이 없다면 인간도 없고, 만물도 없다.
인간이 없다면 신도 없고, 자유도 없다.
인간이 없다면 절대도 없고, 신도 없다.

신과 절대와 자유는 말은 다르지만 같은 말이 아닐까.
자유는 이분법의 세계마저 벗어나는 이중성의 힘이다.
인간과 자연의 경계에는 섹스프리(sex-free)가 있고,
프리(free)는 자유, 없음, 무(無)의 의미를 내포하고 있다.

진정으로 자유를 보장받는 자는 절대신 뿐이다.
자유는 또한 이상과 순환을 꿈꾸는 특권이다.
신, 영원, 무한대, 무, 순환, 환원, 회귀는
완전함을 향하는 다른 말들의 잔치가 아닐까.

■ 사람들은 흔히 순간과 영원을

1.

사람들은 흔히 순간과 영원을 반대라고 생각합니다.
순간은 짧고, 영원은 길다고 생각하는 것이지요.
순간이 쌓이면 영원이 된다고 생각하는 것이지요.

순간은 영원과 같습니다.
무한대의 우주에서 순간과 영원은 같은 것입니다.
마치 동전의 양면과 같은 것이지요.

순간은 존재의 미분
영원은 존재의 적분
순간이 끝없이 가면 영원이지요.

순간을 잘 살면 영원히 사는 것이지요.
순간 속에 영원을, 영원 속에 순간을
느끼고 만족하면 그게 바로 행복이죠.

순간에서 돌아서면 영원이죠.
삶에서 돌아서면 죽음이죠.
시공간은 우리에게 착각을 불러일으킵니다.

2.

신기원이라는 것은 항상 지금의 기원입니다.
출발은 항상 도착의 출발입니다.

원인은 항상 결과의 원인입니다.

우리는 계산하는 버릇 때문에 존재를 망쳐버리고 맙니다.
우리는 계산하는 버릇 때문에 많은 것을 잃어버리고 맙니다.
우리는 계산하는 버릇 때문에 깨달음에서 멀어져 있습니다.

하나, 둘, 셋
과거, 현재, 미래
하늘, 땅, 사람

혼돈보다 위대한 것은 없습니다.
혼돈은 무질서가 아니라 태초이고, 원본입니다.
초월적인 것은 본래 내재적인 것입니다.

선후상하좌우내외(先後上下左右內外)는 본래 없는 것입니다.
소용돌이치는 존재에 무슨 분별이 있겠습니까.
생물에서 무생물로 돌아가는 것이 생멸입니다.

■ 문명에 대한 일이관지(一以貫之)

신화는 자연에 대한
인간의 최초의 해석
세계 도처에 신화(神話)는 살아있네.
신화는 문명의 알파요, 오메가이네.

한민족에게 단군·마고(檀君麻姑)신화가 있다면
중국에는 복희·여와·신농(伏羲女媧神農)신화가 있네.
유럽에는 제우스·가이야 그리스·로마신화가 있네.
신화는 인류문명에 대한 최후의 해석을 도모하네.

신은 고대 로마와 중세 서양에서
기독교 유일신으로 절대화된다.
절대화된 신은 근대의 절대과학으로,
절대과학은 절대정신으로 변신을 거듭했네.

기독교의 신(神)
서양철학의 이데아(idea)
자연과학의 진리(眞理)
이들의 근원은 고정불변의 존재에 대한 환상

신이라는 우상(偶像)
우상이라는 이상(理想)
이상이라는 현실(現實)
이게 모두 돌아가는 환상의 변종들

일상의 가상도 고정불변의 존재에 대한 환상
인간은 처음부터 가상현실의 존재
존재 그 자체, 실재는 알 수 없고
현실은 몇 번째 가상현실인 줄 알 수 없네.

■ 성골(聖骨)과 진골(眞骨)

혈통에 대한 신화는 인간의 쇠사슬과 같다.
성골(聖骨)과 진골(眞骨)은 아직도 작동하고 있다.
사문난적이 그렇고, 적서차별이 그렇고
정통이단이 그렇고, 주류비주류가 그렇다.

자신을 남과 구별하지 않으면 안 되는,
자신의 권력을 확인하지 않으면 안 되는,
기억과 관습에 얽매여 살지 않으면 안 되는 것이
인간의 권력경쟁이자 계급계층이다.

왕, 귀족, 평민, 노예는 권력경쟁의 원형이다.
왕을 포함한 귀족, 평민, 노예로 삼등분하는 것은,
성골, 진골, 육두품, 평민, 노예로 오등분하는 것은,
급수와 차이를 따지는 인간의 권력경쟁의 한계상황!

자유를 달성하지 않으면 평등은 실현불가능하고,
평등을 실현하지 않으면 자유를 누리지 못하는 딜레마에서
공(空)은 사랑(愛)과 인(仁)을 실천하는 유일한 길이다.
분별의 세계에서 부분별의 공(共)으로 나아가는 용맹정진이여!

■ 자살(自殺)과 멸종(滅種)

자살(自殺)은 자기 타살(他殺)이다.

세계를 남으로 알고 이용에 혈안이 되면
결국 스스로에게 칼을 꽂는 자살이 된다.

자살이 개인의 일이라 한다면
인류의 자살은 멸종(滅種)이다.
멸종은 인류(人類)의 과욕 때문이다.

만약 세계에서 자신을 없어지고
오로지 남으로만 둘러싸여 있다면
세계는 지옥이 될 수밖에 없다.

지옥에서는 탈출할 수밖에 없다.
그 탈출이 자살하거나 멸종하는 것이라면
철학은 그것을 지연(遲延)시킬 수밖에 없다.

인류는 이제 힘이 너무 강해졌다.
신(神)도 힘이고, 이데아(idea)도 힘이고
코기토도, 코나투스도, 과학도 힘이다.

끝없는 욕망과 패권경쟁을 한다면
그 생물종은 언젠가는 멸종을 피할 수 없다.
그 멸종은 결국 자기타살, 자살이다.

불나방은 불을 향하는 게 살길이듯이
자살하는 사람은 살 자리를 찾느라고 자살한다.
인류여, 경쟁과 자살 대신에 공생과 생존의 지혜를 찾으라.

이제 멸종을 지연(遲延)시킬 수밖에 없다.
지금까지 어떤 성인도 인류의 멸종을 걱정하지는 않았다.
성인이여, 어찌 인류의 멸종을 걱정하지 않을 수 있으랴.

■ 낯선 사람에게 열려있는 자
─ 착한 사마리아인을 위하여

선한 자는 낯선 사람에게 열려있는 자
선한 종교, 선한 과학도 미지의 세계에 열려있는 것
누구나 낯선 곳에서 이방인이 될 수 있다.
낯선 자는 바로 낯선 곳의 우리들이다.

착한 사마리아인은 유능한 사람이 아니다.
낯선 이방인에게 마실 물을 길러주는 자,
배고픈 사람에게 먹을 것을 나누는 자,
자신에게 익숙한 길을 남에게 안내하는 자

세상에 큰일은 없는 듯 낙천적인 사람은
남을 위해 시간은 내줄 수도 있고,
남의 사정을 들어줄 여유가 있다.
항상 친절한 사람만이 인자(人子)를 만날 수 있다.

책이 아닌 현실에서 인자를 만날 행운은
복권에 당첨되는 확률보다 낮다.
자기이익에 혈안이 된 자,

자기직업에 바쁜 자는 인자를 스쳐지나간다.

스스로 열려있는 자는 선하다.
스스로 열려 있는 자는 행복하다.
죽음에도 열려 있는 자는 두렵지 않다.
열려 있는 영혼을 가진 자가 바로 신(神)이다.

■ 모계사회에 대한 추억

중국 신화에 나오는 여와(女媧),
유대인의 유일신 여호와(Jehovah),
아담의 짝인 해와의 발음은 왜 비슷할까.
'여보'도 순경음비읍의 전음으로 '여와'와 통한다.

여와는 태초의 여신이리라.
여와는 여신을 부르는 인류공통의 소리
여자(汝子)에게서 태어난 '나'라는 인간
내(나)가 아닌 인간이 남이고, 남자(男子)로 발전했으리라.

여신을 섬기던 모계공동사회
성(姓)은 여성에게서 태어남을 상징하고
'각씨'도 여성에서 가지 친 가족을 상징한다.
어느 날 여신의 이름과 지위를 남성이 가로챈 것이다.

지금은 잊혀 진 모계사회에 대한 애잔한 추억!

인구의 증가와 더불어 가부장국가사회가 되었고,
여자가 다스리던 평화의 나라는 전쟁으로 사라지고
신과 여사제의 이름과 지위도 남자로 바뀌었으리라.

■ 인류학적 상상―실체, 도덕, 신

인도유럽어문화권은 실체와 비실체의 싸움이고,
한자문화권은 도덕과 반도덕의 싸움이고,
원시시대는 자연과 신의 싸움이었다.
구석기시대 신의 본래 의미는 귀신이었다.

인간은 자연에서 태어났으면서도 환상에 빠지는 존재
신(God), 정신(Geist), 유령(Ghost)을 상상하는 존재
존재와 비존재의 사이에서 생각이라는 반사를 통해
존재를 비존재로, 비존재를 존재라고 하는 역설적 존재

정신이 투사된 것이 신인가,
신을 욕망하는 것이 정신인가,
유령의 종류가 신, 정신인가.
자연에서 멀어지면 환상에 빠지게 된다.

인간의 정신병을 고치는 의사는 자연밖에 없다.
더 정확하게는 자연의 죽음밖에 없다.
인간은 죽지 않으면 바뀌지 않는 존재,
자신의 생각이라는 감옥에 갇힌 수인(囚人)

기억하지 말라(無憶)

생각하지 말라(無念)

생각과 기억이야말로 망령(妄靈)이도다.

생각을 벗어나는 길은 존재로 돌아감이로다.

03.

철학단상과 잠언들
(257편)

■ 신학과 철학에 대하여

1.

내가 무엇에 대해 유권해석을 내리면
이미 신의 위치에 있네.
내가 신의 존재에 대해 어떤 말을 하면
이미 초월적 지위에 있네.
신이 세계를 창조한 것과
내가 세계에 대해 말하는 것은 같은 지위네.
모세가 여호와에게
"당신은 누구냐?"라고 물으니
여호와는 "나는 내가 되고 싶은 나다."라고 말했네.
나는 하나님, 신비, 신이다.
신은 존재이다.

2.

'나'라는 주체와 '너'라는 대상은
필연적으로 초월적 주체와 영원한 대상이 되네.
주체는 대상에 대해 영원히 초월할 수밖에 없고
대상은 주체에 대해 영원한 대상이 될 수밖에 없네.
무엇에 대해 말한다고 하는 것은
무엇을 창조한다고 하는 것과 같은 것이네.
현상학적 환원이나 영원회귀는 같은 현상학이네.
결국 하나의 원에서 순환하는 것이네.
하나의 원은 직선, 동일성과 같은 것이네.
만약 누가 나에게 "당신은 누구냐?"라고 물으면

"존재는 존재다."라고 말할 수밖에 없네.

   3.
현상학은 존재를 둘로 나눈 것
기독교는 기독교현상학
기독교와 서양철학은 존재를 존재자로 환원시킨 것
원죄(종말)와 원인(결과)은 같은 현상학적 사유방식
불교는 불교존재론
불교와 불교철학은 존재자를 존재로 돌아가게 한 것
존재를 무(無), 공(空)으로 해석한 존재론적 해석학
니체는 환원을 단지 회귀로 바꾼 철학자에 불과하네.
니체의 초인은 신의 이름을 바꾼 것에 불과하네.
저절로 신이 되려면 자신(自身)에서 출발하여야 하네.
저절로 신이 되는, 생성(生成)의 신은 자신(自神)이네.

                              (2022년 5월 18일 아침에)

■ 철학과 과학에 대하여

철학과 과학은 항상
싱크로나이즈 수영처럼 어깨를 맞추면서
평행을 이루고 있다.

뉴턴의 절대역학은 칸트의 순수이성과,
아인슈타인의 상대성원리는 니체의 힘의 의지와,
하이젠버그의 불확정성원리는 하이데거의 존재론과 통한다.

칸트는 도덕과 자연목적을 수립했지만
니체는 칸트의 도덕적 양심과 선악을 깨버리고
다시 힘과 권력으로 다시 돌아갔다.

서양과학과 동양철학도 평행을 이루고 있다.
상대성원리는 동양의 불교 혹은 도교와 통한다.
불확정성원리는 박정진의 일반성의 철학(소리철학)과 통한다.

자연의 생존경쟁은 인간에 이르러 권력경쟁으로 전환했다.
종과 종 사이의 경쟁은 종 내부의 경쟁으로 바뀐 것이다.
인간 종의 멸종은 권력경쟁에 의해서 일어날 것이다.

서양철학은 과학에 고개를 숙임으로써 종언을 고했다.
동양도학이 철학의 자리를 꿰차고 삶의 길을 제시해야 한다.
힘, 권력, 기계 대신에 기(氣), 비권력, 자연으로 돌아가야 한다.
역동적인 자연은 주체(실체)가 없이도 잘 움직이고 돌아간다.

■ 철학과 종교에 대하여

소크라테스는 말했네.
"나는 내가 아무 것도 모른다는 것을 안다."
그는 처음으로 앎이 무엇인지를 말했네.
존재와 앎의 사이에 간격을 두었네.
"나는 너를 안다."
"나는 그것을 안다."

안다는 것은 존재를 대상(그것)으로 바라보는 행위
내 눈으로 존재를 형틀에 옭아매는 행위
안다는 것은 그것을 이용한다는 것
안다는 것은 그것을 소유한다는 것
안다는 것은 그것을 눈으로 보고 손으로 잡는다는 것

소크라테스는 처음으로
존재와 존재자를 구별하였네.
그를 철학의 아버지라고 하는 이유는
그가 처음으로 앎의 이치를 규정한 때문
그가 독배를 받은 것은
앎의 종교인 철학의 메시아가 된 것

소크라테스가 숨긴 존재론을
수천 년 지나 하이데거가 다시 깨달았네.
존재는 존재함, 존재자는 존재하는 것
존재자는 처음부터 불안전한 것, 불완전명사 '것'
존재로 돌아가는 것이야말로 불안을 벗어나는 열반

■ 종교와 과학에 대하여

1.

존재는 절대도 상대도 아닌
그냥 그대로의 세계
더 정확하게는 세계도 아닌 자연

존재는 그냥 그대로 있음으로 해서
진리가 될 수 없네.
상대는 진실 그 자체임으로 해서
진리가 될 수 없네.
절대는 없다. 인간이 단지 그렇게 바라볼 뿐
절대가 없으면 상대는 무의미한 것
의미는 절대에서 비롯되네.

2.

뉴턴이 없으면 아인슈타인은 무의미하네.
절대과학이 없으면 상대성원리는 무의미하네.
세계를 창조하는 것과
세계를 해석하는 것은 동반자의 일
종교는 무엇을 믿는 자의 과학
과학은 무엇을 해석하는 자의 종교
여자는 세계를 종교로 이해하고
남자는 세계를 과학으로 이해하네.
남자는 대뇌와 공장에서 살고
여자는 신체와 감정에서 사네.

3.

종교의 '신'에 'X'를 대입한 것이 과학이다.
종교는 최초의 연역법이고, 과학은 최후의 귀납법이다.
종교는 진리, 도그마, 우상을 섬기고
과학은 항상 더 큰 진리를 향하여 나아간다.
종교의 궁극적 진리가 섭리(providence)라면

과학의 궁극적 진리는 함수(function)이다.
오늘의 과학은 내일의 유사과학이고
어제의 유사과학은 오늘의 과학이다.
종교는 신이라는 정답을 가진 유사과학이다.
열린 과학과 열린 종교가 인간의 미래이다.

4.

과학은 과학자의 종교, 종교는 종교인의 과학이다.
과학은 세계를 기계로, 종교는 세계를 목적으로 본다.
과학은 사물을 잡고자 하는 자의 영원한 목적이고
종교는 신비를 두고자 하는 자의 영원한 근본이다.
과학은 신비를 벗기려 하고, 신비는 끝까지 감추고자 한다.
과학은 남성성의 발현이고, 신비는 여성성의 감춤이다.
쫓고 쫓기는 자의 영원한 술래잡기는 남녀관계와 같다.
문명의 남성성과 자연의 여성성은 태극이다.
현상학의 정점은 물리적 현상학인 과학이다.
존재론의 정점은 존재론의 근본인 신비이다.

5.

존재론은 현대인의 철학적 종교이다.
신이 아니라 신적인 것들을 상상하고
스스로 사유할 것을 주문한다.
존재의 답을 알면 허무(虛無)에 빠질까.
부처님처럼 열반과 열락(悅樂)에 빠질까.
허무와 열락의 사이는 백지 한 장 차이
세계가 허(虛)와 무(無)라는 것을 알면

더 이상 걸릴 것이 없어 열락에 빠지고
세계를 실체라고 생각하면 허무에 빠진다.
니체가 허무주의에 빠진 것은 소유욕 때문이고
부처가 열반적정에 든 것은 무욕해탈 때문이다.

■ 종교와 예술에 대하여

1.

하나님은 세계를 창조했네.
예술가는 세계를 재창조하네.
창조와 재창조는 다른 것 같지만
만약 하나님이 살아있는 하나님이라면
재창조하지 않을 수 없네.
한번 창조하고 가만히 있을 수 없네.
한번 창조하고 정지된 상태로 있을 수 없네.
하나님은 계속해서 움직이는 하나님
하나님은 계속해서 일하는 하나님
하나님은 사랑하지 않고는 못 배기는 존재
하나님도 권태를 참을 수 없네.

2.

하나님은 계속해서 창조하지 않을 수 없네.
그래서 창조하는 것이 하나님이네.
창조하는 하나님의 바통을 이어받아
예술가는 밤낮으로 창조의 소임을 다하네.

만약 하나님을 보고 싶다면
예술가를 통해서 유추할 수 있네.
무엇을 새로 만들지 않고는 못 배기는 예술가
세계를 재창조의 무대로 만들고 마는 장인
가장 하나님을 닮은 존재는 예술가
예술가는 사랑하기 위해 태어난 사람
예술가도 권태를 참을 수 없네.

■ 예술, 예술가에 대하여

예술은 존재와 존재의 교감이다.
예술은 신체적 존재들의 만남이다.
예술가는 사랑으로 존재의 자유와 평등을
창조적으로, 용감하게 실천하는 인물이다.

예술은 종교와 과학 사이에 있다.
예술가들은 사물에 대한 신앙을 가지면서도
사물을 재료로 작품을 만드는 까닭에
과학자의 태도를 가지고 있기도 하다.

예술은 그런 까닭에 예부터
주술(呪術)의 성격을 지니고 있다.
주술은 종교적 주문(呪文)과 과학적 기술(技術)을
한 몸에 익혀온 예술가들은 현대의 주술사이다.

예술은 우연적이고 필연적인 사건이다.
과학은 필연적이고 우연적인 사건이다.
예술은 영감과 성실의 작품적 사건이다.
인생은 삶을 예술로 사는 퍼포먼스이다.

예술가에겐 예술이 종교이다.
예술가에겐 예술이 과학이다.
예술가에겐 별도의 종교와 과학이 필요없다.
예술가는 바로 전인적 인간상이다.

■ 종교와 과학과 예술과 나

1.
세계는 나와 남의 긴장관계,
그것이 펼치는 판타지이다.
현실은 현실 같은 판타지이다.

사유존재의 시작은 종교였고,
사유존재의 끝은 과학이었으며,
존재사유가 시, 예술이었다.

종교는 나를 믿는 것이다.
과학은 남을 아는 것이다.
예술은 나와 남을 노는 것이다.

2.

예술이야말로 가장 존재 그 자체,
살아있는 생명의 상호작용이다.
생성과 존재의 치열한 왕래이다.

'나'의 의미는 위대하다.
하나님도 "나는 내가 되고 싶은 나다."라고 설명한다.
하나의 생명으로 '태어나서' 나이다.

'나'는 하늘과 통하는 말이다.
나와 남은 본래 경계가 없다.
나와 남은 본래 없기 때문에 있다.

■ 종교와 과학과 예술은 하나

태초에 종교가 있었네.
종교가 분화하여 문명이 되었네.
종교는 삶의 근본태도, 취미(趣味)였네.

철학은 종교의 변신
과학은 철학의 변신
예술은 과학의 변신

삶은 예술이고, 종교이고,
삶은 철학이고, 과학이네.

삶은 이들의 문화복합이네.

종교와 과학과 예술은 서로 다르네.
서로 다르기에 다른 이름이 붙여졌네.
다른 이름이 붙여졌지만 하나로 통하네.

하나에서 종교를 보면 '하나 되고 싶은 나(영혼)'이고
하나에서 과학을 보면 '스스로 작동하는 기계(세계)'이고
하나에서 예술을 보면 '스스로 생멸하는 생명'(자연)이다.

■ 신과 이성과 광기

1.

Theory에는 신-이론-광기의 뜻이 있다.
신은 신학, 이론은 철학, 광기는 영감이다.
신은 종교, 이성은 과학, 광기는 예술이다.

신은 때로는 이성이고, 때로는 광기(狂氣)이다.
이성은 때로는 광기이고, 때로는 신기(神氣)이다.
광기는 때로는 신기이고, 때로는 이성(理性)이다.

국가와 종교는 집단학살과 마녀사냥을 벌였다.
정신은 겉으로 드러난 자기합리성일 수 있다.
광기도 속으로 숨겨둔 자기합리화일 수 있다.

Theory는 신(God)-선(good)-굿(Gud)을 내포한다.
theorine(idein) 동사에는 '보다(觀)'의 뜻이 있다.
신과 인간의 봄에는 초월적 성격의 동질성이 있다.

2.
바라봄에는 자연과 본능을 몰래 훔쳐봄이 있다.
바라봄에는 밖에서 안을 바라보는 관음증이 있다.
바라봄에는 안에서 밖을 공격하는 사디즘이 있다.

바라봄에는 밖에서 문명을 바라보는 관찰(觀察)이 있다.
바라봄에는 안에서 자기를 바라보는 관음(觀音)이 있다.
바라봄에는 자연이 자연을 바라보는 도법(道法)이 있다.

신과 인간은 초월적 입장이라는 공통점이 있다.
자연을 초월적 입장에서 바라보는 것은 사유이다.
'보다'(주체)와 '보이는 것'(대상)은 역전될 수 있다.

과학은 진리를, 종교는 도덕을, 예술은 진실을 다루네.
과학은 참됨을, 종교는 착함을, 예술은 참함을 다루네.
과학과 종교와 예술은 하나로 서로서로 영향을 미치네.

■ 차연(差延)은 자연(自然)이 아니다
　　— 도법(道法)은 자연(自然)이 아니다

철학에는 앎의 철학이 있고,

삶의 철학이 있지.
앎의 철학은 절대지(絶對知)에서 끝나고
삶의 철학은 신(神)의 죽음과 함께 등장했다.

동양철학은 본래 삶의 철학, 도(道)의 철학이었지만
서양철학은 니체 이후 삶의 철학으로 바뀌었다.
본질(essence)철학에서 실존(existence)철학으로 전환하였다.
삶의 철학은 시공간을 시간과 공간의 차연(差延)으로 바꾸었다.

차연(差延)은 공간의 연장(延長)과 시간의 지연(遲延)
삶의 목적은 완성이 아니라 무엇을 지연시키는 것
차연은 자연의 '생멸'을 서양철학의 '존재'로 표현한 것
차연은 동일성(同一性)과 동전의 양면 같은 관계

차연(差延)은 결코 자연(自然)이 아니다.
도법(道法)이 자연(自然)이 아니듯이 말이다.
자연은 도법(道法)이 되는 것을 좋아하지 않는다.
자연은 생멸하는 존재로 결코 고정된 관념이 아니다.

자연에 대해 도(道)라는 말을 덧붙이거나
자연에 대해 법(法)이라는 말을 덧붙이거나
자연에 대해 신(神)이라는 말을 덧붙이거나
자연에 대해 부처(佛)라는 말을 덧붙여도 왜곡(歪曲)된다.

신의 말씀에는 '말(言)'과 '씀(用)'을 내포하고 있다.
여기엔 인간의 '이(理)'와 '익(益)'을 내포하고 있다.

인간 속에 신이, 신속에 인간이 이미 들어 있다.
인간과 신은 자연에 대해 한통속이 된 셈이다.

신의 전지전능(全知全能)에는 이미 기계신이 숨어있다.
기계신에는 전지전능을 도모하는 인간신이 숨어있다.
만물을 창조한 태초의 신은 이미 만물의 밖에 있다.
태초의 신은 고정불변의 존재로 생멸변화의 밖에 있다.

불교와 기독교는 일란성(一卵性) 쌍둥이이다.
말하자면 인도유럽어의 일란성 쌍둥이이다.
불교와 선도(仙道)는 이란성(二卵性) 쌍둥이이다.
인도유럽어와 한자한글문화권의 이란성 쌍둥이이다.

기독교와 불교가 발생한 인도유럽어문화권에는
실체와 비(非)실체의, 존재와 공(空)의 논쟁이 있었다.
유교와 선도가 발생한 한자한글문화권에는
도(道)와 자연(自然)의, 도법(道法)과 자연의 논쟁이 있었다.

불교가 두 문화권에 번역된 까닭에 소통이 이루어졌다.
불교는 불도(佛道) 혹은 불법(佛法)이라고 한다.
도(道)라고 하든, 법(法)이라고 하든 상관없이
그 근저에는 기운생동 하는 자연이 있다.

■ 심물은 합일될 수 없다

심물(心物)은 합일(合一)될 수 없다.
심물(心物)과 물심(物心)은 본래 하나로 있다.
심물의 합일을 주장하는 것은 이미
심물의 분리를 전제한 것이다.

심물의 합일을 주장하는 것은 이미
심물을 정신과 물질로 보는 것이고
심물을 주체와 대상으로 보는 것이다.
합일은 현상학적 차원으로 끝이 없다.

심물합일은 이미 주체와 초월이 있는 것이고
심물합일은 이미 대상과 목적이 있는 것이고
존재를 세계로 이분화한 현상학적 결과이다.
심물합일은 존재의 진면목이 될 수 없다.

정신과 물질은 현상학에선 왕래하는 존재
정신이 없으면 물질이 없다.
물질을 있게 한 것은 정작 정신이다.
정신과 물질은 존재론에서 보면 하나이다.

니체의 영원회귀는 현상학적 회귀이다.
현상학적 회귀와 현상학적 환원은
같은 궤도에 있는, 방향만 반대인 하나이다.
니체나 후설, 후설과 하이데거는 현상학자이다.

존재론은 심물합일이 아니다.
존재는 합일되어야 할 그 무엇이 아니다.
존재론은 심물존재(心物存在)이다.
심물존재는 심물자연(心物自然)이다.

일심(一心)도 존재이고
일물(一物)도 존재이다.
일심물(一心物)도 존재이다.
존재의 핵심은 일(一), 자연(自然)에 있다.

심즉기(心卽氣), 물즉기(物卽氣)
기즉존재(氣卽存在), 물즉존재(物卽存在)
기(氣)는 물질, 육체가 아니다.
기(氣)는 기계(機械)가 아니다.

■ 신은 자연으로 돌아가야 한다

1.
신은 자연으로 돌아가야 한다.
신을 위해서, 인간을 위해서
신은 자연 그 자체로 돌아가야 한다.
신과 인간과 자연은 하나가 되어야 한다.

인간은 자연으로 돌아가야 한다.
인간의 문명은 자연을 배반하려는 것이 아니라

문화를 가지고 본능과 욕망을 실현하는 것이다.
문화는 시공마다 다르고 사람마다 다르다.

신은 자연으로 돌아가야 한다.
신은 죽은 것이 아니라 기계가 되었다.
말씀이나 로고스라는 것은 기계의 다른 말
로고스(logos)는 자연을 대신(代身)할 수는 없다.

인간은 자연으로 돌아가야 한다.
말씀이나 법칙으로 창조를 대신하는 것은
자연을 노예로 만들기 위한 인간의 전략
인간은 스스로를 위한 신의 대리(代理)일 뿐이다.

문명으로 문신(文身)된 신체는 자연으로 돌아가야 한다.
유물론과 자연과학은 신과 인간을 단두대에 올린 지 오래다.
신이 자연으로 돌아가지 않으면 인간을 멸종시킬 게 분명하다.
이제 신과 인간은 자연으로 교대(交代)되어야 한다.

2.
신이 말씀으로 창조한 것은
자연에 주인으로 군림하려는 인간의 계략
주인은 오직 남의 권력자일 뿐
자연을 노예의 신분에서 해방해야 한다.

스피노자의 범신론은 유일신을 자연에 이식함으로써
서양의 현상학적 전통에 따라 저절로 유물론이 되었다.

자연이 신인 것과 유일신이 자연에 투사된 것은 다르다,
자연이 유일신(실체)의 양태가 된 것은 범신론이 아니네.

서양문명은 한마디로 기독교문명이다.
자연과학만이 기독교를 벗어난 것이다.
유물론은 평등을 중심으로 한 기독교유물론이고,
유물론은 노동과 자연을 융합한 유사과학이다.

신은 자연으로 돌아가야 한다.
자연을 신의 피조물에서 본래 자리로 돌려주어야
신과 자연, 인간과 신이 하나가 되는 길이 열린다.
신이 자연에 숨은 상태가 심물존재, 심물자연이다.

문화는 인간의 자연이다.
자연은 진화를 거듭한 끝에
스스로를 자화자찬하는 종(種)을 만들어
스스로를 찬양하는 신(神)으로 등극하게 되었다.

3.
자연이 자연과학이라면
신은 필요도 없고, 더구나 신은 없다.
신은 자연일 수밖에 없다.
자연의 생성변화 그 자체가 신이다.

신이 없으면 자유도 없다.
자유가 없는 평등은 기계를 의미한다.

신은 생성을 존재로 본 결과가 원인이 된,
인간의 사유에 의해 환원된, 신기원사건이다.

신은 인과론이 아니라 순환론이다.
거시세계와 거대담론은 순환론일 수밖에 없다.
인과론은 순환론의 부분집합으로서 합리성이다.
신은 인간이 떠올린 최초의 현상학이었다.

신을 자연으로 돌아가야 한다.
신이 자연으로 돌아가기 위해서는
공(空)이 필요하다. 무(無)가 필요하다.
신은 무위자연(無爲自然)을 만날 수밖에 없다.

인간의 문명은 신이라는 관문(關門)을 거쳐
자연으로 돌아가는 마라톤과 같다.
관문이라는 반환점에서 보면 양쪽으로 난 길이다.
시작이 끝이 되고, 끝이 시작이 되는 원점여행이다.

■ 니체가 고발한 기독교와 서양

신이 죽은 자리를 대신한 니체의 초인
초인은 초월신, 인간신, 기계신을 숨기고 있다.

니체의 힘에의 의지는
기독교의 전지전능을 힘과 권력으로 변형시켰다.

능력도 힘이다. 권력도 힘이다. 물리력도 힘이다.
움직이는 것도 힘이고, 정지해 있는 것도 힘이다.

니체의 영원회귀는
기독교의 영혼과 신을 시간으로 바꾼 것이다.

신은 존재 여부와 상관없이
인간에게 위로가 되거나 힘이 되어왔다.

신이 죽은 시대에 위로와 힘이 되는 것은
힘과 권력에의 의지를 가진 초인(超人)이다.

힘에의 의지는 신이 죽은 시대의 존재론
영원회귀는 신이 침묵하는 시대의 세계관

'너무나 인간적인 니체적인' 니체는
정신분열로 인해 서양문명을 발가벗겼다.

철학자는 정신분열증 환자가 될 위험 앞에 노출되어 있다.
분석하는 철학자 중에는 간혹 종합하지 못하는 자도 있다.

니체는 '힘에의 의지' 철학자답게
망치로 기독교와 서양철학과 문명을 부숴버렸다.

나는 불쌍한 니체마저 해머로 부숴버렸다. 그는
뇌를 짓누르는 지식의 짐을 버리지 못한 불행한 철학자였다.

허무주의로 허무주의를 극복했다고 자화자찬하는 그를
허(虛)와 무(無)로 돌려버린 것은 자연의 죽음이었다.

■ 니체와 들뢰즈에 대하여

1.
들뢰즈는 서양철학의 가장 최근의 집대성이다.
그는 욕망기계, 추상기계, 유물기계를 주장하였다.
그는 자신을 생성의 철학자라고 떠들어댔다.
동일성을 추구한 서양철학의 마지막 희생자이다.

들뢰즈는 '차이의 반복'으로 자신의 철학을 정리했다.
추상기계와 욕망기계와 유물기계는 동일성의 철학이다.
추상기계는 추상이 기계인 것을 모르는 자가당착이다.
세계를 물질-기계로 환원시킨, 현상학의 종결자이다.

들뢰즈를 생각하면 니체와 마르크스를 떠올리게 된다.
니체는 중력을 극복하고자 했지만 '힘에의 의지'로 돌아갔다.
들뢰즈는 기계라는 감옥에서 생성의 탈주선(脫走線)을 찾았다.
이들은 서양철학에서 탈출을 시도했지만 돌아간 철학자들이다.

니체는 '힘에의 의지'로 자신의 철학을 표방했다.
니체는 또한 '동일한 것의 영원회귀'를 주장했다.
동일성이 없으면 힘(권력, 기계)은 성립되지 않는다.
니체는 서양철학을 해체하고 고백성사한 시철(詩哲)이다.

니체와 들뢰즈는 서양문명을 해체하려고 노력했지만
결국은 힘과 기계의 동일성으로 환원될 수밖에 없었다.
니체와 들뢰즈는 종래 이성철학을 해체하고 부정했지만
헤겔의 변증법과 동일성의 전통을 말바꿈 한 데 불과하다.

2.

들뢰즈의 차이의 반복은 동일성의 반복과 다를 바 없다.
동일성의 개념이 없으면 차이의 개념도 없기 때문이다.
동일성을 강조하든, 차이를 강조하든 둘은 이분법이다.
이는 닮음이 같음-다름을 동시에 내포한 것과는 다르다.

차이(difference)와 미분(differential)은 강도를 중시한다.
강도, 즉 힘은 동일성이 전제되지 않으면 계산할 수 없다.
강도라는 말은 정도의 차이, 혹은 확률과 다를 바가 없다.
표준과 좌표는 동일성-과학을 지향하는 서양문명의 특징이다.

들뢰즈에게 의미는 언어의 표면, 언표(言表)였다.
언어의 언표연쇄는 기계였고, 기계는 추상기계였다.
세계를 기계로 바라본 유물기계론자인 그에게
생성은 궤도를 벗어난 탈주선(脫走線)으로 여겨졌다.

들뢰즈에 이르러 오이디푸스의 가족비극은
가족극장에서 공장으로, 시장으로 확대되거나,
가족으로 다시 환원되는, 양방향이었다.
양방향은 포지티브피드백 혹은 네거티브피드백이다.

니체가 시(詩)로 서양철학을 은유·해체한 차라투스트라였다면
들뢰즈는 노마드(nomad)로 기계를 탈출한 현대적 유목민이다.
이들의 철학에는 감옥과 탈출의 이중성(二重性)이 내재해 있다.
들뢰즈의 차이자체는 칸트의 사물자체를 흉내 낸 것에 불과하다.

■ 동서양철학, 두 갈래 길

서양
하나, 하나님(天主)
이분법, 선악이분법
삼단논법, 삼위일체
정반합현상, 주객의 변증법
차이와 연장, 차연(差延)의 변증법
현상학과 과학의 종점
실체론(현상학, 존재자론)
철학의 길

동양
태극, 상제(上帝)
음양, 음양상보론
천지인, 천지인삼재
천지인순환, 음양오행
도법자연, 자연(自然)의 순환
주역과 윤리학의 종점
실재론(생성론, 존재론)

시(詩)의 길

서양인은 고정불변을 가정하기 때문에
주어와 명사와 사물과 과학을 중시하고
주어+동사+목적어의 문법을 만들었다.
(서양은 인도유럽어 문명권을 말한다)
서양인은 주어를 생략하지 않는다.
주어가 바로 절대유일신이다.
명사강조는 운동하는 사물(실체)의 물리법칙을 추구하게 했다.
결국 서양인은 동태적인, 동적인 삶을 살게 된다.
고정불변을 중시하는 습관은 행동을 중시하는 삶을 영위하게 했다.
서양은 모순과 역설의 문화이다.

동양인(한민족)은 생성변화를 전제하기 때문에
자연과 동사와 상태와 도덕을 중시하고
주어+목적어+동사의 문법을 만들었다.
(중국의 한자는 이미 서양화된 문법이다)
동양인은 주어를 생략하는 경우가 많다.
자연은 주어가 없어도 된다.
동사강조는 인간의 삶(존재)의 윤리도덕을 추구하게 했다.
결국 동양인은 정태적인, 정적인 삶을 살게 된다.
생성변화를 중시하는 습관은 상태를 중시하는 삶을 영위하게 했다.
동양은 음양과 상보의 문화이다.

■ 세계는 왜 존재하지 않는가

세계라는 말 자체가 이미 표상이고 현상이네.
세계라는 말 자체가 이미 상상이고 가상이네.
다름이 다름인 이유는 같음을 상상한 때문이다.
다름은 같음으로 가기 위한 첫걸음이다.
다름에서 닮음(외양, analogy)이 생겨나고,
닮음에서 같음(표상, representation)이 가상되고,
같음에서 똑같음(공식, equation)이 결정되었네.

서양문명은 변화 속에서 동일성을 찾았다.
동일성은 고정불변의 똑같음을 말한다.
동양문명은 닮음에서 다름과 같음을 포용한다.
같음은 변화 속에서 계절과 같은 닮음을 말한다.
원리나 법칙은 계절과는 다른 추상적인 것이다.
같음은 다름 속에서 같아 보이는 구체적인 것이다.
과학법칙과 봄여름가을겨울은 다른 것이다.

인간은 세계-내-존재로 살아가네.
인간이 존재-내-세계를 잃어버린 지 오래이다.
다름, 닮음, 같음, 똑같음은 서로 다르네.
자연, 주술, 시(은유), 과학(수학)에 대응되네.
눈앞에 보이는 존재는 상(相)이면서 상이 아니라네.
눈에 보이는 존재를 기준으로 상이라고 하는 것은
눈에 보이지 않는 수많은 존재를 무시하는 행위이다.

하이데거는 세계-내-존재를 말했지만
진정 존재-내-세계를 말하지는 못했네.
존재는 존재하면서 세계는 왜 존재하지 않는가.
고정불변의 존재가 있어야 있음이 되는 까닭은
생각하는 인간의 오류이면서 인간의 특징이다.
생성변화하는 존재를 있음이라고 하지 않는 것은
인간 뇌의 자기편견, 자기배반, 자기기만이다.

고정불변의 세계를 가정함은 동일성을 가정함이고,
동일성은 자연의 차이성이 아닌 동일성의 차이네.
서양철학이 새삼스럽게 차이를 주장하는 까닭은
그들이 원천적으로 동일성만을 주장해왔기 때문이다.
서양문명은 결정론해체를 위해 차이를 주장하지만
이들의 차이는 동일성의 반복을 위장한 차이라네.
동양철학은 자연에서조차 차이라고 말하지 않네.

니체의 영원회귀는 동일한 것의 영원회귀네.
차이의 철학자들의 차이는 동일성의 차이네.
동양은 '스스로 그러한(Self-so)' 의미로 자연이라 한다.
생멸하는 자연이 존재이고, 서양의 존재는 존재자이네.
있음(有)에서 없음(無)이, 없음에서 있음이 촉발된다.
생멸은 유무(有無)가 아니고, 생사(生死)가 아니다.
세계는 으레 생멸하기 때문에 존재하지 않는다.

■ 존재는 이유가 아닙니다

이유가 없이 찾아오는 갑작스런 슬픔
이유를 알 수 없는 주체할 수 없는 오열
온갖 감정은 존재의 깊은 곳에서 솟구칩니다.
이유가 없기 때문에 존재는 우리의 뿌리이고 샘입니다.

존재는 이유가 아닙니다.
이유에 길들여진 우리는 이유를 찾고자 합니다.
이유는 존재의 얄팍한 표상일 뿐입니다.
아무리 생각해도 궁극적인 존재이유는 알 수 없습니다.

우리가 사는 지표는
용암과 화산을 숨기고 있습니다.
불의 신, 바다의 신, 욕망의 신, 사랑의 신
삶의 지하 동굴에는 희로애락의 신들이 살고 있습니다.

존재는 존재이유가 아닙니다.
존재에는 이유가 없습니다.
어느 날 갑자기 생명을 선물 받고
어느 날 갑자기 생명이 거두어집니다.

■ 자연의 다름과 철학의 동일성

자연은 서로 다르네.

다르면서도 닮은 것이 자연이네.
닮음은 다름과 같음을 포용하네.

자연에서 똑같은 것은 없네.
자연에는 동일성이 없네.
그럼에도 서양철학은 동일성을 추구하네.

서양철학은 동일성을 찾는 사유방식이네.
서양철학의 차이성은 동일성을 숨긴 차이네.
서양철학의 차이성은 동양의 다름-닮음과 다르네.

서양철학과 문명은 동이불화(同而不和)하는 철학이네.
동양철학과 문명은 화이부동(和而不同)하는 철학이네.
서양은 조화(調和)를 추구하고, 동양은 화평(和平)을 추구하네.

서양철학에서 동일성이 없는 차이성은 성립되지 않네.
서양철학의 차이성은 동일성과 영원을 전제한 차이네.
이데아도, 정반합도, 차연(差延)도 동일성의 차이네.

자연은 처음부터 다르고 닮았으니까 다를 수밖에 없네.
다름으로 자연을 이해한 도학(道學)은 삶의 철학이라네.
동일성으로 과학시대를 연 철학(哲學)은 앎의 철학이라네.

앎과 이용의 철학인 서양철학,
삶과 공생의 철학인 동양도학,
동서양비교철학은 일관성보다는 태극운동을 실현하고 있네.

■ 존재(생성)와 존재자(존재)
― 서양철학의 종언을 선언하며

1.

인간은 왜 고정불변의 존재를 떠올리는 것일까.
이는 생성 변화하는 존재 속에 던져진 때문이다.
사물 그 자체, 자연 그 자체는 존재(생성)이고,
자연에 해석을 가한 것, 문화는 존재자(존재)이다.
존재라는 말 속에는 '것(사물)'과 '있음(자연)'이 들어있다.
사물과 사건, 명사와 동사도 존재자와 존재를 의미한다.

자연적 존재를 변하는 현상이라고 규정한 서양철학은
이데아를 변하지 않는 존재로 여기는 집단신경증이다.
서양문명은 유일신을 존재로 여기는 언어종교체계다.
이것은 나(I)와 너(You)의 문명체계라고 할 수 있다.
이것은 철학적으로는 주체와 대상의 의식인식체계다.
나와 너, 주체는 대상은 고정불변의 실체를 의미한다.

형이상학이든 형이하학이든, 초월적이든 내재적이든
윤리학이든 자연과학이든, 기독교이든 미학이든
고정불변의 존재, 원리, 법칙, 체계, 제한이다.
존재를 사유존재로, 사유존재를 존재로 바꾸었네.
유심론과 유물론, 유신론과 무신론은 이분법의 결과
서양문명은 자연적 존재, 본래 존재를 망각했다.

플라톤, 아리스토텔레스, 플라티노스, 데카르트, 스피노자

뉴턴, 라이프니츠, 칸트, 헤겔, 마르크스, 니체, 후설,
화이트헤드, 러셀, 비트겐슈타인, 존 듀이, 들뢰즈 등은
고정불변의 존재-실체-절대-힘-기계를 찾은 철학자이다.
소크라테스는 비조로서 존재와 생성의 경계선의 인물이다.
소크라테스 이후 하이데거가 거꾸로 그 경계선상에 섰다.

플라톤은 "현상의 이면에 이데아가 있다.",
데카르트는 "나는 생각한다. 고로 존재한다.",
스피노자는 "국가의 목적은 자유이다."라고 말했다.
서양철학은 플라톤의 변형된 포도송이, 열매들이다.
이데아와 유일신의 서양문명은 과학과 유물론으로,
물신숭배로 정점에 도달했지만 마음을 잃어버렸다.

2.
고정불변의 존재, 생성 변화하는 존재 가운데
어느 것이 진정한 존재이고, 진정한 생성인가.
존재는 '있는 것'이고, 생성은 '살아있음'이다.
현상과 존재는 별도의 세계가 아니라 하나이다.
서양문명은 절대와 힘과 과학을 위해 존재했다.
서양문명은 심물존재, 심물자연, 생성존재를 모른다.

변화하는 현상의 이면에 '이데아'를 가정한 플라톤이나
코기토(cogito)를 통해 생각을 존재로 바꾸는 데카르트나
유일신 대신에 자연을 실체와 양태로 구분한 스피노자나
절대역학으로 자연철학을 자연과학으로 바꾼 뉴턴이나
논리실증주의자인 비트겐슈타인(전기)은 이데아 신봉자들

이데아는 결국 기계, 기계는 추상과 과학을 의미하네.

1889년에 함께 태어난 비트겐슈타인(후기)과 하이데거는
과학기술에 빠져 있는 서양철학과 문명에 반기를 들었다.
그리고 서양철학 자체에 대해서도 깊은 회의에 빠졌다.
"과학은 사유하지 않는다."(하이데거)
"언어의 의미는 말을 하는 사람이나 마음이나 상황에 따라 변화한다."
"절대적 진리는 없다."(비트겐슈타인 후기)

존재를 사유에 가둠으로써 사유를 하지 않게 된,
과학에 맹종하여 인간을 자연으로부터 소외시킨,
힘과 권력경쟁에 도취해 인간을 전쟁기계로 바꾼,
기독교자유주의와 기독교마르크시즘으로 양분된,
자유와 평등의 깃발을 내건 채 패권경쟁에 빠진,
자연을 버리고 기계인간을 예축(豫祝)하고 있는 서양철학!

서양철학은 여전히 칸트와 헤겔의 범위 안에 있다.
대륙의 관념론과 영국의 경험론을 종합한 칸트는
선험적 분석과 경험적 종합으로 양자의 통합을 이루었고
현상만을 취급하면서 이념(理念)과 물 자체를 남겨두었다.
칸트가 물리학(science)의 법칙을 철학에서 실현한 것이
실천이성의 정언명령(定言命令)이고, 양심(conscience)이다.

3.
기독교의 신은 스피노자에 이르러 무한자로서의 실체가 되었고
무한자 실체는 능산적 실체로서의 자연과 동일한 것이었다.

칸트에 이르러 '이성의 내의 신'이고 철학적 무제약자가 되었고,
그 무제약자는 헤겔에 이르러 절대정신으로 무한자가 되었고,
그 무한자는 오늘날 자연과학에서 무한대로 기호화 되었다.
무한대는 미적분학에 이르러 수(數)에 포함되어 수량화 되었다.

헤겔은 신의 섭리와 인간의 절대정신의 절대지를 일치시켰고,
주인과 노예의 변증법을 통해 상호존중의 사랑을 완성시켰다.
헤겔철학은 기독교신학이라 불러도 좋을 정도의 인간학이다.
헤겔과 마르크스, 니체가 근대 서양철학의 최고 분수령이다.
신과 인간, 주인과 노예, 양자의 상호일치와 사랑은 신학이다.
헤겔에 의해 독일관념론이 완성되지만 니체에 의해 부숴 진다.

니체는 칸트의 도덕을 해체하면서 힘에의 철학을 주장했다.
도덕이란 지배자에게 좋은, 민중에겐 억압이라고 분석했다.
니체는 기독교 도덕을 비판하면서 약자의 원한을 미화한,
식민지 유대 땅에서 일어난 노예의 도덕이라고 주장했다.
근대의 서양은 힘(중력)의 물리학과 노예기독교를 무기로
아프리카, 아메리카, 아시아를 정복하고 식민지화 했다.

기독교는 불교의 공(空) 사상을 유대와 서양에 전파했지만
힘을 덕으로 삼는 곳에서 오해를 받아 예수는 사형 당했다.
불교의 공사상은 서양에서는 반동이고 수동이었을 뿐이다.
니체는 능동적이고 적극적인 힘을 자연적 도덕으로 추앙했다.
후기 근대철학자들은 헤겔과 니체의 후예들이라고 해고 좋다.
동일성과 차이성, 연속성과 불연속성을 왕래하는 게 특징이다.

서양은 자연을 자연과학이라고 하니, 물리학이 대세를 이루고
동양은 자연을 도덕이라고 하니, 윤리학이 대세를 이루네.
동서양이 서로의 장점과 특징을 존중해 미래문명을 일구어
인간과 자연의 균형을 이루면 자연과 인간의 화해를 이루네.
신은 신을 위해 상상되지 않고, 인간을 위해 가상되었네
신과 인간과 자연아 하나로 돌아가야 인류의 살길이 열리네.

■ 스피노자는 유물론자였다

범신론자로 알려진 스피노자는 유물론자이다.
신이라는 말 대신에 자기원인적 실체를 주장한 그는
유일신의 창조를 능산적 자연의 실체로 대체했다.
스피노자는 심신일원론(심신평행론)에 따라
실체의 중심을 정신에서 신체(물질)에로 이동했다.

유일신(God)에서 절대정신(Geist)으로,
절대정신에서 신체에로 철학의 중심을 이동한
서양철학은 사유(정신)와 연장(물질)을 추구한 끝에
결국 기계(정신)와 유물론(물질)에 정착하였다.
데모크리토스의 전통을 계승한 스피노자는 유물론자였다.

유대기독교인들이 그를 파문한 것은 당연한 조치였다.
그는 무신론자는 아니었지만 심신일원론에 따라
마르크스 이전에 근대적인 유물론의 길을 열었다.
데카르트의 심신이원론은 정신에 중심을 두었지만

스피노자는 심신일원론은 물질에 중심을 두었다.

오늘날 유물론자들이 스피노자를 추앙하는 것은 당연하다.
기독교전통의 서양철학자들은 유일신을 벗어날 수 없다.
스피노자는 범신론자가 아니라 유일신의 절대와 실체를
자연에 이전시킴으로써 최초의 유물론자가 되었던 것이다.
서양철학의 진수를 모르는 학자들은 그를 범신론자라고 한다.

스피노자의 실체철학에 이어 뉴턴의 절대역학이 생겨났고
칸트는 자연의 필연성을 인정하면서도 그에 예속되지 않는,
인간의 자유와 도덕을 별도로 수립하느라 고생했다.
칸트의 초월철학은 이율배반으로 철학의 한계를 설정했지만
물 자체, 자연 그 자체에 대해서는 아무 말도 하지 않았다.

자연에서 신을 현상한 것이 서양기독교라면
자연에서 정신을 현상한 것이 서양철학이다.
자연에서 물질을 현상한 것이 서양과학이다.
그런 점에서 기독교와 서양철학은 현상학이다.
현상학은 오늘날 유물기계론으로 그 절정에 있다.

욕망을 기초로 유물기계론을 종합한 철학자는 들뢰즈이다.
존재를 물질이라고 본 까닭에 물질기계론에 이르렀다.
들뢰즈는 스피노자, 니체, 마르크스의 충실한 후계자이다.
한편 칸트가 포기하였던 물 자체를 철학의 주제로 삼은
하이데거는 사유존재가 아니라 존재사유를 주장했다.

논리실증주의와 실용주의, 그리고 과학철학은
이용을 목적으로 철학을 과학의 아류로 전락시킨 철학이다.
'생명과 이용의 계보학'으로 보면 서양철학은
이용을 위해 철학을 욕망-유물-기계의 노예로 전락시켰다.
자연과 신을 잃어버린 현대인은 과학맹신자가 되었다.

하이데거의 말대로 과학은 사유하지 않고 증명하고 있다.
서양철학의 여정은 구체(具體)는 없고 추상(抽象)만 남았다.
이데아-유일신-유심론-유물론-욕망론-기계론의 과정!
이데아는 기계로 그 정체를 드러냈다. 기계인간의 승리여!
유물론자 스피노자의 신체는 '사유를 만드는 기계'였다.

무늬만 범신론인 스피노자의 초월의 신이든, 내재의 신이든
모두 '존재자의 신'이다. '존재의 신'은 아니었다.
정신(사유)의 신이든, 물질(연장)의 신이든
모두 '존재자의 신'이다. 그래서 유물론과 통한다.
기독교 유일신을 자연이 아닌 물질에 전이시켰던 것이다.

기계인간은 신체 없는, 인간의 대뇌복제
신체는 사유를 만드는 기계가 아니라
기계를 만드는 신체가 인간현존재
인간과 자연은 모두 신체적 존재이다.
자연이 자연과학이 아니듯 인간도 인간과학이 아니다.

■ 서양철학의 본질주의

서양철학에서 이데아(idea)와 신(神),
그리고 정반합의 정(正)은 같은 본질주의이다.
하이데거는 이것을 '존재(存在)의 계보학'으로 분석했다.
하이데거는 존재망각의 '존재자의 역사'라고 했다.
'존재자의 역사'는 '현상학의 역사'라고 불러도 무방하다.

최초의 고정불변의 존재를 떠올리는 본질주의는
인간 앞에 펼쳐진 진정한 존재(존재함)들을
현상이라고 규정한 데서 비롯된다.
현상과 존재의 이분법은 기독교의 이원론과 같다.
본질주의는 초월과 내재의 성격을 동시에 지니고 있다.

서양철학의 본질주의는 현상학이라고 말할 수 있다.
현상학의 초월과 내재는 주체와 대상의 이분법을 형성하고,
그리고 데카르트와 스피노자의 실체론에 이르러
유심론과 유물론의 단초를 형성하다가 종국에는
헤겔과 마르크스에 이르러 유심론과 유물론으로 양분된다.

인도유럽어문법에서 '있다'와 '이다'는 이중적으로 섞여있다.
생성은 항상 존재로 해석될 둔갑할 여지(기회)를 갖고 있고,
이것은 오늘날 자연은 자연과학을 의미하는 것으로 드러났다.
일찍이 부처님은 본질과 실체를 없애버리는 불교를 제창했다.
오늘날 입자물리학은 불교가 설법한 것을 과학으로 증명했다.

삶은 생성(생성소멸)이고, 앎은 존재(고정불변)이다.
앎(지식)은 아무리 정보를 늘려도 삶(생명)을 알 수 없다.
앎이 아무리 존재를 쪼개고 쪼개도 생명을 알 수 없다.
앎이 천지를 뒤덮으면 천지는 분열되고 만다.
천지가 분열되면 인간의 정신도 분열되고 만다.

앎을 전문으로 하는 철학은 정신분열증환자와 같다.
이것이 자본주의를 비판한 들뢰즈의 분열분석이라는 것이다.
니체는 스스로 서양문명병을 앓았고, 몸부림치다 죽었다.
들뢰즈는 욕망기계, 전쟁기계, 노마드(nomad)를 주창한다.
서양문명은 기계인간, 기계신으로 유물론을 완성할 것이다.

■ 신과 본질과 존재

1.
고정불변의 존재인 신과 본질은 가상이다.
신은 초월적이고 본질은 내재적이다.
생성변화하는 존재만이 실재이다.
인간은 고정불변의 존재를 추구하는 동물이다.

신과 인간은 상대방의 입장에 설 수 있다.
신의 입장에서 인간을 바라볼 수도 있고
인간의 입장에서 신을 바라볼 수도 있다.
신과 인간은 투사하면서 이중적(二重的)이다.

신(God)의 외화(外化)가 존재(Existence)라면
존재의 내화(內化)가 본질(Essence)이라 말할 수 있다.
종교철학자들은 신의 외화과정을 존재라고 보고
존재철학자들은 존재의 내화과정을 본질이라고 본다.

존재론철학자들은 존재를 숨은(隱迹된) 것으로,
현상을 숨은 존재가 드러난(顯現한) 것으로 본다.
실존철학자들은 존재를 본질에 앞선다고 본다.
존재야말로 눈앞에 펼쳐져 있는 자연그대로이다.

현상은 존재를 대상화하는 데서 비롯된다.
존재(사물)를 대상화하면 표상(representation)이 된다.
표상(기표)을 연결하면 현상(phenomena)이 되고
현상을 연결하면 기표연쇄를 통해 과학이 된다.

2.

이성적인 것은 현실적인 것이고
현실적인 것은 이성적인 것이다.
유심적인 것은 유물적인 것이고
유물적인 것은 유심적인 것이다.

자연이 즉자이면 인간은 대자이고
자연이 타자이면 인간은 주체이다.
자연이 존재이면 인간은 존재자이다.
자연은 자연적 존재, 인간은 제도적 존재자

초월적인 것은 내재적인 것이다.
초월과 내재의 밖에 있는 것이 존재이다.
주체적인 것은 대상적인 것이다.
주체와 대상의 밖에 있는 것이 존재이다.

신과 인간의 문제는 어느 것이 중심이냐에 따라 다르다.
신이 인간을 창조하고 인간이 문화를 만들었다고 보거나
인간이 신을 만들고 인간이 자연을 지배한다고 본다.
신과 인간은 대립되는 것 같지만 서로 겹쳐져있다.

신과 인간에도 주인과 노예의 변증법이 적용된다.
신이 주인이 되면 인간은 노예가 되고
인간이 주인이 되면 자연이 노예가 된다.
신, 인간, 자연은 서로 대립-순환-상보관계에 있다.

■ 헤겔을 통한 서양철학 회고

1.

헤겔은 독일관념론의 완성자이다.
그의 절대정신은 신을 말한다.
인간의 정신이 투사한 신을
정신이 다시 찾아온 것이 절대정신이다.

헤겔철학은 신학이면서 동시에 인간학이다.
존재의 세계에는 자연과 인간만이 있다.

유심론을 반전시킨 게 유물론이다.
헤겔과 마르크스는 훌륭한 사제지간이다.

헤겔은 인간이 어렴풋이 떠올린 신을
절대정신을 통해 확실한 것으로 통일했다.
이성의 간지는 인간과 신이 하나 된 경지였다.
감정적으로 종래 신은 죽은 것이나 마찬가지였다.

유물론이 등장한 것은 순전히 유심론 탓이다.
유물론보다 관념적인 철학은 이 세상에 없다.
존재가 물질이 된 것은 순전히 정신 탓이다.
물질이 스스로를 물질이라고 한 적이 없다.

헤겔은 주인과 노예의 변증법을 전개하면서
인정투쟁에서 주인이 아닌 노예가 승리한다고 말했다.
인정투쟁이 마르크스에 의해 계급투쟁으로 계승되었다.
주인과 노예는 부르주아와 프롤레타리아계급으로 변형되었다.

   2.
헤겔은 육체노동을 중시하여 정신노동을 무시했다.
시대정신이나 개념을 창출하는 것은 정신노동의 결과이다.
헤겔은 철학이 이데올로기, 즉 이념(理念)이 되게 했다.
마르크스는 헤겔의 유신-유심론을, 무신-유물론으로 뒤바꾸었다.

헤겔에 의해 현상학의 주체-대상은 정신-물질로 변형되었으며,
정신은 다시 절대정신, 절대지의 개념으로 변했다.

헤겔의 치명적 약점은 인간의 생활과 활동에서
노동의 소중함만 알았고, 놀이의 소중함을 몰랐던 점이다.

언어를 사용하는 인간은 결국 '놀이의 인간'이 될 수밖에 없다.
세계를 언어놀이-게임으로 보면서 미래를 열어갈 수밖에 없다.
이성철학자인 칸트도 이성 이외에 선의지(善意志)를 말했지만
헤겔은 대상의식과 자기의식의 불행과 욕망(慾望)을 말했다.

인식은 인식의 주체와 대상을 설정할 수밖에 없고
의식은 자아와 타자의 대립으로 분열적일 수밖에 없다.
욕망은 현실과의 관계에서 정신분열을 일으키게 된다.
헤겔은 욕망을 말함으로써 무의식-의식의 길을 열었다.

공산사회주의는 (근육)노동가치설과 무신-유물론에 따라
기독교의 신(God) 대신에 빅브라더(Big brother)를 모셨고,
국가 위에 군림하는 공산당 일인자를 절대적 존재로 모시는
무신론적 종교, 전체주의 종교가 되는 길에 총력을 기울였다.

3.
헤겔은 신이 죽은 것 같은 감정을 말함으로써
니체에 앞서 '신의 죽음'을 거론한 인물이다.
헤겔은 근현대철학의 분수령이었고, 종합메뉴였다.
헤겔은 결국 인간이 신이 되는 길을 열 장본인이다.

헤겔은 종래 신 대신에 이성신-무신론의 신을 창안했다.
헤겔철학은 기독교신학을 철학적으로 설명했다고 하지만

도리어 신학을 인간학으로 끌어내렸다고 볼 수도 있다.
헤겔의 절대지를 해체하는 일은 후기근대철학자의 몫이다.

서양근대철학사는 칸트-헤겔, 니체-하이데거가 대강이다.
헤겔의 신세를 지지 않는 현대철학자는 없다.
서양근대철학은 헤겔 이전, 헤겔 이후로 볼 것이냐
니체 이전, 니체 이후로 볼 것이냐, 관점의 문제이다.

헤겔은 기원이 있고, 니체는 기원이 없다.
헤겔은 실체가 있고, 니체는 실체가 없다.
있다는 것도 없음을 포함한 흔적(痕迹)이고,
없다는 것도 있음을 포함한 은적(隱迹)이다.

헤겔은 신과 인간의 합일을 통해 절대정신을 주장했지만
마르크스는 그것을 뒤집어 유물론과 유물사관을 정립했다.
마르크스의 유물론은 갑자기 나타난 것이 아니라
데카르트, 스피노자, 뉴턴, 칸트, 헤겔을 변증한 것이다.

■ 칸트, 헤겔, 마르크스

칸트의 도덕철학과 헤겔의 역사철학은
초월적 주관을 기둥삼아 독일관념론을 완성시켰네.
헤겔의 주관적 절대, 객관적 절대, 주객관적 절대는
칸트의 이성을 절대정신으로 끌어올렸네.

칸트의 시간과 공간은
헤겔의 역사와 사회로 구체화되었네.
칸트의 정언명령인 양심은
헤겔의 인정투쟁으로 바뀌었네.

칸트가 자연과학시대를 맞아
과학(science)에 대한 인간의 양심을 일깨웠다면
헤겔은 사회의 역동성(생명성)에 초점을 맞추어
욕망을 부각시키면서 역사사회철학을 세웠네.

칸트의 신은 헤겔에서 절대정신이 되었고,
절대정신은 인간학과 신학을 통일하였네.
인간의 관점에서 신을 해석하는 반전(反轉)은
마르크스의 유물론의 길을 미리 열어주었네.

주인과 노예의 변증법은 역사의 운동법칙
주인이 되는 것은 모든 인간의 꿈이지만
주인은 투쟁과 전쟁만으로는 불가능하네.
주인은 가족과 국가를 사랑하고 책임지는 자리네.

마르크스의 유물-무신-노동생산과 계급투쟁은
잘못된 민중성과 여성성, 무지(無知)와 저주(咀呪)로
인간의 욕망의 점진적 실현(實現)을 거슬렀기 때문에
오늘날 공산주의는 빈곤의 평준화로 해체 직전에 있네.

공산사회주의의 이상과 거짓과 위선은

공산당의 귀족화와 인민의 노예화로 자기모순에 빠졌네.
공산당은 말속임과 감시와 처벌로 전체주의국가를 만들어
자유자본주의보다 더 심한 부정의와 사회악을 퍼뜨렸네.

마르크시즘과 공산주의는 다르다.
마르크시즘은 노예를 불쌍히 여기는 사상이다.
공산주의는 노예를 선동하고 사육하는 사상이다.
공산주의는 공산당귀족을 생산하는 정치체계이다.

인류는 자유와 평등과 사랑에서 참사랑을 뽑아내고
천지인이 본래 하나라는 천지인사상의 결합으로
공산주의(共産主義)가 아닌 공생주의(共生主義)로
자유로운 경쟁 속에서 함께 잘 사는 세계를 만들어야 하네.

■ 헤겔, 마르크스, 니체

니체의 선생은 스피노자, 마르크스
마르크스는 헤겔의 충실한 제자
헤겔은 앎과 절대지 속에 삶을 전부 집어넣었다.
니체는 삶속의 도덕과 앎을 힘으로 해체해버렸다.

헤겔에 반기를 든 마르크스의 유물론은
인간 스스로 물질의 파생체임을 자인했다.
유물론은 신과 인간의 정신을 물질로 전락시킨,
인간의 평등을 위선(僞善)한 허무주의의 극치(極致)

헤겔은 노동개념을 형이상학적으로 승화시켰으나
놀이 개념을 전혀 몰랐기 때문에 마르크스를 낳았다.
육체노동만 노동이 아니라 정신노동도 노동이다.
철학자의 철학이야말로 정신노동이다.

헤겔은 마르크스와 함께 니체를 낳았다.
니체는 신의 죽음으로 초월적인 존재를 해체했다.
헤겔은 기독교철학, 마르크스는 기독교마르크시즘
니체는 기독교안티크리스트이다.

헤겔은 부정의 철학, 마르크스는 실천의 철학
니체는 운명 자체를 사랑하는 긍정의 철학,
니체는 초인(超人)을 통해 신(神)이 없이도
인간이 세계를 긍정할 수 있는 길을 열었다.

니체는 마르크스의 유물론을 반면교사로 삼아
허무주의로 허무주의를 극복한 초인을 상정했다.
힘(권력)의 의지를 존재론적 기반으로 제시한
니체는 물리학의 힘을 철학화하는 선구자였다.

20세기는 평등과 공산사회를 주장하는
인민(민중)-공산당 일당 독재세력들과
자유와 주권적 개인(시민)을 주장하는
시민들의 혈투가 치열하게 진행된 세기였다.

■ 소크라테스에서 하이데거까지

소크라테스는 최초의 존재론 철학자였다.
그가 '아무 것도 모른다'는 것은 '존재'를 의미한다.
그는 앎이 어떤 것(that, it)을 아는 것임을 천명했다.
그런 점에서 그는 최초로 존재를 말한 철학자였다.

플라톤은 최초로 존재를 현상화한 철학자였다.
그는 고정불변의 존재를 가정하고 그것을 이데아라고 천명했다.
이데아는 생성변화하는 존재의 가상(관념)이었다.
플라톤은 이데아를 통해 서양철학의 지향점을 설정했다.

칸트는 모든 인식이 초월적 주관의 산물임을 깨달았다,
칸트는 관념론의 길을 열었고, 경험론을 흡수했다.
칸트는 순수이성비판을 통해 이성의 절대화에 길을 열었다.
헤겔은 칸트의 관념론을 절대관념론, 절대지로 완성했다.

마르크스는 헤겔의 절대정신을 절대물질로 뒤집었다.
마르크스에 의해 주인-노예의 변증법은 노예승리로 선언되었다.
마르크스의 유물론, 유물사관, 계급투쟁, 노동가치설, 경제결정론은
서양철학과 문명에 혁명을 불러왔지만 인간을 하향평준화했다.

니체는 기독교 문명의 한복판에서 "신은 죽었다."고 선언했다.
니체는 칸트의 이성주의와 함께 도덕과 양심을 해체해버렸다.
니체는 절대관념도 해체하고, 신 대신에 초인(超人)을 주창했다.
니체의 서양철학에 대한 망치질은 망각한 존재를 소환하게 했다.

신의 죽음(god is dead)의 궤적을 보면 칸트도 자유롭지 않다.
기독교는 신을 로고스라고 했고, 칸트는 이성의 신을 주장했다.
헤겔은 절대지로 인간이 신의 경지에 이를 수 있음을 주장했다.
헤겔은 신의 죽음을 가장 먼저 깨달은 신학철학자라 할 수 있다.

베르그송은 정신을 기억으로 바꾸고, 이미지를 물질로 바꾸었다.
순수지속으로서의 시간 위에 양과 질의 창조적 진화를 주장했다.
베르그송에게 세계는 창조적 진화를 거듭하는 하나의 생명체였다.
세계는 무생물과 생물이 동거하는 신체적 존재로서의 공동체였다.

후설은 칸트의 초월철학을 초월적 현상학으로 재해석하였다.
후설의 제자인 하이데거는 칸트의 물 자체를 다시 소환하고
소크라테스의 '알 수 없음'에서 인식된 존재를 끄집어내서
서양철학사에 다시 세운 금자탑이 하이데거의 존재론이다.

■ 동서양철학의 대화

존재(有)를 현상(現象)이라고 한 자는
시간의 흐름에 따라
반드시 존재를 무(無)라고 하기에 이른다.

자연(自然)을 도(道)라고 한 자는
공간의 세움에 따라
반드시 자연을 법(法)한다고 하기에 이른다.

시간과 공간은 흐름과 세움에 대한 은유이다.
모든 언어는 자연에 대한 은유이다.
신은 자연에 대한 최초의 은유이다.

앎(知)을 추구하는 자는 반드시
무지(無知)를 앎이라고 하기에 이른다.
변화를 긍정하는 자는 반드시
존재(物)가 불천(不遷)한다고 말하기에 이른다.

무지(無知)를 앎으로서 앎의 영역을 확대하는 한편
신(神)을 전제한 앎은 무신(無神)으로 향하게 된다.
무지와 앎, 신과 무신은 앎의 영역을 대폭 확장했다.
자연과 자연과학, 무신론은 기계 신·우상을 만들었다.

동양철학은 생성변화하는 것을 상(常)이라고 하고
서양철학은 고정불변의 존재를 신(神)이라고 한다.
상(常)은 변화 중에 변하지 않는 것을 말하고,
신(神)은 고정불변 하는 동일성을 말한다.

상(常)은 도법자연(道法自然)을 지혜(智慧)로 본다.
신(神)은 신의 말씀을 절대진리(絶對眞理)로 본다.
이름이 없는 곳에 진정한 상(常)이 있다.
이름이 없는 곳에 전정한 열반(涅槃)이 있다.

■ 기독교불교유교선도

기독교는 실낙(失樂)에서
불교는 출가(出家)에서
유교는 가화(家和)에서
선도는 무위(無爲)에서
존재동인(動因)을 찾았다.

기독교는 복락(福樂)에서
불교는 귀가(歸家)에서
유교는 평천하(平天下)에서
선도는 도락(道樂)에서
존재목적을 구했다.

기독교는 불교를 거쳐
동양의 도학으로 돌아오지 않으면
폭력과 기계의 저주를 받을 것이다.
도학으로 돌아온 기독교는 다시
선도(仙道)로 귀향하지 않으면 안 된다.

선(仙)을 구하는 것이 선(善)을 구하는 것이다.
선(善)을 구하는 것이 선(禪)을 구하는 것이다.
선(禪)을 구하는 것이 선(僊)을 구하는 것이다.
선(僊)을 구하는 것이 도(道)를 구하는 것이다.
도(道)를 구하는 것은 풍류도(風流道)를 구하는 것이다.

풍류도는 상마이도의(相磨以道義)

풍류도는 상열이가락(相悅以歌樂)

풍류도는 유오산수(遊娛山水)를 추구한다.

풍류도를 추구하면 상락아정(常樂我淨),

청정심(淸淨心), 청정심(淸靜心)에 도달한다.

■ 원효, 최치원, 김형효

원효는 신라에 내려온 전통 선도(仙道)를 알고 있었다.

그는 불교의 종파를 선도의 평화로 해석, 화쟁론(和諍論)에 도달했다.

그는 대승기신론을 자유자재로 해석하고, 금강삼매경론을 썼다.

최치원은 중국에서 배운 유불도(儒佛道)로 신라 선도를 해석하였다.

그는 유불선 삼교(三敎)라는 깨달음에 도달하였다.

그는 신라의 현묘지도(玄妙之道), 풍류도가 중국과 다르다고 했다.

원효와 최치원은 불교와 유교를 선도에 맥이 닿게 함으로써

불선(佛仙), 유불선(儒佛仙)에 도달하였다.

선도(仙道)의 자연과 함께 사는 평화원리는 모든 종교의 원류였다.

오늘날 신학자들은 기독교로 전통 풍류도를 해석하곤 한다.

풍류도에서 유불선기독교를 해석해야 세계적 주체를 이룬다.

원효나 최치원은 둘 다 주체철학을 만들려고 노력했다.

김형효는 서양철학으로 '원효의 대승철학', '사유하는 도덕경'을 썼다.

그는 서양철학의 논리로 치밀하게 도불(道佛)을 해석함으로써
대승철학과 도덕경의 의미를 새롭게 부각했다.

선도, 풍류도, 천부경으로 돌아가야 종교와 철학의 원류에 도달한다.
유불선기독교를 관통해야 초종교초교파를 실현할 힘을 가지게 된다.
서양철학과 동양철학을 넘어야 미래철학과 문명을 설계할 수 있다.

■ 일심일문(一心一門), 심물일문(心物一門)

원효는 일심이문(一心二門),
생멸문(生滅門)과 진여문(眞如門)을 주장했다.
원효가 생멸(生滅)을 생사(生死)의 의미로 사용했다면
이문(二門)이지만 생멸로 사용했다면 진여문을 주장할 필요가 없다.

생멸은 그것 자체가 일문이다.
생멸하지 않는 존재는 없기에 일문(一門)으로 족하다.
심(心)이라는 말만 쓰면서 존재를 논하는 것은 공평하지 않다.
심물생멸(心物生滅), 즉 심물일문(心物一門)이라 해야 공평하다.

심(心)이라는 말은 물(物)의 상대어이다.
존재는 일심(一心)이라 할 수도 있고, 일물(一物)이라 할 수도 있다.
심(心)만을 주장하면 물(物)을 나로부터 소외시키는 자성론(自性論)이다.
불교가 무자성(無自性)을 주장한다면 물을 소외시켜서는 안 된다.

마음이 만들지 않는 것이 자연(自然)이다.

일체유심조(一切唯心造)는 인간의 입장에서 한 말이다.
자연의 입장에서 말하면 일체심물조(一切心物造)이다.
심물(心物)은 불이(不二)로서 심물일문(心物一門)이다.

■ 사르트르와 레비스트로스

"타인은 지옥이다."(사르트르)
"지옥은 우리 안에 있다."(레비스트로스)
철학자인 샤르트르와 철학인류학자인 레비스트로스는
다른 연구영역인 서구현대사회와 인류의 원시고대사회를 토대로
'뜨거운(hot)사회'의 변화와 '차가운(cold)사회'의 구조로 논쟁을 벌였
다.

세계가 모두 절대타자라면 그것이 지옥이다.
자아와 동시에 자연을 완전히 잃어버렸기 때문이다.
인간의 사유가 현상학에 빠지면 대자적 사유로 인해
"타인은 지옥이 될 수밖에 없다."(사르트르)

2차 세계대전에서 나치수용소를 경험한 사르트르는
대자적 인간은 "타인을 지옥으로 의식하게 된다." 말했다.
남미의 원시부족을 필드워크 한 인류학자 레비스트로스는
"지옥은 인류 안에 있다."고 문명을 비판했다.
인간은 왜 지옥을 상상하는가?

나는 이렇게 말한다.

"인간이 지옥을 만들었다." "인간이 악마이다."
인간의 욕망과 소유욕을 비난하기 쉽지만
이성조차도 욕망의 변형이고, 소유욕을 합리화한다.
인간은 전지전능한 신을 기계로 대체할지 모른다.

종교는 우상으로 전락하고,
이성은 기계, 기계인간으로 대체되고,
세계가 유물-기계로 환원되고 만다면
과연 자연은 어떻게 될 것인가?
인류문명은 어디로, 어느 별로 갈 것인가?

현대문명은 유심론에서 유물론으로
유신론에서 무신론으로 중심이동을 했다.
그리고 철학에서 자연과학으로 중심이동을 했다.
유물-기계론이 상식이 되어버린 시대이다.
철학은 존재물음과 신의 부활에 몰두하고 있다.

현대문명의 최전선에 선 사르트르
원시문명의 의미를 새롭게 조명한 레비스트로스는
'지옥'이라는 말을 통해 인류문명을 비판하고 나섰다.
호모사피엔스의 멸종을 지연시키려는 박정진은
'악마와 지옥'을 인간의 자기정체성 폭로로 보고 있다.

레비스트로스의 이원대립항은 자연을 해치지 않지만
서양철학의 이분법은 자연을 역사로 바꾸고자 한다.
이원대립항은 동양의 음양론에 가깝지만

이분법은 서양의 역사변증법을 탄생시켰다.
자연과 문명은 항상 이중성을 내포하고 있다.

■ 설명과 해석에 대하여

무엇을 설명하고 해석하려고 하면
무엇을 둘로 나눌 수밖에 없다.
이것이 이분법이고, 이분법은 이율배반에 빠진다.
이분법은 수많은 변증(辨證)을 거치지만
결국 나눈 것을 통일하려고 시도할 수밖에 없고
불행하게도 그 통일하려는 것에 실패하고 만다.
이것이 현상학의 딜레마이다.

신을 설명하고 해석하는 것도 마찬가지이다.
신은 자연을 인과로 설명하려고하는 첫 가정이다.
신이 세계를 창조했다는 설명도 이분법에 빠진다.
이분법은 수많은 신학(神學)의 토론을 거치지만
창조주와 피조물을 통일하려고 시도할 수밖에 없고
주인과 노예의 이분법을 포기할 수밖에 없다.
이것이 기독교 현상학의 딜레마이다.

현상학의 주체-대상 이분법은 성공할 수 있을까.
신은 생성을 존재로 설명하려고 하는 첫 가정이다.
과연 생성을 존재로 설명하는 것이 성공할 수 있을까.
신을 설명하려고 하면 자연을 둘로 나눌 수밖에 없다.

신은 아프리오리(a priori), 즉 모든 것의 전제가 되고,
아프리오리는 반드시 아포리아(aporia), 난관에 부딪힌다.
현상학의 딜레마를 벗어나는 길은 시작하지 않는 것이다.

■ 두 종류의 생각

생각은 하는 것일까.
생각은 드는 것일까.
생각하는 생각이 있고
생각 드는 생각이 있다.

생각하는 생각은 동일성을 추구하는 것이다.
생각은 감성까지도 동일성에 포함하려는 것이다.
생각은 사물의 움직임까지도 동일성에 포함하려는 것이다.
생각은 존재의 생성변화까지도 동일성에 포함하려는 것이다.

생각은 고정불변의 존재를 향하는 현상학적 여정이다.
생각은 생성을 존재로 환원하려는 전도몽상이다.
생각은 자연을 신으로 환원하려는 신학이다.
생각은 자연을 법칙으로 환원하려는 과학이다.

생각 드는 생각은 동일성을 추구하는 것이 아니다.
생각은 존재의 소리를 듣는 것이다.
생각은 침묵의 소리를 듣는 것이다.
생각은 자연의 소리, 본래존재의 소리를 듣는 것이다.

생각은 변화하는 존재를 받아들이는 존재론적 여정이다.
생각은 생성을 그대로 받아들이는 도법자연이다.
생각은 신을 자연으로 돌려주려는 도학이다.
생각은 법칙을 자연으로 돌려주려는 존재론이다.

■ 종교와 과학, 우상과 환상

현상은 표상(表象), 표상은 환상(幻想)
이들은 이미 근본적으로 우상(偶像)이다.
종교는 유령(幽靈)과 귀신(鬼神)에 대한 믿음으로
세계에 대처한 가장 오래된 문화형태, 삶의 방식이다.

과학은 지식과 환상(幻想)으로 세계를 지배하기 위한
가장 새로운 문화형태, 앎의 방식이다.
종교는 스스로 우상에 빠질 위험이 있고,
과학은 스스로 환상에 빠질 위험이 있다.

종교는 과학에 의해 우상을 제어해야 하고
과학은 종교에 의해 환상을 제어해야 한다.
우상과 환상은 둘 다 인간의 상상이 만들었지만
열린 자세를 통해 스스로에 빠져서는 안 된다.

문화(文化)는 우상 아닌 것이 없다.
말씀도 우상이고, 조상(彫像)도 우상이다.
과학마저도 기호(記號)의 우상이다.

오직 예술의 형상만이 우상에서 자유롭다.

무리대중은 우상을 믿을 수밖에 없다.
무리대중은 우상에 머물 수밖에 없다.
창조적 소수만이 우상을 벗어날 수 있다.
창조적 소수만이 스스로를 열어놓을 수 있다.

열린 종교, 열린 과학은 스스로의 약점을 보완한다.
우주는 열려있으면 무한하고, 닫혀있으면 유한하다.
우주는 역동적(力動的, 易動的)으로 문(門)을 열고 닫는다.
우주가 노는 무대는 역동적 장(場), 혹은 장소(場所)이다.

■ 사물 혹은 사건

존재는 사물인가, 사건인가.
존재는 사물존재인가, 사건존재인가.
인간존재는 사물존재와 사건존재 사이에 있다.

인간현존재는 사이에 있기 때문에 인간이다.
존재는 사물이기도 하고, 사건이기도 하다.
존재는 생성이기도 하고, 존재이기도 하다.

존재로부터 사물과 사건을 보면
존재사물, 존재사건,
나라는 사물, 나라는 사건

나라는 자아, 나라는 무아
나라는 구성, 나라는 해체
나라는 인간, 나라는 자연

나라는 인간자연, 나라는 자연인간
나는 스스로 일을 하고,
자연은 저절로 일을 한다.

■ 시간과 공간은 본래 없다

1.
시간은 모든 이분법의 원기점이면서
시작과 끝으로 완성된다.
시간은 현재를 기준으로 과거와 미래로 나뉘지만
동시에 현재가 현재를 고집하면 시간은 없게 된다.

시간은 시간이 아닌 시간이다.
시간이 있음으로 실체가 생기고
시간이 있음으로 존재를 말할 수 있다.
시간은 모든 형식의 원형식이다.

시간은 빠르고 동시에 느리다
공간은 좁고 동시에 넓다.
존재는 모두 제자리에 있다.
존재는 자기만큼 자유롭고 평등하다.

2.

시간은 감성적 직관의 내적 형식이고
공간은 감성적 직관의 외적 형식이다.
감성은 하나로 생멸·교감하는 세계전체이다.
시간과 공간을 재는 것은 세계를 미적분하는 것이다.

시간과 공간은 본래 없다.
시간과 공간은 흐름과 장소에 대한 명명이다.
시간과 공간의 본질은 알 수 없다.
단지 시간과 공간을 측정할 뿐이다.

시간이 없으면 목적이 없다.
공간이 없으면 대상이 없다.
시간은 지연되는 것이다.
공간은 연장되는 것이다.

3.

시간이 없으면 생사가 없고
공간이 없으면 실체가 없다.
하나님은 시공간 그 자체이다.
하나님이 있다면 존재 그 자체에 있다.

시간과 공간은 인간이 만든 제도이다.
시간과 공간에 따라 선후상하좌우내외가 생겼다.
인간(人間)을 인간이라고 부르는 이유는
시간(時間)과 공간(空間)을 재는 동물이기 때문이다.

시간과 공간에 따라 신화와 역사가 생겼다.
시간과 공간에 따라 천지와 우주가 생겼다.
시간과 공간이 없으면 주체와 대상도 없다.
시간이 주체이고, 공간은 대상이다.

4.
인간이 존재를 말할 때에 시간을 말하는 이유는
시간이 주체인 때문이다.
인간이 목표를 말할 때에 공간을 말하는 이유는
공간이 대상인 때문이다.

인간이 신을 말할 때에 시간과 공간이 있는 이유는
시간과 공간이 없으면 신은 실체가 되지 못하는 때문이다.
시간이 없으면 사유를 하지 못하고
공간이 없으면 물질을 잡을 수 없다.

인간이 만든 모든 개념은 인간의 것이다.
생멸을 존재로 설명하는 것은 소유 때문이다.
존재(有)라는 말은 이미 소유(所有)의 시작이다.
모든 존재는 자기만큼 생멸하고 있다.

■ 시간은 사유, 공간은 물질

시간은 사유이고, 공간은 물질이다.
신은 시간과 공간을 두고 어느 편을 들까.

신이 시간과 주체의 편을 들면 유심론이 되고,
신이 공간과 대상의 편을 들면 유물론이 된다.

인간은 사물(존재)을 대상(현상)으로 바꾸는 존재
인간은 대상에서 지향점(指向點)을 찾아내는 존재
생성변화하는 존재(자연)에 대한 인간의 삶의 대처는
고정불변의 존재(세계)를 알아내는 앎을 필요로 했다.
시간과 공간에 대한 감성적 직관의 이해는
변화하고 운동하는 현상을 잡는 조건이었다.
시간의 발명(발견)은 시간을 계산하기 위한 것이었고
시간의 계산은 시간의 공간화를 통해 달성되었다.

시간과 공간이 둘이 아니라
하나로서 시공간(timespace)이라면
사유가 곧 물질이고, 물질이 곧 사유이다.
정신이 곧 물질이고, 유심론이 유물론이다.

시간은 수학에 의해 수량화 혹은 공식화되었지만
생활인에게는 수학보다는 신화와 이야기로 이해되었다.
시간은 신화 혹은 이야기이고, 기원을 필요로 한다.
시간이야말로 실은 현상학적 환원을 운반하는 도구이다.

모든 신화는 기원과 사물과 사건을 내용으로 하고 있다.
신화는 기원과 종말, 그 사이의 스토리를 포함하고 있다.
만약 계산과 이야기가 없다면 시공간은 존재할 필요가 없다.
그런 점에서 시공간은 본래존재가 아니라 제도적 존재자이다.

인간이 시간과 공간을 설정했기 때문에 현상이 있다.
시간과 공간이 없는 상태가 본래 존재의 상태이다.
시간과 공간이 있음에 따라 존재는 존재자가 된다.
존재는 그 자체로 생멸하는 전체로서 인간이 알 수 없다.

■ 메시아의 재림과 완성

한 대장부 사나이는
타인의 욕망을 모두 욕망했다.
타인의 이성을 모두 이성했다.
타인의 신화를 모두 신화했다.

한 대장부 사나이는
예수, 석가, 공자, 소크라테스
4대성인과 다른 성현의 이야기를
자신의 이야기로 재해석했다.

한 대장부 사나이는
능수능란하게 자신의 탄생과
결혼(어린양혼인잔치)과 죽음을 드라마틱하게
세계사적인 이야기로 승화시켰다.

한 대장부 사나이는
신(神)을 비롯해서 창조와 역사와 인물과 사건마저도
모두 자신과 관련이 있는 역사로 각색하는 데 성공했다.

전지전능한 메시아는 완성되었다.

한 대장부 사나이는 탕감의 역사를 통해
악마에게도 축복을 줌으로써 선악을 없애버리고
여성과 사탄과 사물을 해방함으로써 모든 존재를
원죄와 고통과 불안과 무지의 역사에서 깨어나게 했다.

한 대장부 사나이는
예수, 부처, 공자, 소크라테스를 축복했다.
메시아를 완성시키는 동시에 그 권능을 인간에게 돌려주었다.
죽음을 안식이 아니라 성화(聖和)라고 명명했다.

■ 내가 태어날 때 세상이 시작되었다

세상은 어떻게 이해해야 하나.
존재이유와 옳고 그름을 알 수 없기에
"나는 생각한다. 고로 존재한다."는 말 대신에
"내가 태어날 때 세상이 시작되었다"고 생각하면 어떨까.

태어난 나는 세상을 해석할 수밖에 없다.
세상의 처음과 끝은 아무도 모른다.
세상의 원인과 결과, 운명과 미래는
내가 태어난 사후 발견하고 예측할 수밖에 없다.

내가 세상의 주인이 되지 말라는 법은 없다.

누가 주인인지, 누가 원인인지 알 수 없을 때
누가 책임져야 하는지, 누가 지도자인지 알 수 없을 때
나는 스스로 주인이 되는 이야기를 쓰지 않을 수 없다.

"내가 태어날 때 세상이 시작되었다"
자유는 여기서 시작되지 않을 수 없다.
만물은 저마다 자유(自由)와 자율(自律)에 달렸다.
신(神)도 자유와 자율의 다른 의미가 아니다.

모든 것은 나의 자유, 나의 책임
'지금, 여기'가 세상의 전부
모든 시간과 공간, 역사와 사물은
나에게 집중되고 흩어지지 않을 수 없다.

■ 자신(自神), 즉 무위화신(無爲化神)

노자(老子)는 무위자연(無爲自然)을 주장했다.
수운(水雲)은 무위이화(無爲而化)를 주장했다.
자연의 스스로 그러함은 본래존재의 모습이다.
나는 스스로 그러함을 자신(自神)이라 주장했다.

무위자연이란 '생성(becoming)하는 자연'을 말한다.
자신(自神)은 무위자연과 조화신(造化神)을 융합한 것이다.
자신(自神)은 무위화신(無爲化神)의 신(神)을 의미한다.
과학이 물리적 현상학이라면 신(神)은 존재론적 은유(隱喩)이다.

신은 '있는 것과 같은'(如存) 신묘(神妙)로서 자연을 본 것이다.
제사를 지낼 때 마치 부모가 있는 것처럼 생각하는 것과 같다.
불교가 진리(眞理)를 진여(眞如)라고 한 것은 탁월한 표현이다.
자연에 의미를 부여하는 것은 은유로 해석하는 것이니 말이다.

내가 신(神)이 죽은 시대에 신(神)을 되살리려는 이유는
종교적 인간이야말로 인간의 근본이자 현현(顯現)이고,
신(神)을 생각한 것이야말로 인간의 특이성이기 때문이다.
조화신(造化神)은 자연에 신(神)자를 붙여 존재화한 개념이다.

생성(생멸)을 존재로 설명하는 것은 그 자체로 한계가 있다.
존재라는 말에는 고정불변의 성격이 잔존하기 때문이다.
존재라는 말은 신(神) 혹은 자아(自我)를 전제하는 말이다.
자연을 신의 창조와 섭리(원리)로 설명하는 것과 같은 이치다.

신(神)이라는 말은 자연의 신비 혹은 은유에서 시작되었다.
개념적 은유(conceptual metaphor)에서 개념이 됨으로써
환유적으로 의미변전이 되어 기독교의 절대신에 이르렀다.
아마도 본래 존재로 돌아가면 신은 자연일 수밖에 없다.

■ 자유(自由, freedom)에 대하여

자유는 인간의 자연이다.
인간의 자연은 자유이다.
자유는 자기원인이고 자기결과이다.

자유는 자연 혹은 신과 같은 대전제이다.

신은 인간에게 자유를 주었다고 말하기도 한다.
신은 인간에게 자유를 줌으로써 책임을 면하였다.
신과 자유는 책임의 측면에서 전가되는 의미가 있다.
심지어 자유는 신의 자리를 대신하는 의미마저 있다.

신이 자유를 주었으니까 현실적으로 자유가 신이다.
신, 자아, 자유, 이성, 절대정신, 절대지는 하나이다.
신은 이성의 간지(奸智, cunning of Reason)로 통한다.
자연(自然)에서 자유(自由)의 발생은 인간존재의 전부이다.

인간은 형이상학적으로는 자유와 이성에 도달하지만
형이하학적으로 보면 발정기를 벗어났다는 점에서 자유롭다.
섹스-프리(sex-free)한 인간, 섹스에서 자유롭다는 것은
시간적 존재인 인간현존재에겐 여러 가지 의미를 파생시킨다.

섹스를 억제하는 금욕주의가 될 수도 있고,
자유롭게 섹스를 하는 프리섹스주의가 될 수도 있고,
자유(free)의 의미 속에 담긴 무(無, nothing)가 될 수 있고,
도리어 존재와 무(nothinglessness)를 깨닫게 할 수도 있다.

인간의 모든 활동의 근원을 성욕으로 환원시킬 필요는 없지만
성욕에서 파생된다는 것을 부정할 수는 없다.
우리의 생명은 성욕에 의해 연결되는 것이니까.
성결주의(hagiology)도 성욕이 승화된 것이라는 주장도 있다.

신과 자유와 이성, 자유와 성욕을 함께 고려하면 이런 생각이 든다.
"자연을 다른 요소들로 설명하려고 하니까 복잡해진 것"이라고.
"자연에 대한 설명은 더욱이 서로 돌고 도는 것일 수밖에 없다"고.
자연에서 은유(隱喩)된 신은 자연으로 돌아갈 수밖에 없을 것이다.

■ 신(神, God)에 대하여

1.
신(神)은 태초에 삶과 앎의 앞에서
이유(why)와 방법(how)을 몰랐던(찾았던)
인간이 처음으로 가정한(내린) 최초의 답이었다.

인간은 답(결과)을 미리 가정(가상)한 존재,
현상학적 환원으로 신기원(Origin)을 이룬 사유존재로서
그 첫걸음이 오늘날 자연과학을 이룬 기계존재가 되게 했다.

신(神)은 죽음의 공포와 삶의 불안을
잠재우고 치유한 종합치유(구원)였으며,
미래시간의 기획과 희망(소망)이었다.

신은 자기 자신으로부터 나와서
만물을 창조하고, 종말에 구원을 설계하였고,
인간은 끝없이 자신을 부정하는 여정을 통해 완성을 기했다.

2.

모순이 진리이고, 모순이 신이다.
오류가 없는 진리는 없을 뿐만 아니라
진리는 항상 다른 진리에 의해 수정되어야 운명에 있다.

신은 완전무결하여야 함에도 그렇지 못하고,
인간의 자유에 잘못과 죄의 책임을 전가하고 있다.
신은 처음부터 악마와 도둑과 창녀의 존재를 막을 수 없었다.

신은 전지전능하면서도 아무런 힘이 없는 무력한 존재이다.
신의 이중성은 악마를 인정하는 데서 드러났다고 할 수 있다.
신은 자신의 알리바이를 위해 악마와 인간의 자유를 만들었다.

신은 스스로 창조하고 구제하여야 하는 점에서 인간과 같다.
신과 인간(부모)은 창조와 운명을 대물림한다는 점에서 같다.
인간의 경신(敬神)사상은 초월적 사유로서 무교적(巫敎的) 현상이다.

3.

신(神)자가 '귀신' 신자인 것은 신의 출발을 잘 말해준다.
오늘날 기독교의 귀신을 쫓아내는 퇴마제(exorcism)는
세속의 권력경쟁에서 일어나는, 일종의 정치적 추방과 같다.

높은 신(유일신)이 낮은 신(샤머니즘의 귀신)을 내쫓는 것은
권력구조에 길들여진, 참으로 인간적인 의식이다.
정신(精神)은 정신질환이고, 과학은 실체(實體)강박관념이다.

현대인은 사유가 운동한다고 생각하는 도착환자들이다.
과학적 인간은 사유를 존재라 하고, 추상을 구체라 생각하고,
심지어 자연과학을 자연이라고 생각하는 환상병 환자들이다.

현대인은 자연이 자연과학적으로 있다는 것을 의심하지 않는다.
이는 신(창조주)이 자연(피조물)을 만들었다고 생각하는 것과 같다,
신과 인간은 자연을 지배하기 위한 유물-과학주의의 공모자들이다.

■ 유령춤(Ghost dance)

1.
인간은 예나 지금이나
유령춤(ghost dance)을 추는 존재
신도 유령, 정신도 유령, 유령도 유령
여기도, 저기도 유령, 낮에도, 밤에도 유령

우리는 모두 기계들의 노예,
너도나도 개고양이의 "아빠, 엄마"
금지옥엽으로 키운 아들딸과 생이별하고
개고양이에게 "아빠, 엄마"하다 고독사한다네.

신, 원죄, 원인은 말은 다르지만 결국 유령
창조, 구원, 결과는 말은 다르지만 결국 유령
상상과 종교와 과학은 말은 다르지만 결국 유령
이미지와 언어와 기계는 말은 다르지만 결국 유령

옛 사람들은 귀신을 신으로 믿었고,
오늘 사람들은 유령을 신으로 믿네.
서양 사람은 종국에 영원회귀(永遠回歸)를 믿고,
동양 사람은 애초에 무시무종(無始無終)을 믿네.

2.
옛 인디언들은 유령춤(Ghost dance)을 추었네.
유령춤은 인디언 집단의 신들린 환상이었네,
집단무의식적 도취의 난장(亂場)이었네.
인디언 지도자는 유령춤을 추는 무당이었네.

유령이 아닌 것은 오직 자연뿐이라네.
어떤 이름도 유령을 벗어나기 어렵네.
아! 신, 정신, 양심, 과학은 유령이라네.
아! 신화, 제도, 기술, 경험은 유령이라네.

문명인은 인디언의 신앙과 유령춤을 보고
물신숭배, 하물숭배, 미신이라고 비웃었네.
문명인은 저들의 영혼에 깊숙이 숨어있는
인간신과 물신을 자신도 모르게 투사했네.

인간은 지금까지 유령춤을 추었다네.
선령(善靈), 악령(惡靈), 망령(亡靈)!
자연 이외의 모든 존재는 유령이라네.
인간은 출몰하는 유령에 둘러싸인 정신질환자라네.

* 인간문명은 신화-종교에서 철학-과학으로 중심이동을 하였고, 신(God)은 정신(Geist)이 되었고, 신은 끝내 유령(Ghost)인 것으로 드러났다. 신(神)자의 훈(訓)이 귀신(鬼神)인 것은 신의 전신이 귀신임을 의미하고, 귀신은 인간이 만들어낸 최초의 가상이다. 신, 정신, 유령은 시뮬라크르(simulacre)이다. 인간은 무엇이 최초인지, 최후인지 모른다. 인간은 단지 그 사이에 있을 뿐이다. 그래서 인간(人間)이다. 천지인간(天地人間)의 음양상생상극(陰陽相生相克)을 신(God), 정신(Geist), 유령(Ghost)으로 불렀을 뿐이다.

■ 남녀음양동서이기(男女陰陽東西理氣)

남자는 개념(槪念)에서, 여자는 임신(妊娠)에서
남자는 양(陽)에서, 여자는 음(陰)에서
남자는 이(理)에서, 여자는 기(氣)에서
서양은 이(理)에서, 동양은 기(氣)에서
자신의 정체성을 찾는다.

남자는 개념에서 임신하고, 여자는 임신에서 개념한다.
남자는 현현(顯現)을 좋아하고, 여자는 은적(隱迹)을 좋아한다.
남자는 문리(文理)를 찾고, 여자는 기질(氣質)을 숭상한다.
남자는 문명(文明)을 건설하고, 여자는 생명(生命)을 잇는다.
서양은 힘(권력, 機械)에 밝고, 동양은 생명(氣運生動)에 밝다.

문화(文化)는 문신(文身)과 같다.
남자는 여자에게 문신(文信)한다.
남자는 배설(排泄)하고, 여자는 재생(再生)한다.
남자는 산종(散種)하고, 여자는 임신(妊娠)한다.
남자는 메시지(message)를, 여자는 마사지(massage)를 원한다.

문명은 메시지를 마사지 하듯이 발하고
마사지를 통해 메시지를 실현해야 한다.
남자의 철학은 현상학, 여자의 철학은 존재론이다.
인류문명은 남녀음양동서이기(男女陰陽東西理氣)로 풀 수 있다.
인류문명사가 위대하다고 하지만 남녀연애가정사로 볼 수 있다.

■ 이발(理發)은 인간, 기발(氣發)은 자연

이(理)가 발(發)한다고 하는 것은
인간존재의 특징
윤리(倫理)와 물리(物理)의 기원
기(氣)가 발(發)한다고 하는 것은
자연존재의 특징
자연의 생성(生成)과 기후(氣候)의 현상

이발(理發)이든, 기발(氣發)이든
모두 인간존재가 있기에 거론된 것
이(理)가 없으면 굳이 기(氣)라 할 것도 없고
기(氣)가 없으면 굳이 이(理)라고 할 것도 없다.
자연을 말하는 것도 인간이고,
인간을 말하는 것도 인간이다.

이발기발(理發氣發)
기발이승이통기국(氣發理乘理通氣局)
이발이기수지(理發而氣隨之),

기발이이승지(氣發而理乘之)
기(氣)의 신(神), 이(理)의 신(神)
신은 인간과 자연 사이에 있네.

■ 공부를 하다보면

인간이 사물을 이해하는 것은
비유와 비교와 관찰을 통해서이다.

시(詩)를 쓰는 것은 한 사물을 다른 사물의 관점에서 봄이다.
시를 평생 쓰다보면 모든 사물이 은유적으로 같음을 알게 된다.

문화(文化)를 비교하면 처음엔 나라마다 마을마다 전부 다르다.
공부를 평생 하다보면 그 다름 속에서 같음을 발견하게 된다.

삶과 앎도 그런 것이다. 처음엔 둘을 열심히 구분했다.
살다보면 어느 것이 먼저인지 알 수 없다.

관찰이라는 것도 처음엔 사물을 밖에서 보는 것이었다.
지금은 밖에서 안을, 안에서 밖을 보는지 알 수 없다.

동서철학의 구분도 처음엔 다르다고 생각하고 공부했다.
지금은 모든 구별과 이분법은 삶의 태도라는 것을 알았다.

공부를 하다보면 삶의 걸음걸음이 공부라는 것을 알게 된다.

공부를 한 자와 공부를 하지 않는 자의 차이도 애매모호하다.

문(門)은 항상 제대로 입구를 찾았는지를 의심케 한다.
방(房)은 항상 제대로 들어앉았는지를 둘러보게 한다.

■ 하나 되는 것이 하나님이다

천지창조의 하나님(Being), 제조신(製造神)이
하나(One) 되는(becoming) 하나님,
조화신(造化神)의 하나님이 됨으로써
하나님은 원점으로 돌아오게 된다.
최초원인의 하나님이 최종결과의 하나님이 된 것이다.

알(알다)-나(나다)-스스로(살다)-하나(되다)
생명을 아는 것이 앎의 알맹이다.
부모로부터 태어난 나를 정립하고
스스로 살아갈 줄 아는 것이 삶이다.
삶의 목표는 존재가 하나인 것을 깨닫는 것이다.

자연은 진화(進化)한다.
문화는 문화(文化)한다.
하나님은 제조(製造)한다.
하나님은 조화(造化)한다.
인간은 생성을 존재로 해석한 현존재이다.

■ 신화와 역사와 철학

신화는 세계에 대한 해석의 시원
신화에서 철학과 역사가 파생되었고,
변화와 불변에 대한 상상이 전개되었다.
신화와 신에 인격이 투영된 것은 당연지사.

신화와 주술은 고대의 과학이고
기술과 과학은 현대의 신화이다.
문화는 연속과 불연속의 진화과정이다.
문화는 자연의 생성을 존재로 해석하는 장치이다.

역사는 사실을 말하려는 것이 아니라
자신의 정체성을 찾고 유지하기 위한 글쓰기이다.
흔히 역사는 승자의 기록이라고 하지만
패자의 기록인 경우도 많다.

승자는 현재 자신이 거주하고 있는 땅을 중심으로
역사를 기록하지만,
패자는 조상이 거주했던 땅을 중심으로 신화체로
역사를 기록한다.

승자의 기록으로 대표적인 것은 삼국사기이고,
패자의 기록으로 대표적인 것은
일본의 서기, 고사기, 한국의 삼국유사, 환단고기
그리고 유대인의 구약(舊約)이다.

조상이 살던 땅을 어떤 이유로 잃거나 혹은 이주한 세력들은
신화체의 역사를 쓸 수밖에 없다. 종래 시공간을 잃었기 때문이다.
일본서기·고사기는 한반도에서 패주한 백제세력의 관점에서 쓴 역사이다.
삼국유사·환단고기는 대륙에서 이주한 한민족의 관점에서 쓴 역사서이다.

패자의 역사기록은 신화체가 될 수밖에 없다.
신화체의 글쓰기를 해야 글을 이어가고 쓸 수 있기 때문이다.
역사철학은 신학인 동시에 인간학이다.
유대인은 성경을 새롭게 씀으로써 정체성을 유지할 수 있었다.

한민족에게 단군의 역사는 몽고와 일본의 침략이 있었던 시기,
민족의 위기 때마다 새롭게 쓰여 졌고, 복원되었다.
민족의 위기 때에 신화체의 역사와 민족종교가 부활하게 된다.
삼국유사와 환단고기는 한민족의 구약과 같다.

현재를 지배하는 민족은 반드시 자신의 철학을 가지고 있다.
철학을 가져야 현재를 지배하고,
역사를 가져야 과거와 미래를 지배하고,
신화를 가져야 자신의 정체성을 잃지 않는다.

■ 인류문명의 핵심사상

이데아, 기독교, 과학은
실체를 가정하고 추구하는 동일성의 서양문명이다.
이것은 앎과 지식, 본질과 원죄와 인과의 문명이고,

자연을 장악하고 지배하고자 하는 권력의 문명이다.
서양문명은 '현상학적 문명'이라고 할 수 있다.

이에 비해 힌두교, 불교는
실체를 부정하고 평화평등을 추구하는 인도문명이다.
이것은 삶의 깨달음, 고(苦)와 응보와 연기의 문명이고,
인간과 중생을 평등하게 바라보는 비권력의 문명이다.
불교문명은 '존재론적 문명'이라고 할 수 있다.

그런데 기독교와 불교는 둘 다 인도유럽어문명권에 속한다.
근대과학문명을 주도하고 지배하고 있는 기독교서양문명은
불교를 통해 문명의 균형을 잡고 욕망을 치유해야 한다.
서양의 후기근대철학은 모두 불교적 사유의 궤적들이다.
서양철학의 '존재론'은 불교와 동양의 도학을 도입한 것이다.

불교는 격의(格義)불교로 번역되어 중국에서 도착화 되었다.
도가(道家)와 무위자연(無爲自然)사상은 이때 크게 기여했다.
불(佛)은 도(道)로 번역되고, 무(無)는 무위(無爲)와 통했다.
그러나 동양의 도학(道學)은 실체의 유무보다 삶을 중시했다.
동양철학은 존재의 유무보다 자연과 인간의 공생을 추구했다.

유교와 도교는 자연과 더불어 살며 도덕을 숭상하는 문명이다.
도덕은 단순한 윤리가 아니라 인간의 완성을 추구하는 도이다.
도학(道學)은 무위자연사상과 풍류도(風流道)에 잘 드러나 있다.
도는 공생과 삶을 긍정하는 동아시아 신선·선도(仙道)사상이다.
선도사상은 인류최고의 경전, 천부경(天符經)에 잘 드러나 있다.

■ 신은 인간의 힘

인간의 특징은 뭐니 뭐니 해도 언어의 발명에 있다.
언어는 생명의 유지와 사물의 이용을 위한 수단이지만
수단이 목적으로 전도되기도 한 것이 언어이기도 하다.
심지어 언어는 현실(reality)로 사물을 대신하기도 한다.

이(理)는 스스로 움직이지 못한다.
기(氣)는 스스로 움직이는 것이다.
그럼에도 인간은 이(理)가 움직인다고 생각한다.
이치에 따라 사물을 조합한 자신의 능력을 망각한 때문이다.

언어를 사용하는 인간에게는 역전(逆轉)이 있기 마련이다.
이는 언어 자체가 반전이나 적반하장을 허용하기 때문이다.
철학은 정(正)을 정해놓고, 정반합(正反合)을 변증(辨證)한다.
거짓과 참, 주인과 노예도 상황에 따라 역전될 수도 있다.

인간종의 특징 가운데 자기기만이야말로 최상의 특징이다.
다른 생물종은 남을 속임으로써 자신의 번영을 도모하지만
인간은 자신을 기만함으로써 만물의 영장까지 된 종이다.
신(神)은 자기기만의 초월적 작품 중에서도 걸작이 아닐까.

결국 인간은 신을 상정하고 말함으로써 신이 되고자 하니까.
인간은 한계상황에서 신을 투사하거나 신을 부른 존재이다.
신의 존재유무보다 신에 대한 상상이 생각의 발단이 되었다.
신이 만물의 영(靈)으로 숨어들었으니, 신은 인간의 힘이다.

땅을 위하여 하늘이 필요하고, 인간을 위해 신이 필요하다.
하늘과 신은 하나가 되어 인간에게 초월적 대상이 되었다.
거짓 평등과 평화는 끝내 갈등과 '신들의 전쟁'의 원인이 된다.
진실의 기반 위에 평등과 '신들의 평화'가 뿌리내릴 수 있다.

■ 무의미와 신기원(新紀元)

하나의 고정된 의미는
의미가 아니다.
의미는 계속 덧붙일 수 있어야
살아있는 의미가 된다.

세포분열하지 않는
일상은 의미의 무덤이다.
때론 무의미가
의미의 뿌리처럼 느껴진다.

존재의 숨은 은유에서
현상의 드러난 환유에로 여행,
의미에서 무의미로의 여행이
과학인지 모른다.

기표(記標)들의 연쇄는
의미들의 관(棺)처럼 싸늘하다.
이럴 때면 무의미는 의미의 왕처럼 군림한다.

무의미는 의미의 무의미이다.

시인들은 남이 모르는 의미를 발견하는 순간,
신비감에 휩싸이고 때론
기뻐 날뛰고, 스스로에 매혹된다.
신이라도 된 듯 잠시 가난을 잊어버린다.

의미와 무의미를 넘나드는,
태초와 종말을 넘나드는,
드디어 순간에서 영원을 발견한 시인은
말(言)의 신기원에 놀란다.

■ 우리는 경로(經路)만 다를 뿐

나(我)와 내 앞의 사물(物)과 보이지 않는 신(神),
그리고 천상천하유아독존의 불(佛)은 하나이다.

이들은 태초 이후에 경로(經路)만 다를 뿐이다.
경로는 경전(經傳)과 길(路)을 의미해도 좋다.

만물(萬物)과 귀신(鬼神)과 신불(神佛)은 하나이다.
언젠가 나는 남이 되고, 남은 내가 될 것이다.

이승에서 언젠가 개망나니였던 나는 저승을 거쳐
이승에서 다시 신불이 되어 중생을 제도할 것이다.

주거니 받거니, 돌고 도니 색공(色空)이 하나로다.
일심(一心)이 일물(一物)이고 또한 자연(自然)이로다.

■ 본질(essence)과 물 자체(Thing itself)

현상(phenomena)의 이면에는
고정불변의 존재가 있다고 생각한다.
이것이 본질(essence)이다.
본질은 결국 생각(idea)이다.
생각은 언어(language)이다.
언어는 사물사건에 대한 명명(命名)이고,
명명은 명사로 정지(靜止)이다.
본질주의자는 결국 생성변화하는 운동의 세계를
언어로 혹은 법칙으로 정지시키는 것을 의미한다.

본질(essence)을 아무리 파헤쳐보아도
도달하지 못하는 곳이 있다.
이것이 물 자체(Thing itself)이다.
물 자체는 언어로 말할 수 없는 영역이다.
언어로 말할 수 없다는 것은
시공간(時空間)을 벗어난 것을 의미한다.
물 자체는 현상으로서의 드러나지 않는 자연이다.
자연이 자연과학이 아님을 아는 지점이 이곳이다.
본질과 물 자체는 인간과 달아나는 신의 관계와 같다.

본질은 너무나 인간적인 신적인 것이다.
물 자체는 너무나 자연적인 신적인 것이다.
인간과 신, 자연과 신이 만나서 해결할 수 없는 것은
인간과 자연이 만남으로써 해결할 수밖에 없다.
자연을 현상이라고 규정한 인간의 업보이다.
인간이 자연이라는 사실을 기만한 업보이다.
현상과 본질을 가정한 인간은 필연적으로
자연(본래존재), 즉 물 자체를 만날 수밖에 없다.
물 자체는 언어도단(言語道斷)의 영역이다.

■ 나는 나의 한계다

나는 나의 한계이다.
나는 나의 닫힘과 열림이다.
나의 어리석음은 나의 깨달음이다.

세계는 문(門)을 열고 닫음의 반복이다.
세계는 역동적(逆動的) 장(場)의 개폐(DSCO)이다.
세계는 영원히 음양상보(陰陽相補)하는 운동체이다.

세계는 텍스트(Text)이다.
세계는 콘텍스트(Context)의 텍스트이다.
세계는 음(陰)의 양(陽)이고, 무(無)의 유(有)이다.

결정론과 해체를 거듭하는 서양철학은 정반합(正反合)의 변증법이다.

동양철학과 서양철학을 외우는 노예들이 우리사회의 지식집단이었다.
슬프지 않고는 그들을 용서할 수 없었다. 바로 자비(慈悲)의 용서이다.

나를 열려면 모든 앎을 지우지 않을 수 없었다.
나를 열려면 모든 이름을 지우지 않을 수 없었다.
깨달음이라는 것조차 어리석음의 다른 문(門)인 것을!

■ 하늘의 말, 공수(空手)

하늘의 말, 하늘의 손, 공수(空手)
하늘(空)에 감전된 말(言)과 손(手)
공(空)은 존재, 수(手)는 현상
아담스미스의 보이지 않는 손

허공에서 내려온 신탁(神託)
허공에서 내려온 지무(知舞)
마을공동체사회의 무당(巫堂), 무의(巫醫)
오늘날 신부, 목사, 승려의 대리자(代理者)

그 옛날 허공에 빌며 삶을 애걸하던 존재,
신(神)을 떠올리며 위로와 힘을 얻던 인간
원시고대의 주술에서 인공지능에 이르기까지
하나로 관통하는 종교·과학적 인간의 원형

신, 이성, 과학, 신들림, 광기가

이론(theoria)이라는 말속에 다 들어있네.
이 말 속에는 신과 악마가 함께 들어 있네.
이 말 속에는 축복과 저주가 함께 들어 있네.

이 말 속에는 희생과 살인이 함께 들어있네.
인간의 이중성이여, 사랑과 질투여!
인간의 이중성이여, 존재와 소유여!
이성은 악마에게도 있다.

■ 고래 꿈

어머니는 어느 날 들려주었다.
"내가 너를 뱄을 때 고래 꿈을 꾸었지."
"고향마을 개천에 집채만한 고래라는 것이 올라왔어."
마을사람들은 모두 놀라서 달아났지.
"그런데 그 큰 고래가 나를 꽉 물어버리는 거야"

놀라서 꿈을 깼었지. 그게 너의 태몽이야.
"고래는 육지에서 잘 살기 어려운 큰 동물이지."
고래는 한때 큰 육지동물이었다가 다시 바다로 돌아간 물고기
나의 삶은 순탄치 만은 않았다.
바다의 물을 다 먹고 토해내면서 살았으니 말이다.

바다는 영원한 꿈
수평선을 따라 망망대해를 향해하던 고래는

어느 날 갑자기 요나의 고래가 되어 사라졌다.
큰 살점과 기름을 제공하는 헌신(獻身)의 왕, 고래!
고래는 바다 그 자체, 법음(法音)이 되었다.

■ 길은 '가는' 길이다

길은 '가는' 길이다.
가지 않는 길은 길이 아니다.
가지 않는 길은 생각일 뿐이다.
가는 길만이 몸이 직접 느끼는 길이다.

길에는 수많은 사람들의 발자국
길에는 먼지들이 켜켜이 쌓여있다.
길은 누가 언제 지나간 지를 묻지 않는다.
사람이 지나가지 않으면 풀이 자랄 뿐이다.

도학(道學)은 '가는' 길의 학이다.
도학은 길의 철학, 삶의 철학이다.
기화지신(氣化之神)의 핵은 중도(中道)
언어로 체계화된 철학은 도학이 아니다.

길은 모든 존재에 공통되는 것이다.
산은 산의 길이 있다. 들은 들의 길이 있다.
강은 강의 길이 있다. 돌은 돌의 길이 있다.
나라에는 나라의 길이, 신에게는 신의 길이 있다.

말로 하는 길(道)은 길이 아니다.
말로 하는 신(神)은 신이 아니다.
말로 하는 불(佛)은 불이 아니다.
말로 하는 철학은 철학이 아니다.

길이 많이 나 있어도
나의 길은 오직 하나의 길
진정한 길은 누구에게나 정진의 길이다.
소박(素朴)하면서 소외(疏外)된 길이 성인의 길이다.

■ 생멸, 존재, 해체

자연은 생멸할 뿐 결코 무엇이 해체되는 것이 아니다.
해체는 구성의 이면일 뿐 해체주의로 독립적 철학이 될 수 없다.
해체주의는 자연의 차이가 아닌 새로운 동일성이론이다.
해체주의는 반(反)문명주의로 동일성을 차이로 위장하고 있다.

자연의 생멸(생성변화)은 결코 존재로 다 설명할 수 없다.
존재라는 말은 고정불변의 존재를 내포하고 있기 때문이다.
자연의 생멸은 구성이나 결정의 반운동인 해체가 아니다.
서양의 존재론은 해체(解體)를 사용하지만 해체주의가 아니다.

해체주의는 구성주의나 결정론의 서양철학에서 생긴 반운동이다.
해체주의는 마치 마르크스의 계급투쟁과 같은 해체주의 운동이다.
계급투쟁이 계급을 없애기는커녕 더 복잡한 계급을 조장한 것처럼 해체주의는 문명의 혼란을 부채질하면서 무질서를 재촉할 것이다.

해체주의는 생성론이 아니며 차이를 또 다른 결정론으로 사용한다.
해체주의는 동일성을 숨긴 차이이론으로 동일성(同一性)의 차이이다.
해체주의는 서양철학의 중심을 유(有)에서 무(無)로 옮긴 야바위이며,
해체주의적 차이를 자연의 생성적 차이인 것처럼 위장하고 선전한다.

해체주의는 마르크스의 평등 대신에 정의를 주장하는 좌파이론이다.
해체주의는 문명의 어떠한 곳에도 칼을 들어대는 좌파적 이상론이다.
자본주의 내의 새로운 정의투쟁으로 인권과 양성평등을 무기로 삼는다.
동성애, 동성결혼, 평등을 동일성으로 착각하는 철학적 이상주의이다.

자연은 자유와 차이의 본래존재로서의 자연이다.
자유와 차이가 없으면 전체주의로 갈 수밖에 없다.
자유 없는 평등은 하향평준화와 노예로 갈 수밖에 없다.
차이 없는 동일성은 절대주의-전체주의로 갈 수밖에 없다.

■ "신은 생각의 출발이다. 신은 존재이다"

"나는 생각한다. 고로 나는 존재한다."(데카르트)
"나는 신을 생각한다. 고로 신은 존재한다."(데카르트)
"나는 존재하지 않는 곳에서 생각하고, 생각하는 곳에서 존재하지
  않는다."(자크 라캉)
"나는 생각한다. 동시에 존재한다."(가브리엘 마르셀)
"신은 생각의 출발이다. 고로 신은 존재이다."(박정진)

"나는 존재한다. 고로 나는 생각한다."
"나는 존재한다고 생각하는 그 자체가 존재이다."
"나는 존재하지 않는 때에 생각하고, 생각하는 때에 존재하지 않는다."
"나는 문장이 없는 곳에서 존재하고, 문장이 있는 곳에서 존재하지 않는다."
"나는 내가 없는 곳에서 존재하고, 내가 있는 곳에서 존재하지 않는다."

"인간이 신을 생각했지만, 중요한 것은 생각이 아니라 신이다."
"신은 천지창조에 붙여진 이름이지만, 창조하는 것이 신이다."
"존재를 동사로 표현한다고 해서 생성이 되는 것은 아니다.
생성은 실체가 없는 변화이고, 존재는 실체가 있는 운동이다."
"신의 상상에서 문명이 출발했다면 신의 존재유무는 의미가 없다."
"인간의 운명은 신의 운명이고, 신의 운명은 인간의 운명이다."

데카르트는 '나'의 존재증명을 통해 실체의 증명으로 나아갔고,
스피노자는 실체로부터 출발하여 실체의 존재증명으로 나아갔다.
라이프니츠는 존재증명을 전제하고 단자-실체론으로 나아갔다.
라이프니츠의 창조주는 전지전능한 기계제작자로서의 신이다.
라이프니츠의 신은 이성적 존재자들과 은총의 왕국을 건설한다.
(신은 인간에게 도덕을 행할 수 있는 능력인 자유를 부여한다.
은총의 왕국은 신국(神國)이고, 신국의 목적은 백성들의 행복이다.)

■ 말씀이여, 법음이여, 소리여

말씀(言語)이여, 법음(法音)이여, 소리(音聲)여!
태초의 말씀이여, 법(法)이여!

태초의 법음(法音)이여, 소리(音)여!
태초의 소리(聲)여!
태초에는 세우는 것만 있었도다.

종말의 소리여!
종말의 흐느낌이여!
종말의 아우성이여!
종말에는 소리만이 있구나!
종말에는 무너지는 것만 있구나.

말씀에도 이상의 것이 있고,
현실의 것이 있다.
법에도 이상의 것이 있고,
현실의 것이 있다.
한 단어로 양극을 동시에 표현하는 모순이여!

■ 여자는 신체적 존재

우리는 여자를 통해서만
진정한 첫 조상을 알 수 있다.
미토콘드리아 이브(EVE)
여자에게 순정은 사상과 같다.

여자는 자연의 상속자
태초의 가족은 모자(母子)가족

여자와 가족은 신체적이다.
신체적인 것은 즉자적이다.

즉자적인 것은 즉물적이다.
즉물적인 것은 물질적이다.
물질적인 것은 타자적이다.
타자적인 것은 대자적이다.

대자적인 것은 초월적이다.
초월적인 것은 즉자적이다.
즉자적인 것은 신체적이다.
신체적인 것은 자연적이다.

여자는 세계를 창조할 수 없다.
여자는 세계와 분리될 수 없다.
여자는 몸(사물) 자체가 존재이다.
여자는 스스로 천지를 품고 낳는다.

천지(天地)가 천(天)으로 떨어졌다가
천이 다시 천지(天地)로 돌아오고
천지가 다시 지천(地天)이 되는 때에
사람 중에 천지가 하나 되네(人中天地一).

■ 천국과 지옥

만물이 '님'이면 천국극락
만물이 '남'이면 지옥아수라

만물이 '하나의 님'이면 천국극락
만물이 '하나의 남'이면 지옥아수라

생각에 따라 천국극락이 지옥아수라가 되고
생각에 따라 삶이 죽음, 죽음이 삶이 되네.

생각도, 존재도 여반장(如反掌)
심(心)도, 물(物)도 불이이불일(不二而不一)

■ 잘못된 불교, 잘못된 기독교

유물론(Materialism)은 잘못된 불교(Buddhism)이다.
불교가 "만물에 불성이 있다."라고 하면
유물론자는 "물질이 바로 불성이다."라고 말한다.
불교가 "무상정등각(無上正等覺)"을 말하면
마르크시즘은 "민중은 평등하다"고 말한다.

마르크시즘(Marxism)은 잘못된 기독교(Christianism)이다.
기독교가 "자유와 평등과 박애"를 말하면
마르크시즘은 "평등과 정의와 공평"을 말한다.

마르크시즘은 기독교 마르크시즘이다.
마르크시즘은 현대판 물신숭배(Fetishism)이다.

마르크시즘은 자본주의를 비판하는 것으로 출발했을 뿐
이상적 공산사회를 주장하고 있지만 구체적 내용이 없다
마르크시즘의 약점은 바로 역사적 공산사회주의국가의
전체주의화와 공산당귀족주의로 백일하에 거짓을 드러냈다.

마르크시즘 계열의 좌파사상은 인간의 욕망을 무시하고
현실비판을 무기로 하지만 미래에 대한 설계가 부족하다.
자본주의와 산업사회는 모순과 부조리를 노출하고 있지만
자가 치유하는 문화장치와 열린 철학을 가지고 있다.

■ 존재와 시간, 현재와 선물

시간의 현재(present)라는 단어와
선물의 프레즌트(present)는 동음이어(同音異語)

인간은 자신도 모르게 무의식적으로
시간이 인간에게 주어진 선물임을 알았던 것일까.

존재와 시간은 선물 같은 것이다.
시간을 아는 인간을 인간현존재라고 부른다.

생성변화를 포함한 존재

사방이 창으로 열린 존재

생성변화를 포함하지 않는 존재
사방이 벽으로는 닫힌 존재

연속의 존재, 불연속의 존재
연속-불연속, 개(開)-폐(閉)의 존재

존재는 계산할 수 없는 세계
세계는 계산할 수 있는 존재

순수지속을 시간이라고 명명함은
생성을 존재로 계산하기 위한 공간조작이다.

시간은 존재를 위해 지속되는 순수
끝없이 영원히 열린 시간의 세계

존재는 생성을 계산하기 위한 존재
끝없는 찰나생멸을 정지시키는 대상

시간이 없다면 존재도 없다.
존재가 없다면 시간도 없다.

■ 미래인류의 적(敵)

미래 인류문명의 적(敵)은
사이비지식인과 공산당귀족일 것이다.

사이비지식인은 스스로 생각하는 사람이 아니라
남의 지식을 단지 외우거나 요약하여 팔아먹는 자이다.

공산당귀족은 겉으로는 평등주의자를 자처하지만
속으로는 지독하게 특권을 노리는 음모자들이다.

사대-사이비지식인과 공산당귀족은 닮은 점이 많다.
이들은 자신은 옳고 남은 틀린다고 믿는 자들이다.

예수를 팔아 사리사욕을 일삼는 기독교목사들이나
평등을 팔아 사리사욕을 채우는 공산주의자들은 같다.

기독교 성경이나 공산당 문서를 달달 외우면서
스스로를 정의투사라 생각하는 무리들은 영원한 적이다.

■ 나는 아무 것도 모른다

아는 것이 무엇(what)을 아는 것이라면
나는 아무 것도 모른다.

아는 것이 누구(who)를 아는 것이라면
나는 아무 것도 모른다.

아는 것이 언제(when)를 아는 것이라면
나는 아무 것도 모른다.

아는 것이 어디서(where)를 아는 것이라면
나는 아무 것도 모른다.

아는 것이 어떻게(how)를 아는 것이라면
나는 아무 것도 모른다.

아는 것이 왜(why)를 아는 것이라면
나는 아무 것도 모른다.

내가 모르는 것을 안다는 것은
무지(無知)가 아니다.

앎의 끝, 철학의 끝은
모름이다. 있음이다.

자연은 알 수 없는 전체('있다')이다.
과학은 알기 때문에 부분('이다')으로 전락한다.

■ 선악(善惡)이 어디에 있는가

선악(善惡)이 어디에 있는가.
선악은 본래 없다.
인간이 있음에 따라 선악이 생겼다.

인간이 선악이다.
인간이 선하고, 인간이 악할 따름이다.
인간은 자신의 선악을 기만하고 사는지 모른다.

악마는 어디에 있는가.
창조의 이면에 질투로 있다.
악마는 창조물을 소유물로 바꾸는 것을 탐한다.

악마에게 존재는 소유물이다.
소유욕은 내(존재) 것이 아니기 때문에 발동한다.
악마는 역할이고, 누구에게나 있다.

아주 작은 집단속에도 악마는 있고,
아주 작은 집단속에도 천사는 있다.
천사와 악마는 힘의 균형이고, 이중성이다.

신도 스스로 되는 본래존재이지만
악마도 스스로 되는 본래존재이다.
모든 게 자업자득, 자기, 자연이다.

존재는 기운생동할 수도 있고,
존재는 기운소멸할 수도 있다.
존재는 모름지기 기운생동을 만나야한다.

■ 우주의 어둠

우주의 생성은 정확하게 알 수 없다.
과학은 빅뱅을 138억 년 전이라고 하지만
과학이라는 방법의 측정일 따름이다.
생성의 순간은 시공간이 생기기 전이기 때문에
우주의 나이를 정확히는 알 수 없다.
단지 인간은 과학으로 역산(逆算)할 따름이다.

생성을 계산하는 것은 존재의 일이다.
존재를 이해하는 것은 인간현존재의 일이다.
앎이란 언제나 조건에 따른 앎이고
그 조건이 달라지면 내용도 달라진다.
인간현존재를 기준으로 생성을 파악하는 일은
눈이라는 감각과 머리의 계산일 따름이다.

아직도 생성은 어둠의 신비로 남아있다.
그 신비는 신의 아우라가 되어 빛나고 있다.
빛은 모든 것을 밝히지만 어둠을 알지 못한다.
어둠은 빛과 앎의 저편에서 신비로 남아있다.
우주의 신비는 알 수 없지만 세계는 하나니까

우리 몸, 존재 그 자체, 자연에 숨어있다.

■ 사물(事物)은 신물(神物)이다

사물(事物)은 신물(神物)이다.
태초에 사물에는 신의 영(靈)이 있었다.
그래서 그 이름이 사물이 되었다.
사물의 사(事)자에는 신령에게 제사지내는 의미가 있었다.

사물이 단순히 물체(物體, thing)로 전락하게 된 것은
인간의 인지가 발달하여 사물을 마음대로 다루고부터다.
사물은 그저 그것(It)이 되어버렸다.
자연(自然)도 덩달아 그것(It)으로 평가 절하되고 말았다.

사물은 신물이다.
사물이 본래 신물의 지위를 회복해야
인간과 자연이 함께 살아가는 유오산수(遊娛山水)의 삶
홍익인간(弘益人間), 홍익자연(弘益自然)을 할 수 있을 것이다.

■ 오도송(悟道頌)

하늘을 누이면 땅이요, 땅을 세우면 하늘이다.
사람을 키우면 신이요, 신을 줄이면 사람이다.
수직을 누이면 수평이요, 수평을 세우면 수직이다.

점을 키우면 원이요, 원을 줄이면 점이다.

박(朴)은 붉은 빛으로 세계를 비추는 태양,
정(正)은 일(一)에 머무는(止) 경지를 의미하네.
선신이 된 자는 보금자리인 진(鎭)을 구축하네.
오직 참(眞)을 찾는 길이 신선(神仙)이 되는 길

(1997년 4월 5일)

■ 중학(中學), 태극중도(太極中道)

심중(心中) 박정진의 학은 중학(中學)이다.
풀어쓰면 심중학(心中學), 중정학(中正學), 중일도(中一道)이다.
역동적으로 시중(時中, 균형)을 잡는 것을 목표로 하는 중학이다.
명사의 중학이 아니라 동사의 중학이다.

중학은 태극중도(太極中道), 중정대도(中正大道)라 불러도 좋다.
현실은 언제나 양극으로 갈라지거나 그 사이에 있기 마련이다.
태극 사이에서 시대에 따라 역동적 균형잡기를 목표로 한다.
크게는 동서고금의 문명을 통합하는 의미의 중학이라고 볼 수 있다.

■ 임사체험(臨死體驗)

1992년 6월 19일 바르셀로나 올림픽이 열리던 해,
스페인 북부 피레네산맥 길에서 큰 전복사고를 당했다.

생사를 넘나드는 일주일간의 사투 끝에 다시 소생했다.
나는 그 사고로 임사(臨死)체험을 하는 행운을 얻었다.

먼저, 베드로가 되어 십자가에 거꾸로 매달려서 죽은 꿈
다음, 예수가 되어 십자가에서 광채 속에서 사형되는 꿈
그 다음, 비몽사몽간에 위급한 다른 사람을 구하기 위해
동굴에서 빠져나오니 별유천지비인간(別有天地非人間)!

"죽자면 살고(死卽生), 살자면 죽는(生卽死)" 부활의 시험대
임사체험은 실험할 수 없다는 점에서 가장 고귀한 인생 체험
왜 베드로와 예수가 동일시되었을까. 왜 성인들이 나타났을까.
반전(反轉)의 시험(試驗)은 생사를 바꾸는 마지막 통과의례.

그 후 진리의 은사(恩賜)가 자나 깨나 폭풍우처럼 밀어닥쳤다.
수백 권의 책, 수천 편의 시, 수만 편의 잠언(箴言)을 썼다.
살아난 나는 유불선기독교의 통합을 위해 성의(誠意)를 다했다.
사람은 부지불식간에 누구의 스승이 되거나 누구의 제자가 된다.

■ 일체유물조(一切唯物造)

일체유심조(一切唯心造)
"모든 건 오직 마음이 만들어낸 것이다."
마음이 눈앞에 사물을 만들어냈다는 말인가?
존재로서의 물(物)은 본래존재로서 그냥 있다.
유심이 주체로 사용되면 대상을 무시한 것이다.

인간의 주체적 능동성을 강조한 말일 것이다.

일체유물조(一切唯物造)
내가 욕심을 내지 않으면 물과 물은 섞여 있다.
우리가 보고 잡은 물건이 아니면 물은 본래존재다.
일체유심조가 인간중심의 말이라면 수긍할 수 없다.
무심(舞心)한 물에 인간이 괜한 시비를 건 셈이다.
유심, 유물은 이미 상대가 있기에 의미를 지닌다.

유심이든, 유물이든 세계를 심물(心物)로 나눈 것이다.
일체유심조가 만약 세계를 심물로 나누었다면 편견이다.
심(心)을 정신으로, 물(物)을 물질로 보면 현상학이다.
심물은 말로는 갈라졌지만 존재로 보면 하나의 존재다.
세계는 심물로 나누어 있는 게 아니라 심물존재이다.
존재는 세계-내-존재가 아니라 세계가 존재-내-세계이다.

화엄경의 일체유심조를 유심론으로 보면 안 된다.
마찬가지로 일체유물조를 유물론으로 보면 안 된다.
심이든 물이든 기운생동하는 본래존재로 보면 같다.
존재를 자연으로 보면 돌고 도는 존재 그 자체이다.
심도 존재이고, 물도 존재이며, 기운생동하고 있다.
일체유심물조(一切唯心物造)면 어떤가. 본래존재이다.

■ 주역(周易)도 파동이다

1.

주역 64괘도 결국 파동이다.

건괘와 곤괘가 부동(不動)의 동(動)이라면

나머지 62괘는 음양(陰陽)이 섞인 변화이다.

변화는 결국 실체가 없는 파동이다.

그 변화 속에서 하괘(下卦) 2효 중(中)과

상괘(上卦)의 5효 정(正)이 각각 균형점이다.

주역은 결국 중용(中庸)와 중도(中道)의 관점을

변화하는 6효, 64괘를 통해 드러내는 상수학(象數學)이다.

상수학은 실체가 아닌 음양 상징을 통해 변화를 설명한다.

중(中)의 상하에 있는 효는 모두 불안하다.

1효, 3효, 4효, 6효는 불안하니 항상 조심해야 한다.

1, 2효, 3, 4효, 5, 6효는 이웃하지만 이중적이고 반전한다.

음 자리에 음, 양 자리에 양이 음양교접하는 것이 좋다.

상하괘의 응(應)도 좋은 것이 있고, 나쁜 것이 있다.

상하괘의 비(比)도 좋은 것이 있고, 나쁜 것이 있다.

2.

주역 64괘를 차례로 서괘(序卦)하여 두 괘씩 짝하면

전도괘(轉倒卦)는 56괘로 변화의 근본임을 알 수 있다.

전도괘는 파동, 혹은 파도의 물결치는 곡선모양이다.
전도괘는 우주만물이 전자기작용으로 요동침을 의미한다.

64괘에서 전도괘를 제외하고 음양·전자기작용을 상징하는
순수배합괘(配合卦)는 건·곤, 이·대과, 감·리, 중부·소과 8괘이다.
착종괘(錯綜卦)는 전도괘 중에서 상·하괘가 뒤바뀌는 8괘이다.
전도·배합·착종이 모두 해당되는 괘는 태·비, 기제·미제 4괘이다.

주역 64괘에서 중복괘 건곤감리진손간태 8괘를 제하면,
나머지 56괘는 28괘의 대치괘(contraposition)로 구성된다.
주역은 생성·변화하는 우주론(cosmology)의 상징모델이다.
생성·변화한다는 것은 모든 존재가 생멸(生滅)함을 의미한다.

무한히 변화하는 것은 생장염장(生長斂藏)을 의미한다.
무한히 변화하는 것은 좋음·나쁨(好不好)의 번갈음이다.
주역은 크고 작은 파동(波動)의 이합집산(離合集散)이다.
주역은 천부경(天符經)의 무시무종(無始無終)을 내포하고 있다.

천부경의 무시무종(無始無終)사상은 생성변화의 이치를 담고 있다.
천부경은 상수학적 피타코러스 정리(三四成環五)를 비롯해서
10진법(十鉅, 一妙衍), 존재(一)와 존재자(一二三)를 내포하고 있다.
인중천지일(人中天地一)은 천상천하유아독존(天上天下唯我獨尊)이다.

■ 도덕과 윤리는 다르다

도덕과 윤리는 다르다.
도덕은 인간 탄생 이전을 포함하고
윤리는 인간 탄생 이후를 가리킨다.
도덕은 자연의 법도를 말하고
윤리는 인간의 법도를 말한다.

도덕은 생명의 선물과 같고,
윤리는 인간의 도리를 말한다.
이(理)와 기(氣)의 상호관계는
본래 기지리(氣之理), 이지기(理之氣)
기는 자연, 여자, 이는 문명, 남자를 말한다.

■ 말하여진 신불도는 신불도가 아니다

말하여진 도(道)는 상도(常道)가 아니다.
상도는 변하는 도의 부동, 동(動)의 부동(不動)이다.
말하여진 도는 말이기 때문에 부동의 도이다.

상도는 서양에서 말하는 고정불변의 존재가 아니다.
말하여진 신불도(神佛道)는 변하는 신불도가 아니다.
신불도도 시대와 장소에 따라 달라져야한다.

상도(常道)는 상징으로 말하면 태극(太極)과 같다.

태극은 음양을 말하지만 무극(無極)의 극(極)이다.
자연의 존재로 태어난 인간은 언어(言語)로 살아간다.

말하지 않는 상도(常道)는 자연이다.
변하지 않는 신불도는 결국 우상(偶像)이다.
신불도는 자연이 되어야 한다.

■ 선유동천(仙遊洞天) 완심대(浣心坮)

가장 지혜로운 사람을 두고 우리는 크게 어리석다고 한다.
가장 어리석은 사람을 두고 우리는 천치바보라고 말한다.
칠우대(七愚臺)에 새겨진 대한제국 설립 일곱선비 칠우(七愚),
우은(愚恩), 우석, 우초, 우송, 우전, 우포, 우당

지혜로운 자인지, 어리석은 자인지, 참으로 모르겠네.
나라 잃고 선유동천(仙遊洞天)따라 들어와 은둔했으니
청백리(淸白吏), 사림(士林), 지사(志士)라고 해야 하는가.
나라를 만들어야 할 때에 나라를 잃어버리고 숨었는데!

완심대(浣心坮)에서 마음 씻고 모우정(慕愚亭) 세웠어도
어리석은 마음은 나라를 잃고 편하지는 않았을 걸세.
죽음을 두려워하면 결국 은둔할 수밖에 할 것이 없네.
진정 대지(大智)와 태우(太愚)는 어떻게 행동해야 하나.

(2022년 8월 21일)

■ 동양사상과 서양철학

동양에는 사상만 있다.
서양에는 철학만 있다.
동양은 고문상서의 문명권이기 때문이다.
서양은 금문상서의 문명권이기 때문이다.

동양에는 모든 답이 옛 고전,
시경 서경 역경 논어 등 13경,
그리고 도덕경과 장자에 있다.
옛 고전의 주석서들만 잔뜩 있다.

서양에도 고전이 있지만 항상
새로운 철학자들의 등장으로 점철되어 있다.
서양에서는 스승에게 반론을 펴지 못하는 철학자는
새 시대를 대변하는 역사적인 철학자가 되지 못한다.

동양에서 서양철학자와 같은 철학자를 발견하기 어렵다.
서양철학을 전공한 학자들은 전공철학자의 전도사들이다.
칸트종교, 헤겔종교, 니체종교, 마르크스종교의 전도사들이다.
동양철학자들은 공맹사상, 노장사상, 불교사상의 사상가들이다.

퇴계사상은 퇴계철학이 아니라 주자(朱子)사상이다.
동서양문명의 융합시대에 동양에서 철학자가 나온다면,
자기만의 개념체계로 세계를 설명하고 미래를 전망하는
철학자가 나온다면 서양을 압도하는 철학자가 될 것이다.

■ 불연기연(不然其然), 존재-존재자

수운(水雲, 1824~1864)은 불연기연(不然其然)을 말했다.
하이데거(1889~1976)는 존재(Sein)-존재자(seiendes)를 말했다.

수운은 하이데거보다 60년 전에 동서양문명의 차이를 말했다.
서학의 물결을 보고 서학을 뛰어넘은 동학을 생각했던 것이다.

불연(不然)은 자연(自然) 끊거나 배반하여 절대에 도달하는 것
기연(其然)은 자연을 따르는 삶을 실천하여 도(道)를 이루는 것

수운의 불연은 하이데거의 존재자
수운의 기연은 하이데거의 존재

수운은 무극대도(無極大道)를 통해 중도(中道)에 도달하는 것을,
하이데거는 사방세계(Geviert)를 통해 과학 넘어 존재를 꿈꿨다.

수운은 동양의 도(道)로 서양 과학문명의 폐해를 먼저 깨달았고,
하이데거는 1, 2차 세계대전을 통해 과학문명의 폐해를 알았다.

동서양의 현자(賢者), 수운과 하이데거여!
존재론과 동학은 인류의 문명병을 치유할 도(道)와 이(理)

시간이 있는 불연(不然)은 현상과 과학
시간이 없는 기연(其然)은 존재와 자연

수운(水雲)과 해월(海月)은 이른 존재론자였다.
그 까닭은 천부경(天符經)을 알았기 때문이다.

하이데거의 사방세계는 천부경의 서양버전이다.
하이데거는 서양에 태어난 도사선사(道士禪師)였다.

■ 생성은 시공간이 없다

생성은 시공간(spacetime)이 없다.
생성은 시공간 이전의 무시무종이다.
생성에서는 신과 나, 만물이 하나이다.
생성은 모든 분별을 넘어있다.

생성은 알 수 없고, 볼 수 없다.
내가 아는 것은 생성 이후의 일이다.
내가 아는 것은 모두 존재의 일이다.
생성은 스스로 아는 것이 없다.

생성은 태초와 종말이 없다.
생성은 신이나 갓난아이나 노인에게 똑같다.
생성은 지금, 여기가 전부이다.
생성은 죽음의 두려움도 구원도 없다.

인간은 생성을 존재로 해석하는 현존재이다.
존재를 쪼개고 쪼개서 생성을 말하려하지만

아무 소득도 없네. 생성은 단지 선물일 뿐!
생성은 우리가 모르는 미로(迷路), 미궁(迷宮)

▣ 하나님은 저마다의 하나님입니다

1.
하나님은 여호와가 아닙니다.
하나님은 부처님이 아닙니다.
하나님은 만물의 하나님입니다.
하나님은 저마다의 하나님입니다.

하나님은 하나인 하나님입니다.
하나님은 하나로 작용하는 하나님입니다.
하나님은 하나로 되어가는 하나님입니다.
하나님은 Being, doing, becoming의 하나님입니다.

하나님은 하늘의 하나님입니다.
하나님은 땅의 하나님입니다.
하나님은 사람의 하나님입니다.
하나님은 하늘땅사람의 하나님입니다.

하나님은 하늘님의 하나님입니다.
하나님은 하느님의 하나님입니다.
하나님은 혼 올님의 하나님입니다.
하나님은 한울님의 하나님입니다.

하나님은 조화신(造化神)의 하나님입니다.
하나님은 치화신(治化神)의 하나님입니다.
하나님은 교화신(敎化神)의 하나님입니다.
하나님은 삼신일신(三神一神)의 하나님입니다.

2.

하나님은 서학(西學)만의 하나님이 아닙니다.
하나님은 동학(東學)만의 하나님이 아닙니다.
하나님은 동서고금(東西古今)의 하나님입니다.
하나님은 중학(中學, 衆學)의 하나님입니다.

하나님은 성부성자성령(聖父聖子聖靈)의 하나님입니다.
하나님은 삼위일체(三位一體)의 하나님입니다.
하나님은 법신보신응신(法身補身應身)의 하나님입니다.
하나님은 삼신일신(三身一身, 三乘一乘)의 하나님입니다.

하나님은 내유신령(內有神靈)의 하나님입니다.
하나님은 외유기화(外有氣化)의 하나님입니다.
하나님은 각지불이(各知不移)의 하나님입니다.
하나님은 무위이화(無爲而化)의 하나님입니다.

하나님은 하늘부모님의 하나님입니다.
하나님은 천지부모님의 하나님입니다.
하나님은 천지인참부모님의 하나님입니다.
하나님은 3.1 부모님의 하나님입니다.

하나님은 자신(自身)의 하나님입니다.
하나님은 자신(自信)의 하나님입니다.
하나님은 자신(自新)의 하나님입니다.
하나님은 자신(自神)의 하나님입니다.

■ 씨알사상과 음양사상에 대하여

사내는 대가리다, X대가리다.
계집은 X이다. X구멍이다.
사내는 씨이고, 계집은 알이다.
알은 씨, 신은 X, X는 Sex

씨알사상 속에 음양사상이 들어있네.
음양사상 속에 씨알사상이 들어있네.
한글의 씨알사상은 한자의 음양사상의 원형이네.
음양이 서로 물고 물리듯이 씨알도 물고 물리네.

먹고 먹히는 천지음양, 요철의 음양천지
양속에 음이 있고, 음속에 양이 있네.
서로 돌고 도니 태극무극을 이루는구나.
신과 인간도 돌고 도니 그것도 음양이네.

꽃이 있으면 꽃을 꽂는 꽃병이 있고
땅이 있으면 땅을 가는 농부가 있다.
글을 쓰는 자가 있으면, 글을 쓰는 바탕이 있다.

왕이 있으면 백성이 있고, 귀족과 노예가 있네.

하늘이 있으면 땅이, 땅이 있으면 바다가 있네.
생명체는 어느 것이 먼저인지 알 수가 없네.
천부경의 생명조화(造化)사상은 하늘중심이고,
주역의 음양조화(調和)사상은 땅이 중심이네.

"아버지 날 낳으시고, 어머니 날 기르시니"라고 했지만
씨든 알이든, 처음에는 모두가 여성을 상징하는 말이었네.
암수생명의 이치는 이원대립으로 설명할 수가 없네.
암수생명의 이치는 음양상보로 설명할 수밖에 없네.

음양에서 태극으로, 태극에서 무극으로 왕래하고
무극에서 태극으로, 태극에서 음양으로 왕래하였네.
의기투합에서 만물만신으로, 만물만신에서 의기투합으로
천지의 음양천지가 만물에서 자신(自身)으로 생성되었네.

■ 삶 자체는 예술의 예술

삶 자체는 예술의 예술, 꽃의 꽃
문화(文化)는 문(文)의 화(化), 문(文)의 꽃(華)
예술만이 문화를 구원할 수 있으리.
예술은 끝없는 존재의 변형

미선진(美善眞)의 세계야말로 생명의 세계

현상과 존재의 경계에서 핀 악(惡)의 꽃
죽음을 일상사로 여기는 무희(舞姬)여!
존재의 사육제(謝肉祭), 무심(無心)한 예술이여!

예술은 물리와 윤리의 질서를 벗어나는
변경(邊境)의 아름다움, 사막의 선인장 꽃
생성을 존재로 바꾼 철학과 과학에 대해
존재를 생성으로 바꾸는 자연의 반(反)혁명

생성은 생활, 생활은 삶의 예술
생활에서 만나고 헤어지는 자체가 예술
생활은 끝없는 열림과 닫힘의 연속
생활은 꽃이 피고 지는 기승전결(起承轉結)

자연은 본래 춘하추동(春夏秋冬)의 예술이었다.
삶은 본래 자연과 같은 예술이었다.
불을 훔친 프로메데우스는 인간과 신의 합작품
예술의 전당에서 신(神)내림을 받아라.

■ 알, 앎, 알음알이, 아름다움

알은 생명을 말한다.
앎은 알, 생명을 아는 것이다.
앎은 알음알이로 성숙한다.
알음알이는 궁극적 아름다움이다.

진(眞)은 참되다.
선(善)은 참답다.
미(美)는 참하다.
참은 진선미의 씨앗이고 열매이다.

참다운 사람이 되기 위해서는
참되고, 참해야 한다.
참나무는 알이 참해서 참나무이다.
착한 사람은 '참나'를 가진 사람이다.

아름다움은 흘러가기 때문에 아름답다.
인생도 언젠간 죽기 때문에 아름답다.
아름다움은 서로를 볼 수 있기에 아름답다.
아름다움은 서로를 느낄 수 있기에 아름답다.

■ 절정, 거짓, 죽음

죽는 줄도 모르고 우리는 치달았다.
절정(絶頂), 완전한 죽음
악(惡)의 꽃, 암수들의 전쟁
이름 없는 작은 풀도 지천으로 아우성이다.
한 지점에 생멸의 두 세계가 집산해 있다.

거짓인 줄도 모르고 우리는 밤새 지껄여댔다.
공허한 말, 자기기만의 기만

절망(絶望)의 유리벽 넘어 희망(希望)
존재는 장렬한 전사자처럼 줄지어있다.
천지창조가 포연(砲煙)처럼 다시 꿈틀댄다.

죽음은 의식의 부질없는 장난
의미는 현란한 깜빡임, 눈속임의 흔적
이승저승을 오가는 길목에
만물은 장승의 그림자처럼 서 있다.
멀리서 귀신을 부르는 귀곡성(鬼哭聲)

이유 없는 절정, 거짓, 죽음
성인(成人)의 솟아오르는 절정
성인(聲人)의 주체할 수 없는 거짓
성인(聖人)의 다가오는 아름다운 죽음
무극(無極)의 절정, 거짓, 죽음

■ 비 내린다, 바람 분다

비 내린다(raining).
비가 내린다(It's raining).
비는 독립된 주체로 내리지 않는다.
비는 자연의 스스로 그러함의
대표적인 상징이고 은유이다.
비바람은 인생의 종합상징이다.
인생은 자연 그 자체이다.

바람 분다(blowing).
바람이 분다(The wind blows).
역동하는 자연은 실체가 없다.
역동하는 자연을 설명하려면 끊어서
주어와 동사로 말할 수밖에 없다.
바람은 독립된 실체로 불지 않는다.
바람은 자연 그 자체이다.

신이 세계를 창조했다(God created the world).
인간은 신이 세계를 창조했다고 말한다.
나는 너를 사랑한다(I love you)
우리는 흔히 나는 너를 사랑한다고 말한다.
가주어(It)와 신(God)과 나(I)는 어딘가 통한다.
신과 나는 가주어, 가짜주어, 임시로 만든 주어
그 뒤에는 자연이 숨어 있다.

인간은 주어(주체, 정체)를 내세워야 직성이 풀린다.
인간은 목적어(대상, 목적)를 만들어야 안심이 된다.
인간은 주어와 목적어를 더욱 확실하게 하기 위해
시간과 공간을 고안했고, 방법과 이유를 찾았다.
이것을 두고 인위(人爲, 僞), 유위(有爲)라고 말한다.
이것을 기준으로 보면 자연은 무위(無爲), 무(無)이다.
가상(假象)을 세워야 하는 인간의 특이성을 알 수 있다.

자연은 존재(Sein)이다.
자연은 존재이유가 아니다.

그럼에도 인간은 이유를 찾고, 의미를 찾아야 한다.
인간은 당위(sollen)이다.
인간은 존재이면서 당위이다.
인간은 무엇인가 일을 해야 하고
일을 하다가 어느 날 죽게 된다.

■ 자아(自我)와 타자(他者)

1.

자연으로부터 처음 분리된 자아(自我)
자아는 자유(自由)와 동의어였다.
자유가 없으면 자아가 없는 이유이다.
자아와 타자는 동시에 발생하였다.

자아(自我)라는 말에는 자연이 묻어있다.
자연(自然)은 인간에 이르러 자아를 발생하고
자아의 형성과 동시에 타자를 만들어냈다.
아(我)는 다른 개체인 남(他)을 의식하게 했다.

자아(自我)라는 말에는 존재가 숨어있다.
자(自)는 스스로 그러한 자연의 의미가 들어있다.
타자(他者)는 완전히 존재자가 된 것이다.
타(他)는 아(我)가 대상으로 바라본 것을 의미한다.

자아는 모든 실체론의 근거이다.

자아가 있어서 눈으로 보고 손으로 잡을 수 있다.
눈으로 보고 손으로 잡는 사이에 대뇌가 작동한다.
모든 존재의 인식은 이미 뇌가 관계한 존재자이다.

자아로 인해 고정불변의 존재가 가정되었다.
인간과 신이 분리될 수 없는 이유이다.
신은 인간과 다시 만나 인격신이 된다.
사람의 아들딸이 신의 아들딸인 이유이다.

2.

자아는 죽은 부모를 통해 귀신(鬼神)을 만들어냈다.
종교적 인간, 예술적 인간의 탄생이 여기서 비롯된다.
자아는 고정불변의 존재를 상상하게 했고,
불변의 존재는 귀신, 신, 영혼, 영원을 상상케 했다.

자아가 있음으로 적(敵)과 악(惡)이 생겼다.
종의 집단을 개체군이라 명명한 것은
인간의 자아의식을 반영한 것으로
인간은 집단이면서 완전한 개체가 되었다.

자아가 있음으로 생멸이 생사가 되고
자아가 있음으로 시간과 공간이 생기고
자아가 있음으로 존재가 실체가 되고
자아가 있음으로 절대타자가 생기게 되었다.

인간이 신을 절대타자로만 바라본다면

신(神)은 물질, 유물이 될 수밖에 없다.
자연이 완전히 없어진 것이기 때문이다.
유물론이 무신론을 주장하는 것은 이 때문이다.

신을 절대타자가 되어서는 안 된다.
신은 자연(自然)와 자아(自我) 속에 있어야 한다.
신(神) 속에 자연과 자아가 동시에 있어야 한다.
"나는 아버지 안에 있고, 아버지는 내 안에 있느니라."

■ 원시(原始)와 질문(質問)

우리는 흔히 옛 인간이 살던 시대를 원시(原始)시대라고 말한다.
이때의 원시는 명사화된 시간의 단락을 말하는 원시이다.
원시를 동사로 읽으면 시작(始)을 캐묻는(原) 것을 의미한다.
원도(原道)라는 말은 도의 근원을 캐묻는 것을 의미한다.

우리는 흔히 어떤 것을 묻는 것을 쉽게 질문(質問)이라고 한다.
질문이라는 말에는 이미 본질(本質)을 따져보는 의미가 들어있다.
본질에 이르지 못하는 질문은 질문이 아닌 셈이다.
질정(質正)이라는 말은 바름(正)을 본질적으로 따져보는 것이다.

우리는 명사를 동사로 환원해 볼 필요가 있다.
우리는 동사를 명사로 환원해 볼 필요가 있다.
우리는 명사와 동사를 형용사나 부사로 환원해 볼 필요가 있다.
인간이 말을 처음 할 때는 품사가 정확히 정해지지 않았을 것이다.

■ 자연과학은 자연의 모창가수

자연과학은 자연의 모창가수다.
모창가수는 원(original)가수의 창법과 기교를 따라한다.
창법에 맞지 않으면 틀렸다고 생각하고 되풀이 연습한다.

자연과학은 자연이 아니다.
그런데도 사람들은 자연과학을 자연이라고 생각한다.
그만큼 자연을 자연과학으로 모창하기 때문이다.

가수는 자연스럽게 자신이 타고난 발성을 드러내지만
모창가수는 원가수의 발성과 태도를 흉내 내기에 급급하다.
모창가수는 원가수보다 더 기술적으로 노래를 한다.

자연과학은 자연의 모창가수이다.
자연과학은 기존의 법칙들을 그대로 준수한다.
새로운 법칙을 발견한 원가수가 나오기 전까지 말이다.

원가수는 자연스러운데 모창가수는 기계적이다.
과학은 기계적으로 반복되지 않으면 과학이 아니다.
모창가수는 반복하다보면 스스로 원가수인 것처럼 착각한다.

■ 뇌의 자기기만과 생멸

1.

뇌는 자연을 기만하는 신체기관이다.
뇌는 신체를 떠나 자기의식을 기만한다.
뇌는 눈과의 연합을 통해서 사물 그 자체,
존재를 소유하는 것처럼 착각한다.

존재(자연)를 존재자(사물)로 바꾸는 인간
배설의 속(俗)을 탄생의 성(聖)으로 바꾸는 인간
죽음을 부활과 영생과 영원으로 바꾸는 인간
생존경쟁을 도덕법칙과 권력경쟁으로 바꾸는 인간

동식물은 다른 종을 기만함으로써
먹이를 얻고 자신의 생존을 유지하지만
인간은 자기를 기만하고 상상함으로써
생존경쟁의 자연에서 생존과 번식을 달성한다.

자기기만은 속이는 사람과 속는 사람,
둘 다에 동시에 해당된다.
문화의 대종을 이루는 종교, 과학, 예술도
자기기만으로 시작해서 자기기만으로 끝난다.

자기기만은 부정적인 것일 뿐만 아니라
인간문화의 가능성과 유동성을 보장하는 것이다.
인간은 어떠한 것도 부정할 수 있는 반면

어떠한 것도 긍정할 수 있는 운동성의 존재이다.

2.

자기기만의 백미는 이상이 현실이라는 독일관념론,
역사발전에서 종이 주인이 된다는 헤겔의 노동론,
민중이 독재를 한다는 마르크스의 계급투쟁론이다.
둘 다 다수가 소수를 지배한다는 거짓말이다.

정(正)에 대한 반(反), 즉 부정성을 바탕으로 하는
헤겔철학은 신학과 인간학을 절대지에서 통일함으로써
절대정신의 철학자가 되었지만 마르크스의 유물론을 배태했다.
헤겔은 신의 외화(外化)를, 마르크스는 인간의 소외(疏外)를 주장했다.

많은 사람들은 자신이 선하고 정의롭다고 생각한다.
많은 사람들은 자신의 악행과 부정의를 잊어버린다.
많은 사람들은 무엇보다도 자신을 기만하는 천재들이다.
대뇌적 이상으로 신을 상정하지만 생활에선 늘 배반한다.

신은 자연과 뇌의 만남이고, 상상이고 기만이다.
신은 자연에 대한 자기기만의 성대한 제의(祭儀)이다.
인간은 결국 자신을 기만함으로써 멸종할 지도 모른다.
인간이 멸종함으로써 자연은 본래존재를 회복할지 모른다.

빛 속에서 볼 수 있는 것, 어둠 속에서 들을 수 있는 것
빛과 어둠 속에서 볼 수 있고, 들을 수 있는 것을
스스로 몸에서 체화함으로써 인간은 존재에 도달하게 된다.

존재는 순수성에서 복잡성으로, 끝내 신성한 혼돈(渾沌)이 된다.

■ 인간이 사후에 원하는 것들

인간이 사후에 원하는 것들,
그런 가상을 만든 의지에 대해 실망하고 있다.
영원히 사는 것, 생의 최종목표로서의 영생(永生)
왜 죽어야 꼭 그것을 이루는 것인가요.
여기엔 분명 흑막과 자기기만이 숨어 있지요.

왜 영생은 죽기 전에 이루지 못하는 것일까요.
왜 죽고 난 뒤에 부활이 이루어지는 것인가요.
시간이 있은 후 순간과 대척점에 서 있는 영원
순간이 없다면 영원이 존재할 수 없다는 사실을
모르는 것인가요. 모르는 척하는 것인가요.

영생과 그것이 사후에 있다는 것은
생사를 스스로 벗어나지 못함을 속이는 것
왜 죽음을 죽음으로 받아들이지 못하는 것일까.
동물들도 다 받아들이는 자연의 이치를 왜 부정할까.
그 대상의식, 그 자의식, 그 부정의식이라는 것

세계를 둘로 나눔이 문제로다.
세계를 둘로 나눔이 존재의 감옥이 되고만 것을!
존재하지 못하는 존재자들의 성채, 한계상황이여!

그대는 현세를 지옥으로 만들고 천국으로 갈 것인가.
그대는 결코 천국과 극락에 가지 못할 것이다.

영생을 원하지 말라.
그것은 욕망을 승화시킨 것에 지나지 않는 환상
저승을 논하지 말라.
그것은 죽음이 두려워 삶의 세계를 설정한 가상
영생과 죽음을 이승에서 동시에 실현할 수는 없을까.

인간은 영생을 어떻게 살 것인가를 고민하지 않는다.
인간은 영생이 얼마나 두렵고 지루한 것인가를 모른다.
존재를 존재자로, 생명을 사물로 바꾸어버린 인간은
더 이상 생명의 자연과는 결별하기로 작정한 것인가.
더 이상 자연이 아니기를 삶의 최종목적으로 설정한 것인가.

인간이 선후, 상하, 좌우, 내외라고 한 것은 이분법의 환상
인간이 실체라고 한 것들에 대한 연민(憐憫)이여!
영생을 구걸하는 남루한 영혼들의 아첨(阿諂)이여!
너무나 인간적인 것들에 대한 마지막 유언(遺言)은
"나는 아무 것도 모른다." "주여, 나를 살려주소서."

죽음, 신, 영생, 영혼은 아무래도 인간과 신의 공모인 것 같다.
옛날에는 모사재인(謀事在人) 성사재천(成事在天)이라 했는데
지금은 모사재천(謀事在天) 성사재인(成事在人)이라고 했던가.
말로 이루어진 것은 모두 말로 끝난다. 말의 흔적으로 끝난다.
존재로 구성된 것은 자연의 생성을 알 수도, 상상할 수도 없다.

사후세계도 생사처럼 시공간 관념에 매인 세계이다.
도대체 인간은 시공간을 벗어날 수 없는 존재인가.
시공간을 초월한다는 것도 시공간을 바탕으로 할 뿐
아예 시공간이 없는 무시무공(無時無空)은 아니다.
무시무공은 시공간의 이면에 동시에 숨어있다.

■ 인간은 종교적 인간

종교는 인간문화의 원형(原形)
종교는 포식동물에 비해 약한 인간이
스스로 힘을 얻기 위한 대뇌의 자기최면

인간은 종교적 인간
인간의 문화는 종교의 다른 변형들
인간은 무엇을 종교로 하느냐만 다르다.

종교적 인간은 이기적이면서 이타적이다.
자기의 범위가 문제이다. 자기의 범위에 따라
이타는 이기가 되고, 이기는 이타가 된다.

자기의 범위에 따라, 어떤 경우에 따라
친구가 될 수도 있고, 적이 될 수도 있다.
친구가 적이 되고, 적이 친구가 될 수도 있다.

사랑을 할 수도 있고, 미워할 수도 있다.

살인을 할 수도 있고, 희생을 할 수도 있다.
종교는 남을 사랑할 수도 있고, 죽일 수도 있다.

음악을 종교로 하면 음악가
신학을 종교로 하면 신학자
과학을 종교로 하면 과학자

운동을 종교로 하면 운동선수
정치를 종교로 하면 정치가
철학을 종교로 하면 철학자

무용을 종교로 하면 무용가
그림을 종교로 하면 미술가
종교를 종교로 하면 종교가

돈을 종교로 하면 자본가
도박을 종교로 하면 도박가
섹스를 종교로 하면 색마

우리는 종교적 인간
신과 인간의 사이에서 산다.
맹목과 지혜, 이성과 광기의 사이에서

자기최면은 자기환상 자기기만
자기최면은 자기위로 자기평안
자기최면은 자기대화 자기평정

■ 중용(中庸) 혹은 중도(中道)

1.
삼각관계는 어느 하나가
절대자가 되어 둘을 다스리려는 관계이다.

삼각관계는 또한 어느 하나가
중심이 되어 둘의 균형을 잡으려는 관계이다.

삼각관계에도 권력의 관계가 있고,
비권력의 관계가 있다.

요리의 삼각형은 이분법이 아닌
이중성(二重性)을 용인한다.

극단적 이상주의는 극단적 현실주의를 부른다.
공산주의와 무정부주의는 그 대표적인 것이다.

절대적 인간학은 절대적 신학을 부른다.
절대적 종교는 전체주의를 부른다.

2.
비권력의 삼각관계에서 대표적인 것은
중용(中庸), 혹은 중도(中道)이다.

중용, 중도는 중간(中間)이 아니다.

역동적인 중심, 형평을 찾는 지혜이다.

한 점에서 삼각형을 이루려면
두 지점에 대해 관심과 배려를 기울여야 한다.

삼각형이 두 지점에 대한 지배보다
하나가 되는 것을 꿈꾼다면

삼각형은 거대한 원 혹은 타원을 이룰 것이다.
신과 인간과 자연의 관계가 그것이다.

신과 인간과 자연이 화해하지 않으면
인류는 멸종하고 말 것이다.

■ 순간의 빛남

나는 나를 볼 수 없네.
나의 빛남은 남들이 보네.
순간이 없으면 나는 영원히 빛나지 못하네.
나, 남, 빛남, 순간, 영원은 친구들이네.

내가 없으면 나의 빛남을 표현할 수가 없네.
나의 빛남은 남들이 없으면 그만 무용지물이네.
나는 너를, 너는 나를 존재케 하는 신과 같네.
얽히고설켜 존재하는 존재들이여, 친구들이여.

나는 너로 인해 존재하네.
나는 너로 인해 나를 깨닫게 되네.
빛남의 세계여, 어둠으로 인해 존재하네.
어둠으로 인해 나는 나를 깨닫게 되네.

나는 나의 남, 남은 남의 나
빛남은 나의 빛남, 남의 빛남
나와 남은 본래 하나의 빛
순간의 빛남은 본래 우리의 빛남

우리는 왜 삼인칭을 필요로 하는가.
나(I)와 너(You), 그 다음에 그(He), 그것(It),
삼인칭 복수로 우리(We)를 필요로 하는가.
우리의 빛남, 우리자신(Self), 존재로 돌아가기 위함이네.

■ 비극(悲劇)

인생은 비극(悲劇)이다.
무엇을 안다고 생각하는 것 자체가 비극이다.
무엇을 의식하고, 인식한다는 것 자체가 비극의 원인이다.

생멸하는 존재의 세계에서 존재를 잡으려고 하는 몸짓,
그 자체가 이미 비극을 잉태하고 있다.
자연을 잡고, 해석하고, 비판하는 것 자체가 비극의 몸짓이다.

가장 영웅적인, 성스러운 삶은 비극적인 삶일 수밖에 없다.
존재의 흔적을 남기는 것은 죽음을 요구하는 존재사건이다.
우리는 비극을 삶의 지표로 삼고 그것을 경외하고자 한다.

예수의 삶은 비극 중의 비극이기 때문에 우리는 잊지 못한다.
소크라테스의 독배는 철학의 십자가, 철학의 예수이다.
칭기즈칸의 정복도 노마드(nomad)적 삶의 십자가였다.

■ 죽음이 없었으면

죽음이 없었으면 내가 삶을 이렇게 치열하게 살았을까.
죽음이 없었으면 내가 철학을 이토록 심각하게 하였을까.
죽음이 없었으면 내가 삶의 이유와 의미를 묻고 찾았을까.
죽음이 없었으면 어떤 사건도 일어나지 않았을지도 모른다.

봄이면 새싹들이 힘차게 일어나는 이유를
어린 소녀가 무엇을 꿈꾸면서 기다리는 이유를
어린아이가 대청마루를 기어 다니면서 깔깔거리는 이유를
칭기즈칸이 지구가 좁다고 정복하면서 최대의 제국을 만들었을까.

삶은 무의식적으로 죽음을 느끼기 때문에 더욱더 빛나고
언젠가 사라지기 때문에 흔적을 남기고 기억을 하고 싶은 것
삶의 공적은 죽음이고, 죽음은 삶의 완성이고 신이 되는 것
더욱이 삶과 죽음은 어떤 것, 개체, 실체의 삶과 죽음이다.

말로써 말은 극복하는
죽음으로써 죽음을 극복하는
사람으로서 사람을 극복하는
끝없이 밖에 있는 죽음이여, 영원이여!

죽음이여, 완성은 그대의 것이로다.
죽음이여, 열매는 그대의 것이로다.
열매는 희생으로 가는 길목에 선 나무의 운명
고목(古木)은 신령스러움의 극치, 저절로 머리를 숙인다.

■ 빛나는 삶만큼 빛나는 죽음이다

나는 아무 일도 하지 않았다.
도대체 내가 없는 데 내가 무슨 일을 하느냐.
나는 죽지 않았다.
도대체 내가 없는데 내가 어떻게 죽을 수 있느냐.

나는 나를 앎으로써 부분으로 전락하였다.
앎이란 부분으로 전락하는 일련의 일이다.
자연에서 개체와 부분은 없다.
인간이 단지 그렇게 보았을 뿐이다.

집단생활을 하는 인간은 보편성을 만들고
다시 개체성을 찾지만 일반성에서 무화된다.
인간의 문화란 바로 정체성을 가지는 일이다.

자연이란 정체성이 없는 본래 존재의 일이다.

인간은 존재에서 태어나 존재자로 살다가
다시 존재로 돌아가는 현존재 생물종이다.
죽음도 삶만큼의 자연의 일이다.
빛나는 삶만큼 빛나는 죽음이다.

빛을 숭상하는 것은 어둠을 숭상하는 것
어둠은 빛 이전에, 사물 이후에 있는 것이다.
모든 존재에 양면성이 있는 것은
바로 빛과 어둠에서 비롯되었다.

■ 잔인한 죽음, 자비로운 죽음

잔인한 죽음, 박절한 죽음이여!
돌아서면 자비로운 죽음이여!

만약 죽지 않는다면, 그것은 천형 중 천벌!
잠시 살다가 가는 삶은 자연의 선물, 은총!

■ 나와 남, 그리고 우리

나는 나, 너는 너
나는 너, 너는 나

우리는 나와 너의 공동체
우리는 사랑하고 미워하는 공동체
우리는 먹고 먹히는 가족공동체

나와 남은 무슨 관계인가.
자아와 타자의 관계인가. 아니다.
'나'를 있게 한 '나다'가 명사가 되면 '남'이 된다.
명사는 생성을 부정하는 출발이다.
사물에 이름붙이는 행위는 생성을 부정하는 출발이다.

나의 '나다'는 자연의 생성을 드러내는 동사지만
남의 '나다', 즉 생성은 나는 알 수 없다.
남은 '나다'의 명사형으로 원죄와 같은 단어이다.
어떤 사물을 '남'이라고 명명하는 것은
남이라는 프레임 씌워 존재를 박탈하는 것이다.

내 이름은 내가 부르지 않는다.
드물게 내 이름을 내가 부를 때도 있지만
그 때는 이미 그 이름이 남과 같은 것이다.
나는 남의 이름만 부른다.
이름은 나이지만 동시에 남을 상징하고 있다.

나와 남의 다른 점은 한글로 볼 때도
땅을 상징하는 'ㅁ'을 보태는 것에 불과한 것인데
벌써 남이 되어버리는 운명에 처하게 된다.
땅의 운명은 본래 원죄와 고통을 감당해야 하는 것인가.

땅은 남이 됨으로 욕망과 이용의 제물이 되는 것인가.

나와 남을 극복하기 위해 '우리'라는 단어를 만든 것인가.
우리는 'ㅇ'을 초성으로 삼아 원, 하늘을 떠올리게 하고
'리'는 아리랑의 '리'처럼 알(태양)의 빛살을 떠올리게 한다.
아리랑은 알의 빛과 생명, 함께 사는 태양계가족을 뜻한다.
'우리'라는 말도 살(빛살)을 부비며 사는 '무리'를 상징한다.

나와 남은 우리라는 말을 통해 다시 하나로 태어난다.
나는 우주적 생성에서 나로 태어남을 상징하고,
남은 태어나면서 남이 되어 살아감을 상징하고,
우리는 본래존재로서의 나, 스스로를 되찾음을 의미한다.
나, 남, 우리는 태어남과, 함께 살아가는 운명을 뜻한다.

■ 얼굴과 가면

사람(person)은 본래 가면을 뜻한다.
사람의 얼굴은 가면이며 동시에 거울이다.
사람이 가면을 쓰면 본래존재를 드러내게 된다.
사람의 얼굴과 몸뚱어리는 존재자의 존재

내 얼굴은 내 얼굴이 아니고, 네 얼굴이 내 얼굴이네.
우린 서로 상대의 얼굴을 보고 진실을 알게 되네.
가면무도회의 우리는 남이 아닌 남, 내가 아닌 나로구나.
남을 통해 나를 보게 되는, 나를 통해 나를 보게 되는—.

■ 진정한 남자, 진정한 여자

진정한 남자, 진정한 여자가 되는 것은 어렵다.
용사로 죽은 것, 자식을 위해 죽은 것

진정한 남자, 진정한 여자가 되는 것은 어렵다.
국가를 만드는 것, 인구를 재생산하는 것

남자 속에 숨은 여자가 가족을 이루며 사네.
여자 속에 숨은 남자가 국가를 이루며 사네.

진정한 남자, 진정한 여자
창과 방패 같은 삶과 죽음

진정한 남자, 빅뱅
진정한 여자, 블랙홀

나는 빅뱅이자 블랙홀
우리는 태양계가족, 우주가족

■ 경계에 서면

경계에 서면
경계가 없던 광활한 광야,
경계가 그어진 논밭을, 국가를 보게 된다.

경계에 서면
선악과 모든 이분법,
그것의 애매모호함을 보게 된다.

경계에 서면
모든 시비와 전쟁의 허무함,
주인과 노예, 계급의 실로 우연함을 보게 된다.

경계에 서면
나의 위선과 기만,
자연의 도도한 계절의 위대함을 보게 된다.

우리가 말하는 세계는 이미 경계이다.
우리는 세계-내-존재에 사는 것이 아니라
존재-내-세계, 아니 자기존재에 살고 있다.

■ 존재는 선물이다

존재는 선물(present)이다.
시간의 현재(present)는 선물과 같다.
인간은 표상(representation)의 존재이다.
인간은 본능적으로 존재와 존재자를 구분한다.
인간은 선물의 존재에서 현존재가 되면서 표상(表相)하게 된다.
우리가 인식하는 상(相)은 상이지만 동시에 상이 아니라 존재이다.

■ 무억(無億), 무념(無念), 막망(莫妄)

기억(記憶)은 과거의 마음이다.
생각(觀念)은 지금의 마음이다.
기억과 생각을 끊어야 자유로울 수 있다.
선(禪)이라는 것은 생각을 하지 않는 기술이다.
인간이 생각을 하지 않는 막망(莫妄)에 이르는 것이 선(禪)이다.

신(God)은 인간의 최초의 생각이다.
인간은 신(神)을 생각하는 동물이다.
최초의 생각을 돌려받은 것이 정신(Geist)이다.
신이든, 정신이든 결국 인간의 표상(表象)이다.
신은 선령(善靈, good Ghost)이다.

인간의, 인간에 의한, 인간을 위한 신(神)!
신이 없다면 민주주의가 없는 것과 같다.
그래서 인간의 자유 중에서도 종교의 자유가 으뜸이다.
종교적 인간이 오늘날 과학적 인간이 되었다.
과학적 인간이 신을 잃어버리면 인간을 잃어버리는 것과 같다.

인간이 자연에서 신(神)을 은유(隱喩)하고 신이 출현했다.
인간의 정신(精神)이 물질(物質)을 환유(換喩)하고부터
인간은 무신론(無神論), 유물론(唯物論)에 빠졌다.
현대인은 과학종교에 의해 기계신(機械神)에 빠졌다.
기독교창조신은 제조신으로서 처음부터 기계신을 예고했다.

이제 자연의 신, 생명의 신을 회복하고자 한다면
인간, 자연, 신이 본래 하나라는 사실을 먼저 회복해야 한다.
자연으로서의 인간, 자연으로서의 신을 깨닫는 일이 급선무이다.
개념으로서의 신은 인간중심이기 때문에 자연을 황폐화시킨다.
인간을 위해 예술의 신, 풍류의 신, 가무의 신을 되찾아야 한다.

■ 신기원(新紀元)

기독교 하나님도 태초의 신기원(新紀元)이다.
인간의 사유는 언제나 신기원을 갈망하고 있다.
현상학은 기존의 것을 판단정지 함으로써 신기원에 이른다.
판단정지(époche)하는 것이 바로 신기원(epoch)에 이르는 길이다.

인간의 사유가 신기원에 도달하는 것을 추구한다면
이는 바로 신에 도달하는 것을 추구하는 것과 같다.
우리는 모두 기원(紀元)이고, 신기원을 목표로 하고 있다.
우리는 모두 새로워지고자 한다. 날마다 자신(自新)을 꿈꾼다.

■ 기운생동이 존재이다

기운생동(氣運生動)은 기(氣)가 아니다.
기(氣)는 물질로 해석될 수도 있기 때문이다.
기(氣)는 정신으로 해석될 수도 있기 때문이다.
기운생동이 존재이다.

기운생동은 찰나생멸(刹那生滅)이 아니다.
찰나도 시간이기 때문이다.
기운생동은 시간이 없다.
기운생동은 정지된, 기록된 시간이 없다.

기운생동은 전체이다.
기운생동은 부분이 아니다.
기분(氣分)은 전체의 기운생동을 느끼는 것이다.
기분은 결국 기운생동 하는 존재를 느끼는 것이다.

죽음은 기운생동을 선구하는 결정적 계기가 된다.
슬픔도 기운생동을 절감하는 중요한 계기가 된다.
전쟁도 기운생동을 포기하는 운명적 계기가 된다.
예술도 기운생동을 표현하는 문화적 계기가 된다.

■ 한 단어로 생각을 할 수 없다

한 단어로 생각을 할 수 없다.
두 단어가 있으면 세계가 이미 둘이 된다.
두 단어로 생각을 하고 수많은 문장과 책을 만든다.
수많은 책은 한 단어보다 못한, 모자라는 생각일 수 있다.

그 한 단어는 '하나'이다.
'하나'를 제대로 알면 다른 수많은 단어와 책들은 무용하다.
인간은 설사 무용한 장광설일지라도 말하기를 즐거워한다.

인간의 삶은 진리를 위해서라기보다는 삶 자체를 위한 것이다.

■ 아이돌(idol)

신은 너무 높다, 멀다.
아이돌(idol), 나는 너와 놀고 싶다.
신은 너무 추상적이고 신체가 없다.
아이돌, 너는 보고 만질 수 있는 신이다.

신을 대신하는 영매(靈媒) 아이돌
신을 강렬하게 느끼게 하는 아이돌
신을 잠시 잊어버리게 하는 아이돌
나는 아침부터 저녁까지 너와 함께 지내고 싶다.

너 속에 나, 나 속에 너
너 속에 신, 신 속에 너
너의 음악과 전율 속에 위로받고
황홀하다 끝내 졸도 하는 우리는 아이돌맨

동굴의 우상, 종족의 우상, 시장의 우상
극장의 우상, 음악의 우상, 팝의 우상
어느 우상이라도 나를 지켜준다면
난 고독과 슬픔을 극복하고 행복하리.

■ 소리와 기호와 문자

목소리는 처음엔
기표(記標)이자 동시에 기의(記意)였디.
기호(記號)가 생기면서 목소리는 의미가 되었다.

기호와 문자는 문화문법을 만들지만
목소리와 소리는 의미의 바탕으로 존재한다.
자연과 신체는 본래존재이다.

과학은 기표연쇄의 결과지만
기술로서의 과학은 의미를 상실했다.
이제 의미는 철학과 예술에만 있다.

신성(神性)과 성스러움이 사라진
황량한 기계적인 세계에서
기호와 문자는 점차 아무런 의미가 없게 된다.

개인의 자유주의는 부패·타락할 수 있지만
인간의 사회주의는 전체주의가 될 위험 앞에 있다.
인류의 과학주의는 기술·관료적 전체주의를 직면하고 있다.

■ 양(陽)의 정치, 음(陰)의 종교

1.

종교는 음(陰)의 정치, 정치는 양(陽)의 종교
제정(祭政)은 일치(一致)면서 분리(分離)이다.

인간은 제사로 정치를 하고, 정치로 제사를 지낸다.
정치는 전쟁을 감내하고, 종교는 평화를 추구한다.

평화가 오래 지속되면 국가의 존재를 망각하게 된다.
국가가 없이도 잘 살 수 있다는 착각과 안이에 빠진다.

종교는 현실정치의 패권주의나 부정부패를 비판하거나
이상(理想)세계 혹은 피안(彼岸)을 상상케 하는 제도이다.

종교는 사후의 천국이나 극락을 증명할 의무가 없다.
그렇기 때문에 혹세무민(惑世誣民)의 유혹에 빠지기 쉽다.

2.

제정일치를 문화의 원형으로 보면 제사는 정치의 원형이고,
정치의 하부구조는 경제, 경제의 하부구조는 문화풍토이다. .

종교가 자유평등박애를 말로만 하고 뒤로 권력을 누린다면
그것이야말로 사람이 전쟁에 휩싸일 위험을 내포하고 있다.

종교가 이상을 팔고, 현실을 외면하는 음(陰)의 권력이라면

구원과 깨달음을 명분으로 자기기만을 일삼을 위험이 있다.

정치는 제사를 지내듯이, 제사는 정치를 하듯이 해야 한다.
보이지 않는 천심(天心)은 보이는 민심(民心)이기 때문이다.

사제나 승려가 급진적 이상주의자를 경계해야 하는 까닭은
이상을 빙자하여 양(陽)의 권력을 탐할 위험이 있기 때문이다.

■ 가장 위대한 것

가장 위대(偉大)한 것은 가장 잡소(雜小)한 것에 있다.
가장 원대(遠大)한 것은 가장 근소(近疏)한 것에 있다.

가장 가까운 것은 볼 수 없기 때문에 바로 나다.
가장 먼 것은 볼 수 없기 때문에 그것이 바로 나다.

무한대(無限大), 무한소(無限小)여!
즉자(卽自), 대자(對自)여!

잘하면 천국이 되고, 잘못하면 지옥이 되는구나.
존재는 하나이기 때문에 존재는 하나이다.

모든 존재자를 합해도 존재가 될 수 없으니
존재는 공(空)한 것이고, 허(虛)한 것이다.

실체를 추구한 자는 반드시 허무주의에 빠질 것이다.
허무를 깨달은 자는 결코 허무해지지 않을 것이다.

주의(主義)를 주장하는 자는 본래 그런 것을 모르는 자이다.
내가 모를지라도 태어났던 곳으로 돌아가는 것이 죽음이다.

■ 망각이 진리인 까닭은

망각이 진리인 까닭은 기억이 진리인 것과 같다.
존재의 망각은 존재자의 기억과 같은 것이다.

현상학의 현상은 존재론의 존재와 같다.
이것은 차원만 다를 뿐 본래 다른 것이 아니다.

보는 대로 있는 것이냐, 있는 대로 보는 것이냐?
현상학에선 둘 다 같은 말이다.

있지만 보이지 않고, 보이지 않지만 있는 존재가
존재론의 세계이다.

모든 유무(有無)는 여반장과 같다.
빅뱅(Big-bang)과 블랙홀(Black-hole)도 여반장이다.

음양은 엎어져도 음양, 뒤집어져도 음양이다.
태극은 있어도 무극, 없어도 무극이다.

■ 동정(動靜)·이기(理氣)·신학(神學)의 세계

세계는 동(動)으로 볼 수도 있고,
정(靜)으로 볼 수도 있다. 세계는
동중정(動中靜), 정중동(靜中動)으로 볼 수 있다.

동(動)의 극(極)은 빙신(憑神)이고,
정(靜)의 극(極)은 열반(涅槃)이다.
둘 다 미쳐야(及) 미치는(狂) 경지이다.

세계는 이(理)로 볼 수도 있고,
기(氣)로 볼 수도 있다. 세계는
이지기(理之氣), 기지리(氣之理)로 볼 수 있다.

존재는 가부(可否)나 선악(善惡)이 아니라
각자의 입장에서 존재하고 있음이다.
신(神)의 입장에서 혹은 학(學)의 입장에서—.

■ 중(中)은 공(空)이다

실체의 완성은 중(中)이다.
중(中)은 비실체인 공(空)과 같다.

중(中)은 즉(卽)이다.
중(中)은 실체를 가질 수 없다.

중(中)은 움직이는 균형이다.
중(中)은 양극의 균형점이다.

마음(몸)의 안에 있으면 심중(心中)이고,
마음(몸)의 밖에 있으면 중심(中心)이다.

■ 깨달은 자는 가질 수 없다

깨달은 자는 깨달음으로 인해 가질 수 없다.
깨달은 자는 가질 만한 것이 없기 때문에 가질 수 없다.
깨달은 자는 가득 차 있기 때문에 다른 것을 가질 수 없다.
깨달은 자는 다른 보물을 가지고 있기 때문에 가질 수 없다.
깨달은 자는 끝내 가질 누군가가 없기 때문에 가질 수 없다.

■ 나를 깨우쳤으니

배반으로 나를 깨우쳤으니
배반이여, 이보다 더 고마운 일이 어디에 있는가.
죽음으로 나를 깨우쳤으니
죽음이여, 이보다 더 고마운 일이 어디에 있는가.
이제 배반도 죽음도 그만 없어졌구나.
이보다 더 고마운 일이 어디에 있는가.

이제 나와 너의 구별도 없어졌으니

이보다 더 기쁜 일이 어디에 있는가.
이제 님과 남의 구별도 없어졌으니
이보다 더 기쁜 일이 어디에 있는가.
이제 모든 존재가 제자리에 살아있으니
이보다 더 기쁜 일이 어디에 있는가.

■ 유심론-유신론, 유물론-무신론

1.
자연은 스스로 유물(唯物)이라고 말한 적이 없다.
유물론(唯物論)을 말한 것은 유심(唯心)이다
마음은 스스로 유심(唯心)이라고 말한 적이 없다.
유심론(唯心論)을 말한 것은 유심(唯心)이다.

신은 스스로 신이라고 말한 적이 없다.
신을 말한 것도 유심(唯心)이다.
오로지 유심(唯心)이 유심론(唯心論), 유물론(唯物論)
유신론(有神論), 무신론(無神論)이 있게 된 까닭이다.

심(心)의 자리에 신(神)이 들어간 까닭은 무엇인가.
물(物)의 자리에 무신(無神)이 들어간 까닭은 무엇인가.
어떤 자리에 나 혹은 남이 들어가면 나-남이 된다.
어떤 자리에 정 혹은 반이 들어가면 정-반이 된다.

2.

만약 항상 새로워지는 것이 신이라면
우리가 생각하는 고정불변의 신은 없다.
신이 있다, 없다 절대적으로 말하는 것은
결국은 역설의 진리, 유야무야에 빠진다.

알고 보니 무신론이 유신론이었구나.
알고 보니 유심론이 유물론이었구나.
신이 없었으면 무신이 없구나.
심이 없었으면 물이 없구나.

마음(心)이 신(神)이고, 신이 마음이다.
마음이 정신(精神)이고, 정신이 신이다.
심물이 하나로 존재이니 심물존재!
심물이 본래 자연이니 심물자연!

사람이 죽으면 태어난 곳으로 돌아가듯이
신도 태어난 곳으로 돌아가야 새롭게 된다네.
신이 태어난, 현현(顯現)한 곳은 자연이라네.
새롭게 되는 곳에 신이 은적(隱迹)해 있다네.

■ 한 해가 무상(無常)하네

한 해가 무상(無常)하네.
아니, 상(常)하네.

아니, 무상하고, 상하네.

무상에도 똑같은 것은 없고,
상에도 똑같은 것은 없으니
무상하면서 상하고, 상하면서 무상하네.

■ 불장난하는 세계

불의 발견으로
지구를 지배한 인간은
불장난으로 망하고 있네.

프로메테우스는 제우스를 배반하고
인간의 편을 들었지만
불은 인간의 적으로 돌변하였다.

프로메테우스 예수는
불장난하는 인간에 눈물을 흘렸다.
우크라이나 전쟁, 패권경쟁의 제물(祭物)

불장난하는 세계
자포리자 원전, 자포자기(自暴自棄) 원전
아디우(adieu), 호모사피엔스!

■ 말장난하는 철학

없지 않고 왜 있음인가.
있는 것은 왜 없어지는가.
처음부터 없이 있음인가.

남자의 말, 아버지의 말
여자의 몸, 어머니의 몸
아버지의 말을 가르치는 어머니

아버지의 말을 배우는 아이들
몸에 새겨지는 말, 몸을 지우는 말
말을 지우는 몸, 몸으로 이어지는 생명

존재는 말이 아니다.
존재는 말로 해명될 수 없다.
존재는 침묵과 생명의 파동이다.

■ 아바타(Avatar, Abata)

에이(A)는 아담(Adam)
흙으로 빚은 최초의 인간
아담을 닮은 하나의 세계
아담을 닮지 않는 또 하나의 세계
타원형의 궤도엔 두 개의 중심이 있네.

비이(V, B)는 이브(Eve, HAWA)
가슴(Breast), 처음부터 둘인 세계
매달려 있는 듯 흘러내리는 둘의 세계
둘은 하나, 머리를 동경하네.
베아트리체(Beatrix)라는 단테를 인도하였네.

티(T)는 시간(Time)
하나를 둘로 갈라놓은 시간
시간으로 인해 공간에 갇힌 세계
시간은 자(尺), T자형 자와 같네.
시간을 부정하여야 존재에 도달하네.

아바타(Avatar), 화신(化身)
에이와(Eywa), 만물의 어머니
하와(HAWA), 최초의 여자
여호와(Jehovah), 유일신
'하와'에서 '여호와'로의 권력이동

'모계-신'에서 '부계-신' 사회로의 전환
아바타(Avatar), 불일이불이(不一而不二)
부처, 부처를 닮은 인간
그 끝에 악마가 있네.
악마도 부처가 될 수 있다네.

낮과 밤, 빛과 어둠
말과 욕설의 생산,

배설과 생명의 재생산
신은 성과 속, 성결과 오물 사이에 있다네.
그 경계의 교차점에 세계와 신이 하나로 있네.

■ 이것이 문제로다

존재(存在)냐, 진리(眞理)냐
이것이 문제로다(that is the question).
존재(Being), 주체, 대상, 존재(not-being)
존재, 존재자, 존재자, 무(無)의 존재

참을 수 없는 존재의 가벼움(생멸)
고정불변하려는 존재의 무거움(욕망)
밤(어둠)의 끝(오밤중)으로의 여행
낮(빛)의 시작(아침)으로의 여행

성기(性起)냐, 생기(生起, 生氣)냐
본질(essence)이냐, 생존(existence)이냐
말(language)이냐, 생명(life)이냐
랑그(langue)냐, 파롤(parole)이냐

존재(to be)냐, 비존재(or not to be)냐,
죽느냐(to live), 사느냐(or die)
존재하느냐(to exist), 존재하지 않느냐(not to exist)
이것이 문제로다.

존재와 존재자의 이중성
존재와 진리의 이중성
삶(생멸)과 죽음(멸생)의 이중성
이것이 문제로다.

■ 하이데거에게 한 수

1.

세상에 태어난 나라는 존재를
"세계에 던져진 나"라고 말함은 이미
존재를 망각한, 존재의 몸을 망각한 사유이다.
존재를 사유존재로 둔갑시킨 전도몽상(顚倒夢想),
여성(암컷)의 몸으로 이어지는 생명을 무시하는 태도이다.
어머니가 없으면 생명의 탄생은 꿈꿀 수도 없다.

나라는 존재는 "세계에 던져지지 않았다."
나는 몸에서 몸으로 이어진 생명의 긴 연결체,
잠시도 끊어진 적이 없는 연기(緣起) 속에서
'그것이 주었다(Es gibt)', '저기에 있다(there is)'는 것은
어머니의 잉태와 양육과 보살핌을 무시하는 처사이다.
어머니와 땅을 모르면 '나를 던져졌다'고 말한다.

그대는 이용(利用)의 관점에서 세계를 보고 있다.
존재를 다자인(dasein), 세계-내-존재라고 말하고 있다.
그대는 자아의 관점에서 삶을 보고 있다.

그래서 존재와 시간을 연결시켜서 사유를 했다.
세계라는 말 자체가 이미 경계 지어진 세계를 뜻한다.
그대는 단지 서양철학의 실체론적 전통의 마지막에 있다.

존재를 사유로 둔갑시키는 일은 플라톤에서 시작되었고
서양철학은 결코 그것(사유존재)에서 자유로울 수 없다.
도대체 생각(idea)을 버릴 수 없는 서양철학과 인간현존재는
처음부터 존재(being)를 사물(thing, It, that)로 보는 태도이다.
하이데거의 '세계-내-존재'는 현상학의 언덕에서
자연의 생성(본래존재)을 바라본 것에 지나지 않는다.

존재는 선후상하좌우내외(先後上下左右內外)를 말할 수 없다.
존재는 실체와 거리(間)가 없기 때문이다.
현존재의 관점에서 보면 인간은 '세계-내-존재'이다.
존재의 관점에서 보면 인간은 '존재-내-세계'이다.
'존재-내-세계'는 '자기-내-존재'이다.
존재는 본래 자기이고, 세계는 자기가 아니다.

본래존재인 자연은 도구(손-안에-있음)가 아니다.
인간은 도구를 둘러보는 불안한 존재가 아니라
자연을 무심코 둘러보는(눈-앞에-있음) 존재이다.
자연을 대상목적화하지 않을 때 본래존재가 된다.
모든 존재는 전체로서 찰나생멸하는 본래존재이다.
존재가 개별존재가 되면 현상학적 존재로 전락한다.

2.

존재란 삶의 다른 말에 지나지 않는다.

삶은 앎으로 표현하려니까 현상학적 굴레를 벗어날 수 없다.

삶은 즉자(卽自)이고, 대자(對自)는 생각일 따름이다.

사르트르와 같은 실존주의자들은

"실존은 본질에 앞선다."고 말하지만

하이데거는 "존재는 무(無)"라고 말한다.

생성을 존재로 설명하고 해석하는 길은

시공간적, 도구적 존재인 인간의 특성이다.

존재는 시간과 더불어 이해되지 않을 수 없다.

'존재와 시간'은 '시간과 존재'로 끝을 맺었지만

시간과 공간마저도 인간이 만든 제도(존재자)이다.

존재는 본래 언어가 아니라 신체적 존재, 즉자(卽自)이다.

그대의 존재론은 생성에 이르지 못했다.

그대의 존재론은 현상에서 생성을 바라볼 뿐이다.

그대의 존재론은 도구에서 자연에 이르지 못했다.

그대의 존재론은 존재의 여성성과 출산양육을 간과했다.

존재의 여성성은 존재의 신체성과 결부되는 것이다.

앎에서 삶으로 나아갔지만 생사를 극복하지 못했다.

생성을 존재(고정불변)로 해석하면 존재는 존재자가 된다.

존재자를 생성으로 되돌리려면 존재의 의미가 달라져야 한다.

생성을 존재로 해석하면 생성(生成)은 생사(生死)가 된다.

존재론은 죽음을 앞서 세워 선구(先驅)하지 않으면 안 된다.

죽음을 앞서 세움은 존재의 문제가 시간의 문제가 됨을 의미한다.
하이데거는 '존재'라는 말을 썼지만 '생성'이라는 말은 쓰지 않았다.

인간은 시간적, 역사적, 변증법적(辨證法的)인 존재이다.
변증법은 존재를(에) 생성으로(을) 보기 시작한(도입한) 것이고
차연(差延)은 결과적 동일성으로 차연의 변증법에 불과한 것이다.
자연은 비시간적, 비역사적, 음양상보적(陰陽相補的) 존재이다.
삶은 앎으로 대체불가능한, 기운생동하는 즉시(卽時)이다.
존재의 무(無)는 없는 것은 아닌, 자연 그대로 있음이다.

인간은 신의 품에서 안식하고 해방될 뿐만 아니라
이제 본래존재인 자연의 품에서 평화로워져야 한다.
시시각각 생멸하는 자연을 경외하면서 살아야 한다.
개별존재가 되어 생멸을 생사로 보며 불안하지 말고
봄여름가을겨울로 번갈아가는 사계절의 항상(恒常)을
삶의 지표로 삼아 자연을 물려주고 물려주어야 한다.

■ 마르크스에게 한 수

자연의 생태균형은 종과 종 사이의 개체수의 적정균형이다.
인간의 평등은 특정한 집단내부의 특정항목에 대한 평등이다.
자연은 동일성의 계산적인 평등을 모르는 차이 그 자체이다.
인간이 자연인 한, 평등은 계급투쟁으로 실현되지 않는다.

마르크시즘은 헤겔의 유심론을 뒤집어 유물론으로 바꾼 것이다.

세계를 유물과 노동이라고 파악한 것은 물질이 아닌 정신이다.
헤겔은 인간을 주인과 노예의 변증법, 혹은 이분법으로 풀면서
주인은 노예의 노예가, 노예는 주인의 주인이 된다고 실언했다.

마르크시즘은 노동하는 인간을 중시했지만 정신노동을 무시했다.
노예의 생활에 길들여진 노예는 감히 주인의 사유를 하지 못한다.
주인의 생활에 길들어진 주인은 노예의 사유를 수용하지 못한다.
마르크시즘은 노예(종)의 철학이며, 결코 주인의 철학이 아니다.

마르크시즘은 인간의 이상이 현실을 극단적으로 배반한 이념이다.
인간의 대뇌가 현실을 도외시하고 스스로의 이념에 갇힌다면
비극을 초래한다. 공산주의가 전체주의가 된 것은 그 좋은 예이다.
마르크스는 자신이 마르크시스트가 아니라고 하면서 숨겨갔다.

생존경쟁에서 승리해 만물의 영장이 된 인간은 집단생활을 하면서
집단내부의 권력경쟁에 진입, 계급을 형성하고 권력투쟁을 벌였다.
전쟁과 국가의 형성은 왕, 귀족, 평민, 노예계급을 형성토록 했다.
원시공산사회는 가부장국가사회 이전, 모계사회의 공동체사상이다.

공산사회는 인간의 대뇌에서 상상된 반(反)자본주의 이상세계이다.
문명에서 이상은 필요하지만 이상세계는 항상 실현되기 어렵다.
자유가 없는 사회주의는 결국 인간을 노예로 만드는 데로 귀착한다.
인류는 욕망을 인정하면서도 자제하는 공생(共生)정신을 필요로 한다.

■ 니체에게 한 수

1.

'힘에의 의지' 철학자여!

힘을 말하지만 동시에 운명애를 말하는구나.

허무주의의 반대가 힘이고, 권력이고, 초인이다.

힘과 허무는 동전의 양면, 역설의 진리로구나.

중력에 저항하며, 춤출 것을 주문한 니체여!

'너무나 인간적인 니체적인' 귀족주의자 니체여!

기독교의 세속화를 비판한 그대는

바로 세속화가 권력화임을 몰랐구나.

힘과 권력의 광인이여!

니체-예수를 꿈꾼 광인이여!

형이상학을 완성한 광인이여!

중력을 내려놓지 못해 광인이 되었구나!

니체여, 힘이 논리이고, 논리가 힘이로구나!

남성은 힘을 추구하고, 여성을 욕망하는구나!

남성은 진리를 추구하고, 진리여성을 욕망하는구나!

여성은 진리가 아닌 존재, 자연의 상속자로다!

주권적 개인과 초인(超人)에 도달하는 것은 쉽지 않다.

자유와 평등은 권력에 의해 제한될 수밖에 없는 것이다.

권력은 처음부터 구속과 불평등을 기초로 성립한 것이다.

힘은 자연의 중력을 인문학적으로 전용한 용어에 불과하다.

　2.
인간은 누구나 자기기만에 속고 말지.
남의 기만은 알아도 나의 기만은 알 수 없지.
인간은 누구나 의지와 욕망을 구분할 수 없지.
권력이란 여자를 지배하고 싶은 남자의 욕망이다.

권력의 의지란 자연의 욕망을 다른 말로 표현한 것이다.
권력은 힘이고, 철학적 권력은 물리학적 힘의 은유이다.
힘(권력)에의 의지는 경천동지할 신기원의 철학 같지만
생존본능을 사회구조적으로 설명한 것에 불과한 것이다.

자신의 욕망에 시달린 니체는 그 무게를 견디다 못해
데카당스, 허무주의에 빠졌지만 다시 힘으로 되돌아갔다.
니체는 스스로를 허무주의를 극복한 초인이라고 말하지만
욕망과 힘을 제어하지 못해 부처가 아닌 광인이 되었구나.

니체는 서양철학자로서는 보기 드물게 '시(詩)철학자'였다.
그의 철학은 디오니소스의 예술철학이라고 할 수도 있지만
동시에 서양철학의 본질을 실토한 형이상학의 종결이었다.
니체는 존재로서의 힘과 예술을 동시에 즐긴 시철학자였다.

니체여, 그대가 시철학자가 된 것은 동양을 그리워한 탓이다.
예술로 철학을 하고자 한 까닭은 본래존재를 그리워한 탓이다.
논리를 언제나 반대논리를 가능하게 하는 자기모순에 빠진다.

예술가철학을 주장하면서도 힘과 초인을 말한 것은 자기모순이다.

■ '있다'로 존재가 해명되지 않는다

'있다'는 것만으로 존재가 해명되지 않는다.
존재는 오직 존재할 뿐, 인간은
'왜'라고 묻는 존재, '신'을 상상하는 존재
존재에 무엇을 덧붙이지 않으면 설명이 될 수 없다.
설명은 가정이고, 가정은 진리의 출발점이다.

신과 신화는 존재를 역전시켜서 해명하는 방식이다.
옳고 그름, 좋고 나쁨은 존재 다음의 문제이다.
인간은 자기기만의 존재인가.
기만이 없이는 존재와 존재자들을 설명할 수 없다.
기만이 가정이고, 신화이고, 종교이고, 과학이다.

신에서 인간이 유출되었다고 하는 것이나
인간에서 신이 유출되었다고 하는 것이나
존재를 설명하는 두 가지 방식이다.
종교는 전자, 과학은 후자의 방식이다.
신은 섭리(攝理), 과학은 함수, $y=f(x)$

뇌 속에 갇히지 않는 인간을 보기는 어렵다.
뇌는 호모사피엔스의 특이성이지만
뇌는 언어라는 도구로 인해

인간을 수인(囚人)으로 전락하게 할 수도 있다.
열려진 뇌, 열려진 세계야말로 인류의 구원이다.

음양론이 생성변화를 설명하는 방식으로는 으뜸이지만
음양론으로는 인공위성을 날릴 수는 없다.
과학은 방정식을 통해 존재를 설명하고 이용하지만
과학은 우주의 생성변화를 설명할 수 없다.
음양론의 주역과 물리학의 과학은 상보적인 관계에 있다.

■ 평등은 죽음에서만 실현된다

완전한 평등은 죽음에서만 실현된다.
완전한 자유는 죽음에서만 실현된다.
살면서 평등과 자유는 완전히 실현될 수 없기에
지금 여기서 할 수 있는 것은 사랑밖에 없다.

자연은 서로 다른 것의 공생이다.
자연에 가장 가까운 것은 자유이다.
계산적인 평등은 자연적이지 않고,
과학적 사회학이라지만 빈곤을 선물한다.

인간은 자유와 평등 사이에서
때로는 사랑하고 때로는 미워하며 산다.
자유에서는 신앙의 자유가 으뜸이고,
평등은 빈곤과 함께 죽음에서만 실현된다.

자유는 자기로부터 시작되는 것인 반면
평등은 남으로부터 시작되는 것이다.
자유는 정신(영혼)으로부터 시작되는 것인 반면
평등은 물질(존재)로부터 시작되는 것이다.

자유는 정신과 신과 사랑으로 연결된다.
평등은 물질(욕망)과 무신과 질투로 연결된다.
자유를 추구하면 결국 사랑하기 쉽고,
평등을 추구하면 끝내 미워하기 쉽다.

세워진 것은 문명이고, 누운 것은 자연이다.
문명은 언젠가는 무너지고, 자연은 항상 존재하고 있다.
자연은 죽음을 자연스럽게 생각하지만
인간은 죽음을 불길하고 흉한 것으로 생각한다.

자연은 날마다 새로워지고
새로워지기 위해 죽음을 마다하지 않지만
인간은 영원히 살고자 하고
살고자 하면서도 옛것과 권력을 고집한다.

■ 존재는 공(空)이다

존재(存在)는 신(神)이다.
신은 물리적 힘도, 에너지도 아닌,
진공묘유(眞空妙有)의 공이다.

초월과 내재가 공존하는 공(空)이다.

공(空)은 신(神)이다.
공은 파동이고, 공명하는 우주이다.
음악은 존재 그 자체의 언어,
음악은 존재의 가장 일반적 은유이다.

음악은 메시지이면서 마사지이다.
영혼을 흔들어 깨우면서 온몸을 관통하는
공명하는 일체, 전율(戰慄)하는 일체
공기(空氣)는 공(空)의 기(氣), 존재일반이다.

기(氣)는 물질이나 에너지가 아니다.
관음(觀淫)에서 관음(觀音)으로 가야 해탈할 수 있다.
관음(觀音)에서 관음(觀陰)으로 가야 평안할 수 있다.
우주의 굉음(轟音)은 침묵(沈默)의 여반장이다.

생성변화하는 존재로서의 현상
고정불변하는 존재로서의 본질
생성변화하는 존재로서의 존재
평화의 신은 명령(命令)하지 않고 위무(慰撫)한다.

■ 천지인사상과 존재론

존재자의 존재, 존재의 존재자

이 둘은 천지인처럼 순환한다.
천지인사상을 서양철학으로 해석한 것이
서양의 존재론이다.

신은 존재자, 자연은 존재
도는 존재자, 자연은 존재
불은 존재자, 자연은 존재
말하여진 것은 존재자, 침묵하는 것은 존재

도가도(道可道) 비상도(非常道)
신가도(神可道) 비상신(非常神)
불가도(佛可道) 비상불(非常佛)
신불도(神佛道)를 말하지 마라.

죽음은 불안과 공포의 원인이 아니라
모든 진리를 지워버리는 자연의 순리이다.
깨달음이란 자연과 일치되는 순간의 환희이다.
천지인사상이 문명을 돌아 존재론으로 환생했네.

인간이 말한 신은 인간이다.
인간이 말한 선악도 인간이다.
인간이 말한 영감도 인간이다.
인간이 말한 천지인도 인간이다.

지구에서 오래 동안 생성된 인간이
지구와 같은 존재를 만들 수 있을까.

생성된 인간이 생명을 만들 수 있을까.
인간이 만든 것은 결국 기계일 뿐이다.

■ 슬픔으로부터 음악의 탄생

니체는 '비극으로부터 음악의 탄생'을 말했다.
아니다. 슬픔으로부터 음악이 탄생했다.
슬픔이 없다면, 원인 모를 슬픔이 없다면
어찌 음악이 탄생했을까.

니체는 '비극으로부터 음악의 탄생'을 말했다.
아니다. 울음으로부터 음악이 탄생했다.
울 줄 몰랐다면, 고통의 치유로 울지 못했다면
어찌 음악이 탄생했을까.

조용하고 애절한 음악이나
우렁차고 즐거운 음악이나
행복을, 불행을 노래한 음악이나
그 속엔 생명의 슬픈 가락이 들어있다.

존재의 깊고 깊은 곳에 눈물샘이 있다.
울지 않았으면 미쳤을 지도 모를 사람들은
울음으로 시작된 삶에 울음으로 종지부를 찍네.
아마도 임종에 오열(嗚咽)하는 것은 눈물꽃이리라.

음악이 없었다면, 노래가 없었다면,
사랑과 삶의 고통과 희열을 표현하지 못했으리라.
우주가 공명(空鳴)천지라는 것을 몰랐을 것이다.
인생은 그래도 살만한 것이라고!

■ 초월은 현상을 이끌어가는 힘

초월은 현상을 이끌어가는 주체의 힘이다.
그 초월의 반대편에 본질이 내재해 있다.
신, 영혼, 이데아, 존재, 영원, 무한대는
초월과 본질의 지평에 산재한 언어들이다.

태초의 신은 선할 수밖에 없다.
존재 그 자체를 현상한 것이기 때문이다.
신은 악과 함께 시간과 공간을 교직한다.
신은 생명과 함께 이용의 세계를 구성한다.

자유와 평등은 사랑으로 완성될 수밖에 없다.
인간은 집단생활을 하는 개인이기 때문이다.
인간은 신을 모시고 만물을 경영하기 때문이다.
참사랑은 하나님을 이루는 세계의 의지이다.

언어가 없었다면 인간은 세계를 이해할 수도,
세계를 현상할 수도 없었을 것이다.
현상하는 힘이 세계이고, 초월이고 본질이다.

세계는 산과 강, 평야와 바다로 이루어진 가족이다.

초월이 아버지라면 본질은 어머니이다.
초월이 남자라면 본질은 여자이다.
초월이 머리라면 본질은 신체이다.
세계는 머리, 몸통, 팔다리로 이루어진 신체와 같다.

■ 인류의 멸종을 보았다

어느 날 새벽 꿈결에 인류의 멸종을 보았다.
죽을 때까지 욕망과 권력을 포기하지 않는 인간
죽을 때까지 이데아와 이성의 법칙을 믿는 인간

생존본능과 계급투쟁은 선악과 정의부정의를 지우고
존재의 이분법과 모순은 이중성과 애매모호함으로
스스로의 정체성은 물론, 자연마저 잃어버리게 했다.

변하는 존재를 현상으로 규정한 역설적 인간은
변하지 않는 존재를 찾아 생의 대부분을 보냈다.
종교와 과학을 만들었지만 스스로 묘혈을 파고 있다.

개인과 가족과 국가와 세계는 스스로 연대를 잃었다.
스스로 마음의 문을 열고 공생하는 살길을 찾든가
마음의 문을 걸어 잠그고 멸종하던가, 기로에 있다.

고정불변의 존재, 절대신, 절대진리는 없다.
진리와 정의가 도리어 인류를 멸종시키고 있다.
인류문명의 모든 가짜문서들은 휴지조각이 되었다.

생성을 존재로 파악하려는 인간은 존재한다는 동사를
존재라는 명사로 바꾸고 다시 명사를 동사로 표현했다.
"존재는 존재한다." 그로부터 존재는 혼란에 빠졌다.

존재는 1이 되기도, 0이 되기도, ∞가 되기도 했다.
$1/\infty=0$. $1/0=\infty$, 0과 1은 안과 밖에 ∞를 가지도 있다.
인간이 1이 되고, 0이 되고, ∞가 되는 것은 같은 일이다.

■ 신과 시간과 존재

신은 시간이다.
신은 우상화된 시간이다.
신은 의인화된 시간이다.

"신이 세계를 창조했다."라고 하면 신은 과거이다.
"창조하는 것이 신이다."라고 하면 신은 현재이다.
"신은 잡으면 달아난다."라고 하면 신은 미래이다.

신은 시간의 지배자이다.
신은 과거, 현재, 미래이다.
신은 시간이 아닌 시간이다.

신은 시간의 초월이다.
신은 없음의 있음이다.
신은 있음의 없음이다.

나는 지금 신을 생각하고 있다.
내가 지금 생각하고 있는 신은 무슨 신인가.
신은 생각하고 믿으면 있고, 안 믿으면 없다.

신 혹은 미지수인 X를 가정하는 인간!
신을 가정하면 동일성 혹은 통일성을 추구하고
신을 가정하지 않으면 생멸하는 자연일 뿐이다.

■ 침묵하는 존재여, 신이여

침묵하는 존재여, 신이여!
침묵은 소리의 어머니
공간은 글자의 어머니

생성은 존재의 어머니
소리와 글자는 침묵과 공간의 자식
존재는 말을 하면 이미 존재가 아니다.

현상학의 굴레여, 운동이여!.
존재를 설명하면 존재론이 아니다.
존재는 초월도 내재도 아닌 존재이다.

주체에는 이미 대상이 숨어있고,
대상에는 이미 목적이 숨어있다.
존재를 진리로 표현하면 이미 현상학이다.

어떤 주어라도 주어가 있으면 현상학이다.
어떤 목적어라도 목적어가 있으면 현상학이다.
문장은 어떠한 문장도 존재의 현상이다.

침묵하는 존재여, 숨어있는 신이여!
아무 일도 하지 않는 것 같은 자연이여!
흘러가는 물이여! 솟아있는 산이여!

■ 눈과 귀, 법칙과 도(道)

눈은 소유와 욕망에 익숙하다.
귀는 용서와 존재에 열려있다.
눈은 표상과 우상과 과학으로 향하고
귀는 시와 음악과 자연에 열려있다.

눈의 시선은 사물을 향하여 쏜다.
귀의 바퀴는 존재를 향하여 울린다.
서양의 과학은 증명할 것을 요구한다.
동양의 도를 깨우침은 문도(聞道)이다.

눈에서 귀로 가는 것이 늙어감이다.

이순(耳順)에는 귀가 순하다고 했던가.
나의 주장을 하게 되면 지식이 쌓이고
남의 소리를 들으면 지혜가 넓어진다.

눈앞의 표상에 매달리면 욕망의 노예가 되고
귀를 하늘까지 늘이면 별의 소리를 듣게 된다.
없음에서 없이-있음으로 가야 삶이 풍부해진다.
삶에 매달리면 매달릴수록 죽음이 더욱 두렵다.

어디에도 매이지 않으면 죽음도 두렵지 않다.
사방이 신으로 가득 차면 죽음마저 사라진다.
모든 존재는 신이라는 류(類)의 다른 종류이다.
신을 흉내 내는 악마는 자신이 신인 줄 안다.

■ 너무나 인간적인, 신적인

선이 있다면 인간이 선이다.
악이 있다면 인간이 악이다.
신이 있다면 인간이 신이다.
너무나 인간적인, 신적인 세계

선은 악으로 인해 선이 되고
악은 선으로 인해 악이 된다.
신은 인간으로 인해 신이 된다.
너무나 인간적인 신적인 세계

자연 대신에 신을, 자연 대신에 도덕을
자연 대신에 자유를, 자연 대신에 과학을
자연 대신에 예술을 대리보충한 인간은
너무나 인간적인, 신적인 세계로다.

■ 자유 없는 그것은

자유 없는 신은 거짓이다.
자유 없는 평등은 거짓이다.
자유 없는 사랑은 거짓이다.
자유 없는 도덕은 거짓이다.

그런데 이상하게도
거짓의 신, 거짓의 평등
거짓의 사랑, 거짓의 도덕이
활개 치는 세상은 어쩐 일인가.

자유 없는 민주는 거짓이다.
자유 없는 국가도 거짓이다.
자유 없는 세계도 거짓이다.
자유 없는 종교도 거짓이다.

그런데 이상하게도
거짓의 민주, 거짓의 국가
거짓의 세계, 거짓의 종교가

활개 치는 까닭은 무엇인가.

■ 신, 자연, 자유

원시고대인에겐 자연 그 자체가 신이었다.
신이 자연에서 분리된 순간은 자연의 은유로서의 신이
환유(개념)로서의 신으로 탈바꿈한 뒤였다.

신을 떠올리는(상상하는) 인간은 자연을 스스로 지배하고
자신을 스스로 다스릴 힘을 가진 생물종을 말한다.
인간은 가족과 국가를 만들면서 권력체계를 만들었다.

신은 태초의 존재로서 시간(현재)과 공간을 함께 하면서
인간은 물론, 동식물과 자연을 만들었다고 해석함으로써
스스로의 세계관을 확립하고 존재이해를 하기에 이른다.

자유는 근대가 발견한 새로운 신의 의미라고 할 수 있다.
'스스로 그러함'인 자연에서 '스스로 말미암음'인 자유는
주체(자아)의 발생을 말하는 동시에 주인의식을 동반한다.

신과 자유는 자연에 대한 인간 스스로의 자기해석으로서,
자기원인성과 자율성을 내포한 개념으로서 존재에 대한
현상학적 해석의 최대성과이면서 인간현존재의 특성이다.

신은 상상계, 자유는 상징계의 산물, 과학은 둘의 합작품,

자연은 실재계로서 이들 고정불변의 존재와 함께, 동시에
생성변화하는 존재로서의 빛을 지금 이 순간 발하고 있다.

신이여, 시간이여, 자유여, 자율이여, 자연이여, 존재여!
자신과 세계를 스스로 의식하는 호모사피엔스의 탄생이여!
이제 스스로 멸종하지 않도록 힘을 은적(隱迹)시킬 필요가 있다.

■ 신은 왜 ㅅ으로 시작하는가

신(神)은 왜 ㅅ으로 시작하는가.
시간(時間)은 왜 ㅅ으로 시작하는가.
공간(空間)은 왜 빌 공(空)자의 사이(間)인가.

사람은 왜 ㅅ으로 시작하는가.
ㅏ는 수직으로 선 형상이 밖으로 나아감을 의미하는가.
ㄹ은 운동과 순환을 의미하고 ㅁ은 마무리를 의미하는가.

인간은 왜 ㅇ으로 시작하는가.
ㅇ은 원(○)을 닮은 모양으로 완성해야함을 의미하는가.
'인'자는 ㅇ(원)+ㅣ(수직)+ㄴ(수평)로 수직보행을 의미하는가.

사람 인(人)자는 왜 ㅅ과 닮은 글자인가.
둘이 항상 기대어 살아야 한다는 의미인가.
어질 인(仁)자는 왜 사람 인자에 두 이(二)자를 합성했는가.

우리는 왜 스스로를 자신(自身)이라고 하는가.
우리는 왜 스스로를 자신(自信)해야만 하는가.
우리는 왜 스스로를 자신(自新)하지 않으면 안 되는가.

■ '자(自)'에 대하여

'자아(自我)'의 의미인가.
'(무엇으로)부터'의 의미인가,
'스스로'의 의미인가, '저절로'의 의미인가.

존재인가, 존재자인가.
생성인가, 존재인가.
0인가, 1인가, ∞인가,

1속에 0이, 0속에 1이 들어있네.
1속에 ∞가, ∞속에 1이 들어있네.
상호작용은 ∞, 역동적 공(空)이네.

조화신(造化神), 접화군생(接化群生)
무시무종(無始無終), 무시무공(無時無空)
제조신(製造神), 유시유종(有始有終)

사물자체(Thing itself)인가.
무(無)인가, 공(空)인가, 하나님인가.
자연(自然)인가, 자유(自由)인가, 자신(自身)인가.

■ '화(化)'에 대하여

문화(文化)의 화(化)자는
산 사람과 죽은 사람을 동시에 드러낸다.
화(化)는 조화(造化)이고, 조화신(造化神)이고
화(化)는 접화(接化)이고 접화군생(接化群生)이다.

생성(becoming)의 인간은
스스로를 새롭게 하지 않으면 살아갈 수 없다.
스스로를 자신(自信)하면서도 동시에
스스로를 자신(自新)해야 하는 이중적 운명이다.

변화의 원천을 담고 있는 신체(身體)는
스스로를 새롭게 하는 신(神)과 같다.
자신(自身)과 자신(自神)이 만나는 이유는
세계가 무시무종(無始無終)인 까닭이다.

변화함으로써 세계가 하나님을 증명하는
천지우주, 만물만신, 춘하추동, 생로병사여!
접화군생하는 풍류(風流)의 도(道)여!
무시무종하는 천부경의 조화(造化)여!

■ 이중성과 애매모호함

세계는 인식하고 분별함으로 인해

이중성과 애매모호함으로 가득 차 있다.
인간의 성찰은 포착하지 못하는 것을
포착하려고 하는 것으로 인해
이중성과 애매모호함에 빠진다.

이중성은 이분법과 모순구조로부터
탈출이자, 구속으로부터 해방이다.
이중성에는 아직 현상의 흔적이 남아있다.
이중성에서 본래존재로의 동굴탐험은
공(空)의 신(神)을 엿보는 제로(0)지점이다.

인식은 생성을 존재로 인식하면서
동시에 존재를 존재자로 인식하고,
존재자를 존재라고 말함으로 인해
이중성과 애매모호함에 빠진다.
진리는 모순 혹은 반진리에 빠진다.

추상은 구체를 왜곡함으로 인해
이성은 감정을 무시함으로 인해
이중성과 애매모호함에 빠진다.
역설의 진리, 모순의 진리는
인식의 자기한계의 고백과 같다.

이데아와 부동(不動)의 동자(動者)
무관심의 쾌락, 무개념의 보편성
무목적의 목적, 무개념의 필연성

불연이대연(不然而大然), 불연기연(不然其然)은
존재의 모순과 반전을 의미하고 있다.

존재를 사물로, 대상으로 보는 한
존재의 궁극에 도달할 수 없다.
지식의 문제는 결국 낭비에 도달한다.
그 누구도 분석하고 분류하지 않고,
해체하지 않고, 사물을 인식할 수 없고
자원을 소모하지 않고 성장시킬 수 없다.

■ 본질은 파동, 공명(共鳴), 공(空)이다

고정불변의 존재, 절대존재를 추구한 서양문명은
존재의 본질이 파동, 공명(共鳴), 공(空)임에 이르렀다.
양자론은 존재가 실체가 없는 공임을 보여주었던 것이다.

최초의 원인을 알 수 없던 인간은 자기기만을 통해
세계를 끊어 특정 순간의 결과를 원인으로 설정함으로써
태초와 함께 세계에 대한 인과론적 설명에 성공했던 것이다.

기독교 창조종말론도 예외는 아니었다.
판단정지(époche)를 통해 신기원(epoch)에 도달한 서양은
현상학적 환원을 통해 매번 기원에 도달했던 셈이다.

서양의 철학과 기독교와 과학은 평행을 이루었다.

이원대립에서 이중성으로, 이중성에서 다시 존재론으로,
현상학에서 존재론으로 침잠한 서양은 선(禪)에 이르렀다.

하이데거는 선(禪)을 통해 사유존재에서 존재사유로 옮겨갔다.
하이데거는 사방세계(geviert)를 통해 자연신(神)을 부활했다.
하이데거는 종래 서양존재론의 존재가 존재자임을 밝혔다.

승조(僧肇)의 물불천론(物不遷論), 부진공론(不眞空論),
반야무지론(般若無知論), 열반무명론(涅槃無名論)을 거쳐
유식(唯識)의 공(空)인 진공묘유(眞空妙有)에 이르렀다.

선(禪)불교의 공(空)인 언어도단(言語道斷)은 그 백미(白眉).
평상심시도(平常心是道), 즉심시불(卽心是佛), 교선일치(敎禪一致)!
염불시수(念佛是誰), 이 뭐꼬(what is this), 끽다거(喫茶去)!

현상학적 차원의 유무와 무유, 색즉시공과 공즉시색
존재론적 차원의 무유와 유무, 공즉시색과 색즉시공은 다른 것이다.
존재는 알 수 없다. 존재는 말할 수 없다. 존재는 우주소리이다.

■ 자유와 평등이 패권을 위한 것이라면

자유에는 없음의 그림자가 있다.
자유에는 무(無)의 그림자가 있다.
소수 창조자는 자유를 그리워할 수밖에 없다.
소수 창조자는 주인이 될 수밖에 없다.

평등에는 계산의 그림자가 있다.
평등에는 저주의 그림자가 있다.
다수 무리대중들은 평등을 주장할 수밖에 없다.
다수 무리대중들은 노예가 될 수밖에 없다.

삶은 자유, 죽음은 평등
자유를 추구하면 축복과 삶에 이르고
평등을 추구하면 저주와 죽음에 이른다.
평등은 계산적이기 때문에 자기종말에 빠진다.

자유와 민주가 패권을 위한 것이라면
자유와 민주가 패권의 명분을 위한 것이라면
평등과 평화가 패권을 위한 것이라면
평등과 평화가 패권의 가면을 위한 것이라면

인류는 더 이상 갈 곳이 없다.
인류는 더 이상 숭고하지도 않다.
인류는 더 이상 신을 섬기지도 않을 것이다.
인류는 더 이상 메시아를 기다리지도 않을 것이다.

신은 내편이라고 얼마나 나쁜 짓을 했나.
신은 우리 편이라고 얼마나 나쁜 짓을 했나.
이성이 이성을 배반하고, 광기가 광기를 배반하고
호모사피엔스는 얼마나 나쁜 짓을 했나.

자유가 자유를 배반하고, 평등이 평등을 배반하고

사랑이 사랑을 배반하고, 얼마나 나쁜 짓을 했나.
인류가 멸종하고 나면 선악(善惡)이 어디에 있나.
인류가 멸종하고 나면 희로애락(喜怒哀樂)이 어디에 있나.

이제 슬퍼할 사람도 없다.
이제 슬퍼할 시간도 없다.
이제 슬퍼할 장소도 없다.
이제 슬퍼할 신(神)도 없다.

저 자연보다 지혜롭지 못한 호모사피엔스를 보라.
저 말없는 자연보다 사악한 호모사피엔스를 보라.
저 순진무구한 자연의 생존경쟁과 헌신(獻身)을 보라.
저 자연의 균형과 인간의 불균형, 사악(邪惡)을 보라.

■ 모든 길은

"모든 길은 로마로 통한다."
아니, "모든 길은 길(道)로 통한다."
아나, "모든 길은 미지(未地)로 통한다."
아니, "모든 길은 미지(未知)로 통한다."
아니, "모든 길은 신비(神祕)로 통한다."
아니, "모든 길은 나(我)로 통한다."

"모든 길은 나-없음(無)으로 통한다."
아니, "모든 길은 신(神)으로 통한다."

아니, "모든 길은 불(佛)로 통한다."
아니, "모든 길은 공(空)으로 통한다."
아니, "모든 길은 나(自)로 통한다."
아니, "모든 길은 하-나(一)로 통한다."

■ 피스 코리아(Peace Korea)

팍스(PAX) 로마나(Romana)
팍스(PAX) 브리타니카(Britannica)
팍스(PAX) 아메리카나(Americana)
팍스(PAX) 시니카(Sinica)
제국을 중심으로 하는 평화,
팍스(PAX)는 거짓 평화였다.
진정한 평화(Peace)를 찾으라.

팍스 코리아나(PAX Koreana)는 인류의 미래
진정한 인류평화와 평등의 시대
피스코리아(Peace Korea), 피스로드(Peace Road)의 시대
타고난 평화애호국가, 한민족
사대와 식민의 역사적 질곡을 뚫고
세계평화의 선도국가, 홍익인간(弘益人間)의 국가!
홍익자연(弘益自然)의 국가로 거듭 나야하리.

페니스(Penis), 대가리, 폭력(violence)
아버지주의(Papalism), 파시즘(Fascism),

버자이너(Vagina), 보자기, 비폭력(nonviolence)
어머니주의(Motherism), 피시즘(Peacism)
대가리에서 보자기로 나아가지 않으면
파시즘에서 피시즘으로 나아가지 않으면
지구성(地球城)을 포기하지 않으면 평화는 공염불이네.

■ 인간은 태초의 원인을 볼 수 없다

1.

인간은 태초의 원인을 알 수 없다.
지금의 결과를 원인으로 설정할 수밖에 없다.

신(神)의 현상도 마찬가지이다.
특정시점의 시조(始祖)를 귀신으로 설정할 수밖에 없다.

존재가 현상이 되고, 귀신이 신이 되는 현상은
어떤 자비나 공포의 힘에 대한 부채감에서 비롯된다.

나에게 힘이 있는 것은 결국 현재 나를 있게 한,
어떤 존재의 은혜 혹은 선물에 빚진 것이다.

빚은 때로는 원죄(原罪), 때로는 고집(苦集)
종말구원(終末救援)과 멸도열반(滅道涅槃)을 필요로 한다.

2.

귀신-신-권력의 관계는
제정일치와 제정분리와 평행관계에 있다.

자연-종교-과학의 관계도
신의 발명과 신의 죽음과 평행관계에 있다.

제사-정치-경제의 관계도
재화의 증여와 교환과 평행관계에 있다.

현대문명은 고대문명의 방향과는 반대로
경제-정치-제사-문화의 순서로 역전되어 있다.

인류문명은 선후상하좌우내외 관계를 왕래하면서
항상 반역(反易)을 품고 있는 순환이라고 할 수 있다.

■ 신체적 존재와 살맛

신체적 존재의 현재적 만족은 살맛이다.
살맛은 추상적 미(美)가 아니라
살을 맞대는, 살을 먹는, 살의 맛(味)이다.

삶은 살의 맛이다.
삶은 살의 멋이다.
살을 사는 것이 삶이다.

살을 사르는 것이 삶이다.
살은 살살 달래는 것이 삶이다.
삶이 '살림'이고 '살이'고 '살림살이'다.

대뇌가 신체에 명령을 내린다고
신체가 대뇌가 되는 것이 아니라
대뇌는 어디까지나 신체세포의 복제이다.

신체와 기계는 무엇이 다른가.
신체가 세포의 자기복제라면
기계는 물질의 공장생산이다.

창조란 대뇌의 살맛이다.
창조란 대뇌의 신바람이다.
창조란 온몸의 신들림이다.

■ 한국인은

한국인은 끝까지 사유하지 않는다.
한국인은 사유를 노래하고 춤춘다.

한국에는 불교나 성리학, 서양철학과 같은
한국의 풍토에서 자라난 자생철학이 없다.

한국인은 종교와 철학과 과학을

가락과 기술과 예술로 흔히 조화(造化)시켜 버린다.

한국에는 특유의 풍류도(風流道)가 있다.
풍류도는 도의(道義)를 기반으로 삶을 즐기는 도이다.

한국은 신풍류도(新風流道)의 철학이 필요하다.
신풍류도의 철학이 바로 일반성의 철학, 소리철학이다.

■ 은유와 환유, 물 자체

은유(隱喩)는 은유(隱有)이다.
은유는 은밀하게 있음이다.
은유(隱喩)는 한 사물을 다른 사물의 관점에서 봄이다.

환유(換喩)은 환유(換有)이다.
환유는 바꾸어 있음이다.
환유(換喩)은 한 사물을 다른 사물과 치환하는 것이다.

인간의 생각은 자연에 대한 은유로 출발한다.
개념조차도 개념적 은유(conceptual metaphor)이다.
개념적 은유에서 개념(concept)이 도출된다.

철학은 은유 속에서 환유, 개념적 체계를 구성한다.
과학은 환유 속에서 은유, 과학적 법칙을 발견한다.
은유이든, 환유이든 결국 자연을 해석하는 것이다.

사물존재는 현상을 말할 수밖에 없지만
물 자체는 언어의 밖에서 살아서 빛나고 있다.
자연은 은유와 환유의 밖에서 요동(搖動)치고 있다.

■ 관념론과 경험론

관념론은 회의에서 출발하여 확신에 이르고
경험론은 경험에서 출발하여 회의에 이른다.

주관적 관념론은 절대지(絶對知)에 도달했다.
철학이 신학이 되고, 인간이 신이 되고, 무신론(無神論)을 배태했다.

객관적 경험론은 불가지(不可知)에 도달했다.
철학이 과학이 되고, 역학을 탄생시키고, 세계는 기계(機械)가 되었다.

이 무슨 역설이라는 말인가.
역설의 힘이여. 모순과 교차의 힘이여! 인간의 가설(假說)의 힘이여!

■ 신과 기계

신은 자연의 은유에서 환유로 전환한 존재
생성의 신은 드디어 존재의 신이 되었다.
존재의 신에는 인간의 기미(機微, 氣味)가 있네.

신은 자유인가, 자율인가.
자유는 자율인가, 기계인가.
욕망기계, 사유기계, 추상기계!

진화의 끝, 인간-기계-사이보그
과거의 인종, 흑인종-황인종-백인종
미래의 인종, 자연인간-사이보그-기계괴물

영혼은 운동하는 자율(kinetic autonomy)
영혼은 역동하는 공(空), 역동하는 기(氣)
영혼은 역동적 장(場)의 개폐(開閉)적 존재

■ 아내 소통(疏通)

평생 소통되는 단 한 사람을 만났습니다.
그 스승은 대뜸 "통하는 친구가 있었느냐."고 물었습니다.
나는 없다고 대답했다. 스승은 말없이 고개를 끄떡였습니다.

어느 날 스승이 갑자기 돌아가는 바람에 망연자실했습니다.
이심전심(以心傳心)으로 논쟁해도 좋을 상대를 잃었습니다.
다행이 스승의 아내와 대화를 이어가고 있습니다.

아내는 죽어도 남아있는 존재입니다.
홀로 남아서 죽은 남편의 뒤처리를 하는 존재입니다.
나에게 꿈을 물어오던 아내는 이제 꿈이 되었습니다.

또 한 사람 소통되는 이가 있습니다.
평생 튀각퇴각 밀고 당기며 살아온 내 아내 말입니다.
'안에 있는 사람'이라고 아내라고 했음을 깨달았습니다.

■ 이중성(二重性)의 시대

철학도 이중성의 시대이다.
산업도 반도체의 시대이다.
인간도 이중인격의 시대이다.
이원대립보다는 이중성이 낫지 않는가.

인간은 의미와 대화를 먹고 사는 동물이다.
인간의 의식은 주체와 대상의 이중성에 있다.
주체와 대상을 왕래하는 것이 인간의 의식이다.
의식은 원인적 동일성과 결과적 동일성의 왕래에 있다.

제 5차 산업의 쌀인 반도체는 이중성의 물질이다.
이중성은 전자기를 띤 모든 물질에 공통되는 물성이다.
반도체는 인간의 모든 상상력을 실현해준다.
이중성이야말로 말없는 소통이고, 말없는 거래이다.

인간의 인격도 이중인격을 향하여 달리고 있다.
이제 선한 인간, 악한 인간이 없어졌다.
모든 인간은 때에 따라 선하기도 악하기도 하다.
반도체, 인터넷시대의 덕목은 이중성인가.

■ 붕(鵬)새의 추억

1.

존재는 열려있다.
존재를 세계라고 하면 이미 닫힌 것이다.

존재는 열려있다.
진리는 열려있는 것 같지만 닫혀있다.

진리에는 죽음이 있다.
사물에 죽음이 있는 것과 같다.

존재는 종합이 아니다.
존재는 주체와 대상이 없다.

존재는 진리가 아니다.
진리가 새롭게 되어야 하는 까닭은 닫혀있기 때문이다.

앎은 열려있는 것 같지만 닫힌 것이다.
존재는 닫혀있는 것 같지만 열려 있다.

자아가 없으면 앎도 없다.
언어가 없으면 앎도 없다.

자아는 언어이고, 언어가 자아이다.
자아가 없으면 죽음도 없다.

자아는 존재를 제한하는 기술이다.
자아는 자연을 제한하는 기술이다.

순간은 영원의 순간이고
영원은 순간의 영원이다.

2.
신, 영혼, 유령도 닫혀있으면
신, 영혼, 유령이 아니다.

자아(自我)를 자신(自身)이라고 하는 이유는
자신은 신체를 가진 자연의 자아이기 때문이다.

자아는 자연의 자아이다.
자연은 자아의 자연이다.

자아는 무아의 자아이다.
무아는 자아의 무아이다.

양자는 서로의 입장에서 상대를 보지만
결코 상대를 보지 못하고, 자기만을 본다.

시간과 공간도 존재를 제한하는 기술이다.
과학은 존재를 제한하면서, 동시에 여는 기술이다.

동일성의 세계는 동시성의 세계를 알지 못한다.

동시성의 세계는 시공간의 거리가 없다.

동시성의 세계는 지금, 여기뿐이다.
동시성의 세계는 역동적 장(場)의 열려진 세계이다.

지금 아름답다고 하는 것은 편견이다.
지금 움직이지 않는다고 하는 것도 편견이다.

무관심(無關心)의 쾌락(快樂)이여, 부동(不動)의 동자(動者)여!
세계를 제한하고 설명하느라 힘썼다. 이제 훨훨 날아가거라.

■ 시인(poet)과 게이머(gamer)

시인과 프로게이머가 결혼을 했습니다.
시인은 노래하는 것 외에 다른 목적이 없었습니다.
게이머는 목표를 달성하는 것 외에 기쁨이 없었습니다.

시인과 게이머는 어느 날 무도회에 참가했습니다.
둘은 정신없이 부둥켜안고 춤추는 것을 즐겼습니다.
둘은 이날 목적 없이도 하나가 될 수 있음을 발견했습니다.

축제장에서는 평소에 있던 너와 내가 없었습니다.
축제장에서는 오로지 사방을 원을 그리며 돌았습니다.
축제야말로 무아지경(無我之境)의 천국극락이었습니다.

■ 후소회(後素繪)

흰 바탕이 있어야 그림을 그릴 수 있다.
공(空)이 없으면 어찌 색(色)이 있을 손가.
여자와 남자의 관계는 여기에 비유할 수 있다.

망망대해(茫茫大海)에 고물이 지나간 흔적은 없다.
노류장화(路柳墻花)에 한량이 지나간 흔적은 없다.
음양요철(陰陽凹凸)의 관계는 여기에 비유할 수 있다.

뱃머리가 튼튼해야 배는 거친 파도를 헤쳐 간다.
대가리가 있어야 개념을 잡고 철학을 할 수 있다.
X대가리가 있어야 상열지사(相悅之事)가 이루어진다.

철학은 스스로 사유를 할 수 있어야 세울 수 있다.
철학은 언어를 가지고 건축을 하는 언어건축물이다.
철학은 고정관념을 해체를 하지 않으면 세울 수 없다.

■ 존재와 소유의 공명과 불꽃

소유여, 존재의 아버지여!
욕망이 없다면 존재는 알 길이 없네.
하나의 뿌리를 둔 두 꽃이여!
현상이 없다면 존재를 알 길이 없네.
소유여, 존재의 표상이여!

존재여, 소유의 어머니여!
살갗이 없다면 생명은 알 길이 없네.
살갗 깊숙이 숨은 심장과 대뇌여!
공명과 감동으로 얼굴을 드러내네.
존재여, 말없는 침묵과 고독이여!

현상은 서로 비추어 상(象)을 맺고
존재는 공허로 서로 공명(共鳴)하네.
상과 상의 비춤이여, 상상-상징계여!
소리와 소리의 공명이여, 존재계여!
돌고 도는 존재와 현상의 불꽃놀이여!

■ 부활(復活)은

부활은 세계의 기운생동이다.
부활은 육체의 부활이 아니다.
부활은 메시아의 부활이 아니다.
부활은 모든 죽은 것들의 부활이다.

부활은 새로워지는 것이다.
부활은 죽은 텍스트를 새롭게 해석하는 것이다.
부활은 새로운 살아있는 텍스트를 쓰는 것이다.
부활은 시대정신을 호흡하는 것이다.

부활은 살아있는 자들의 몫이다.

부활은 텍스트에 매인 자들은 할 수 없다.
부활은 시간과 공간을 넘어서야 할 수 있다.
부활은 죽은 자와 죽은 텍스트로는 할 수 없다.

부활은 다시 회복(回復)이다.
부활은 활기찬 삶을 다시 사는 것이다.
부활은 죽음에서 다시 살아나는 것이 아니다.
부활은 복(復), 자연으로 다시 돌아가는 것이다.

부활은 귀신들로는 할 수 없다.
부활은 창조하는 신들만이 할 수 있다.
부활은 시간의 미래이고, 지금 살아있는 것이다.
부활은 과거에 대한 기억이나 관습으로는 할 수 없다.

■ 상대, 절대, 관계, 연기, 사건

눈으로 보고 손으로 실체를 잡아야 하는 과학
귀로 듣고 몸으로 체화하여야 하는 존재의 세계
존재의 존재자여, 존재자의 존재여!
이데아에서 이성으로, 이성에서 법칙으로 나아간
서양철학과 과학은 결국 기독교와 다르지 않다.

창조주와 피조물을 설정한 기독교 세계관
동일성을 향하여 가는 현상학의 서양 철학사
변증법의 핵심인 주인과 노예의 역사변증법

부르주아와 프롤레타리아로 나뉜 계급적 세계
이분법은 세계를 설명하는 서구문명의 방법이다.

실체가 없는 세계를 고집멸도로 해석하는 불교
귀로 듣고 공명하여야 하는 실체가 없는 존재여!
하나님은 태초와 종말에 무시무종으로 있거늘!
세계는 하나의 원을 열심히 전진하는 세계이거나
두 개의 원을 열심히 왕래하는 타원의 세계로다.

세계에 대한 설명은 연역법과 귀납법이 있고,
종교는 신(神)을, 과학은 미지수(x)를 설정하네.
신은 끝없이 달아나고, 공식은 다른 공식을 낳네.
세계는 절대적으로, 혹은 상대적으로 볼 수 있고,
세계는 관계적으로, 혹은 연기적으로 볼 수 있네.

세계는 상대적 체계, 상대에서 절대가 나오고,
다시 절대에서 상대, 상대에서 관계가 나오고,
수많은 관계의 절정에서 연기를 깨닫게 된다.
세계는 항상 무엇인가 일어나는 존재사건이네.

■ 죽음과 사랑에 대하여

암수가 있는 동식물은 상대를 찾기 위해
대상을 파악하는 의식과 기억을 필요로 했다.
암수가 없는 동식물은 대상을 파악하는

의식을 보존할 필요가 없었다.

죽음은 짝을 찾는 동식물의 운명이여!
아메바와 같은 단세포동물들은
자신의 세포로만 번식하기에 죽음은 없었다.
암수가 있는 생명체는 사랑을 해야만 했다.

죽음은 사랑에서, 사랑은 죽음에서 비롯된다.
사랑하는 동식물은 그 대가로 죽음을 맞아야 했다.
죽음을 미워할 수 없다. 죽음은 극복해야만 한다.
죽음과 사랑에 의미를 부여해야 하는 운명이여!

사랑을 위해 기꺼이 죽을 줄 아는 암수여!
죽지 않는 생명보다 죽음 있는 사랑이 빛나도다.
사랑함으로 영원과 하나님을 알고
사랑함으로 죽음을 마다하지 않네.

종교도 사랑 때문에 발생한 것
철학도 사랑 때문에 발생한 것
예술도 사랑 때문에 발생한 것
모든 존재 위에 세워진 불멸의 탑, 사랑이여!

■ 적반하장(賊反荷杖)과 모순

적반하장(賊反荷杖)은 어디에나 있다.

이는 말의 속성인 모순에서 비롯되는 것이다.
말은 형식이기 때문에 본질을 규정하지 못한다.
고정불변의 존재인 본질을 이데아라고 하는데
만약 누가 이데아를 파동이라고 한다면 무의미에 빠진다.
파동은 고정불변의 존재가 아니기 때문이다.

말은 자기모순을 벗어날 수 없다.
사람들이 아전인수로 말을 하면 결국 적반하장에 빠진다.
자유를 주장하는 자유민주주의와
평등을 주장하는 공산사회주의는 얼마든지
정반대의 의미로 말을 사용할 수 있다.
자신은 선이고, 상대를 악으로 규정할 수 있다.

공산주의의 이상사회는 지상천국이다.
기독교의 이상사회는 천상천국이다.
천국을 추구하는 데도 땅과 하늘로 나뉜다.
인간을 위하는 삶이 홍익인간이라면
자연과 함께 사는 삶은 홍익자연이다.
인간은 자연을 한정하고, 자연은 인간을 번식해왔다.

도법자연(道法自然), 노자의 말이지만 도는 자연에 이를 수 없다.
물불천론(物不遷論), 승조의 말이지만 동정은 생각하기 나름이다.
불연대연(不然大然), 원효의 말이지만 대자연은 벗어날 수는 없다.
불연기연(不然其然), 수운의 말이지만 부자연해도 결국 자연이다.
자신자신(自身自神), 심중의 말이지만 자신과 신이 둘이 아니다.
필사즉생(必死卽生), 인간이 반드시 죽어야만 자연이 되살아난다.

■ 인간이 악이다

자연을 본래 있는 것이라고 생각하고
그것을 선(善)이라고 한다면
인간이 악(惡)이다.

자연의 본래존재를 기준으로 보면
인간의 창조는 악의 출발이다.
신(神)과 악마(惡魔)는 동거하고 있다.

자연이 신이고, 신이 힘이라면
자연을 소유할 수밖에 없는 인간은
악이 될 수밖에 없다.

악의 창조는 가장 활발하다.
남의 것을 자기 것으로 만드는
그 창조야말로 악의 원천이다.

신에 가장 가까이 간 존재는 악마이다.
신의 창조를 흉내 내는 존재는 예술가다.
악마의 예술가는 신과 악마를 품고 있다.

■ 여자의 입장에서 보면

여자의 입장에서 보면

임신은 남자의 선물과 같은 것이다.
여자는 임신을 하늘이 점지(點指)했다고 한다.
남편은 자연스레 하늘이 된다.

여자의 입장은 인간의 입장이다.
여자는 산고(産苦)를 겪고 아이를 낳지만
그 영광은 남자, 즉 하늘로 돌린다.
아이에게는 남자의 성씨(姓氏)가 붙여진다.

여자의 입장에서 보면 지구(地球)는 여자이다.
아이를 낳고 기를 수 있는 환경이기 때문이다.
땅은 만물을 부담(負擔)하지만 영광은 하늘로 돌린다.
생명은 하늘의 태양과 연관됨을 알아차렸기 때문이다.

남자는 천문학자의 기질이 있어서
하늘의 다른 별에서 살 것을 상상하지만
여자는 아름다운 지구를 떠날 수 없다.
자신의 몸에 새겨진 진화의 역사를 잊을 수 없다.

여자는 아이를 낳고 공평하게 기르지만
남자는 그 아이를 중에 계통과 권력을 낳는다.
여자에게는 지구를 떠나는 것은 고향상실의 유랑이다.
남자에게는 지구를 떠나는 것이 넓은 우주로의 여행이다.

인간은 여자처럼 살 수도 있고, 남자처럼 살 수도 있다.
인간은 땅처럼 살 수도 있고, 하늘처럼 살 수도 있다.

인간은 때에 따라 여자처럼, 남자처럼 번갈아가며 산다.
인간은 결국 하늘과 땅 사이에서 살아가는 존재이다.

■ 신체는 자아를 만들었다

자연에서 생성된 인간신체는
스스로를 자연에서 분리된(소외된) 존재로 여긴다.
자연에서 분리된 신체는 자아를 형성하고
자아는 세계를 자아중심으로 이해한다.

인간현존재의 존재이해는
존재를 현재(시간)의 현상으로 이해하는 것을 말한다.
인간현존재는 현상에 대한 이해의 강도를 높이면서
대뇌 속에서 세계를 이해하는 존재가 되었다.

자연은 자아를 만들고, 자유를 만들었다.
자아는 시간과 영원과 무한대를 만들었다.
자아는 자연과학과 천체물리학을 만들었다.
물리학은 언젠가는 자연으로 돌아갈 것이다.

물리학은 본래 자연학이 아니다.
물리학은 자연을 제어하고 소유하는 존재방식이다.
물리학은 시간과 공간으로 자연을 재해석한 것이다.
물리학은 신을 전제하고 세계를 설명하는 기독교와 같다.

■ 내재는 존재이다

주체가 있으면 동시에 대상이 있듯이
초월이 있으면 동시에 내재가 있다.
주체와 초월은 대상과 내재의 반사이다.

내재는 초월보다 먼저다.
내재는 존재이기 때문이다.
초월은 존재를 형상화·추상화한 것이다.

내재는 본질존재이다.
내재는, 변화는 본질이다.
초월은, 변하지 않는 본질이다.

내재는 우주의 일반적인 파동이다.
내재는 일반적인 것을 보편적으로 보는 철학이다.
초월은 보편적인 것을 일반적으로 보는 철학이다.

존재론은 결국 신체적 존재론일 수밖에 없다.
현상학은 결국 현상적 존재론일 수밖에 없다.
인간은 존재를 현상화·고정화·법칙화한 현존재이다.

■ 남자는 자아(自我), 여자는 무아(無我)

남자는 자신(自身)의 엑스타시를 즐기는 존재이다.

남자에게는 죽음의 섹스도 엑스타시이다.
남자에게는 정복과 지배도 엑스타시이다.

여자는 자식(子息)의 탄생을 즐기는 존재이다.
여자에게는 출산의 고통도 엑스타시이다.
여자에게는 헌신과 보시도 엑스타시이다.

엑스타시에는 항상 죽음이 뒤따른다.
엑스타시는 신이 허락한 쾌락과 고통이다.
죽음에 가까운 삶이 엑스타시의 삶이다.

남자의 자아는 무아를 깨닫는 자아이다.
여자의 자아는 본래 무아의 자아이다.
여자는 자연자체이기 때문에 깨달을 필요가 없다.

자연은 인간을 반드시 필요로 하지는 않는다.
삶은 지각된 앎을 반드시 필요로 하지는 않는다.
인간의 삶의 무기는 앎이고, 삶은 앎의 삶이다.

■ 나는 너의 밖에 있다

나는 너의 밖에 있다.
나는 너의 생각밖에 있다.
나는 너의 우주밖에 있다.
나는 너의 사유밖에 있다.

나는 자연 자체이기 때문이다.

나는 자연 자체이다.
나는 너를 너로 생각한 적이 없다.
나는 너를 시공간으로 규정한 적이 없다.
나는 너를 앎으로 한정한 적이 없다.
나는 자연 자체이기 때문에 죽음이 없다.
(죽음은 내가 있기 때문에 발생하는 현상이다)

자연은 스스로 생멸하는 존재이다.
자연은 스스로 창조하는 존재이다.
창조하는 존재가 하나님이다.
하나 되는 존재가 하나님이다.
존재는 이중성이고, 애매모호하다.

■ 나는 당신을 믿기에 신입니다

나는 당신을 믿기에 신입니다.
나는 당신을 믿는 나를 믿기에 신입니다.
신은 믿음을 강요하는 존재가 아니라
믿음이 신이 되도록 기다리는 존재입니다.

나는 당신을 믿기에 자연입니다.
나는 당신을 알기 전에 믿기에 자연입니다.
자연이 신이 된 것도 중요한 일이었지만

(자연에서 신이 현상된 것도 중요한 일이었지만)
이제 신이 자연이 되는 일이 중요한 일입니다.
(이제 신이 자연으로 은적되는 일이 중요한 일입니다.)

누가 믿지 않으면 신은 없다.
누가 상상하지 않으면 신은 없다.
신은 신적인 일이 아니라 매우 인간적인 일이다.
인간이 사라진다면 신도 사라질 것이다.
(인간과 신은 공동운명체이다)

■ 니 조상이 어디 있노

니 조상이 어디 있노?
니가 니 조상이다.

귀신이 어디 있노?
니가 니 귀신이다.

신이 어디 있노?
니가 니 신이다.

멍청아, 시간이 어디 있노?
니가 니 시간이다.

멍청아, 공간이 어디 있노?

니가 니 공간이다.

멍청아, 인간이 어디 있노?
시간과 공간이 인간이다.

시공간이 없다면
니가 존재 전부이다.

■ 진보와 보수

인간은 이상한 동물이다.
앞으로가는 것을 보수라고 말한다.
뒤돌아가는 것을 진보라고 말한다.

거울을 통해 사물을 보면서
오른쪽을 왼쪽이라고 한다.
왼쪽을 오른쪽이라고 한다.

안을 밖이라고 말하고
위를 아래라고 말한다.
선후상하좌우내외가 없다.

인간은 존재를 거꾸로 말한다.
있는 것을 없다고 말하고
없는 것을 있다고 말한다.

■ 알과 앎의 이중성

1.
알(생명)과 앎(지식)의 이중성
알이 있기에 앎이 있고
앎의 궁극은 알이라네.

나(自)와 아(我)의 이중성
태어났기에 나인 나는
자아(自我)를 형성하며 살아가네.

아(我)와 타(他)의 이중성
나는 남이 있음으로써
나를 확인할 수 있네.

'스스로 하다'와 '살다'의 이중성
태어난 나는 무슨 일이든
스스로 하면서 살아왔네.

처음과 끝의 이중성
끝과 처음의 이중성
돌고 도는 존재의 세계여!

2.
'하나'와 '하나 되다'의 이중성
나는 하나이지만 동시에

남과 또 하나가 되어야 하네.

'하나 되다'와 '하나님'의 이중성
하나 되는 것은 나를 잊고
하나님이 되는 신비스런 일이라네.

신과 인간의 이중성
신이 인간을 창조했는가.
인간이 신을 발견했는가.

인간과 자연의 이중성
인간은 자연의 산물인가.
자연은 인간의 발명인가.

자연과 신의 이중성
자연으로부터 신이 드러났는가.
신이 자연을 창조했는가.

■ 존재의 숨바꼭질
― 서양철학의 하이라이트

현상은 변하는 존재
본질은 변하지 않는 존재

현상과 존재는 변하는 세계와

변하지 않는 세계의 숨바꼭질

"나는 아무 것도 모른다는 것을 안다"(소크라테스)
여기에 존재와 앎(진리)이 동시에 포함되어있네.

변하지 않는 고정불변의 존재(플라톤),
이데아, 것(thing=it=that=what), 육하원칙

이데아는 이데아의 현상학
존재는 존재의 현상학

변하지 않는 동자(아리스토텔레스)
목적인, 형상인, 질료인, 작용인

이데아는 법칙이 되어, 자연과학의 길을 열고
자연과학은 수학을 만나 함수(函數)가 되었네.

변하지 않는 것은 좌표가 되고
변하는 것은 좌표 상에 기록되었네.

신도 변하지 않는 고정불변의 존재(기독교)
신은 변하는 피조물을 창조했네.

신의 섭리(攝理)는 함수(函數)가 되고
이진법은 함수기계, 컴퓨터가 되었네.

수학적 세계의 천지인은 0, 1, ∞이네.
이진법(0. 1)의 완전함(∞)이여!

■ 수학의 천지인, 철학의 천지인

1.
수학의 천지인, 삼재(三才)여!
수학의 삼위일체여, 삼신이여!
0과 1과 ∞는 동시에 있어야 한다.
1은 0을, ∞는 1을, ∞는 0을 전제하고 있다.

1/0=∞, 1/∞=0, 무한소=무한대
1=색(色), 0=공(空), ∞=영원(永遠)
0은 1이고, 1은 0이다.
무한대는 0이고, 0은 무한대이다.

1은 무한대이고, 무한대는 1이다.
순간은 영원이고, 영원은 순간이다.
시간은 공간이고, 공간은 시간이다.
찰나생멸(刹那生滅)은 기운생멸(氣運生動)이다.

공(空)은 무(無)이고, 무는 공이다.
무는 무한대이고, 무한대는 무이다.
존재는 무이고, 무는 존재이다.
존재는 존재자이고, 존재자는 존재이다.

천지인은 1, 2, 3이다.
천지인은 0, 1, 2이다.
천지인은 0, 1, ∞이다.
천지인은 무(無), 1, ∞이다.

2.

세계는 천지인(天地人), 진선미(眞善美), 지정의(知情意)
세계는 과학법칙, 도덕법칙, 취미판단이 되었다.
취미판단의 조건은 무관심의 쾌락, 무개념의 보편성
무목적의 합목적성, 무개념의 필연성

아름다움은 유에서 무로, 무(無)의 유(有)가 되었다.
진선미는 모순율(矛盾律), 정반대가 되었다.
진선미(칸트)는 정반합이 되었네(헤겔).
노예는 주인이 되었다(마르크스).

신은 죽었네. 인간이 초인이다(니체).
세계는 유물기계가 되었다(들뢰즈).
존재는 세계-내-존재가 되었다(하이데거).
세계는 존재-내-세계가 되었다(박정진),

본질은 변하는 존재, 파동, 소리, 자연
현상은 변하지 않는 존재, 존재자, 입자, 사물
존재와 현상은 음(陰)의 양(陽), 양(陽)의 음(陰)
생성과 존재의 영원한 숨바꼭질이여!

세계는 천지인(天地人)으로 볼 수도 있다.
세계는 음양(陰陽)으로 볼 수도 있다.
세계는 음양오행(陰陽五行)으로 볼 수도 있다.
세계는 역(易) 혹은 역(力)으로 볼 수도 있다.

■ 뜻은 마음을 다하지 못 한다

누가 말했던가.
글은 말을 다하지 못한다(書不盡言)고,
말은 뜻을 다하지 못한다(言不盡意)고.

나는 말한다.
뜻은 마음을 다하지 못한다(意不盡心).
마음은 몸을 다하지 못한다(心不盡身).

신이 그립다.
몸은 신을 다하지 못한다(身不盡神).
몸의 정수가 신이다.

인간을 위해 신을 살려내야 한다.
신은 본래존재, 이름 없는 존재
신은 지향(志向) 이전의 침묵이다.

■ 밥이 신이듯 간절한 신을

배고픈 자에게 밥이 신이듯
그렇게 간절한 신을
목숨과도 바꿀 신을
생각해 본 적이 있는가.
일상의 보잘 것 없는 신
여보당신은 어떤 존재인가.

눈앞에서 걸어 다니는 거리의 신
남자에게 여자는 신
여자에게 남자는 신
나는 너에게, 너는 나에게
그렇게 뽐내지 않는 신
더러는 빛나지 않는 신

죽은 자에겐 살아있는 자가
살아있는 자에겐 죽은 자가
신이 아닌 곳이 없구나.
하늘은 땅에게, 땅은 하늘에게
인간은 하늘땅에게, 하늘땅은 인간에게

■ 성스러운 일상은 어디로 가버렸는가

신적인 것은 이념적인 것

이념적인 것은 이성적인 것
이성적인 것은 이상적인 것
이상적인 것은 현실적인 것
현실적인 것은 존재자적인 것
존재자적인 것은 존재가 아니다.
성스러운 일상은 어디로 가버렸는가.

성스러움은 어디로 가버렸는가
성스러움을 잃어버린 신들
성스러움을 잃어버린 이념들
하늘은 하늘대로, 땅은 땅대로
인간은 인간대로, 저마다 흩어져
칸막이에 갇혀 생명을 잃고 있다.
성스러운 일상은 어디로 가버렸는가.

현대의 신화는 이념이다.
무신론은 하나의 이념으로서 신화이다.
마르크시즘이 무신론의 종교가 되는 이유다.
모든 절대는 이념이면서 신학이다.
절대정신이 인간학이면서 신학인 이유다.
인간에서 비롯된 이념이든
신에서 비롯된 이념이든 모두 신학이다.

■ 인간이라는 질병

인간이라는 질병
순수, 절대, 영원
속죄양처럼 십자가에 걸려있다.

철학자라는 질병
칸트, 헤겔, 니체
신, 이성, 광기는 얼마나 찬란한가.

이상과 현실은 하나
의미와 무의미는 하나
정신과 정신병은 하나

인간적인 것이란 모두
자연에 대한 인간적인 것일 뿐이네.
상대적인 것을 절대적으로 보는 광기

내가 정의롭기 때문에
살인하고도 죄책감이 없는
집단자살과 인종학살의 냉혈한

인간은 아무런 힘이 없다.
철학자는 아무런 힘이 없다.
준동하는 악마들의 사육제(謝肉祭)

끝없이 달아나는 쫓기는 신(神)
신기원에 도달하려는 차가운 이성(理性)
다람쥐 쳇바퀴 같은 타원형 악마(惡魔)궤도

■ 악마를 보았다

만약 신이 아무런 힘이 없다면
사람들은 신을 믿을까.

힘 있는 자들 중에서
맨 앞에 있는 신을 제하면 다음이 누구 차례일까.

사람들은 악마를 믿었다.
권력을 신봉하는 사람들에게 악마는 신이었다.

사람들이 만들어낸 괴물 중의 괴물의 이름
영웅호걸이든 국가든 세계든 악마가 들어있다.

신은 반드시 힘없는 자가 되지 않으면 안 된다.
사람들은 아무런 힘없는 자를 신으로 섬길까.

힘없는 자가 신이 되지 않으면 세상은 멸종할 것이다.
악마는 스스로 멸종하는 권력과 소유의 다른 이름이다.

사람들은 자신의 내부에 도사린 악마의 얼굴을 잊었다.

만약 신이 없다면 세계는 분명 악마의 세계일 것이다.

십자가에 못 박혀 죽은 힘없는 자, 예수
'힘에의 의지'를 주장한 미치광이 철학자, 니체

아마도 죽지 않을 수 있다면 모든 인간은 가면을 벗고
벌건 대낮일지라도 악마를 드러냈을 것이다.

악마와 대결할 자는 죽음뿐이다.
죽음이야말로 글자그대로 안식(安息)이다.

신과 인간 사이에 악마와 소유가 있는 것은
신과 악마 사이에 창조가 있는 것은 슬픈 운명이다.

악마를 보았다. 너의 창조하는 힘에 붙어있는 악마를!
악마를 보았다. 신을 찾는 너의 기도에 붙어있는 악마를!

악마는 악마를 떠올리는 바로 너야.
악마는 악마를 말하는 바로 너야!

■ 존재는 기호가 아니다

존재는 기호가 아니다.
존재는 스스로를 기억하지 않는다.
기호와 기억은 존재에 대한 왜곡이다.

존재는 보편적인 것이 아니라 일반적인 것이다.

존재는 존재의미(意味)이다.
존재는 존재의미지향(意味志向)이다.
존재는 바로 존재의지(意志)이다.
존재는 의지의 바탕에서 욕망(慾望)한다.

존재는 기표(記標)가 아니다.
기표는 주장하려하고, 의미는 숨고자 한다.
기호는 양(陽)이고, 존재는 음(陰)이다.
존재는 숨어서 숨을 쉬는 기운생동이다.

자연은 스스로 존재한다.
자연은 대상으로 인해 스스로를 확인한다.
대상은 영원한 대상이 아닌 변하는 대상이다.
자연은 변하는 관계 속에서 스스로를 확인한다.

자연은 부분적 이름이 없다.
자연은 숨을 쉬는 전체적 생명이다.
개체가 없음으로 인해서 죽지도 않는 생명이다.
생명은 어느 누구도 잡을 수 없다.

우리는 누구의 이름을 부르지만
이름은 결국 숨을 쉬지 않는 기계일 뿐이다.
기계는 아무리 덩치가 커도 부분으로 전락한다.
무한대 앞에서는 모두가 제로(0)이기 때문이다.

영원 앞에서는 모두 순간이다.
우리는 없음을 있다고 생각하고 불행하게도
무를 무한대, 순간을 영원이라 생각한다.
항상 어떤 것의 너머를 상상한다.

상징계도 슬프고 상상계도 슬프다.
존재를 항상 표면에서 확인하려고 하고
존재 그 자체에 대한 깊이를 잃어버린다.
화장으로 자기를 속이는 여성과 같다.

■ 섹스와 쾌락, 그리고 해체

나는 삶의 엔진, 너는 삶의 차체
나는 삶의 밧데리, 너는 삶의 시트

욕망과 시선, 사물과 응시
쾌락은 현실, 현실은 쾌락

나의 삶은 나의 죽음
나의 절정은 나의 허탈

나의 생멸은 나의 생사
우리의 죽음은 우리의 멸종

나는 양(陽), 너는 음(陰)

나는 존재자, 너는 존재

산과 계곡, 강과 바다
생명은 태양계와 지구의 운명

에로스, 타나토스는 한 몸이네.
섹스는 재생산, 섹스는 작은 죽음

나는 인플레이션, 너는 디플레이션
나는 컨스트럭션, 너는 디스트럭션

해체는 생멸이지만 해체주의는 죽음이네.
디스(dis)인플레이션은 디스컨스트럭션이네.

이념(ideology)은 항상 존재를 왜곡한다.
어떤 것에 주의(-ism)가 붙으면 존재는 왜곡된다.

■ 멸종한 네안데르탈인을 떠올린다

나는 멸종한 호모네안데르탈인을 떠올린다.
왜 호모사피엔스는 혼자 살아남지 않으면 안 되었던가.

나는 멸종하다시피 한 인디언을 떠올린다.
생존경쟁보다 더 악랄한 권력경쟁의 DNA

신, 자유, 평등은 패권 경쟁을 위한 가상화폐인가.

자유는 지배의 신호, 평등은 죽음의 신호인가.

신은 언제부터 스스로를 포기해버렸을까.
호모사피엔스가 신을 죽여 버리고 혼자 살고부터였을까.

조상에게 제사를 지낼 줄 알았던 소박한 네안데르탈인
동굴 벽에 그림을 그릴 줄 알았던 투박한 네안데르탈인

절대를 추구하는 영악한 사피엔스는 경쟁자를 죽이고야 마는가.
절대유일신은 스스로의 몸속에 악마를 숨기고 있었다는 말인가.

■ 지금 말로 말할 수 없는 곳에

나는 지금 말로 말할 수 없는 곳에 있습니다.
나는 지금 침묵으로 말하는 곳에 있습니다.
나는 지금 공명으로 말하는 곳에 있습니다.

태초와 종말이 함께 있는 곳에서 반쯤 눈을 뜨고
어둠 속에서 가녀린 빛을 비처럼 맞으며 있습니다.
슬픔과 기쁨이 한데 섞여 소용돌이로 있습니다.

아무 것도 없는 텅 빈 공간에서 희미한 소리처럼
손짓으로 누구를 부르기도 하고 내젓기도 하면서

삶과 죽음의 경계에서 외눈박이처럼 있습니다.

고함을 치지만 소리가 들리지 않는 적막한 곳에서
칭얼대다가 막 잠이 드는 아이처럼 잠꼬대를 하면서
세상 편안한 얼굴로 엄마 품속에서 안식하고 있습니다.

■ 것, 거시기, 그것

것, 거시기, 그것
Thing, That, It

Thing is
It, that, Thing itself

Thing is
something, anything, nothing

Thing is
Being, Being-becoming, becoming

Thing is
것, 거시기, 그것

Thing(The-ing) is
사물 자체, 차이 자체, 자연(Self)

■ 성기(性器)숭배에 대한 상상

시골마을에 흩어져 있는 선돌, 고인돌
암바위, 숫바위, 지혜의 보고라네.

선돌은 하늘을 향한 솟대
고인돌은 땅에 흩어진 무덤

선돌은 삶, 고인돌은 죽음
선돌은 Y대가리 권력신앙, 고인돌은 X공알 생명신앙

조상들은 알 것 다 알았네. 그것이 그것이네.
암수음양상보(陰陽相補)와 진리역설(眞理逆說)

선돌은 대가리 신앙, 고인돌은 공알 신앙
선돌은 양음철요(陽陰凸凹), 고인돌은 음양요철(陰陽凹凸)

기독교는 Y대가리 신앙, 불교는 X공알 신앙
기독교는 하나님아버지신앙, 불교는 부처보살신앙

기독교는 아버지 신앙, 불교는 어머니 신앙
기독교는 역사(歷史) 신앙, 불교는 불성(佛性) 신앙

기독교는 오이디푸스신앙, 불교는 인드라신앙
기독교는 실체(實體)인과론, 불교는 연기(緣起)관계론

기독교는 원인적 동일성, 불교는 결과적 동일성
기독교는 기독교 현상학, 불교는 불교존재론

색즉시공(色卽是空), 공즉시색(空卽是色)
일즉일체(一卽一切), 일체즉일(一切卽一)

일중일체다중일(一中一切多中一)
일즉일체다즉일(一卽一切多卽一)

자유-자본주의는 가부장-국가사회의 변종
공산사회주의는 모계마을사회에 대한 향수

선돌, 고인돌, 점성술, 북두칠성 신앙
기독교, 불교, 천문학, 별들의 잔치로구나.

■ 포르노(pornography)

꿈속에서 언뜻 언뜻 출현하는
불청객, 가장 강렬한 반면교사
가장 깊숙이 감추어둔 생명력
인생의 막장에서 울부짖는 짐승들

죽음에 저항하면서
죽음을 받아들이는 이중의 몸짓
불유쾌한 꿈의 현실, 유쾌한 현실의 꿈

신을 외치는 포르노(porno)의 포노로지(phonology)

창과 방패의 치열한 전투
귀신들이 난무하는 생존경쟁
일상의 신과 신체의 신이 결투하는
적나라한 개들과 돼지들의 합창

■ 생각하는 동물, 인간

생각하는 동물, 인간
죽을 때까지 지 잘난 줄 알면서 사는 존재
아니, 지 잘난 줄 아니까 죽지 않고 산 존재

생각이라는 것의 궤적은
자연에 다른 이름을 붙이는 행위의 연속
이데아, 신, 법칙 혹은 자유, 평등, 박애

생각은 동물로서는 위험한 존재사건
생각이 천직이 된 철학자들은
죽음을 넘어서는 우여곡절의 곡예사(曲藝師)

생각이라는 것도 다른 동물들처럼
암컷이 다르고, 수컷이 다르다는 것을
다 살고 난 뒤에 겨우 아는 생각하는 존재

쥐새끼 같은 놈, 용을 닮은 놈
어디서 죽은 줄도 모르게 죽음을 숨기는 수사자
새끼 낳고 키우다가 결국 갈갈이 찢겨 죽는 암소

생각과 이성이라는 것은 단지 개념화하는 능력
의지, 무의식, 본능도 자연에 대한 다른 이름
신(神)조차도 존재 그 자체인 자연에 대한 다른 이름

세계는 시공간의 정지된 존재와 사물이 아닌,
생성과 사건의 생멸하는 전체로서의 하나
무생물과 동물과 인간이 구별되지 않는 별들의 세계

잠시 생각하는 동물로 살았소.
부질없는 생각이라지만 생각 때문에 산,
자기기만의 힘으로 산 인간 동물이라오.

악마를 뿔 다린 맹수로 그리는
약한 동물, 비겁한 동물 인간이여!
거짓과 역설과 배반의 존재여!

천사장이 악마가 된 성경의 내용을 거꾸로
악마를 천사로 그리고 싶은 유혹에 빠지는 존재여!
뇌공룡(腦恐龍)이 되어 자멸하는 운명인지 모르오.

■ 오락(娛樂, Entertainment)에 대하여

천국이란 무엇인가.
오락(娛樂)하는 마음이로구나.
상열이가락(相悅以歌樂), 유오산수(遊娛山水)
풍류도정신이 바로 오락정신이로다.

오락하려면 마음가짐으로
상마이도의(相磨以道義)가 필요하네.
서로 하나가 되어야 신바람 나는
엔터테인먼트(Entertainment)의 세상이 아닌가.

신(神)은 우리를 붙들어주네(entretanir).
인포테인먼트(infotainment), 디지테인먼트(digitainment),
다큐테인먼트(docutainment), 아나테인먼트(annatainment),
스포테인먼트(sportainment), 아트테인먼트(arttainment),

신이 붙으면 신바람이 나네.
신바람 나지 않는 문화 활동은 없네.
에듀테인먼트(edutainment), 메디테인먼트(meditainment),
워크테인먼트(worktainment), 폴리테인먼트(politainment)

엄마 찌찌(titty)를 빨던 때가 그리워!
엄마는 우리의 구원, 구세주
엄마만 있으면 우리는 행복해!
티티테인먼트(tittytainment)

아, 오락하는 마음이 천국이로구나.
지상천국, 천상천국, 내 마음의 천국
지옥에서도 오락하면 천국이 될 텐데.
오락하는 마음은 어린아이의 마음.

■ 존재는 진리가 아니다

존재는 진리(眞理)가 아니다. 스스로 있음이다.
도덕은 선량(善良)이 아니다. 집단의 부름이다.
아름다움은 미(美)가 아니다. 삶 자체 빛남이다.

진선미(眞善美), 진선(眞善), 진미(眞美)
천리(天理), 천명(天命), 취미(趣味)는
자연이 아닌, 나름 존재로의 해석이다.

모든 앎은 이미 존재가 아닌, 대상의 초월이다.
대상은 이미 초월이고, 초월은 이미 대상이다.
앎에서 존재는 존재자이고, 존재자는 존재이다.

자연을 말할 때의 나는 이미 존재이고
존재를 말할 때의 나는 이미 존재자이다.
존재와 존재자의 이중성은 진리모순이다.

사물존재에 대한 인간의 위치는
인간에 대한 신의 위치와 같다.

인간은 신이고, 신은 인간이다.

신인간, 인간신, 기계인간, 기계신
신이라는 개념에는 이미 기계가 있다.
시공간은 의미이며, 이미 무의미이다.

해석은 이미 존재에 대한 배반이고, 삶이다.
철학은 이미 존재에 대한 반란이고, 초월이다.
모든 앎은 해체를 기다리는 구성이고, 구조이다.

■ 천상천하유아독존(天上天下唯我獨尊)

세상에는 나밖에 없다.
나밖에 없음은 "나는 없다."

나는 네가 되고
너는 내가 되고, "나는 없다."

유(有)는 무(無)가 되고
무(無)는 유(有)가 된다.

존재는 이름이 되고,
이름은 존재가 된다.

존재의 이름을 부름은 존재자가 되고

존재자의 이름을 지우면 존재가 된다.

천상천하유아독존(天上天下唯我獨尊)
인중천지일풍류도(人中天地一風流道)

■ 시간과 존재자

자아가 없으면 시간도 없다.
시간에 의해 존재자가 생긴다.
자아-시간-존재자는 같은 것이다.

자연 이외의 것은 모두 존재자이다.
존재는 무(無)가 전제된 무유(無有)의 무(無)이다.
존재자는 유(有)가 전제된 유무(有無)의 무(無)이다.

자연-존재-사건-관계는 같은 것이다.
존재는 시간이 아니라 사건이다.
존재는 나눌 수 없는 관계의 전체이다.

존재는 이용할 수 없는 전체이다.
존재는 하나의 생명으로서 전체이다.
존재는 하나님으로서의 전체이다.

■ 태초는 하나, 종말도 하나

1.
태초는 하나이다.
우리가 알 수 없는 하나이다.
종말도 하나이다. 우리가 알 수 없는 종말이다.

탄생은 하나이다.
우리가 알 수 없는 하나이다.
죽음도 하나이다. 우리가 알 수 없는 하나이다.

종교는 1을 섬긴다.
철학은 0을 섬긴다.
과학은 ∞를 섬긴다.

기독교는 절대를 섬기는 종교
불교는 상대를 섬기는 철학
유교는 인간을 섬기는 인간학

2.
물리는 물리현상학(物理現象學)
불교는 불교존재론(佛敎存在論)
인간은 인간현존재(人間現存在)

공즉시색(空卽是色)은 0과 1을 섬긴다.
일즉일체(一卽一切)는 1과 ∞를 섬긴다.

존재는 결국 1, 0, ∞ 셋을 다 섬긴다.

1, 0. ∞는 천지인
천지인은 하나가 되어야 한다.
천지인은 하나가 될 수밖에 없다.

물리(物理)의 신이 추상기계(抽象機械)의 신이 되었으니
미래의 신은 심정구체(心情具體)의 신이 될 수밖에 없다.
보이지 않는 신은 이제 심정(心情)의 하나님이 되었다.

■ 씨, 씀, 마음 씀

1.

씨와 알은 우리말의 원천
씨는 땅에서 구체적인 것으로 전해지는 알,
알은 태양에서 비롯되는 생명의 원형을 의미한다.
씨는 여성으로부터 태어남, 성(姓)에서 비롯된다.

씨는 씨앗으로, 글을 쓰는 글씨의 의미로
나중에는 물건을 쓰는 의미로 발전한다.
글을 쓰는 것도 씀이요, 사물을 사용하는 것도 씀이다.
삶은 무엇을 쓰는 것으로 요약된다.

씨는 자신의 출계를 말하는 것에서부터
글씨를 쓰고, 물건을 쓰는 삶의 모든 활동을 말한다.

혈통과 문(文)과 무(武)의 모든 의미가 씨에서 출발한다.
문무(文武)의 균형을 잘 이루는 것이 삶의 요체이다.

2.
마음을 쓰는 것도 씀이고,
물건을 쓰고, 몸을 쓰는 것도 씀이다.
관심(觀心)이라는 말보다 마음 씀이 더 나에게 다가온다.
심물(心物)이라는 말보다 마음 몸이 더 나에게 다가온다.

보이지 않는 소리를 쓰는 예술이 음악이다.
음악(音樂)이라는 말보다 소리가 더 나에게 다가온다.
공명(共鳴)이라는 말보다 울림이 더 나에게 다가온다.
우리가 누리는 세계전체가 온 누리이다.

사람은 쓰다, 그리다, 그리워하다가 죽는다.
사람은 무엇을 쓰면서 사는 있음이다.
사람은 무엇을 그리며, 그리워하는 있음이다.
사람이 살을 사는, 살을 사르는 삶의 목표가 사랑이다.

■ 우리는 신적인 존재

현실은 어디에 있나요.
꿈속에 있지요.
신은 어디에 있나요.
믿음 속에 있지요.

우리는 자연을 그것이라고 하지요.
우리는 그것을 자연이라고 하지요.
현실은 이름 모르는 누군가가 꿈꾼 이상
내가 꿈꾼 이상은 이름 모를 누군가의 현실

존재를 사물이라고 하는 인간
사물을 그것이라고 하는 인간
가장 현실적인 것은 가장 이상적인 것
가장 초월적인 것은 가장 내재적인 것

존재는 어디에 있나요.
하늘에 추상이 있다면, 땅에는 구체가 있어요.
천지는 순환할 수밖에 없어요.
우리는 순환을 즐기는 신적인 존재.

신을 믿어야 하는 이유는
신을 믿지 않으면 자신을 믿지 않게 되는 때문
무신론이 위험한 것은 모든 것을 믿지 않기 때문
노예가 위험한 것은 스스로를 저주하기 때문.

신은 어디에 있나요.
믿음 속에 있지요.
현실은 어디에 있나요.
꿈속에 있지요.

■ 본질(本質)과 고유(固有)

본질(本質)은 고정불변의 존재를
가정하고 증명하려는 것이다.
고유(固有)는 본래 있는 존재인
본래존재를 설명하려는 것이다.

본질과 고유는 같은 의미로 생각하지만
이들은 동전의 양면과 같은 관계에 있다.
본질은 인간이 인위로 밝히는 것이라면
존재는 자연의 있는 그대로를 의미한다.

얼른 생각하면 자연의 있음을 말하는 것은
아무런 의미가 없는 것으로 생각하기 쉽다.
인간에게 어떠한 이로움을 주지 않기 때문이다.
그러나 생명의 관점에서 보는 일은 중요하다.

본질은 근본에 대한 질문과 답을 얻는 것이다.
고유는 자연을 있는 그대로 기뻐하는 것이다.
생성을 존재로 설명하는 것이 현상학이다.
존재를 생성으로 설명하는 것이 존재론이다.

본질은 인간이 만들어낸 주관적 관념,
고유는 자연 그대로의 자연적 존재이다.
관념론의 나라인 독일 태생의 하이데거는
이데아의 존재론적인 근원으로 존재론을 수립했다.

서양철학의 본질, 순수, 이성, 의식, 절대지,
직관, 기억, 물질, 힘, 차이, 지연, 복제는 모두
고정불변의 존재를 가정한 실체론의 흔적을 지울 수 없다.
이데아는 이데아현상학이고, 앎의 철학은 모두 현상학이다.

■ 인간의 뿌리는

인간의 뿌리는 천상에 있다.
시간과 빛에 있다.

동물의 뿌리는 지표에 있다.
공간과 운동에 있다.

식물의 뿌리는 지하에 있다.
어둠과 양분에 있다.

천지인은 만물의 뿌리
신은 만물의 창조

조화신(造化神)은 창조하는 신과
변화하는 신의 현묘(玄妙)한 조화

자신의 뿌리를 천상에서 찾은 인간은
하늘부모 신을 숭배하지 않을 수 없네.

우리 모두 하늘에 계신 부모를 닮아
참부모가 되어야 하네.

■ 나는 신인간, 인간신

나는 신을 사랑하는 사람
나는 신과 신나게 노는 사람
나는 신나는 세계를 만들고 싶은 사람

나는 논리를 좋아하는 사람
나는 신을 논리로 보는 사람
나는 논리 속에서 신을 증명하는 사람

나는 미친 사람
나는 미친 듯이 신과 노는 사람
나는 미친 열광 속에서 신이 되는 사람

나는 신과 더불어 산 사람
나는 때로는 인간이 된 신, 인간신
나는 때로는 신이 된 인간, 신인간

■ 만약 존재가 진리라면

만약 존재가 진리라면

존재는 하나의 기호로 환원된다는 뜻이다.
진리는 세계, 세계는 진리가 된다.
존재의 환원은 수렴이고
수렴은 제로가 될 수 있다는 뜻이다.
제로가 될 수 있다는 것은
존재가 무한대로 팽창될 수도 있음을 말한다.

0과 1과 무한대(∞)는 동시에 있다.
순간이 영원이고, 영원이 순간이라는 뜻이다.
환원은 순간을, 순간은 영원을 뜻한다.
진리의 시종(始終)과 인과(因果)가 동시에 있다면
진리가 바로 종교임을 뜻한다.
만약 진리가 종교라면
과학은 종교의 변이에 불과하다는 말이다.

빅뱅이론은 과학적 천지창조신화이다.
창조주와 피조물, 주체와 대상, 주인과 노예는
인간현존재, 인간현상학의 여러 종류에 불과하고
양자 사이에 거리(間)를 둔
시간과 공간의 해석학에 불과하다.
만약 거리가 없다면 존재는 하나이다.
존재는 진리도 아니고 세계도 아니다.

철학은 존재를 시간으로 설명할 수밖에 없다.
과학은 존재를 공간으로 증명할 수밖에 없다.
종교는 존재를 우상으로 해석할 수밖에 없다.

예술은 존재를 기쁨으로 드러낼 수밖에 없다.
체육은 존재를 승리로 확인할 수밖에 없다.
문화는 존재를 문자로 정리할 수밖에 없다.
시간, 공간, 우상, 기쁨, 승리, 문자는 존재방식이다.

■ 평화의 의지

이성의 철학자 칸트도 선의지를 주장했습니다.
망치의 철학자 니체는 힘의 의지를 주장했습니다.
니체는 칸트의 도덕철학은 힘의 의지로 대체했습니다.
니체 속에는 칸트가, 칸트 속에는 니체가 있습니다.
바로 법칙, 힘, 실체에 대한 깊은 신앙이 있습니다.

선의지, 힘의 의지만으로 평화를 이룩할 수 없습니다.
칸트의 영구평화론을 실천하고자 한 국제기구인 유엔이
안전보장이사회 상임이사국의 횡포에 시달리는 이유는
바로 평화를 주장하면서도 힘에 의존하기 때문입니다.
기독교도 과학도 전능한 신과 물리력에 대한 믿음입니다.

평화의 의지를 높이지 않으면 인류는 멸종할지도 모릅니다.
선의지, 힘의 의지는 평화의 의지로 대체되어야 합니다.
신인류는 인류평화를 실현할 때 가능한 미래인류입니다.
평화의 의지는 가부장국가-제국주의의 힘의 의지가 아니라
여성과 아이들이 행복한 세계로 재편하는 의지를 말합니다.

■ 자유자본, 공산사회, 공생공의주의

1.

자유자본주의는 자유(自由)와 상상력과 창의력,
욕망을 인정하기 때문에 생산성을 높이게 된다.
자유자본주의에서는 자유가 가장 큰 원동력이다.

공산사회주의는 공산(共産)과 평등을 주장하면서
욕망을 무시함으로써 생산성을 높일 수 없게 된다.
사회주의의 계산적 평등은 하향평준화를 벗어날 수 없다.

마르크스는 자본론을 통해 자본주의를 비판했지만
자유의 힘을 무시하고 계급투쟁을 선동함으로써
사회를 분열과 저주, 혁명의 도가니로 만들었다.

마르크스는 노예와 노동의 관점에서 세계를 봄으로써
결국 인민을 노예로 만드는 전체주의를 촉발했다.
계급투쟁은 공산당귀족을 옹립하는 데 기여했을 뿐이다.

마르크시즘은 자기기만 때문에 반인간주의가 될 뿐
신이 없는, 평등의 지상천국은 공염불이 되었다.
감시와 폭력과 가난과 타락의 종합전시장이 되었다.

2.

마르크시즘은 현대국가와 자본산업사회를 살아가는
인민대중에게 공산이상사회의 허상을 심어줌으로써

가난과 거짓과 공유(共有)의 희생자가 되게 했다.

마르크시즘으로는 결코 주인인간이 될 수 없다.
헤겔의 유심론을 뒤집어 유물론과 무신론을 주장한
마르크스는 반인간주의가 돼버린 마르크시즘을 부정했다.

신이 없는 인간은 축복하는 마음조차 잃어버렸다.
자유자본주의는 축복과 희망, 빛의 인간을 만들었고
공산사회주의는 저주와 질투, 어둠의 인간을 만들었다.

북한은 특히 왕조전체주의가 되어 역사를 후퇴시켰다.
남한은 북한과의 체제경쟁으로 국력을 신장시킨 반면
북한은 남한공격에 힘을 낭비함으로써 빈국으로 전락했다.

자유자본, 공산사회를 벗어나서 함께 잘 살려면
공생공의주의를 통해 평화의 세계를 이루어야하네.
함께 잘 사는 도의세계를 실현하는 것만이 희망이네.

■ 소크라테스가 성인인 이유

소크라테스는 말했다.
"나는 내가 아무 것도 모른다는 것을 안다."
이 짧은 말에 철학의 존재론과 인식론이 다 들어있다.
이 짧은 말에 존재와 진리의 비밀과 한계가 다 들어있다.

존재는 바로 모르는 것이고, 알 수 없는 것이다.
인식과 진리는 존재의 일부를 파악한 것에 불과하다.
인간은 그 파악한 것을 소유하고자 하는 존재이다.
소유는 머리로, 손으로 잡는 것을 의미한다.

소크라테스가 성인인 이유는
바로 앎과 모름, 앎과 삶의 경계에서
매우 한시적인 법에 의해 독배를 마시고 죽었기 때문이다.
그는 철학의 예수와 같다.

■ 나는 길이요, 진리요, 생명이다

예수는 말했다.
"나는 길이요, 진리요, 생명이다."
길은 사람이 태어나서 살아가는 길을 의미한다.
진리는 사람이 머리로 파악한 세계를 의미한다.
생명은 생멸하는 존재 전체, 그 자체를 의미한다.

길은 동양의 도학(道學)을
진리는 서양의 진리(眞理)와 법칙(法則)을
생명은 자연과 우주의 생멸(生滅)을 말한다.
예수는 이 짧은 말로 존재를 일치시켰다.
삶과 앎과 존재라는 천지인을 일치시켰다.

예수는 동양의 도학, 불도(佛道)를 배웠을 것이다.

그 불도를 유대인에게 설법하는 구도의 길을 갔지만
유대교의 바리새인들은 예수를 놀리고 도둑을 살렸다.
신약성경에 법화경의 구절들과 같은 내용이 많지만
길과 진리와 생명이라는 말에서 그 요체를 드러낸다.

어떤 경전도 자연을 이길 수는 없다.
문화는 자연에 길(道)을 내는 것이다.
문화는 자연에 길을 내고 진리(眞理)를 찾지만
결국 자연으로 돌아가지 않을 수 없다.
자연은 생명(生命)이고, 도덕은 천명(天命)이다.

길 중의 길이 진리이다.
진리 중의 진리가 생명이다.
생명은 모든 현상의 본질이다.
생명이야말로 자연의 다른 말이다.
생명이 없다면 만물이 의미를 잃게 된다.

■ 어떤 질문

아이에게 물었다.
"엄마가 좋아, 아빠가 좋아?"
아이는 엄마와 아빠를 두리번거리면서
난처한 듯 아무 말도 못했다.

어떤 이에게 물었다.

"자유가 좋아, 평등이 좋아?"
어떤 이는 두 사람을 번갈아보면서
난처한 듯 아무 말도 못했다.

세상에는 선택을 할 수 없는 게 있다.
그것을 본래존재라고 말한다.
본래존재는 침묵으로 받아들일 수밖에 없다.

자유세계의 철학자들이 좌파가 되는 것은
그들이 자유세계에 살고 있기 때문이다.
공산세계에서는 아예 다른 철학을 할 수 없다.

평등은 존재의 본래적 속성이다.
계산된 평등은 본래적 평등이 아니다.
자유는 계산할 수 없기에 본래적이다.

우리는 존재의 근본, 본래존재를 모른다.
우리가 아는 것은 이미 근본이 아니다.
자유와 평등도 근본이 아닌 근본이다.

■ 종교국가, 국가종교

제정일치시대에는 종교가 국가였다.
하늘과 조상과 산천에 제사를 지내는 것이
정치의 전부였다.

제정분리시대에는 국가가 종교가 되었다.
국가가 종교를 대신하여 이승의 삶을 책임지고,
사후세계는 종교에 맡겼다.

종교와 국가는 서로 권력과 책임을 분담했다.
이제 종교도, 국가도 인간을 보호하고 위로하지 못한다.
세계국가, 세계종교의 시대에 인류는 어디로 가고 있는가.

미래인류에게 가정과 평화만이 살길이다.
가정의 평화를 이루지 못하면 이승도 저승도 무의미하다.
춤추고 노래하는 평화세계를 만들지 못하면 멸종할 것이다.

■ 위대함에 대하여

여자가 아이를 낳는 것보다 위대한 것을
나는 보지 못했다.
그것은 지금 막 일어나고 있는 천지창조이다.
그런데도 사람들은
그것을 여자의 당연한 일처럼 대수롭지 않게 생각한다.

남자들이 아무리 대단한 경전을 쓰고
자연을 이용할 수 있는 법칙을 발견하고
세계를 정복하고 제국을 건설하며 으스대더라도
여자가 아이를 낳지 않으면 무(無)로 돌아간다.
여자의 일은 무와 유, 창조와 종말을 결정짓는 일이다.

여자는 자연의 상속자이다.
남자는 문명의 상속자이다.
여자의 일은 신체가 하는 일이다.
남자의 일은 언어가 하는 일이다.
감히 신체가 하는 일을 언어가 비웃다니!

철학은 근본적으로
생성에 대한 존재의 도착이요,
자연에 대한 문명의 도착이요,
여성에 대한 남성의 도착이다.
이것을 뒤늦게 깨달은 것이 존재론이다.

■ 그야말로 존재는

내가 제일 많이 한 말은
그야말로 존재,
존재 아닌 것이 없는데
존재는 왜 스스로 말하기를 멈추지 않는가.

아무런 의미도 없으면서
수많은 의미가 포도송이처럼 매달려있는
그야말로 존재,
사건도 많고 사연도 많은 운명 같은 말

그야말로 존재는

사라지는 것에 대한 자긍인가.
사라지는 것에 대한 저항인가.
사라지는 것에 대한 항복인가.

그야말로 존재는
이제 그리움이고, 영원이다.
영원히 그리움을 담고 있는 침묵이다.
존재라는 말을 멈추는 침묵의 잠듦이다.

모든 답과 법칙은 이미 존재자이다.
물음의 근원이 바로 존재이기 때문에
존재는 바로 존재물음을 떠날 수 없다.
존재의 본질은 생성변화하는 존재, 즉 생멸이다.

모든 존재는 사라지기 때문에 소중하고
모든 존재는 죽기 때문에 보배로운 것이다.
생성변화와 반동과 예외만이 영원하기 때문에
고정불변의 존재는 결코 잡을 수 없는 하나이어야 한다.

■ 문신(文身)처럼

달아, 어느 날 갑자기
문신(文身)처럼 새겨진 달아
내 슬픔에 견딜 수 없구나.
달 속에 비는 내리고

내 포실한 살 속으로 돌아가고 싶구나.

달아, 태양보다 찬란한
네 희미한 달무리를 끌어안고
죽어도 좋으련만 멀리서 바라볼 뿐
슬픔은 끝 간 데를 모르고
달빛을 밟으며 한없이 방황하고 싶구나.

내 몸에 들어온 견우와 직녀이런가.
은하수는 흘러넘치고 북두칠성 너머
홀로 빛을 내뿜는 북극성
밤의 수줍은 태양인가, 냉정한 눈웃음인가.
온몸을 얼어붙게 하는 별빛이여!

문신으로 들어온 밤의 속삭임
어서 한 몸에 되자고
어서 하늘로 오라고 손짓하는구나.
그리움은 별빛처럼 뿌려지고
우리사랑은 죽음을 불사하는구나.

달아, 어느 날 갑자기
문신처럼 내 영혼에 들어온 달아
내 목숨을 가져가다오, 제발
내 노래를 가져가다오, 제발
밤새도록 바늘의 아픔을 기꺼워하는 나를

■ 내 어릴 때 한 추억이

내 어릴 때 한 추억이 있습니다.
학교를 파하고 집으로 돌아와
방문을 확 열었는데 어머니가 없었습니다.
순간, 세상이 텅 비고
나는 멍하니 서 있었습니다.

내 칠순이 넘은 지금도 마찬가집니다.
외출하고 돌아와 현관을 들어섰는데
아내가 없으면 세상은 텅 비고
온통 뒤죽박죽 혼란스러워집니다.
어머니 같은 아내가 있어야합니다.

더 넓은 세상도, 우주도 그렇겠지요.
존재가 처음 터져 나온 자궁이 있고,
저마다 잘난 체 일생을 떠돌다 어둠이 내리면
지친 몸을 이끌고 돌아가 안식할 집이 있겠지요.
막막한 우주 어딘가에 어머니가 있을 것 같습니다.

■ 문화가 문화하지 않으려는 이유

문화는 고정불변과 변화생성을 동시에 지니고 있다.
문(文)은 고정불변을, 화(化)는 변화생성을 상징한다.
문을 고집하면 망하고, 화에 성급해도 망한다.

문(文)과 화(化)의 균형을 잘 맞추는 게 도리(道理)이다.
문화의 근본은 자연이고 문화는 결국 자연으로 돌아간다.

문화(文化)는 화생만물(化生萬物)하기에 문화이다.
문화는 변화하는 세계에 대한 적응이고, 해석이다.
문(文)은 간혹 정지하려는 본능을 가지고 있다.
문(文)은 간혹 변화에 저항하여 비극을 초래한다.
변화하지 않는 문은 독재와 영원을 꿈꾼다.

변화하지 않는 문은 권력의 속성이다.
변화하지 않는 문은 결국 부패하고 망하고 만다.
문화는 아무리 화려해도 현상이지 본질은 아니다.
자연의 본질은 항상 변화하는 본질이다.
문화의 본질은 간혹 불변하는 본질이다.

자연은 자연하고, 문화는 문화해야 한다.
본질은 변화하지 않기에 본질이라 하지만
변화하는 본질을 두고 생멸이라고 한다.
문화는 제 2의 자연이라고 해도 좋을 것이다.
자연은 제 1의 문화라고 해도 좋을 것이다.

■ 발가벗은 철학
― 칸트, 헤겔, 니체를 통한 서양철학의 압축과 은유

순수이성의 인식은 진선미의 진(眞)

초월적 주체와 영원한 대상의 환원과 회귀
감성과 지성의 시공간적 퍼레이드
칸트는 세계정부론에서 평화와 희망을 걸었다.

헤겔은 신과 인간과 국가를
하나의 추상체, 절대지로 만들었다.
주체와 대상은 결국 의식에 불과한 유식론
국가는 이성의 간지(奸智)가 만들어낸 정신현상학

실천이성의 도덕은 진선미의 선(善)
초월과 내재가 하나가 되려는 끝없는 원운동
내 안에 양심의 법칙을 수립하는 천명운동
자연의 법칙을 양심에서 재현하였다.

칸트는 이성과 도덕과 과학을
이성과 법칙의 계열로 가지런하게 진열했다.
결국 신과 도덕과 과학은
존재 그 자체의 현상학에 불과한 것이라고 말이다.

판단력비판의 예술은 진선미의 미(美)
주체와 대상, 초월과 내재에서 벗어나는 운동
무의 유, 유심의 유물, 심물일체가 되는 존재의 운동
예술은 취미판단의 쾌락론에서 완성되었다.

니체는 철학을 은유와 예술로,
언어의 옷을 입은 욕망으로 환원시켰다.

만물의 운동을 힘과 권력체계로 환원시켰다.
그리고 신(神)의 자리에 초인(超人)을 불러왔다.

초인은 주인 같은 노예, 노예 같은 주인,
왕중왕(王中王), 전륜성왕(轉輪聖王),
내성외왕(內聖外王), 대성지성문선왕(大成至聖文宣王)
지상(地上)의 부처예수, 예수부처

■ 존재의 도구왕국

인간이 만든 것은 모두 도구이다.
인생의 목적이라는 것도 도구이다.
도구는 언제나 잘못 쓰일 수 있다.

말과 의미도 인간이 만든 것이다.
진리와 법칙도 인간이 만든 것이다.
진선미(眞善美)도 인간이 만든 것이다.

성인의 말씀도 방편에 불과한 것이다.
성인의 행적도 사표에 불과한 것이다.
문화(文化)라는 것도 도구의 행렬이다.

호모사피엔스가 자연을 이용하는 것도
자연인 자신을 기만하여 얻는 대가이다.
그 대가는 장차 멸종의 도구가 될 것이다.

시공간적 존재, 거리(距離)의 존재인 나는
그 공멸을 지연(遲延)시킬 수밖에 없다.
인간이 없어지면 시공간도 없어질 것이다.

자연은 그 자체로 본래존재이다.
자연은 그 자체로 제로섬 게임이다.
자연은 가감승제(加減乘除)할 것이 없다.

계산하는 것은 본래존재를 벗어난 것이다.
자연과학은 도구존재의 마지막 여정이다.
계산은 호모사피엔스의 생사의 도구였다.

모든 존재의 삶은 본래 천지인, 원방각이다.
천지인, 원방각의 근대판이 자유평등박애이다.
천지인사상은 인류문화의 원형(archy type)이다.

■ 허망, 허무, 존재

인간은 진리를 구성하는 존재이다.
구성에는 지향(志向)과 욕망(慾望)이 도사리고 있다.
해체철학은 그 지향과 욕망을 지연(遲延)이라고 한다.
주체에서 보면 구성이고, 대상(목적)에서 보면 지연이다.

지향과 지연의 밑에는 존재가 있다.
지향과 지연은 동일한 현상학의 수미(首尾)

칸트는 구성에, 니체는 해체에 초점을 두었다.
형이상학은 물리학 다음에서 출발하여 물리학으로 돌아갔다.

칸트의 양심(도덕법칙)과 니체의 힘(권력)에의 의지는
현상학의 타원형 궤도, 두 중심을 가진 원형궤도
원인적 동일성과 결과적 동일성의 쌍방가역운동이다.
하나의 신체적 존재에 붙어있는 두 눈알과 같다.

무엇이 있다고 하는 표상은 허망(虛妄)하다.
표상이 허망한 줄 모르면 허무(虛無)에 빠진다.
허무에서 벗어나려면 존재(存在)에로 침잠해야 한다.
힘과 권력과 실체를 추구하면 결국 허망하고 허무하다.

존재의 본질은 생성변화이다.
존재의 본질은 어떤 말로도 표현할 수 없다.
존재는 허무한 것도, 허망한 것도 아니다.
존재는 보편성도 아닌 일반성이고, 파동이며, 소리이다.

■ 영혼의 탑, 문명의 마천루

우리조상들은 영혼의 탑을 세웠다.
황룡사 구층목탑, 미륵사 구층석탑
지금 우리는 문명의 마천루를 세우고 있다.
엠파이어스테이트빌딩을 닮은 롯데월드타워 123층

영혼의 탑 대신에
우후죽순처럼 생기는 지구마천루(摩天樓)
하늘을 비웃듯 올라가는 바벨탑
오색사리 대신에 만물만화경이 펼쳐진다.

사회주의 유물론은 가짜유물론
진짜유물론은 자본주의 물질만능과 자연과학!
신이 인간을 창조했다면 인간은 기계를 만들었다.
기계인간들이 살아갈 하늘정원 마천루여!

스스로 신이 되어 미쳐버린 도시의 마천루여!
신과 인간과 기계인간의 생존경쟁이 치열하구나.
9수가 가장 높았던 영혼의 세계는
10수가 되고부터 무한대로 하늘로 치솟는구나.

10은 0과 같은 줄 아는가.
0, 1, ∞의 윤회를 아는가.
정신과 육체의 상호작용, 수수작용을 아는가.
존재는 한 몸, 하나의 몸마음이라는 것을 아는가.

■ 생각은 이미 존재자이다

생각은 이미 존재자이다.
앎은 존재자의 자기순환론이다.
앎은 존재자의 자기결정론이다.

존재는 주객(主客)과 인과(因果)가 아니다.

모든 문법의 주어, 동사, 목적어는
수학의 1, 0, ∞와 같다.
언어는 수학이고, 수학은 언어이다.
시의 은유는 문법을 탈출하는 자유이다.

자연이 자유이고, 자유가 시이다.
평등은 자연이 아니고, 계산이다.
계산은 과학이고 기계이다.
인간은 계산으로 흥했다가 계산으로 망한다.

주체는 존재를 대상이라 생각한다.
초월은 존재를 내재라고 생각한다.
추상은 존재를 기계라고 생각한다.
주체-대상, 초월-내재, 추상-기계는 동일성의 변주이다.

■ 마르크스, 니체, 프로이트, 다윈에 대한 오해

마르크스, 니체, 프로이트, 다윈에 대해
인류는 근본적으로 오해를 하고 있다.
이들은 문명의 문제를 자연에서부터 다시 해석한 인물이다.
그 자연은 물질, 신체, 무의식, 생물종이었지만 말이다.

뉴턴, 칸트, 헤겔의 근대성을 계승한 이들은

절대역학을 중심으로 계몽주의(啓蒙主義)을 펼쳐
절대정신을 절대물질로, 의식을 무의식으로, 도덕을 신체로,
인간을 생물전체의 진화로 해석함으로써 새 시대를 열었다.

이들은 존재에 대한 새로운 해석으로 근대를 열었지만
결국 현상학적인 해석을 함으로써 존재 자체를 잃어버렸다.
기독교 현상학에 반기를 든 이들은 존재의 궁극에 대한
수많은 업적에도 불구하고 오해되거나 왜곡되고 있다.

존재에 대한 기독교 현상학적인 해석에서
자연과학적 현상학으로 광범위한 전환을 한 이들은
그것이 현상학임으로 해서 존재를 물질로 해석할 수밖에 없었다.
그러나 그들이 물질이라고 한 것은 실은 존재였고, 자연이었다.

이제 물질은 자연으로 돌려져야 한다.
이제 신은 자연의 은유로 돌려져야 한다.
이제 인간, 신, 자연은 상호작용하는 하나가 되어야 한다.
인류문화와 문명은 자연이라는 존재 그 자체에 고개를 숙여야 한다.

■ 역설의 진리, 만고의 진리

자연을 설명하거나 해석하면
저절로 역설(逆說)에 빠진다.
진리(眞理)는 자연에 대해 역설이다.
역(易)은 변역(變易)이고, 반역(反逆)이다.

만고(萬古)의 진리는 "누구나 죽는다."이다.
이를 기준으로 보면 진리는 진리가 아니다.
진리라는 말에는 고정불변이 포함되어 있다.
만고의 진리는 진리가 아니라고 말할 수 있다.

삶의 의외성(意外性)은
앎과 삶의 차이에서 발생한다.
삶의 의외성은 바로
생성과 존재의 차이에서 발생한다.

차이와 다름은 역을 일으키는 근본으로
차이(差異)보다는 차역(差易)이 근본에 가깝다.
차이는 다름을 말하지만 닮음을 숨기고 있다.
닮음은 같음과 다름을 동시에 포함하고 있다.

인간은 누구나 자신이 아는 대로
세상이 있는 줄 안다.
인간은 누구나 자신이 아는 대로
살다가 끝내 죽는다.

유물론이야말로 극단적 관념론이다.
관념론이야말로 역으로 가면 존재론이다.
인간은 관념과 존재 사이에 있다.
신은 존재이면서 비존재이다.

자연은 시작하고 끝나는 줄을 몰라도
성실하게 꽃을 피우고 시들며 살아간다.
진리와 역설은 인간현존재의 유희(遊戲),
언어게임(game), 서커스(circus)와 같다.

■ 인간은 무엇으로 사는가

1.

인간은 자연에 의미를 부여하고 산다.
의미를 부여하기 위해 시공간을 만들고
시공간을 만들었기 때문에 삶의 방향을 잡고
대상과 목적에 거리를 없애려고 노력했다.

인간은 의미를 부여한 대상을 이용하며 산다.
거리를 재고, 무게를 달고, 가치를 부여한다.
가치는 패거리를 만들고, 권력체계를 만든다.
제정일치시대에는 제사가 정치의 전부였다.

신(神)은 가치체계의 가장 먼저이고 으뜸이다.
신을 닮은 왕이 등장하고, 사회는 커져갔다.
도구는 기술체계가 되고, 무기체계가 되었다.
가정은 국가가 되고, 국가는 제국이 되었다.

제국은 통치영역을 넓히고, 패권을 강화했다.
국가와 제국은 문반(文班)·무반(武班)을 만들었다.

국가와 제국이 흥망성쇠를 거듭한 것이 역사이다.
왕, 귀족, 평민, 노예가 인간사회의 계급구조이다.

미래의 계급구조, 등급사회가 어떻게 변하더라도
실질적으로 네 등급은 이면적으로 변하지 않는다.
계급혁명을 주장한 공산사회는 더 계급화되었다.
이것은 정신과 육체노동을 분리한 인간의 업보이다.

   2.
존재에 의미를 부여한 인간은 기계를 만들었고,
기계는 이제 인간에게 기계가 될 것을 요구한다.
인간은 기계인간을 합리적이라고 생각하게 된다.
인간은 기계인간과 더불어 한 동안 잘 살았다.

기계인간은 어느 날 인간에게 반기(反旗)를 들었다.
공장에서 생산된 기계인간은 인간의 영혼을 탐냈다.
영혼은 자율적인데 반해 기계는 자동적이어서 달랐다.
스스로 재생산하는 인간에게 질투를 느꼈던 것이다.

인간은 시간과 공간을 만들고 그것에 준해 살았다.
죽음을 두려워하면서도 죽음을 선구하는 존재였다.
자연은 시간과 공간이 없는, 그냥 즉자(卽自)였다.
자연에는 현재(現在)라는 시간 아닌 시간만 있었다.

인간은 목숨을 다하면 죽기 때문에 가치가 있었다.
인간은 부품으로 구성되지 않아서 더 가치가 있었다.

최후의 날에 죽음은 가치의 최고척도가 되었다.
최후의 날에 무의미는 최고의 의미로 둔갑했다.

인간은 신을 떠올렸기 때문에 기계의 신이 되었다.
이것이 도구적 인간의 탄생과 공멸의 긴 역사이다.
인간은 천지창조와 종말구원을 떠올렸기 때문에
결국 그렇게 되었지만, 자연은 인간을 재생할 것이다.

■ 잡음씨(이다, 있다)에 대하여

인간이 자연에서 존재를 잡으려고 하면
잡음씨인 '이다', 혹은 '있다'가 필요하다.
잡음씨는 흔히 계사(繫辭)라고 하지만
실은 계사라기보다는 존재를 잡으려는 동사이다.

'이다' 속에는 '있다'의 의미가 있고
'있다' 속에는 '이다'의 의미가 들어있다.
'있다'가 전제되어야 '이다'가 가능하고
'이다'가 전제되어야 '있다'가 가능하기 때문이다.

'There is'(영어), 'Es gibt'(독어)는 같은 것이다.
인간은 언어를 사용해서 구문(문장)을 만들고,
자연과 교섭을 하고 자연을 이용하고 이해한다.
인간은 신화와 공식(법칙)을 통해서 자연을 해석한다.

소유와 존재는 이중적인 관계에 있다.
현상학과 존재론은 서로 떨어질 수 없다.
육하원칙은 존재의 소유를 위해서 착안되었지만
동시에 존재는 육하원칙으로 규정할 수 없음을 뜻한다.

존재론의 등장은 모든 앎을 현상학으로 환원시킨다.
존재는 스스로를 말할 수 없기 때문에 무(無)이다.
존재는 단지 언어로 구성된 것이 아닌 소리(파동)이다.
존재는 느낌이고, 분위기이고, 모든 존재가 공유하는 것이다.

존재에 대한 해석은 존재의 잡음이다.
존재이해는 이미 자신의 존재방식으로 존재를 잡음이다.
존재는 잡음씨가 아니면 동사로서 존재할 수 없다.
명사는 진정한 존재가 아닌, 단지 말이기 때문이다.

잡음씨는 글자그대로 언어의 권력이다.
존재 그 자체를 이름이고, 동시에 존재자를 이름이다.
잡음씨는 존재와 존재자를 오가는 존재론의 핵심이다.

존재는 어머니처럼 항상 집에서 기다리고 있고,
존재자는 아버지와 아들처럼 세상을 떠돌아다닌다.
존재자는 남편처럼 존재를 일러 아내라고 말한다.

■ 천지부모(天地父母)

부모의 입장에서 보면
부모는 각 개체가 만나서
결혼을 함으로써 하나가 되었다.

자식의 입장에서 보면
부모가 결혼함으로써
'나'라는 존재가 태어났다.

부모는 개체로서 결혼을 하였으니
각 개체로 다시 돌아갈 수 있다.
부모는 더러 이혼을 할 수 있다.

자식은 부모의 결혼에 의해
새로운 개체로 태어났으니
부모는 내속에서 결코 이혼할 수 없다.

부모의 입장에서 보면
세계는 천지중인간(天地中人間)이다.
각자가 천지 사이에 개체로서 인간이다.

자식의 입장에서 보면
세계는 인중천지일(人中天地一)이다.
내 속에 항상 천지부모가 함께 있다.

부모는 둘이면서 하나이다(二而一).
자식은 하나이면서 둘이다(一而二).
부모자식은 하나도 둘도 아니다(不一而不二).

부모가 천지이고, 천지가 부모이다.
하늘부모, 천지부모, 천지인참부모가 여기에 있다.
하나로, 둘로, 셋으로 설명할 수 있다.

세계는 하나로, 둘로, 셋으로 설명할 수 있다.
이것이 천지인삼재요, 삼위일체요, 삼신일체이다.
이것이 선도(仙道)요, 기독교(基督教)요, 불교(佛教)이다.

■ 한국인이 철학을 못하는 이유

한국인이 철학을 잘 못하는 이유는
노래와 춤을 좋아하기 때문이다.
노래와 춤은 리듬과 반복을 좋아한다.
한국인에게 본질은 노래와 춤이다.

한국인이 철학을 잘 못하는 이유는
믿음과 종교를 좋아하기 때문이다.
믿음은 탐구(探究)보다 평화(平和)를 좋아한다.
종교는 만물에서 신(神)을 발견한다.

한국인이 과학을 잘 못하는 이유는

주체와 타자를 이분(二分)하지 못하기 때문이다.
한국인은 논리와 실체를 발견하는 것을 좋아하지 않는다.
구성(構成)보다는 퍼포먼스(演行)를 좋아한다.

알의 철학은 현상학의 연속이었다.
삶의 철학은 존재방식, 문화를 의미한다.
오늘날 최고의 철학은 존재론이다.
한국인은 그 옛날부터 존재적으로 살아왔다.

한국인이 철학을 못하는 이유는
사물과 너무 가까워서
존재와 너무 가까워서
존재와 거리를 둘 수 없었기 때문이다.

■ 존재와 상징

정신(精神)도 언어로 구성되어 있고,
물질(物質)도 언어로 구성되어 있다.
언어로 구성되지 않는 존재는
오직 본래존재, 자연 뿐이다.

심물(心物)이 정신과 물질이 아니라면
심물이 언어가 아닌 존재가 되고
그런 까닭에 심물은 하나이다.
심물은 저절로 심물존재, 심물자연이 된다.

자연이 아닌 존재는 모두 언어이다.
신도, 영혼도, 유령도 모두 언어이다.
언어로 구성된 존재는 자연이 아니다.
자연만이 변화하는 생활적(生活的) 존재이다.

인간이 앎의 영역에 둔 것은 언어이다.
인간이 이용의 영역에 둔 것도 언어(도구)이다.
인간이 삶의 영역에 둔 것은 존재이다.
인간이 죽음의 영역에 둔 것도 존재이다.

죽음을 두려워한 인간은 도구를 만들었고,
도구적 인간은 도구가 없으면 불안해했다.
죽음을 대상화한 인간은 영혼불멸을 만들었고,
영혼은 귀신을, 귀신은 신불(神佛)을 만들었다.

■ 변화와 불변

1.

인간은 자연의 생성변화 속에서
고정불변을 추구하는 동물이다.
불변하는 것이 있어야 변화를
계산하고 측정할 수 있다.

계산과 측정을 위해서는 기준이 필요하고
그 기준으로 시간과 공간이 가상되었다.

시간과 공간은 절대적인 것이 아니라
변화와 운동을 불변(좌표) 속에 가둔 대뇌장치이다.

시간과 공간은 표면적으로는 절대적인 것이지만
인간에겐 절대적이면서 동시에 상대적인 것이다.
아인슈타인의 상대성원리는 뉴턴의 절대역학의
연장이면서 단절, 연속-불연속의 이중성이다.

자연존재는 실체가 없는 존재이다.
문화존재는 실체가 세워진 존재이다.
인간은 실체를 세우는 현존재이다.
문화는 실체-비실체 사이의 줄다리기이다.

2.
변화 속에서 불변과 법칙을 추구하려면
시대에 따라 새로운 법칙을 새롭게 발견해야 한다.
변화를 그냥 바라본다고 삶이 살아지는 것은 아니다.
새 법칙은 불변과 법칙을 추구하는 자의 업보이다.

변화와 불변의 이중성이 문화(文化)이다.
정반(正反), 이중성의 궤적이 역사와 철학이다.
자연은 자연하고, 문화는 문화한다.
문화는 변하지 않는 것으로 변화에 적응한다.

문은 스스로 변하지 않고 화는 스스로 변한다.
문은 존재자이고 화는 존재이다.

인간은 문화문법을 기준으로 살아가지만
항상 문화를 새롭게 만들어가지 않으면 안 된다.

문을 앞세우면 존재자의 존재이다.
화를 앞세우면 존재의 존재자이다.
인간은 문화를 만들어가는 현존재이다.
자연과 문장, 과거와 미래의 사이에 있는 존재이다.

■ 마녀사냥

마녀사냥을 아는가.
잘못된 믿음에 악마가 존재한다.
나만 옳고 나만 정의인 사람은
반드시 이웃을 악마라고 규정하면서
종국에는 인류를 전쟁과 절망에 빠뜨린다.

성현을 믿는 사람 가운데는
성현을 자신의 소유물로 생각하는 사람이 있다.
이런 사람은 스스로를 기만하면서
성현의 이름을 팔아서 다른 사람을 제압하고
자신의 권력과 명예를 사는 사람이다.

교회와 절이 때때로
악마의 온상이 되는 이유를 아는가.
인간은 성현을 희생으로 살아가는 생물종이다.

다른 동식물들은 약한 자를 희생으로 삼지만
호모사피엔스는 성현을 희생으로 번영을 달성해왔다.

이제 성현이 감당하기에 벅찰 정도로
인간이 사악해졌다. 이제 호모사피엔스도
자연의 모든 생물종처럼 사라질 의식을 준비해야한다.
선한 한 사람이 세상을 구할 수는 없지만
악한 한 사람은 세상을 멸망시키고도 남는다.

■ 사물존재, 인간존재, 성인존재

자연과학은 사물존재의 진리(眞理)를 추구한다.
자연과학은 철저하게 사물존재에 종속되어야 한다.
인문과학은 인간존재의 선행(善行)을 추구한다.
인문과학은 철저하게 사물존재의 주체가 되어야 한다.
예술은 인간과 자연의 존재적 아름다움을 추구한다.
예술은 사물존재와 인간존재의 일체적 향연(饗宴)이다.

자연과학은 우주의 생멸에 대해 존재자적 입장이다.
자연과학에서 자연은 죽은 사물의 운동의 세계이다.
인문과학은 자연의 생멸에 대해 존재론적 입장이다.
인문과학의 철학은 존재자에서 존재로의 긴 귀로이다.
인간존재의 삶은 그 자체가 하나의 예술로서 꽃이다.
인간존재의 꽃과 열매는 성인(聖人)과 현인(賢人)이다.

현재가 있기 때문에 시간과 공간과 존재가 있다.
현재가 있기 때문에 자아와 신(神)과 실체가 있다.
현재가 있기 때문에 존재자와 존재가 동시에 있다.
현재가 있기 때문에 선악과 모든 이분법이 있다.
현재가 있기 때문에 과거와 미래가 선후로 있다.
인간을 현존재라 하는 까닭은 현재가 있기 때문이다.

■ 본질, 본성, 시간성은 알 수 없다

본질, 본성, 시간성은 알 수 없다.
근본적인 성질(性質)에 대해서는
어느 누구도 알 수 없다.

우리가 알 수 있는 것은
단지 그것에서 표상화된 것일 뿐이다.
시간은 시간성이 공간화된 것일 뿐이다.

본질, 본성, 시간성은
변하지 않는 그 무엇인 것처럼 말하지만
실은 변하는 생성을 의미한다.

생성을 존재로 표현하기 위해
본래라는 형용사를 붙여서 본래존재라고 하지만
본래라는 말은 말할 수 없는 것에 대한 은폐이다.

본질, 본성, 시간성, 본래존재는 실은
처음부터 은폐된 존재, 생성을 말하는
서구현상학과 존재론의 말장난에 불과하다.

양화(量化)될 수 없는 것에 대한 이름은
단지 이름일 뿐이다. 공(空)과 같다.
여기서는 어떤 의미도 가치판단도 무의미하다.

■ 서양근대철학정리

데카르트에 의해 자연을 기계로 보는 기계론은 시작되었다.
스피노자는 유물론(기계론)과 윤리학을 동시에 전개하였다.
스피노자의 유물론은 뉴턴이 자연철학의 수학화로 계승하고
스피노자의 윤리학은 칸트의 도덕철학이 계승하였다.

칸트는 도덕철학으로 자유와 선(善)의지를 주장했다.
헤겔은 이성의 간지(奸智)를 통해 절대지를 주장했다.
마르크스는 헤겔을 뒤집어 유물변증법을 주장했다.
들뢰즈는 유물기계론으로 세계의 차이-복제를 설명했다.

■ 서양철학의 종언

과학에서 출발한 근대서양철학은
자연의 생성을 존재로 설명하는 한계에 봉착한다.

니체와 하이데거는 근대문명의 한계를 극복하기 위해
예술철학과 존재철학을 주장했지만
그들의 철학에도 종래 존재의 흔적이 도사리고 있다.

서양이 주도한 과학문명과 산업화는
인구부양과 인간문제를 해결한 것으로 보이지만
결국 인간의 번식에는 성공했지만
생물종의 다양성에는 역행함으로써
그러한 성공이 다시 인간의 다른 문제를 야기했다.

인간이 출현하기 전에는 야생동물이 전부였지만
인간이 등장하고부터 종의 다양성이 파괴되었다.
야생동물은 3%로 전락하고
인간과 가축이 97%가 되었다.
인간문제는 이제 인간 자체가 문제인 것으로 판명됐다.

서양철학이 아무리 철학적 요설을 퍼부어대도
자연을 이용하는 데에 급급했던 철학으로서
인류문명의 문제를 해결할 가능성은 거의 없다.
자연과 더불어 사는 인간개조에 성공하지 않으면
인간은 인간으로부터 소외되고 멸종할 가능성마저 있다.

자연을 스스로 작동하는 기계장치로 보는 것은
인간으로 하여금 자기모순에 빠져
기계인간을 출현시키고 스스로 그것에 포박당하는
자기구속과 자기도착에 빠뜨리면서 스스로

무생물로 돌아가는 것에 개의치 않는 인간을 만들었다.

대뇌적 인간은 석탄석유와 광물까지를 먹는 뇌공룡이다.
공룡의 멸종은 호모사피엔스의 멸종을 예언하고 있다.
인간은 스스로 욕망기계라고 말하는 정신병에 걸려있다.
더구나 존재를 욕망기계라고 하는 철학을 칭송하고 있다.
이것이 어찌 멸종의 신호라고 하지 않을 수 있겠는가.

■ 자연을 존재라고 하면

1.
자연이 아니라고 하면서
결국 자연인 사람
자연을 둘러싸고 온갖 이름을 불러대지만
그 이름은 결국 간 데 없다.

자연을 목적 없이 그냥 둘러보면
존재가 되고
자연을 대상으로 이용하고자 하면
존재자가 된다.

자연을 존재라고 하면 자연존재
그 뒤를 따르는 일렬종대
자연존재
인간존재

사물존재
사유존재
도구존재
기계존재
존재사유

자연을 세계라고 하면 이미 대상화한 것이고
대상화한 자연은 세계-내-존재가 된다.
자연을 세계-내-존재, 존재자라고 한 인간이
바로 인간현존재이다.

2.
존재라는 말은 결국 자연을 잡지 못했다.
사람이라고 하면서 결국 자연인 사람
생멸하는 자연에 저항해보았지만
결국 그들의 삶은 하나의 존재방식에 불과했다.

신이 인간을 만들었다고 가상한 인간은
처음부터 기계신을 상상하였는지도 모른다.
제조신(製造神)에서 탈출하여 본래의 신인
조화신(造化神)으로 돌아가야 진정한 신이다.

신체 속에 있는 대뇌가 신체를 지배한다고 해서
대뇌를 신체가 아니라고 할 수 없듯이
자연 속에 있는 인간이 사물을 지배한다고 해서
인간을 자연이 아니라고 할 수 없다.

권력은 결국 상호작용하는, 생멸하는 자연을
주인과 노예, 주체와 대상으로 해석한 인간도착증
신이라는 말로 자연을 포획한 인간은
스스로를 기계 속에 가둔 어리석은 지식인이런가.

■ 문자식(文字識)과 덕화생(德化生)

문자식(文子識)은 문자로 막힐 확률이 높다.
문자식은 소유욕으로 자기기만에 빠질 확률이 높다.
문자식은 우상과 도그마의 포로가 되기 쉽다.
문자식은 스스로 일어나기 어렵다.

덕화생(德化生)은 몸에서 자연스럽게 우러나온다.
덕화생은 자연존재를 터득함으로써 자존하게 된다.
덕화생은 후덕으로 이웃을 빛나게 한다.
덕화생은 새로운 가문을 일으킨다.

문자식하는 지식인은 교언영색(巧言令色)하지만
덕화생하는 도덕인은 태연자약(泰然自若)하다.
문자식하는 지식인은 언행(言行)이 다르기 쉽지만
덕화생하는 도덕인은 천인합일(天人合一)의 인물이다.

■ 화이부동(和而不同), 동이불화(同而不和)

군자(君子)는 화이부동(和而不同)
소인(小人)은 동이불화(同而不和)라면,
동양의 이상이 화이부동이라면
서양의 역사는 동이불화라고 말할 수 있다.

자연의 다양성과 차이를 본래 존중한 동양이
군자의 문명이라면
자연에서 동일성, 법칙을 찾으려고 한 서양은
소인의 문명이라고 할 수 있다.

서양의 근대는 개인과 원자로 형성되었지만
동양의 전통은 가정에서 가정으로 이어졌다.
서양의 최고덕목은 자유와 평등과 박애였지만
동양의 최고덕목은 효충(孝忠)과 가화(家和)였다.

자연의 다양성과 변화를 받아들여 역(易)을 만든 동양과
변증법적 발전을 통해 통일과 함께 과학을 만든 서양은
문명적으로 부동(不同)과 동일(同一)의 대립적 위치에 있다.
근대문명은 크게 보면 '소인의 문명'이라고 할 수 있다.

■ 도(道)와 도적(盜賊)

인간은 훔치는 것으로 시작했다.

자연의 한 존재로 태어난 인간은
자연을 훔칠 수밖에 없었다.
불을 훔친 프로메데우스를 비롯해서
도구적 인간은 자연에 대한 도적이었다.

도와 도적은 백지 한 장 차이다.
아니, 도와 도적은 동전의 양면이다.
도라는 것도 뒤집으면 도적이다.
도적을 도라는 이름으로 포장한 셈이다.
도적질한 것은 모두 죽음 앞에 내려놓는다.

창조주가 아닌 이상, 그 업보로
생존을 위해 다른 존재를 이용할 수밖에 없고
이용하는 것이 과분하여 도적이라면 도적이다.
그 도적으로 인해 원죄(原罪)가 성립되었고
고집멸도(苦集滅道)의 고통(苦痛)이 시작되었다.

인간은 죽음으로 인해 도적도 되지 못한다.
소유한 것을 영원히 가질 수 없기 때문이다.
잠시 도적이었고, 잠시 나그네였지만
결국 자연으로 돌아가고 마는 인간,
인간을 현존재라고 해보았자 현존할 수 없다.

현존(現存)은 부재(不在)의 다른 말이다.
시간이 현재를 고집한다면 시간은 시간이 아니다.
과거와 미래가 없음으로 시간이 되지 못한다.

시간으로 존재를 설명하지 못한다.
존재는 시간과 공간이 없음이다.

도는 가장 좋은 도적이다.
도적은 가장 나쁜 도이다.
인간현존재는 자연의 존재 앞에 허망한 것이다.
그렇지만 제상비상(諸相非相)이기에
허망한 것도 아니다. 제로섬게임이다.

도법자연(道法自然), 도는 자연을 본받는다고 하는데
도법자연을 주장하면서 도적질하는 놈도 있을 것이다.
신부나 목사, 스님이 겉으로는 도를 앞세우면서도
뒤로는 도적질하는 놈이 적지 않은 것도 그 이유다.
큰 도적과 악마는 언제나 성스러움 뒤에, 곁에 숨어있다.

도법자연은 자연을 살림살이 보기로 삼는다.
도법자연은 자연에서 법을 뽑아내는 것이다.
도법자연은 자연에서 깨달음을 얻는 것이다.
도법자연은 자연과 함께 사는 존재방식이다.
도법자연은 자연과 인간을 함께 이롭게 한다.

■ 물질과 육체의 탄생

정신이 규정한 것이 물질이다.
정신이 규정한 것이 육체이다.

그런 까닭에 물질은 본래 물질이 아니다.
그런 까닭에 육체는 본래 육체가 아니다.

존재를 물질, 혹은 육체라고 규정하면
저절로 기계론에 빠지게 된다.
기계론자야말로 유물론자보다 더 유물론자이다.
과학자는 자신이 부정하더라도 철저한 유물론자이다.

서양이 주도한 현대가
유물기계론에 빠진 것은 너무도 당연하다.
유물기계론은 세계를 이용의 대상으로 보게 하고
인간을 기계인간으로부터 소외당하는 처지가 되게 한다.

신이 정신의 영혼과 교류를 위한 것이라면
물질은 이용을 위한, 세계에 대한 정신의 이해이다.
인간은 대상을 목적으로 변경함으로써 미래를 열어가지만
유물론은 인간의 자기부정과 허무주의를 불러일으킨다.

■ 심원선생의 서재를 사진으로 보며

마음은 먼 곳에 있는가.
지금 바로 여기에 있는가.
심원(心遠) 선생의 서재가 물음을 던진다.

본래 멀고 가까움은 음양,

음양의 중심은 변화무쌍하다.
중도, 중용도 중심을 잡기 위한 방편이 아니던가.

심원선생이 내게 준 호, 심중(心中)을 생각하니
원근(遠近)을 넘으라는 말씀으로 들린다.
인간이 있기 전, 원근은 본래 없었던 게 아닌가.

심중(心中)은 마음의 마음
심중은 없음의 없음
심중은 없음의 있음인가.

부모가 하늘의 부모라면
스승은 땅의 부모이다.
제자는 땅의 자식

소리 없음에서 홀로 소리를 듣고
홀로 답한 것이 소리철학이 아니던가.
"태초에 소리가 있었다."

심원서재를 사진으로 보니
거리두기로 만다라(卍) 효과가 있다.
제자들은 제각각 스승의 반사물이던가.

(2023년 1월 5일)

■ 추상과 기계에 대하여

'있다', '있음'은
이미 지각적으로 있음이다.
인간이 존재라고 말할 때는
이미 그것은 존재자, 사물, '것'이다.
인간이 무엇을 안다고 할 때는
이미 그것은 존재자, 무엇이다.

자연의 생멸을 인간이 받아들일 때는
이미 존재가 된다.
생멸을 생성이라고 말해도 오해가 생기는 것은
생성이라고 할 때는 그것이 이미 창조가 되고
무엇이, 혹은 누가라는 주어가 전제되기 때문에
이미 존재자의 존재가 된다.

인간은 생멸-생성을 존재-존재자로 인식을 하는
사유존재인 인간이다.
인간이 무슨 말을 하면 이미 거기에는
사유가 개입된 것이다.
'있음', '이다'는 이미 사유이고, 사유는 추상이다.
추상으로부터 벗어난 구체적인 삶을 위해 존재론이 생겼다.

세계는 고정불변의 존재가 있는 것이 아니라
생성변화하는 존재가 있을 따름이다.
생멸을 존재로 해석하는 것이 인간존재이다.

인간존재는 인간현존재이고
인간현존재는 자연존재와 사물존재의 사이에 있다.
실은 '사이에 있다'고 인간(人間)이다.

인간이 '누가', '무엇'을 말할 때는
이미 시간과 공간이 동시에 있는 것이다.
그래서 시간과 공간을 감성적 직관의 산물이라고 한다.
그래서 육하원칙인 누가, 언제, 어디서, 무엇을,
그리고 어떻게, 왜를 말하는 것이다.
철학의 궁극은 '왜'를 묻고 답하는 것이다.

과학의 진리는
인간이 기호(언어, 수학)로 구성한 추상이다.
인간이 생성변화하는 자연을 잡기 위한
대뇌의 도구라고 할 수 있다.
사유는 처음부터 추상이었고, 기계였다.
추상과 기계가 따로 있는 것이 아니라 추상이 기계이다.

종교는 일심(一心)을 주장할 수밖에 없다.
과학은 일물(一物)을 주장할 수밖에 없다.
이것이 인간의 인식론, 유식론의 운명이다.
일심, 일물, 유심, 유물, 유신, 무신은 같은 것이다.
인간은 같은 것을 두고 스스로 싸우는 전쟁광이다.
예술은 자연과 교감하는 존재 그 자체의 행위이다.

존재자의 본질은 존재

존재의 본질은 생성변화
생성변화의 본질은 생멸
생멸의 본질은 역동하는 근원적 하나
하나는 일자(一者)가 아니라 생멸(生滅)이다.
생멸문과 진여문은 따로 있는 것이 아니라 일문(一門)이다.

(2023년 5월 6일)

■ 마음이 열려 있으면

마음이 열려 있으면
죽음도 끝이 아니다.
마음이 열려 있으면
죽음이 끝이라고 생각도 없어진다.

인간이 신을 발명한 까닭은
죽음이라는 한계상황 속에서도
바로 마음을 열어두기 위한 것이다.
천국과 극락은 마음을 열어두게 한다.

열려 있는 마음은
자연의 흘러가는 그대로를
겸허하게 받아들이도록 종용한다.
자연은 인간존재의 고향이다.

마음이 열려 있으면

이승에서부터 기쁨을 느끼게 된다.
마음이 열려 있으면 평화가 찾아들고
무관심의 기쁨과 만족을 느끼게 된다.

문은 열고 닫힌다고 문이다.
마음이 닫혀있다고 느끼면 말을 버려라.
그리고 스스로에게 침잠하라.
마음의 문이 저절로 열릴 때가지 기다려라.

■ 가족세포

다세포생명체는
산소를 싫어하는 박테리아와
산소를 먹는 박테리아의 합성체이다.

가족은 아버지와 어머니,
그리고 자녀의 합성체이다.
아들은 아버지, 딸은 어머니가 된다.

아버지는 이용을 좋아하고
어머니는 위함을 좋아한다.
아버지는 이름을, 어머니는 재생산을 좋아한다.

아버지는 자녀에게 자신의 이름을 붙인다.
어머니는 자신의 몸에서 생산된 아이를 양육한다.

아버지는 권력의 삶, 어머니는 희생(犧牲)의 삶이다.

세포는 이혼을 안 하지만
가족세포는 이혼을 한다.
산소를 먹는 미토콘드리아 DNA는 암컷에게만 유전된다.

가족세포의 핵심은
암컷, 어머니의 세포다.
혈통, 아버지의 세포는 가짜혈통이다.

가짜혈통은 항상 인위적으로 혈통을 만들어야 한다.
가부장국사사회의 문명(文明)은 문(文)의 명(名)이다.
이름 없는 것이 본래존재, 권력은 가짜존재이다.

■ 소급과 환원, 전진과 회귀

소급을 그치는 지점에 있는 것이 하나님이다.
하나님은 소급(遡及)을 그치는 지점에 있어야 한다.

대뇌는 자연을 대뇌 속으로 소급시키고자 한다.
대뇌는 자연을 대뇌 속으로 환원(還元)시기고자 한다.

자연은 끝없이 생멸하면서 나아가고 있다.
대뇌는 끝없이 나아가는 자연을 환원시킨다.

소급과 환원은 원점, 최초의 원인, 원형을 추구하고
자연은 본래 있는 존재로서 본래존재가 될 수밖에 없다.

소급(시간)과 환원(공간)은 대뇌의 특징이자 질병이다.
대뇌로 인해 인간은 자연을 사물(고정)존재로 파악한다.

대뇌는 결국 변화하는 자연을 잡는 데 실패하고 말 것이다.
대뇌는 결국 달아나는 신을 잡는 데에 실패하고 말 것이다.

신은 자연을 존재로 파악한 개념적 은유이다.
소급과 환원은 전진(前進)과 회귀(回歸)로 대체되어야 한다.

■ 아페이론(apeiron)

'인(이다)' 혹은 '아닌(아니다)'
원인 아닌 원인, 결과 아닌 결과
목적 아닌 목적, 근원 아닌 근원

'이다'에서 '아니다'로
존재에서 비존재로 나아감으로써
한 없이 열린, 경계 없는 세계

아페이론(apeiron)!
작은 존재에서 큰 존재로 나아가는
긍정의 부정, 부정의 긍정, 경계에 선 이중성이여!

한정(限定)에서 무한정(無限定)으로
유한(有限)에서 무한(無限)으로
무한에서 무(無)로 나아가는 존재의 이중성이여!

■ 지식인의 비판과 자가당착

자유민주주의 진영에 사는 철학자와 지식인들은
자본주의비판과 사회비판을 스스로 높이 평가한다.
그러나 그 비판이 자유로 인해 가능한 것임을 모른다.

자유는 공기와 물과 같은 공공재이다.
공기를 숨 쉬고 물을 먹고 사는 인간이
공기와 물의 고마움을 모르는 것은 지식인과 같다.

인간의 머리는 근본을 놓치는 경우가 많다.
지식인은 자신의 지식에 빠져서 일반인의 삶을 모른다.
지식인과 성직자라는 직종은 자가당착과 기만에 빠진다.

지식인은 없고 지식장사꾼만 득실거린다.
외래상품을 몰래 들여오거나 보세가공해서는
자신이 만든 것처럼 대중들에게 팔아먹고 잘난 체한다.

거짓지식인은 진리 자체보다
지식으로 명예를 얻고 돈을 벌기 위함이다.
거짓지식인의 정체는 사대주의자이거나 종속주의자이다.

주자(朱子)를 주(主)로 섬기던 사대의 무리들이
김일성의 주체(主體)사상을 주(主)로 섬기는 무리가 되어
주인이 되는 것은 완전히 포기하고, 노예지식인이 되었다.

■ 무(無)와 비(非)의 변주

칸트는 취미판단에서
무관심의 쾌락을 말했다.
그는 무개념의 보편성, 무목적의 합목적성
그리고 무개념의 필연성을 말했다.
하이데거는 존재론에서
시간 아닌 시간을 말했다.
그는 원인 아닌 원인, 근원 아닌 근원
그리고 존재(有)와 무(無)를 말했다.

위대한 철학자들이 왜 한결같이
무(無)와 비(非)를 말하는가.
현상의 이면을 말하려고 하니까
그 말을 쓸 수밖에 없는 탓인가.

현상학은 무(無)를 무한대(無限大)라고 말한다.
존재론은 무한대(無限大)를 무(無)라고 말한다.
시간과 공간을 무한대로 확장하면
시간과 공간이 없는 것이 된다.

중심은 중심이 없는 것, 아닌 것
실체는 실체가 없는 것, 아닌 것
경계-무경계에 존재-비존재가 있다.
존재가 비존재이고, 비존재가 존재이다.

■ 과학의 주술

진리의 대명사, 진리의 전령
철학은 과학의 시녀가 아니다.
존재자는 존재를 망각해버렸다.
존재자는 존재를 무화시켜버렸다.
철학과 과학은 오류의 연속이었다.

아테네 시민법정에 의해 사형을 받고
철학을 위해 순교한 소크라테스처럼
뉴턴은 과학을 위해 프린키피아를 썼다.
자연철학을 수학화한 그는 주술사처럼
존재를 존재자의 세계로 변화시켜버렸다.

존재를 존재자로 만든 여정이여!
하나의 공식에 존재를 다 집어넣는
세계를 하나의 법칙으로 요약하는 과학
그대는 살점과 감정과 피가 없구나.
존재자의 오류여, 존재의 빛을 보라.

내가 그것이 되어야 그것이 있었다.
내가 그것이 되어야 그것이 있을 것이다.
본래 있는 것은 그것이 아니다.
내가 있는 것만이 있음이다.
존재여, 말할 수 없음이여!

"나는 안다."는 현존재의 진리여!
"나는 아무 것도 모른다."는 존재의 삶이여!
존재와 진리, 진리와 오류
과학은 현존재의 진리오류
끝없이 달아나는 신비여, 신이여!

존재에서 일어남이여!
일어나면서(生氣) 일어남이여(性起)!
일어남을 본성이라고 하는 것은
현존재의 피할 수 없는 이중성
기적(氣的) 심물합일은 심물일체를 말함이다.

진리와 섭리, 존재자와 존재의 사이에서
인간현존재는 시간과 공간을 만지작거리고 있구나.
과학은 진정한 유물론-무신론자, 기계신의 선구자
언젠가 과학은 자연의 재앙으로
인간과 함께 종말을 고할 마지막 동반자인가.

■ 오리지널, 중심은 없다

오리지널, 중심은 없다.
오리지널, 중심은 인간이 만들어낸 가상이다.
따라서 세계는 가상의 가상, 그 연속일 따름이다.

신은 없다.
신은 인간이 만들어낸 최초의 원인일 따름이다.
따라서 가장 확실한 신은 현재, 나일 따름이다.

내가 오리지널이고
내가 신이라고 한다면
신이 나이고, 오리지널이 나이다.
세계가 만약 돌고 도는 원(圓)이라면
오리지널과 신은 없다.
동시에 모든 존재가 신이고, 오리지널이다.

원은 순환하기 때문에 당연히
시작과 끝이 없는 무시무종(無始無終)이지만
하나의 원은 원으로서 하나의 동일성이다.

세계는 끝없는 나선형(螺旋形) 원이다.
나선형 원은 똑같은 원이 아니다.
나선형 원은 끝없이 중심이동을 한다.

세계에는 중심이 없다.

그래서 내가 중심일 수밖에 없다.
중심은 결국 없는 중심, 없는 나이다.

최초의 원인은 알 수 없다.
지금 일어나고 있는 결과만 만날 뿐이다.
세계는 크고 작은 사건의 연속이다.

■ 마지막 진리

마지막 진리는 아무런 의미가 없다.
진리를 알아야 아무도 없는데 무슨 의미가 있을까.
진리의 정체가 무의미라는 것을 알게 될 존재는
마지막 인간이거나 침묵의 존재일 것이다.

진리는 스스로 존재하는 것이 아니다.
진리를 구성하는 존재는 함께 사는 인간존재,
말하고 쓰는 존재가 쌓아올려서 구축한 것이다.
쌓아 올린 것은 언젠가 무너지기 마련이다.

진리를 말하는 것은
본래 진리가 없기 때문이다.
중심을 말하는 것은
본래 중심이 없기 때문이다.

진리에도 시종(始終)이 있다.

시종이 있는 존재만이,
문장의 시작과 끝이 있는 존재만이,
오직 책만이 진리를 구축할 수 있다.

무시무종(無始無終)은 존재의 진리이다.
무시무종을 말하는 유시유종(有始有終)으로 말하는
천부경, 불경, 성경, 코란, 우파니샤드
그 어떤 경전도 생멸하는 우주 그 자체는 아니로구나.

■ 깨달음이 무슨 소용인가

깨달음이 무슨 소용인가.
깨달음의 찰나생멸도 시간이다.
점수돈오, 돈오점수, 돈오돈수
참으로 출가자의 말장난이 좀 심하다.

무용(無用)의 소용(所用)이라는
자기모순의 구차한 말밖에 할 말이 없다.
깨달으면 무슨 다른 차원으로 가는 것인가.
모든 존재에 없음(無)이나 아님(非)을 붙여보라.

깨달음은 깨달음이 아니다.
단지 깨달았다는 말일 뿐이다.
예수는 예수가 아니다.
부처는 부처가 아니다.

나는 나가 아니다.
너는 너가 아니다.
우리는 우리가 아니다.
영원히 말이 없는 곳, 죽음에 불멸이 있다.

■ 기도(祈禱), 기도(企圖), 기도(氣道)

우리는 마음에서부터 기도(祈禱)한다.
마음의 기도(祈禱)는 세상의 기도(企圖)다.

정신(精神)은 신(神)에서 시작하지만
동시에 신에서 절정(絶頂)에 이른다.

정신은 신에서 시종(始終)한다.
정신은 신에서 시종(侍從)한다.

우리는 언제나 숨을 쉬며 산다.
숨을 쉬는 것은 기도(氣道)이다.

우리는 기도하고, 기도하며 살았다.
그러다가 어느 날 갑자기 숨을 멈추었다.

■ 병원과 감옥

병원과 감옥은
왜 똑같이 흰 집인가.
몸의 죄가 병이라면
마음의 병이 죄인가.

우리는 흔히 병원에 입원했을 때
원인 모를 죄의식에 빠지게 된다.
병원을 감옥이라 생각하기도 한다.
몸이 마음이고, 마음이 몸이다.

흰 것을 좋아하는 이유는 무엇인가.
오염을 가리기 위해 흰색을 두르는 것인가.
도덕은 흰 바탕색을 두른 것과 같다.
깨끗함과 더러움은 표리관계에 있다.

손바닥을 뒤집으면 바로 손등이 된다.
성(聖)과 속(俗), 진실과 거짓
세속적인 것은 권력적인 것이다.
검정은 블랙(black), 흰색은 블랑(blanc)

만물의 원천은 같다.
만물은 만신이 되지 않으면 안 된다.
성결주의와 오염주의는 한 뿌리를 갖고 있다.
하나님은 초월적이면서 존재적이다.

■ 사후존재(事後存在)

인간의 생각은 모두 사후(事後)의 것이다.
생각은 내가 태어난 사건 이후의 것이다.
생각은 부모가 없으면 내가 없음을 무시한다.
생각은 내 몸을 생각의 그릇으로 무시하는 행위이다.

생각은 사건을 전도시키는 것으로 출발한다.
생각은 사건 이후의 합리화·목적화이고
과학은 사건 이후의 시공간의 합리적 해석이다.
합리화란 사후 이용을 위한 알리바이 꾸미기이다.

생각은 결국 시각적·언어적 환원에 불과하다.
환원은 끝없이 환원을 불러일으키고,
진리를 오류로 만들어 오류의 연쇄가 되게 한다.
진리는 존재가 되지 못하는, 존재의 태생적 오류이다.

인간은 드디어 영혼이나 영원이나 무한대를
미적분의 수학공식 속에 집어넣어
자연존재를 물리기계공학으로 환원시키고 말았다.
인간은 이제 기계인간과 기계신을 섬기는 집단이 되었다.

존재라는 말 자체가 생성의 전도이다.
동일률·모순율·배중률·충족이유율은 모두 하나로서
생성을 존재로 해석한 사후존재(事後存在)의 산물이다.
개념 자체가 바로 존재를 그릇·도구로 환원시킨 것이다.

위대한 생각하는 존재인 인간은
결국 망해야 잘났다는 말을 하지 못하는,
마지막 날에는 유언서를 작성할 시간도 갖지 못하는,
사후존재의 전철을 밟을 수밖에 없는 존재이다.

인간의 운명은 선택의 운명이다.
행운을 빌어보는 까닭은 불행의 기분 때문이다.
내 몸이 느끼는 실존적 불행의 기분,
번영과 함께 불행의 바벨탑을 쌓아올린 기분!

■ 하나와 하나 됨은 다르다

하나는 하나 됨과 다르다.
하나는 원인과 개인에 중심을 둔 것이고
하나 됨은 결과와 전체에 중심을 둔 것이다.

하나님은 처음부터 하나인 하나님이면서
동시에 결과적으로 하나 되는 하나님이다.
하나인 하나님보다 하나 되는 하나님이 문제가 없다.

하나인 하나님은 소급을 끊어야하는 딜레마에 빠지게 되고
하나 되는 하나님은 시간에 열려 있는 미래적 하나님이다.
사람과 경우에 따라서는 하나인 하나님을 필요로 할 때가 있다.

하나님도 사람에게 필요한 하나님이 있고,

사람과 자연과 신을 모두 포함하는 하나님도 있다.
되어가는 것(becoming)에서 존재(being)가 현상되고 있다.

■ 자연을 자연이라 함도

자연을 자연이라 함도 이미 제약하려는 것이다.
어떤 것에 이름을 붙이는 것은 제약하려는 의도가 숨어있다.
무위자연(無爲自然)도 자연을 제약하려는 유위(有爲)가 숨어있다.
제약하려는 것은 그것을 지배하고자 하는 의지와 욕망이 숨어있다.

신, 영혼, 영원, 무한대, 자유, 무제약도 실은 제약하려는 것이다.
무(無), 공(空)이라는 말에도 자연을 제약하려는 의미도 숨어있다.
제약하려는 것은 자연존재를 대상현상하려는 의도를 숨기고 있다.
인간은 자연존재를 제약하고 지배함으로써 존재하는 존재이다.

무(無)는 무한대(無限大)의 존재론, 무한대는 무의 현상학
이(理)는 기(氣)의 현상학, 기(氣)는 이(理)의 존재론
현상과 존재는 양면성(兩面性), 이중성(二重性)의 관계에 있다.
절대는 상대의 절대이고, 상대는 절대의 상대이다.

법(法)은 항상 법이고, 존재(存在)는 항상 존재이다.
세상의 법과 불법(佛法)은 단지 그 위상이 다를 뿐이다.
세상의 존재와 존재함은 단지 그 위상이 다를 뿐이다.
명사의 존재와 동사의 존재는 단지 그 위상이 다를 뿐이다.

양(陽)은 음(陰)의 양이고, 음은 양의 음이다.
신(神)은 인간의 신이고, 인간은 신의 인간이다.
자연은 인간의 자연이고, 인간은 자연의 인간이다.
나는 너의 나이고, 너는 나의 너이다. 더 이상 무엇이 필요한가.

언어는 존재를 제약하고 제어하려고 만들었다.
언어는 동시에 스스로를 다스리기 위한 것이었다.
인간은 인간을 벗어날 수 없을 가능성이 높다.
인간은 신, 영혼, 영원, 자유, 무제약을 벗어날 수 없다.

인간을 둘러싸고 있는 것은 모르는 것들이다.
인간은 그것을 자기 나름대로 알고 싶어 한다.
인간은 존재를 현상하고 싶어 하는 현존재이다.
빛은 아무리 비쳐도 암흑의 일부만 비출 뿐이다.

■ 승조(僧肇)에 대하여

승조(僧肇)의 물불천론(物不遷論)
그대여, 물 자체에 이르렀구나.
물(物)이 상(相)이 아니라는 것을!
존재여, 그 자체로 아름다운 것을!

승조의 부진공론(不眞空論)
눈앞의 것을 존재 그 자체로 느끼면,
대상(對象)으로 지각하지 않으면

존재여, 그 자체로 가득 차 있구나!

승조의 반야무지론(般若無知論)
앎이 앎을 지우고, 지운 끝에
무지(無知)의 지(知)에 이르러
지혜 아닌 것이 없구나!

승조의 열반무명론(涅槃無名論)
이름이여, 무릇 존재를 잡으려하는구나!
이름을 다 걷어치우고 자연을 그대로
본래존재로 돌려놓았구나.

물(物)을 상(相)이 아닌 존재로 해석한 그대는
불(佛)과 도(道)를 하나로 만들어
인류문명을 일찍이 하나로 통하게 했구나.
유식(唯識)에 앞서 진공묘유(眞空妙有)를 득했구나.

감히 그대를 누가 알아보리.
어리석은 자는 그대를 유물론자라고 하네.
심(心)을 주장하는 자는 물(物)에 이르지 못하고
물(物)을 주장하는 자는 심(心)에 이르지 못하는구나!

■ 존재에서 세계를 바라보면

1.

존재에서 세계를 바라보면 세계는,
생명(生命)과 이용(利用)의 계보학으로 해석되네.
초월적인 신은 '신적인 것들'로 지상에 내려오고
인간은 언젠가 '죽을 인간'이 될 수밖에 없네.

세계는 상대(대상)를 이용(利用)하거나,
위(爲)하는 것 중에서 하나를 선택할 수밖에 있네.
선악(善惡)의 문제는 이용과 위함의 문제가 되네.
분류학은 이제 존재이해의 권력을 포기해야만 하네.

존재론은 분류학과 다른 존재이해의 방식
앎보다는 삶을 소중하게 생각하는 삶의 철학
본질보다는 실존을 소중하게 생각하는 철학
존재의 근본을 토대로 존재의미를 새롭게 바라보네.

인간현존재는 이제 도약(跳躍)을 요구받네.
존재이해를 넘어 모든 존재가 본래 평등하다면
인간은 생각하는 대신에 존재함에 감사해야 하고
죽음조차도 불안(不安) 대신 감사(感謝)해야 하네.

2.

스피노자가 신의 창조와 피조를 자연 속에서
능산적 자연과 소산적 자연으로 대체한 이래
철학은 유심론과 유물론의 대결의 장을 예언하였고,

이제 과학기술만능의 유물기계론이 세계를 덮고 있다.

생각이라는 도구를 가지고 돌도끼에서
가장 빛나는 도구인 기계만능을 실현한 인간은
이제 기계인간의 신(창조자)이 될 위치에 있다.
기계는 자연(본래존재)이 아닌 현상의 산물이다.

신은 인간, 인간은 신, 인간신
인간은 기계, 기계는 인간, 기계인간
기계는 신, 신은 기계, 기계신
힘을 기준으로 세계를 해석하면 인간멸종이 두렵다.

세계를 현상(표상)하는 존재인 인간현존재는
앞으로 '위하여 사는 삶'을 살지 않으면
스스로를 절망에 빠뜨리게 될 것이다.
끝내 기계인간의 반란과 멸종을 맞이하게 될 것이다.

■ 존재의 뿌리

존재는 무(無)에서 가장 많이 느낀다.
존재는 고(苦)에서 가장 많이 느낀다.
무(無)와 고(苦)는 존재의 뿌리이다.
아니, 존재가 무(無)의 고(苦)의 뿌리이다.

존재가 있음으로 무(無)와 고(苦)가 있다.

고집멸도(苦集滅道)의 불교가
무(無)의 불교, 선(禪)의 불교가 된 것은
다 그럴만한 이유가 있다.

어떤 고귀한 책도 잘못 읽으면 감옥이 된다.
어쩌면 고귀할수록 더 위험한 책인지 모른다.
책을 볼 때는 종종 책의 밖을 바라보아야 한다.
책의 밖에는 책이 말하지 않는 콘텍스트가 있다.

■ 오일러공식과 허공(虛空)

자연은 실수와 허수를 좌표로 해서
운동하는 아름다운 원(圓)이다.
오일러공식에 따르면 자연은 허공(虛空)이다.
자연상수(e)에 허수(i)와 원주율(π)을 제곱하면 −1이 된다.
허수(虛數)의 원(圓)은 공(空)이라고 할 수 있다.
실수와 허수의 좌표는 −1과 0과 1로 이루어지는 원이다.

자연의 원은 3차원에서 나선형으로 운동하고 있고,
나선형은 사인(sin), 코사인(cos) 곡선이다.
자연의 함수는 0과 1사이에서 이루어지는 기울기이다.
존재의 깊은 본질은 나선운동, 전자기적 파동이다.
자연은 나선형으로 운동하는 아름다운 원이다.
오일러 공식은 한편의 아름다운 수학 시이다.

■ 세계의 분열

내가 무엇을 설명하고 해석하는 것은
나의 분열이고, 동시에 세계의 분열이고
나와 세계의 분열이고, 시간의 탄생이다.

그 무엇은 이미 존재이고,
존재는 머릿속에서 떠오름과 동시에
존재자가 된다.

본래존재, 존재 그 자체는 알 수 없다.
영원한 수수께끼는 존재와 더불어 생겨난다.
신을 가정하는 사람, 진리를 가정하는 사람

생성은, 자연의 생성은
설명하는 자가 이미 그 속에 있기 때문에
완전한 설명이 되지 못하는 영원한 수수께끼이다.

신은 신비, 영원한 수수께끼
진리는 오류진리, 반진리
시간은 이들을 지속하게 하는 원동력

우리가 계산하는 시간은 시간이 아니다.
시간마저도 본래존재가 아닌 존재자이다.
무엇은 존재이면서 이미 존재자이다.

자연종교, 신화종교, 계시종교는
빛과 욕망의 반사, 혹은 투사
무엇의 투사, 존재들의 투사

우리는 소급하든가, 진화할 수밖에 없다.
뒤로 가던가, 앞으로 갈 수밖에 없다.
0을 중심으로 1이 되던가, -1이 될 수밖에 없다.

우리는 원(圓)이 되던가, 점(點)이 될 수밖에 없다.
원 속의 점이 중심이고, 중심의 밖은 원이다.
모든 설명이 오류라고 해도 그것도 진리이다.

모든 존재는 존재이다.
존재는 이름 붙이기를 자연적 존재이고
존재자는 매우 인간적인 제도적 존재자이다.

■ 철학의 신기원

서양철학은 플라톤의 푸트노트라고 말하지만
정확하게는 남성-가부장철학이었다.
서양철학의 밖에서 보면 남성-대뇌철학이었음을 알게 된다.
여성철학은 철학의 신기원을 이룬다.

동양철학은 도법자연의 도학이라고 말하지만
정확하게는 여성-자연철학이었다.

동양철학의 밖에서 보면 여성-신체철학이었음을 알게 된다.

서양의 후기근대철학자들은 실은 동양의 도학을
서양철학적 입장에서 설명한 것에 지나지 않는다.
니체의 힘에의 의지, 하이데거의 존재론도 그렇다.

남성철학은 국가철학-전쟁철학-지배철학-과학기계철학
여성철학은 가정철학-평화철학-피지배철학-자연철학이다.
철학의 본질에 도달하려면 본성(本性)에 도달할 수밖에 없다.

남성철학은 혈통과 권력과 히스토리(history)에 빠지고,
여성철학은 재생산과 양육과 히스테리(hysteria)에 빠진다.
앎과 대뇌의 철학은 삶과 신체의 철학을 넘어설 수 없다.

남성철학은 대타자(사회적 언어)로 타자들을 다스리고
여성철학은 주체가 없지만 주인기표로 새로운 대타자를 만든다.
문화의 창조적 소수들은 히스테리를 통해 히스토리를 만들어낸다.

본성에 도달한 철학자는 보기 드문 철학의 신기원(新紀元)!
동서고금을 넘어선 자리, 시공간이 없는 자리에 서 있네.
존재가 끝난 자리, 생멸의 자리에서 가부좌를 틀고 있네,

■ 현상과 본질의 역전

서양철학은 생성변화하는 것을 현상이라고 말했다.

그래서 고정불변하는 것으로 본질을 설정하게 되었다.

그런데 생성변화는 것이야말로 우주의 본질이다.
천지간(天地間)에 변화하지 않는 것이란 없기 때문이다.

인간이 현상이라고 부른 것은 이미 고정불변을 전제한다.
인간이 사물이라고 하는 것에는 불변하는 그 무엇이 있다.

인간은 상상과 가상을 통해 삶의 힘을 얻는 존재이다.
가상을 통해 생사에 대응하고, 세계를 이해하는 존재이다.

존재를 현상이라고 하는 자체가 가상의 출발이다.
본질은 하나의 고정불변의 가상이고, 현상은 수많은 가상이다.

플라톤의 이데아는 이데아현상학이다.
아리스토텔레스의 형상은 형상현상학이다.

현상은 고정불변의 무엇을 전제한 철학적 예비동작이다.
현상은 고정불변이고, 본질은 생성변화하는 것으로 역전된다.

물질(육체)는 이미 정신이 규정한 것(존재자), 사물이다.
정신 이전의 근본적인 존재(본래존재)는 생성(생멸)이다.

현상이야말로 고정된 것(동일성)의 연속(연장)이다.
본질은 생성이고, 인간은 처음부터 역전된 세계를 보고 있다.

현상과 본질은 존재를 이분법으로 나눈 서양철학의 모순의 출발이다.
인류의 철학은 생성적 존재론으로 하나의 존재세계를 회복할 수 있다.

서양철학은 궁극적으로 이분대립의 철학, 바로 현상학이다.
동양철학은 자연을 도덕(道德)으로 해석한 도학(道學)이다.

■ 나는 세계에 고(告)한다

나는 세계에 고한다.
"검소(儉素), 겸손(謙遜), 자유(自由), 창의(創意)"하라고
나는 자신에 고한다.
"자신(自身), 자신(自信), 자신(自新), 자신(自神)"하라고

검소는 자연과 인간의 관계를
겸손은 인간과 인간의 관계를
자유는 자기 자신과의 관계를
창의는 세계와 인간의 관계를 의미한다.

자신(自身)은 신체적 존재를
자신(自信)은 믿음의 존재를
자신(自新)은 문화적 존재를
자신(自神)은 인생의 목적을 의미한다.
자신(自信)은 종교적으로 신앙(信仰)이 되고
자신(自信)은 경제적으로 신용(信用)이 되고
자신(自新)은 문화적으로 혁신(革新)·혁명(革命)이 되고

자신(自神)은 스스로에게서 신(神)을 발견하는 것이 된다.

하늘에서 이루어진 것이 땅에서도 이루어지소서.
땅에서 이루어진 것이 하늘에서도 이루어지소서.
신에게 이루어진 것이 인간에게도 이루어지소서.
인간에게 이루어진 것이 신에게도 이루어지소서

04.

거리의 설교
(136편)

■ 스스로 있는 신

여러분!
누가 신이 있다고 하면 있고
누가 없다고 하면 없습니까.
아닙니다. 신은 스스로 있습니다.

여러분!
여러분은 남이 있다고 하면 있고
남이 없다고 하면 없습니까.
아닙니다. 여러분은 스스로 있습니다.

여러분!
새와 꽃들이 여러분이 있다고 하면 있고
여러분이 없다고 하면 없습니까.
아닙니다. 새와 꽃들은 스스로 있습니다.

여러분! 그래서
하나님은 스스로 하나님입니다.
"나는 내가 되고 싶은 나다"라고 말하십니다.
우리 모두 하나님입니다.

■ 지금 여기 삶에 만족할 때

여러분!

천국과 극락에 가지 않아도 좋을 때
지상의 삶, 지금 여기 삶에 만족할 때
천국과 극락이 있습니다.

천국과 극락은 저 멀리
달나라에 별나라에 있는 게 아닙니다.
천국이, 극락이 나에게 있을 때
바로 천국과 극락이 있습니다.

여러분이 죽고 싶지 않을 때
여러분이 죽지 않으려고 발버둥 칠 때
천국과 극락이 있습니까.
아닙니다. 죽음을 받아들일 때 그것이 있습니다.

나의 죽음으로 남의 삶을 있게 할 때
나의 희생으로 남의 삶을 빛나게 할 때
나의 지옥으로 남의 천국과 극락을 발원할 때
바로 천국과 극락, 그것이 있습니다.

누구나 자신의 십자가를 지고 있습니다.
누구나 자신의 깨달음을 안고 있습니다.
누구나 자신의 죽음을 기다리고 있습니다.
죽지 않는다면 천국과 극락이 무슨 의미가 있겠습니까.

■ 만물에 신이 빛날 때

여러분!
하나님이 하나의 님을 향한 그리움이라면
신과 인간과 만물이 서로 떨어져 있어야 합니까.
아니면, 하나로 함께 있어야 합니까.

하나님이 만물을 창조했다고 해서
그 날로 만물과 떨어져 저 멀리 계시고
절대타자로 분리되어 있다면 그게 하나님입니까.
만물에 신이 빛날 때 하나님이 빛납니다.

하나님이 하나의 님을 향한 열망이라면
신과 인간과 만물이 한 가족이 되어야 합니다.
우리 집에 아버지, 어머니, 아들딸이 있듯이
만물에도 아버지, 어머니, 아들딸이 있습니다.

우리는 너무나 평범한 진리를, 가정의 진리를
너무나 평범하기 때문에 깨닫지 못합니다.
하늘부모, 천지부모, 천지인참부모!
우리 모두 참부모가 될 때 하늘도 부모가 됩니다.

여러분!
태초에 하늘의 시작이 무한 세월을 거쳐
이제 우리 각자의 몸에, 마음에 와 있습니다.
이것이 우리가 하늘인 이유이고, 사명인 이유입니다.

■ 누가 내 이름을 부릅니까

누가 내 이름을 부릅니까.
깜깜한 오밤중에
누가 내 방문을 두드립니까.
꼭두새벽 닭 우는 여명에

실물은 보이지 않게
소리만 들리게 하는 자여!
눈으로 보지 못하게 하고
귀로 듣게만 하는 자여!

상(相)을 보여주지 않고
울림을 느끼게 하는 자여!
태초로부터 울려오는 소리
별빛으로 전해오는 전율이여!

"이제 때가 되었다."
"이제 그 때가 되었다."
나의 이름을 부름으로써
우리 모두의 이름을 함께 부르는 자여!

이름 없는 자여!
흐르는 물 같은 빛과 소리여!
마음이 소리가 되고,
소리가 부덕(婦德)이 되는 어머니!

이름 없는 자여! 그저 어머니로 족한 자여!
다른 거창한 이름이 필요 없는 자여!
만물에 그 이름이 새겨진 어머니!
내 이름을 부끄럽게 하는 어머니!

누가 내 이름을 부릅니까.
누가 이제 일어나라고 하십니까.
마음의 등불을 들고
어둠의 끝자락을 걷으라하십니까.

■ 바람소리, 풍경소리, 종소리

인간에서 자연적인 것을 빼고
신에게서 인간적인 것을 빼면
인간은 어떤 인간, 신은 어떤 신입니까.
신과 인간은 어떤 존재입니까.

결국 자연적인 것을 빼면
인간적인 것도 존재할 수 없습니다.
결국 인간적인 것을 빼면
신적인 것도 존재할 수 없습니다.

존재야말로 신입니다.
신은 존재의 다른 말입니다.
만물만신이 신입니다.

지금 생성되고 있는 존재가 신입니다.

신과 인간과 자연이 하나 될 때
우리를 위해 종은 다시 울릴 것입니다.
이때의 종소리는 누구의 종소리입니까.
바람의 소리, 절간의 풍경소리, 교회의 종소리

내 가슴에 번지는 바람소리, 풍경소리, 종소리
풍경소리를 따라 바람이 지나감을 알게 됩니다.
종소리 울릴 때 양심은 온몸을 때립니다.
그대는 누구냐고. 그대는 어디서 온 나그네냐고.

■ 여인들은 알고 있지요

여인들은 알고 있지요.
내 몸에서 일어난 기적을
내 몸에서 일어난 신비를
태초에서 울려오는 하늘의 복음을

여인들은 알고 있지요.
내 몸에서 일어난 하늘의 점지를
작은 생명의 움직임과 소리를
"나 여기 있어요."라는 배냇짓거리들을

생명은 '지금 여기 있는'

지상에서 가장 존재론적인 존재
생명의 혈통은 어머니에게 있고,
문화와 권력의 혈통은 아버지에게 있다.

여인들은 하늘의 신랑을 기다렸습니다.
이제 남자들이 하늘의 신부를 기다릴 차례입니다.
남자들은 전장을 멀리한 채 고향으로 돌아와
평화의 신부를 기다리는 용사가 되어야 합니다.

평화는 전쟁을 극복할 때 이루어집니다.
평화는 전쟁을 막을 용기가 있을 때 이루어집니다.
평화는 신부를 기다릴 미덕을 갖출 때 이루어집니다.
평화는 머릿속에서 갓난아이가 생길 때 이루어집니다.

■ 살인(殺人)과 고독사(孤獨死)

살인도 존재방식이라니!
정의라는 이름의 전쟁, 대량학살
저주도 존재방식이라니!
저주를 일삼는 인간존재의 긴 행렬

종말을 입에 올리는 자체가 종말을 부르는,
악마를 떠올리는 자체가 악마를 부르는,
자기예언적 인간존재의 자기운명
생존의 기억으로 이어진 자기사냥

자살은 자기타살인 것을!
살인도 자기타살인 것을!
애매한 자기의 범위에서 나와 남,
생존과 살인이 만물의 영장의 생존방식이라니!

늙어서 죽어 감은 참으로 다행인가!
늙어서 죽지 않음은 무슨 천벌일까!
살인이 자기타살과 고독사로 돌변한 존재방식!
신을 부르는 이성적 인간들의 광란의 카니발!

축복과 평화의 존재방식은 어디로 갔는가.
가난할 때는 배고파도 오순도순 살았건만,
마천루(摩天樓) 속에서 고독사(孤獨死)하는
부유(富裕)의 저주여, 지혜(智慧)의 저주여!

■ 스쳐지나갈 뿐

나는 남김없이 스쳐지나갈 뿐
아무리 화려한 것도 지나갈 뿐
지나가는 것이 성스러움인 걸
행여 내 이름을 부르지 마라.
행여 내 이름을 붙잡지 마라.

나는 흔적 없이 스쳐지나갈 뿐
흔적이라는 것은 잠시 기억일 뿐

나는 본래 없는 한 조각의 환상
행여 나를 기다리지 마라.
행여 나를 숭배하지 마라.

어떤 이름으로도 존재를 잡을 수 없기에
망각에서 끌어올려 존재를 진리라고 하네.
기억도 망각도 존재마저도 단지 이름일 뿐
행여 어떤 달콤한 말에도 귀를 주지 마라.
행여 어떤 기만과 환상에 눈을 주지 마라.

존재는 알 수 없는 것의 선물
순간은 영원의 한 걸음 한 걸음
돌아보면 어느 덧 최초의 자리
행여 나를 애석해 하지 마라.
행여 나를 미안해하지 마라.

■ 제로(0)의 존재방식

1은 존재하는 동시에 0이 전제됩니다.
2진법은 1과 0으로 이루어집니다.
1과 0 사이에는 무한대가 있습니다.
1의 밖에도 무한대가 있습니다.

1을 무한대로 나누면 0이 됩니다.
0은 어떤 수와 곱해도 0이 됩니다.

0은 없음(無)도 되고, 존재의 근본이기도 합니다.
근본은 원인 아닌 원인입니다.

모든 진법(進法)은 스스로를 무화(無化)시킵니다.
2진법은 2가 없습니다.
10진법은 10이 없습니다.
항상 0이 존재하니까요.

하나님이 1(최초의 원인)이라면
하나님은 동시에 0(無)입니다.
하나님과 부처님이 하나인 것은
바로 1과 0이 동시에 있기 때문입니다.

존재는 말이 없습니다.
존재는 스스로를 세지 않습니다.
욕망이 없는 자리. 좌표의 제로(0)자리.
제로자리에는 하나님과 부처님이 함께 있습니다.

■ 하나 됩시다, 하나님 됩시다

하나 됩시다. 하나님 됩시다.
부처 됩시다. 부처님 됩시다.
하늘-땅, 주체-대상
시간-공간, 만물-만신

하나 속에 둘이 있고
둘 속에 셋이 있네.
하나는 하늘, 둘은 땅
셋은 인간, 인간은 현존재

하나는 무극(無極), 둘은 태극(太極)
셋은 삼태극(三太極)
셋은 본래 하나로 돌아가네.
일시무시일(一始無始一), 석삼극무진본(析三極無盡本)

무시무종(無始無終), 유시유종(有始有終)
조화신(造化神), 제조신(製造神)
모두가 본래 하나로 돌아가네.
인중천지일(人中天地一), 천지중인간(天地中人間)

하늘땅 속에 인간이 있고
인간 속에 하늘땅이 있네.
천지인정기신(天地人精氣神)
천지인은 하나로세.

천지현황(天地玄黃), 빛과 암흑
우주홍황(宇宙洪荒), 시공간의 세계
주체대상(主體對象), 만물만신(萬物萬神)
신과 부처와 인간은 하나로세.

보편적이고 일반적인 세계

일반적이고 보편적인 세계
집단성, 보편성, 개별성. 일반성
진리와 존재는 하나로세.

원죄속죄해도 좋고
고집멸도해도 좋네.
해원상생해도 좋고
원시반본해도 좋네.

천지만물 하나로세.
만물만신 하나로세.
하나 됩시다, 하나님 됩시다.
부처 됩시다. 부처님 됩시다.

■ 명상(冥想), 빛과 어둠

빛은 눈을 가진 동물의 존재방식
빛과 언어는 생각하는 동물의 존재방식
빛에 노출된 인간은 어둠의 욕망에 시달리고
눈을 감고 명상(冥想)에 들어 빛을 되찾네.

밖에서 존재와 존재이유를 찾던 인간은
이제 안에서 본래존재와 자연을 되찾으려하네.
우주는 암흑천지, 빛의 세계는 극히 일부일 뿐
어둠에서 하나의 빛은 소리의 구원이네.

빛에서는 욕망에 시달리던 인간이
어둠 속에서는 도로 빛을 발견하네.
존재와 진리의 역설은 빛과 어둠의 역설
어둠의 빛에서 태초의 소리를 듣는 인간존재.

명상은 모든 힘을 빼는 기술
몸에서 힘을 빼는 기술
마음에서 힘을 빼는 기술
마음에서 기억을 없애버리는 기술

■ 인간여행

여행의 끝에서
내가 있기 때문에 끝이 있다는 것을 깨닫는다.
그렇다. 내가 있기 때문에
시작과 끝이 있고, 신이 있다.

존재라는 말에는 어딘가 고정불변의 무엇이 있다.
있다, 없다, 시작이다, 끝이다, 라는 말은
같은 의미일 수밖에 없다.
정신이 없으면 신이 없다.

인간은 전도몽상(轉倒夢想)하는 것을 좋아한다.
저마다 가지고 있는 정신을 신으로 모셨다.
절대적이면서 상대적인, 정신과 신의 관계이다.

나에게 절대가 있으니 너로 인해서 상대가 있다.

신은 비어있어야 하고, 신은 없어야 한다.
그래야 신은 만물을 사랑할 수 있고,
그래야 신은 만물 속에 있을 수 있다.
신(神)과 공(空), 신(神)과 무(無)는 같은 의미이다.

동양은 자연과 도(道)를 가지고 세상을 말했고,
서양은 존재와 도구(道具)를 가지고 세상을 말했다.
그래서 동양은 도덕에서 완성되었고,
그래서 서양은 과학에서 완성되었다.

저마다 제 말을 고집한다.
남의 말을 들으려면 귀를 열어야 한다.
귀는 결국 소리, 바람소리를 듣는다.
소리는 고집하는, 아무런 의미가 없다.

생명은 신비한 것, 물과 불의 조화
이산, 저산, 여행 끝에서 마지막 불을 느낀다.
여(旅)괘는 화산(火/山), 비(賁)괘는 산화(山/火)이다.
얼마나 빛났는지 모르겠다.

구경이라 하든
소풍(逍風)이라 하든
여행(旅行)이라 하든
나를 사르는 게 삶이었다.

■ 일상의 배움

배움은 일상에 흩어져있다.
물음이 있을 때에 배움이 다가온다.
존재의 물음에 존재가 다가온다.
세상에 영원한 해답은 없다.

자연은 아무 말을 하지 않아도
때때로 섬광 같은 배움을 준다.
마음이 열려 있을 때에
존재는 다가와 말을 건넨다.

악마에게도 배울 게 있다.
배우는 자는 어떤 장애물도 넘어선다.
배우는 자에겐 인생은 길의 학교이다.
소유를 존재로 바꾸면 악마도 물러간다.

욕망과 소유의 장벽도
결코 넘어서지 못할 벽이 되지 못한다.
자연의 최고 교훈은 화이부동(和而不同)
인생의 최고 완성은 태연자약(泰然自若).

내가 던진 수많은 물음에
스스로 답을 찾는 인생학교는 늙어서야
물음과 답이 존재의 양면임을 알게 되네.
배우는 것은 사람의 가장 큰 즐거움이다.

■ '집'에 대하여

집이라는 말은 참으로 의미심장하다.
집이 있기 때문에 가족이 있고
집이 있기 때문에 안팎이 있고
집이 있기 때문에 문(門)이 있다.

집은 인간의 자연에 대한 원초적 경계이다.
집안에 있으면 가족, 식구이다.
집밖에 있으면 남, 타자이다.
남녀가 결혼을 하면 남이 내가 된다.

남녀가 결혼을 하면 또 다른 가족이 생긴다.
그렇게 가족의 범위가 커지면 국가가 된다.
국가와 세계란 남으로 구성된 가족이다.
가족과 국가와 세계는 동심원적 확대이다.

세계가 축소되면 가족이고
가족이 확대되면 세계이다.
인간의 크기는 바로 가족의 확대와 궤를 같이한다.
동심원적 확대와 축소를 자유자재로 하면 왕(王)이고, 성(聖)이다.

■ 시작과 끝에 대해서

신의 시작은 정신이다.

정신의 시작은 신이다.
신의 시작은 자연이다.
자연의 시작은 신이다.

정신의 끝은 물질이다.
물질의 끝은 과학이다.
과학의 끝은 기계이다.
기계의 끝은 기계인간이다.

정신은 초월적 주체
초월적 주체는 신
대상은 영원한 대상
영원한 대상은 힘

유심론과 유물론
유신론과 무신론은
자유와 평등처럼
서로 왕래하고 있다.

주인의 끝은 노예이다.
노예의 끝은 주인이다.
민주의 끝은 민중이다.
민중의 끝은 민주이다.

자유의 끝은 선량(善良)이다.
평등의 끝은 위선(偽善)이다.

위선의 끝은 악질(惡質)이다.
악의 끝은 인간의 멸종이다.

인간이 있기 전에는 신이 없었다.
인간이 있기 전에는 선악이 없었다.
인간이 있기 전에는 자유와 평등이 없었다.
인간이 있기 전에는 사랑과 질투가 없었다.

자유는 열려있음이다.
평등은 닫혀있음이다.
자유는 사랑과 축복이다.
평등은 질투와 저주이다.

정신, 물질, 과학, 평등, 악은 인간중심주의이고,
대뇌로 계산할 수 있는 것이다.
신, 자연, 주인, 자유, 선은 신중심주의이고,
대뇌로 계산할 수 없는 것이다.

대뇌로 계산할 수 있는 것은
계산할 수 없는 곳으로 돌아오지 않으면 안 된다.
대뇌는 자연에 대한 인간의 자기기만의 산물이다.
자기기만은 이용(利用)으로 인해 오래 가지 못한다.

정신의 시작은 신과 자연이다.
신은 계산할 수 있는 것이 아니다.
자연은 계산할 수 있는 것이 아니다.

자연은 고정불변의 존재가 아닌 생성(生成)이다.

시작과 끝은 시간과 공간이고,
시간과 공간은 여기와 저기이고,
시작과 끝은 생과 사이고,
생과 사는 '생멸하는 하나'이다.

■ 우리 모두 살다 가는 존재

1.
우리 모두 살다 가는 존재
아이고(I go)! 하는 존재
사는 것이 무엇인지 묻다가
왜 사는 지 묻다가 가는 존재

본질이 있다고 해도 맞고
본질이 없다도 해도 맞다.
신이 있다고 해도 맞고
신이 없다고 해도 맞다.

시공간이 있다고 해도 맞고
시공간이 없다고 해도 맞다.
있다, 없다고 하는 것은 무엇이 전제되는 까닭에
그것의 있고 없음을 원천적으로 말할 수 없다.

2.

존재는 생성을 말할 수 없다.
존재는 생성 속에 있기 때문이다.
앎은 삶을 말할 수 없다.
앎은 삶 속에 있기 때문이다.

그렇지만 삶을 말하는 것이 앎이다.
또한 앎을 통해 살아가는 것이 삶이다.
진리는 변하지 않는다고 해도 맞고,
변하는 것만이 진리이다, 라고 해도 맞다.

인간이 선하다고 해도 맞고
인간이 악하다고 해도 맞다.
모두가 인간의 생각일 따름이다.
생각은 존재 그 자체가 아니다.

3.

삶도 살다 가는 것인데
앎이 하물며 가지 않을 수 있겠는가.
내가 살고 있는 것이 '있음'인지,
내가 살고 있는 것이 '이다'인지도 알 수 없다.

'있음'의 결과가 '이다'인지,
'이다'의 결과가 '있음'인지 알 수 없다.
원인이 결과인지,
결과가 원인인지 알 수 없다.

철학자들은 살다 가는 것을 괜히
어려운 말로, 자기 말로 장광설을 떠는 것이다.
모든 존재는 저마다 살다 가는 것이다.
모든 존재는 저마다 지금 살고 있다.

■ 불안과 죽음, 부활

혼자인 나를 느낄 때
어디선가 불안이 다가오네.
세계에 던져진 나를 깨달을 때
불안은 더욱 거세게 다가오네.
갑자기 죽음을 떠올릴 때
불안은 공포의 마녀로 돌변하네.

사는 데 길들여진 나는
죽음을 미지의 어두움으로 느끼네.
자연은 사계절로 돌아가는데
사람은 생로병사로 해석되네.
사후세계에 대한 안전을 보장받고 싶네.
종교적 인간이 탄생하는 순간이네.

죽음은 자연의 순리인데도
죽음을 피하고 싶은 인간심리
자연이 아니고 싶은 인간심리
인간은 죽음을 선구(先驅)하는 존재

세계는 유한인가, 무한인가, 알 수 없네.
영혼과 신이 탄생하는 순간이네.

세계에 던져진 존재가 아니라
어머니의 몸으로부터 탄생한 뒤
젖을 먹고 자라나서, 말을 배우고
살아갈 수 있는 존재방식을 터득한 인간!
인간은 결코 불안과 죽음의 존재가 아니라
영겁을 돌아가는 부활의 존재인 것을!

하느님 아버지, 천부(天父)를 부르는 인간
지구 어머니, 지모(地母)를 부르는 인간
하늘부모, 천지부모를 부르는 인간
천지인참부모를 부르는 인간
아버지, 어머니로부터 태어난 인간은
아버지 혹은 어머니, 부모를 부를 수밖에 없다.

■ 존재론의 밖에서

존재의 밖에서 존재를 본다.
존재론의 밖에서 존재론을 본다.
생성을 존재로 설명하고자 하는 긴 행렬을 본다.

인간은 고정불변의 존재를 상상한 존재
인간은 현존재, 초월적 존재, 내재적 존재

영혼-신-정신적 존재, 물질적-기계적 존재

생성은 자연적 존재
존재는 제도적 존재자
있는 것은 어떤 것일지라도 존재자

자연을 대상화하지 않으면 사물 그 자체
자연을 이용이든 위함이든 대상화하면 존재자
모든 유위(有爲)는 무위(無爲)를 바탕으로 하네.

0과 1과 무한대가 동시에 있어야 하는 이유는
수학의 진법이 10진법에서 완성된 이유는
실체가 비실체로, 존재가 비존재인 까닭이다.

존재라는 말은 이미 이율배반
영혼과 신은 이율배반을 둘러싸고 있는 이율배반
진리의 여정은 오류의 여정, 반진리의 여정

선험이 초월이고, 초월이 절대이고, 절대가 지향이네.
무제약의 존재여, 신이여, 영혼이여, 세계전체여!
자연적 존재를 제약하면 제도적 존재자

존재의 본질은 생성
생성은 본질이 아닌, 생성변화하는 움직임
생성변화하는 존재를 본질이라고 할 수밖에.

세계를 설명하지 않으면 불안한 인간현존재
도구를 잃어버리면 불안해하는 인간현존재
세계를 계산하는 광기의 이성, 인간현존재

신은 인간을 위해서 존재하는 자연의 은유
신은 인간을 위해서 존재하는 무의미의 의미
인간이 없었으면 자연은 스스로를 어떻게 말할까.

말하여진 신은 신이 아니다.
말하여진 도는 도가 아니다.
말하여진 부처는 부처가 아니다.

■ 춤추고 노래하는 우주

1.
고정불변의 존재를 가정한 인간은
본질을 이데아, 신, 이성, 법칙으로 규정했다.
우주의 본질은 무엇일까.

우리에게 우주는 춤추고 노래하는 우주였다.
춤추고 노래하는 우주는 생동하는 우주였다.
기하학적·대수학적 우주는 재미없었다.

춤추고 노래하는 우주가 바로 풍류도이다.
한민족에게 우주의 본질은 리듬이었다.

리듬이야말로 우주의 생동하는 본질이다.

기계춤을 추는 현대무용가도 생겨났지만
우리 몸 어디에선가는 자연을 그리워하고 있다.
자연의 생멸마저 이제 그리움으로 다가오고 있다.

기계언어, 이진법이 자연을 집어삼켰다.
십진법의 세계는 이진법에 무릎을 꿇었다.
인간의 언어는 이제 방언이며, 촌놈의 언어이다.

10은 0, 십진법은 제로섬게임
0, 1 이진법은 무한대게임
신은 0일까, 1일까, ∞일까.

2.
현상학적 환원과 현상학적 회귀는 같은 것
시작이 끝이 되는, 끝이 시작이 되는 순환론
헤겔의 변증법과 니체의 힘에의 의지는 같은 현상학

신과 힘을 해체하면 모두 파동, 수많은 소리들
과학은 그 소리들을 하나로 적분하는 기술
현상에서 불멸을 꿈꾸는 자연과학은 자연이 아니다.

불멸은 죽어야 꿈꿀 수 있는 영원이다.
자연은 생멸이고, 대뇌는 불멸을 꿈꾼다.
불멸을 꿈꾸는 것은 대뇌의 오래된 신화이다.

남자는 자신의 도(道), 진리를 추구한다.
여자는 자신의 덕(德), 생명을 양육한다.
남자의 도는 기계, 여자의 도는 생명이다.

춤추고 노래하는 우주가 풍류도이다.
생각하고 생각하는 기계를 만들어내는 것은 추상이다.
기계인간이야말로 다정스러운 괴물이다.

마음만 있어도 인간이 아니다.
몸만 있어도 인간이 아니다.
정(情), 심정(心情)이 없으면 인간이 아니다.

■ 신과 이름에 대하여

어릴 때는 부모가 신의 일을 하였지만
자의식이 생기고 나면 부모 대신 신이 필요하다.
신은 자의식이면서 대상의식이다.

처음엔 의지하기 위해서 신을 부른다.
그 다음엔 자신을 다스리기 위해 신이 필요하다.
그래서 신은 자신이며, 자신이 신이다.

나를 섬기면 신이 없는 것과 같다.
신을 섬기면 내가 없는 것과 같다.
그래서 신의 이름은 "나는 내가 되고 싶은 나다."이다.

처음엔 신이 필요하듯이 이름이 필요하고,
그 다음엔 이름이 형식이 되고
형식이 나중에는 법칙이 된다.

이름을 벗어나는 일은 신을 벗어나는 일만큼 어렵다.
이름은 나를 가두고 끝내 나의 목을 옥죄는 형틀이 된다.
이름을 벗어나는 자는 신과 같다.

■ 권력과 이름에 대하여

권력은 처음엔 잡는 것이다.
어떤 권력도 본래 자기 것이 아니기 때문이다.
권력을 위해서는 이름과 명명(命名)이 필요하다.

권력은 그 다음엔 취하는 것이다.
술과 같이 서서히 몸에 젖어든다.
그래서 권력은 도취(陶醉)로서 다스려야 한다.

권력은 급기야 아편과 같다.
한번 중독되면 끊기가 하늘에 별 따기만큼 어렵다.
권력에 중독되지 않으면 신과 같다.

이름을 가지면서 이름을 벗어나는 일은
애초에 신의 일이기 때문이다.
권력의 미련에서 벗어나는 자는 신과 같다.

출가한 승려와 사제가 가장 경계해야 하는 일은
술과 권력과 색욕이다.
존재에 가장 가까이 있는 삼물(三物)이기 때문이다.

■ 말과 일과 이름에 대하여

신도 말을 하지 않으면 신이 아니다.
하물며 인간이 말을 하지 않으면 인간이 아니다.
말하는 것은 무엇에 대해 이르는(謂) 행위이다.

말은 이른다고 일이다. 말은 이르는 일이다.
일은 이른다고 이름이다. 이름은 이른다고 일이다.
이름을 짓고 지우는 일이 세상일이다.

말 이전에 존재가 있었다. 소리(音)이다.
일 이전에 존재가 있었다. 무위(無爲)이다.
이름 이전에 존재가 있었다. 무명(無名)이다.

■ 메시아는 힘이 없기 때문에

메시아는 힘이 없기 때문에,
힘이 없기 때문에 메시아입니다.
메시아는 왜 십자가에 못 박혔을까요.

사람들은 메시아를 힘이 있기 때문에
메시아라고 믿을 것이지만
메시아는 힘이 없습니다.

힘 있는 자가 메시아였다면
메시아는 세계를 정복했을 겁니다.
메시아는 정복이 아니라 함께 하는 자입니다.

힘은 여러분에게 있습니다.
여러분이 죽고 살고 하는 것도
여러분에게 달려 있습니다.

하나님은 아무 일도 할 수 없습니다.
하나님은 모든 일들을 여러분에게 맡겼습니다.
이제 여러분이 세상의 주인이 될 길밖에 없습니다.

평화가 전지전능에서 이루어질까요.
평화를 주장한다고 평화가 이루어질까요.
평화는 모든 힘을 내려놓는 데서 이루어집니다.

하나님은 아무 것도 가진 게 없습니다.
여러분이 은혜를 베풀지 않으면
먹을 것도, 입을 것도, 집도 없는 세상 걸뱅이입니다.

하나님은 주인이 아닙니다.
하나님은 여러분의 노예입니다.

그래서 해방의 날을 손꼽아 기다리고 있습니다.

여러분이 하나님을 기다리고 있는 것이 아니라
도리어 하나님이 여러분을 기다리고 있습니다.
하나님은 아무 것도 아닌 미천한 존재입니다.

하나님은 여러분을 손꼽아 기다리고 있습니다.
하나님은 여러분의 부모처럼 한없이 기다리고 있습니다.
여러분이 하나님이 될 때 하나님이 있게 되는 이유입니다.

여러분이 참사랑, 참부모가 될 때
하나님은 영원히 살아있는 하늘부모가 됩니다.
우리 모두는 처음의 하나님이 아니라 끝의 하나님입니다.

■ 예술은 존재의 미래이다

초종교로는 초종교가 안 된다.
어떤 종교이든 종교의 벽은 너무 높다.
인류의 전쟁 중에 반 이상이 종교전쟁이다.

초국가로는 초국가가 안 된다.
어떤 국가든 배타적 이익을 추구하는 집단이다.
국가 속에는 종교적 특성이 들어있기 때문이다.

중세가 종교국가의 시대라고 할 수 있다면

근대는 국가종교의 시대라고 할 수 있다.
종교와 국가는 본질적으로 크게 차이가 없다.

종교는 성(城)을 쌓고 정통과 이단을 중시한다.
국가는 비전을 중시하지만 권력투쟁에 매몰되기 쉽다.
종교와 국가는 스스로 견제하지 않으면 망하게 된다.

초인종으로는 초인종이 안 된다.
인종이라는 말은 이미 인종주의에서 나왔기 때문이다.
인종은 가장 자연적인 것이면서 가장 인위적인 것이다.

초종교초국가초인종은 그것 자체의 이념으로는 안 된다.
초종교초국가초인종은 예술적 태도에 의해서만 실현된다.
예술은 처음부터 절대를 부정하기 때문에 세계 일가를 실현한다.

예술은 발생부터가 자연적이다.
예술은 발생부터가 존재적이다.
예술은 향유부터가 본능적이다.

예술은 향유부터가 감동적이다.
예술은 존재자체가 미래적이다.
예술은 존재자체가 희망이다.

■ 말은 존재의 자기복제이다

우리는 본래 하나로 있다. 이것이 본래존재이다.
"우리는 하나다"라고 말하면 이것은 또 다른 하나이다.
본래 존재가 자기 복제된 한 셈이다. 이것은 초월적 하나이다.
초월적 하나는 도리어 본래존재를 가상존재로 몰아세운다.

이데아는 자연을 이데아의 모방으로 규정한다.
말은 처음부터 존재를 전도몽상(轉倒夢想)하려는 의도를 가진다.
이데아는 코기토와 같다. 코기토는 순수이성이다.
유심론은 유물론이다. 유물론은 기계론이다.

이데아는 추상이고, 추상은 기계이다. 추상기계는 없다.
기계는 과학이다. 과학은 자연을 적반하장(賊反荷杖)하고 있다.
자본주의와 유심론, 공산주의와 유물론은 이분법의 결과들이다.
본래존재인 자연을 주체와 대상으로 이분화한 응징적 결과이다.

주체와 대상, 주인과 노예, 초월과 내재는 상호작용하는 한 쌍이다.
철학자는 말을 잘한다. 존재에 앞서 말이 있었다고 하는 듯하다.
기독교 목사는 말을 잘한다. 공산주의자는 말을 잘한다.
말을 잘 하는 자들은 항상 본래존재를 왜곡할 가능성이 높다.

신과 인간은 세계의 지배를 위한 공모자이다. 이성의 간지이다.
기독교의 인격신과 도교의 상제(上帝)가 존재하는 이유이다.
신이 없으면 인간이, 인간이 없으면 신이 없다. 선후를 알 수 없다.
인간중심주의(人間中心主義)는 신중심주의(神中心主義)이다.

■ 사유(思惟)는 소유(所有)이다

사유(思惟)는 추상(抽象)이다.
사유(思惟)는 소유(所有)이다.
악마가 예수에게 세상을 다 주겠다고 유혹한 것은
악마의 정체가 소유라는 것을 폭로한 사건이다.

사유는 추상이고 기계이다.
기계는 자연을 소유한 까닭으로 이용이 지나치면
악마의 유혹에 빠질 수 있음을 암시하고 있다.
오늘날 패권을 경쟁하는 제국들은 악마적이다.

욕망은 결핍과 권태의 이중주이다.
욕망은 충족되지 않으면 결핍에 시달리고
욕망이 달성되면 곧바로 권태에 시달린다.
욕망은 의미이며 권태는 무의미이다.

존재는 자연이다.
세계는 언어이다.
문화는 제 2의 자연이다.
인간은 자연과 인간의 경계지점에 산다.

문화적 독립을 하려면
역사적 독립을 하여야 한다.
역사적 독립을 하려면 철학적 독립을 하여야 한다.
문사철(文史哲)이 독립해야 진정한 독립이라 할 수 있다.

■ 무생물과 생물의 이율배반

무생물은 없다.
무생물은 생물의 꼭대기에 있다고 착각한 인간이
자연에 내뱉은 존재이해의 큰 오류이다.

무생물은 생물의 기초이다.
무생물은 우주적 생멸의 바탕이다.
생물은 무생물의 생명성에 큰 신세를 지고 있다.

무생물이야말로 의식 이전의 존재이다.
생물은 무생물의 극히 일부에 불과하다.
무생물의 생명성에 도달할 때 우주적 깨달음이 있다.

깨달음과 열반은 바로 존재 그 자체를 바라봄이다.
자연이 신이고, 신이 인간이다.
인간이 신이고, 신이 자연이다.

고정불변의 변화생성, 생성변화의 고정불변
나의 너, 너의 나, 인간의 중생, 중생의 인간
아, 우리는 만물만신, 만물만신은 우리!

■ 기호와 소리의 이율배반

소리는 최초의 의미이다.

소리는 스스로 존재하는 의미이다.
소리는 스스로 존재하는 본래존재이다.

소리는 스스로 존재할 수 없어서
누에가 고치를 치듯이 기호의 옷을 입는다.
소리가 스스로 옷을 입은 것이 기표(記標)이다.

소리는 기호이면서 동시에 의미이다.
소리는 기표(記標)이면서 동시에 기의(記意)이다.
기표와 기의는 언어의 이율배반이다.

소리가 스스로 문자가 된 것이 음성언이이다.
소리가 기호를 빌려서 문자가 된 것이 문자언어이다.
소리와 문자의 선후를 가리는 것은 어리석은 일이다.

기표(記標)의 최후는 의미 없는 기호, 기계(機械)
기의(記意)의 최후는 의미 있는 소리, 자연(自然)
소리는 최후의 의미이다.

소리는 최초의 의미이다.
소리는 최후의 의미이다.
모든 기호는 껍데기이다.

소리는 천지창조(天地創造)이다.
소리는 종말구원(終末救援)이다.
소리는 스스로 깨달음(自覺)이다.

태초의 소리를 듣는 게 관음(觀音)이다.
최후의 소리를 듣는 게 관음(觀音)이다.
생활의 소리를 듣는 게 관음(觀音)이다.

어머니가 갓난아이의 소리를 듣는 게 보살(菩薩)이다.
어머니가 갓난아이의 의미를 아는 게 보살(菩薩)이다.
어머니가 갓난아이에게 젖을 물리는 게 보살(菩薩)이다.

■ 폭군과 여신의 결합

극단적으로 남자는 폭군이다.
극단적으로 남자는 여자를 아이 낳은 기계쯤으로 생각한다.
생각의 종착역은 결국 기계이다.

극단적으로 여자는 창조주이다.
극단적으로 여자는 스스로를 창조자라고 속으로 자부한다.
생명의 창조는 결국 신비이다.

극단적으로 정치는 폭군(暴君)이다.
극단적으로 신비는 여신(女神)이다.
폭군과 여신의 결합이 우주라는 가정이다.

■ 신(神)과 외계인(外界人)

태초의 신은 어떤(what) 존재(Being)일까.
신은 완전히 인간과 분리된 존재(Being)였다.
신은 세계(世界) 속에 존재해서는 안 되는 비존재였다.

신이 비존재라면 신을 섬길 이유(why)는 무엇인가.
신은 보이지 않는 세계에 존재하는 존재이기 때문이다.
보이지 않는 세계에 존재하는 신은 누구(who)인가.

신은 언제(when), 어디서(where) 만날 수 있을까.
신은 과연 어떻게(how) 만날 수 있을까.
인간은 신을 영계(靈界)에서 만날 수 있다고 생각한다.

종교가들은 신이 영계(靈界)에 있다고 생각한다.
천체물리학자들은 신을 외계인(外界人)이라 생각한다.
영계(靈界)와 외계(外界)가 다른 것이 무엇인가.

인간은 세계에 살기 때문에 세계인(世界人)이다.
신은 세계너머에 살기 때문에 외계인(外界人)이다.
경계(境界)를 설정하는 인간은 내외(內外)를 벗어날 수 없다.

존재는 비존재이다.
신은 존재이면서 비존재이다.
세계 속에 없는 신은 의미인가, 무의미인가.

■ 신, 기하학, 천지인

신은 인간문화의 원점이다.
신은 인간문화의 출발이다.
과학이 발달했다고 신을 버리는 것은
과학마저 버리는 결과를 초래하게 된다.

신은 신비로 존재해야 한다.
신은 대중적 철학의 정점에 있다.
신을 믿는 것은 인간을 위해서다.
신은 버리면 전체주의가 나타난다.

신이나 중심은 인간이 창안한 말이다.
시작이나 끝도 인간이 창안한 말이다.
시간과 공간도 인간이 창안한 말이다.
신은 시공을 초월한 곳에 있어야 한다.

점은 선을 이루고 선은 원을 이룬다.
거꾸로 원은 선이고 선은 점이다.
원과 점은 동시에 서로를 있게 한다.
우주 자체도 하나의 점일 수 있다.

원은 방이고 방은 각이다.
각은 방이고 방은 원이다.
원은 점이고, 점은 원이다.
원방각은 천지인이고, 천지인은 원방각이다.

우주는 무시무종(無始無終)이다.
우주는 유시유종(有始有終)이다.
시작은 끝이고, 끝은 시작이다.
무시무종과 유시유종은 결국 같은 말이다.

모든 존재는 순간 없어질 수도 있다.
생성은 존재의 생멸이기 때문이다.
생성은 본래 잡을 수 없는 존재이다.
실체 있음은 실체 없음과의 확률이다.

인간이 만든 모든 의미는 종국에는 무의미하다.
인간이 만든 모든 개념은 종국에는 무소용하다.
인간이 만든 모든 것은 인간적인 것이다.
인간이 소멸하면 신이 소멸해도 문제없다.

■ 이분법의 서열(序列)

인간은 이분법으로 세계를 보는 존재이다.
이분법 중에서 가장 중요한 것은
우선 생성의 생사(生死)이다.
그 다음은 존재의 유무(有無)이다.

그 다음은 신귀신(神鬼神)이다.
그 다음은 진위(眞僞)이다.
그 다음은 선악(善惡)이다.

그 다음은 행불행(幸不幸)이다.

그 다음은 계급(階級)이다.
그 다음은 부귀(富貴)이다.
그 다음은 명예(名譽)이다.
그 다음은 미추(美醜)이다.

이분법의 대립(對立)을
음양(陰陽)의 상보(相補)로,
천지인(天地人)의 순환으로 본 동양은
절대성을 부정하고 상대성을 중시한 문명이다.

■ 대뇌는 믿을 수 없다

인간의 대뇌는 믿을 수 없다.
합리성이라는 것은 실은 합리화이다.
합리성은 합리화의 극히 일부에 불과하다.

대뇌는 자신이 욕망하는 바를 끌어낸다.
대뇌는 자신이 목적하는 바를 끌어낸다.
인간이 끌어낸 목적은 최종목적이 될 수 없다.

인간은 처음과 끝을 알 수 없는 존재이다.
인간은 거대한 우주과정의 과정으로서 존재한다.
존재라는 것은 과정을 정지로 본 것에 불과하다.

존재를 실체로 보는 서양문명과 과학은
순간을 영원으로 맞아들일 수밖에 없다.
신과 영혼, 영원과 무한대는 허무한 업보이다.

■ 진정한 중심

진정한 중심은 주변이라네.
진정한 중심은 심중이라네.
진정한 중심은 침묵이라네.
진정한 중심은 지금이라네.
진정한 중심은 원점이라네.

진정한 중심은 중심 없음이 중심이네.
진정한 중심은 내가 없음이 중심이네.
한없는 우주에 중심은 바로 없음이네.
우주가 우리-나인 이유가 여기에 있네.
브라만이 아트만인 이유가 여기 있네.

■ 만다라, 관계의 총체여!

만다라, 관계의 총체여!
나는 너의 나이네.
너는 나의 너이네.
주체는 객체의 주체이네.

객체는 주체의 객체이네.
절대는 상대의 절대이네.
상대는 절대의 상대이네.
유심은 유물의 유심이네.
유물은 유심의 유물이네.

양은 음의 양이네.
음은 양의 음이네.
동양은 서양의 동양이네.
서양은 동양의 서양이네.
존재는 현상의 존재이네.
현상은 존재의 현상이네.
자연은 인간의 자연이네.
인간은 자연의 인간이네.

유는 무의 유이네.
무는 유의 무이네.
관계는 실체의 관계이네.
실체는 관계의 실체이네.
천사는 악마의 천사이네.
악마는 천사의 악마이네.
신은 사람의 신이네.
사람은 신의 사람이네.

만다라, 관계의 총체여!
여몽환포영(如夢幻泡影)

여로역여전(如露亦如電)
심여명경대(心如明鏡臺)
명경역비대(明鏡亦非臺)
회광반조(廻光返照)
제상비상(諸相非相)
물불천(物不遷)
각지불이(各知不移)

움직이면서 움직이지 않음이여!
동정역동이기신학(動靜易動理氣神學)
이곳과 저곳이 없도다.
나와 너가 없도다.
세계는 그대로 존재 그 자체
세계는 그대로 존재진리
세계는 그대로 존재방식
세계는 그대로 존재양식

■ 빅뱅과 블랙홀

내가 태어남은 빅뱅
내가 죽음은 블랙홀
사람들은 시공간에 갇혀 자신을 모른다.
시공간을 없애면 바로 생멸이다.

모든 존재는 스스로 빅뱅블랙홀이다.

모든 존재는 시공간의 차원만 다를 뿐
시공간을 넘으면 순간과 영원도 없다.
생멸이야말로 신이고, 부처이다.

시공간을 넘으면 빅뱅이 블랙홀이고
블랙홀이 빅뱅이다. 이 두 개념을 넘어서면
스스로 죽음을 넘어서고
스스로 신이 되고, 부처가 된다.

빅뱅과 블랙홀은 이미
시공간에 갇힌 사람들이 만들어낸 개념에 불과하다.
진정한 자유와 해방은
빅뱅과 블랙홀을 잊어버리는 것이다.

■ 소수천재와 다수민중

소수천재들은 스스로 잘 났다고 하지만
다수민중이 없으면 천재도 필요 없다.
소수천재들은 인간이 나아갈 방향을 제시하지만
다수민중은 살아가면서 번식을 맡아왔다.

생존투쟁과 권력투쟁은 상호보완관계에 있다.
전자에서 후자가 나오고 후자에서 전자가 나온다.
생물과 무생물의 관계도 그렇고
인간과 생물의 관계도 그렇다.

인간이 만든 모든 구별은
인간에게는 의미가 있지만
우주전체에는 무의미하다.
의미와 무의미도 상호보완관계에 있다.

창조적 소수는 다수를 위해야 하고,
대중적 다수는 소수를 보호해야 한다.
개인은 결국 집단에서 나오고
집단은 개인에 의해 다스려진다. 뫼비우스의 띠처럼.

■ ㄱㄴㄷㄹㅁ한글자모의 의미

ㄱ은 수직과 수컷을 상징하는 자모
ㄴ은 수평과 암컷을 상징하는 자모
ㄷ은 그릇과 상자를 상징하는 자모
ㄹ은 운동과 순환을 상징하는 자모
ㅁ은 입과 말과 맘(어머니)을 상징하는 자모
ㅂ은 배와 큰 그릇을 상징하는 자모
ㅅ은 인간과 상호의존을 상징하는 자모
ㅇ은 원과 우주와 완성과 원환을 상징하는 자모
ㅈ은 진리와 지혜와 지식과 존재를 상징하는 자모
ㅊ은 처음과 참과 참사람을 상징하는 자모
ㅋ은 큰 것과 큰 사람을 상징하는 자모
ㅌ은 태양과 태극을 상징하는 자모
ㅍ은 아버지와 하늘(파파)을 상징하는 자모

ㅎ은 하늘과 할아버지, 할머니를 상징하는 자모
한글자모는 인류의 첫 소리, 공통자모이다.

■ 아름다운 인생으로

아름다운 인생으로
내 인생을 바라볼 수 있다면
이보다 더 한 축복은 없다.

어떤 인생행로를 거쳤든
세상을 아름답게 보고 순명할 수 있다면
이것은 인생의 최종승리이다.

아름다움과 추함이
인생에서 최종의미로 다가오는 까닭은
존재의 궁극(窮極)이 예술에 달려있기 때문이다.

아름은 알, 앎, 열매의 뜻을 지니고 있다.
아름은 생명과 지식과 수확의 뜻을 지니고 있다.
내 인생이 아름드리나무처럼 마무리된다면 최선이다.

아름다움이야말로 창조하는 마음이 거두는 열매이다.
인생을 아름답게 보는 사람이 많을수록 좋은 사회이다.
예술은 본래존재에 가장 가까이 있는 존재양식이다.

■ '하나'라는 말에 대하여

'하나'라는 말은 고정불변의 무엇을 떠올리게 된다.
'둘'이라는 말은 어떤 관계를 떠올리게 한다.
하나는 절대를 떠올리게 하고, 둘은 상대를 떠올리게 한다.

둘이라는 말은 당연히 하나를 전제하는 말이다.
따라서 자연스럽게 둘은 관계로 나아가게 된다.
실체가 있는 관계이든, 실체가 없는 관계이든 말이다.

하나와 둘을 합치려면 반드시 움직여야 한다.
이때 하나는 둘처럼 보이기도 하고,
동시에 둘은 하나처럼 보이기도 한다.

하나와 둘은 홀로 서있는 것 같지만
역동적으로 보면 하나 속에 둘이 있고,
둘 속에 하나가 있을 수밖에 없다.

하나와 둘을 합치면 정적으로는 셋이 된다.
그래서 하나는 셋이 되기도 하고
셋은 하나가 되기도 한다. 이것이 3.1사상이다.

■ 사람이 죽는 이유는

사람이 죽는 이유는

생물이 무생물을 기반으로 하기 때문이다.
생명이 아무리 위대하지만
무생물이 없이는 존립할 수 없다.

성경에 나오는 최초의 인간 아담도
하나님이 흙으로 만든 다음 숨을 불어넣었다.
에로스의 연인 프시케도 숨, 영혼을 의미한다.
생명은 숨을 쉬느냐의 유무이다.

만약 처음부터 생물을 기반으로 하였으면
사람이 죽을 염려가 없었을 것이다.
우리가 무생물이라고 생각하는 사물도
실은 우주적 차원에서 보면 생물이다.

생명이 중요한 이유는
죽지 않기 때문이 아니라 죽기 때문이다.
죽음 때문에 성인이 있고 고귀함도 있다.
죽음은 슬픈 것이 아니라 예약된 대도(大道)이다.

■ 남성성과 여성성의 딜레마

태초에 하나님 아버지는 천지를 창조했다.
창조라는 말에는 제조적(製造的) 신관이 숨어있다.
창조라는 말에는 이미 남성성-가부장이 숨어있다.
남성성-가부장에는 이미 부계혈통주의가 숨어있다.

인간을, 생명을 낳은 것은 어머니, 암컷이다.
낳았다고 하는 것은 생성적(生成的) 신관을 의미한다.
하나님 아버지가 천지를 낳았다고 할 수는 없다.
태초에 하나님 어머니가 천지를 낳았다고 할 수도 없다.

남성성은 자연의 순환, 어느 지점을 끊어서 창조라고 했다.
최초의 원인과 최후의 결과는 여기서 비롯된다.
결과가 원인이 되고, 원인이 결과가 됨을 피할 수 없다.
여성성은 자연의 재생산자로서 인과(因果)를 말하지 않아도 된다.

제조적 신관과 생성적 신관을 포용한 것이
환인환웅단군의 조화적(造化的) 신관이다.
남성성과 여성성이 잘 조화된 신관이다.
하나님은 천지부모(天地父母)가 되지 않으면 안 된다.

■ 철학과 의식과 진선미에 대하여

의식은 다세포동물의 산물이다.
아메바와 같은 단세포동물은 똑같은 자기복제로
생명을 이어가기 때문에 의식도, 따라서 죽음도 없다.

자의식이 있으면 죽음을 의식하기 마련이다.
암수로 이루어진 양성생물은 짝짓기를 위해
상대를 찾아야 하기 때문에 자의식이 생길 수밖에 없다.

자의식과 죽음은 양성생물의 업보이다.
양성생물은 정도의 차이는 있지만 의식이 있다.
인간은 큰 대뇌를 가짐에 따라 '의식적 인간'일 수밖에 없다.

철학은 대뇌와 함께 인간의 피할 수 없는 운명이다.
인간은 대뇌를 통해 자연을 나름대로 해석하면서 살아왔다.
철학은 대뇌를 가진 인간의 본성이라고 할 수 있다.

인간은 살기 위해 자연을 도구로 이용해왔고,
철학을 하였기 때문에 살아온 생물종이라고 말할 수 있다.
인간의 철학은 자신의 생명과 자연의 이용으로 구성되어있다.

인간의 철학은 생명과 이용의 계보학이라고 말할 수 있다.
이것은 존재를 이용할 것인가, 위할 것인가로 압축된다.
이용에 치중하면 악이 되고, 위함에 치중하면 선이 된다.

자연에는 본래 선악(善惡)은 없다.
자연에는 본래 진선미(眞善美)가 없다.
인간에 이르러 선악과 진선미가 생겼다.

오늘날 진(眞)은 물리적(物理的) 진리
오늘날 선(善)은 윤리적(倫理的) 진리
오늘날 미(美)는 존재적(存在的) 삶 자체이다.

■ 해석과 새말

오래된 책은 해석을 요구한다.
시대정신을 담은 해석은 생명을 불어넣는다.
생명을 불어넣지 않으면 죽은 책이 된다.
살아있는 자여, 그대가 생명을 불어넣어야한다.
하나님이 흙으로 만든 아담에게 숨을 불어넣듯이.
성경도, 불경도 마찬가지이다.

역사는 때때로 해석이 아닌 새말을 필요로 한다.
종교혁명, 철학혁명, 산업혁명이 필요하다.
곰팡이 낀 책은 해석으로 쇄신되지 않는다.
성령으로 가득 찬 새말과 몸짓이 필요하다.
살아있는 신의 목소리, 전율(戰慄)이 필요하다.
살가죽을 바꾸는 혁명의 순교(殉教)가 필요하다.

■ 절대주의와 전체주의

절대는 나에게 요구할 때는 신앙과 신념이 되지만
남에게 강제로 요구할 때는 전체주의가 되기 쉽다.

절대선, 절대도덕, 절대무(絕對無)도 마찬가지이다.
나에게보다 남에게 요구하면 전체주의로 전락한다.

절대와 이상을 추구하는 인간은 항상 그 이면에서

위선자가 되거나 전체주의자로 전락할 위험이 있다.

헤겔의 절대정신은 마르크스의 공산사회주의가 되었다.
헤겔의 법철학은 국가사회주의라는 괴물을 탄생시켰다.

히틀러를 보라. 무솔리니를 보라. 스탈린을 보라.
모택동을 보라. 폴 포트를 보라. 김일성을 보라.

전체주의는 이성을 가진 인간의 대뇌적 악질(惡疾)이다.
전체주의는 이성과 신앙을 가진 인간의 자폐증(自閉症)이다.

세속화되기 쉬운 종교와 정치는 항상 타락할 위험을 안고 있다.
제도적 존재인 인간은 제도적 절대와 타성에 빠져들기 쉽다.

유물론은 신이 없는 시대에 가면을 쓴 무신론의 종교이다.
과학은 유물론보다 더한 기계신의 종교가 될 위험이 있다.

원시종교는 무신론과 기계신의 종교로 지금까지 변천했다.
패권경쟁에 빠진 인류는 자멸(自滅)하는 수순에 들어갔다.

■ 공화주의, 공산주의

공산사회주의는 프롤레타리아 해방과 독재를 지향한다.
프롤레타리아 독재는 실은 공산당귀족의 독재를 의미한다.
공산당귀족의 독재는 민중을 결국 노예로 만드는 정치체제이다.

공산사회주의는 처음부터 무지몽매한 인민을 속이는 이상주의이다.
공산당선언에는 이미 그 정체를 폭로하고 있지만 인민은 그것을 모른다.
인민민주주의는 결국 인민(민중)노예주의로 귀결될 수밖에 없는 것이다.
공산주의는 국가 위에 공산당이 있음으로 독재전체주의를 피할 수 없다.
공산사회주의자는 근대(近代) 부적응자로 노예-민중에 속한다.
공산사회주의는 천사의 얼굴을 한 악마이다.

민주공화주의와 자유자본주의는 시민과 화해를 기초로 성립되었다.
그리스의 민주주의와 로마의 공화정을 근대에 새롭게 정립한 것이다.
사유재산을 인정하고 화폐의 가치의 평등을 통해 민주주의를 달성한다.
민주주의는 시민에게 주인정신을 길러주어 권리와 의무를 깨우쳐 준다.
민주공화정을 유지하기 위해서는 민도(民度)가 높지 않으면 안 된다.
자유자본주의와 민주공화정은 개인의 자유와 주인정신을 요구한다.
자유민주주의는 끝없는 개인의 인격도야와 남에 대한 배려를 요구한다.
자유자본주의자는 근대(近代) 적응자로 주인-시민에 속한다.
자유민주주의는 악마의 얼굴을 한 천사이다.

■ 육하원칙으로 세상보기

모든 인간에게는 누구(who)가 중요하다.
그래서 신과 하나님도 인간적인 모습일 수밖에 없다.
그런 점에서 종교는 대중적 철학이다.
그런 점에서 철학은 소수의 종교이다.

철학자는 왜(why)의 인간이다.

'왜'라는 질문을 하지 않으면 철학자가 아니다.
과학자는 어떻게(how)의 인간이다.
방법을 모르거나 제시하지 않으면 과학자가 아니다.

동사적 인간에게는 언제(when)가 중요하다.
명사적 인간에게는 어디서(where)가 중요하다.
삶에서 가장 일반적인 관심은 무엇을(what)이다.
'무엇을' 중에서 가장 중요한 것은 의식주이다.

고등종교는 누구(who)와 왜(why)가 잘 결합한 종교이다.
과학종교는 종교가 과학에 굴복한 종교이다.
원시종교는 애시당초 과학이 없는 종교이다.
자연과 자연과학은 여자와 남자처럼 다른 인종이다.

남자에게는 사냥꾼과 전쟁, 국가의 DNA가 들어있다.
여자에게는 출산과 가정, 살람살이의 DNA가 들어있다.
남자의 철학은 힘과 권력, 진리와 지배의 철학이다.
여자의 철학은 삶과 존재, 공정과 평등의 철학이다.

철학이 앎, 진리의 철학인 것은 남자의 관점에서 출발한 때문이다.
철학이 남자의 전유물인 것은 본질(essence)을 추구하기 때문이다.
존재론(existence) 철학은 철학의 종착역으로 여자의 철학이다.
존재론 철학은 진리를 중시하지 않고, 삶을 중시하는 철학이다.

앎의 철학은 메시지(message)의 철학이다.
앎의 철학은 눈과 진리와 도덕을 중시할 수밖에 없다.

삶의 철학은 마사지(massage)의 철학이다.
삶의 철학은 귀와 살갗과 평화를 중시할 수밖에 없다.

남자는 메시지와 펜과 백지(白紙)를 좋아한다.
여자는 마사지와 화장과 피부(皮膚)를 좋아한다.
남자의 철학은 진리를 말하면서 거짓에 이른다.
여자의 철학은 거짓말을 하면서 진리에 이른다.

공산주의는 가장 나쁜 여자의 철학이다.
역설적이게도 공산주의에서 가장 손해를 보는 자는 여자이다.
자본주의는 가장 나쁜 남자의 철학이다.
역설적이게도 자본주의에서 가장 혜택을 보는 자는 여자이다.

■ 인간의 이중적 몸짓

인간은 자연에서 적자생존의 위치를 점령하기 위해
고정불변의 신(神)을 설정함으로써 위기를 타개했다.
인간은 신을 타자(믿음의 대상=하나님)로 설정함으로써
자연적 존재로서의 자신을 기만했지만 동시에
자연을 타자(이용의 대상=사물)로서 지배하는 길을 열었다.

인간은 타자를 두고 '님'과 '남'의 이중적 몸짓을 했다.
타자로서의 사물(남)이 과학기술의 발달과 더불어
막강한 기계가 되어 기계신(神)으로 군림하려는 오늘날
신은 도리어 자연으로 회귀를 열어주는 통로가 되어야 한다.

인간은 '죽은 신'을 부활시켜야 하는 절체절명에 직면하고 있다.

의지와 욕망도 생존과 권력의 이중적 몸짓을 하고 있다.
종교(윤리)와 과학(물리), 예술(삶)마저도 이중적 몸짓을 하고 있다.
존재냐, 존재자냐의 갈림길에서 이중적 춤을 추고 있다.
눈으로 보고 손으로 잡는 소유를 택할 것이냐 아니면
보이지 않는 마음의 존재를 잡을 것이냐, 이것이 문제로다.

동물의 본능에서 자유로워진 인간은 동시에 구속을 느꼈고
자유를 향한 끝없는 열망은 신에서 성현, 부처로 치달았다.
신을 섬기는 마음과 스스로 신이 되고자 마음의 갈등 속에서
신을 대신한 초인(超人)은 힘(권력)에의 의지의 표상이 되었다.
부처가 될 것이냐, 초인이 될 것이냐 갈림길에서 방황하고 있다.

여호와를 섬기는 유대 땅에서 부처는 하나님아버지가 되었다.
하늘이 여자의 몸에서 태어나지 않은 하나님 아버지가 된 까닭은
생멸하는 자연을 초월하는 영원과 불멸을 추구한 문명 때문이다.
힘(권력)을 추구하는 아버지만을 섬기면 평화는 달성되기 어렵다.
평화의 어머니를 찾는 길만이 인류를 영생케 하는 중도(中道)이다.

어머니를 찾는 길만이 자연을 되찾는 길이고,
어머니를 찾는 길만이 평화를 되찾는 길이고,
어머니를 찾는 길만이 신과 아버지를 되찾는 길이고,
어머니를 찾는 길만이 홍익자연(弘益自然)하는 길이고,
자유와 평등을 동시에 찾고 참사랑을 되찾는 길이다.

■ 신, 인간, 자연은 하나

1.

신, 인간, 자연은 하나
자연을 이분법으로 나눈 것은 인간이다.
인간은 신과 자연을 창조주와 피조물로 나누고
현재를 기준으로 과거와 미래를 나누고
세계를 이분법으로 나누어 실체화했다.

인간에 의해 이분법의 사슬이 시작되었다.
인간은 다른 피조물들에게 주인의 지위를 요구했다.
신의 아들이라는 지위에는 권력의 상속이 들어있다.
존재를 사물이라고 하는 것에는 이미 신이 들어있다.
자연적 존재인 인간은 잠시 얼굴을 감추었다.

인간은 신을 주인으로 섬기는 동시에
자연을 종으로 지배함으로써는 권력을 창출했다.
인간은 종이면서 동시에 주인이 된 셈이다.
주인과 종은 인간사회의 제사와 정치에 확장된다.
인간이 주인이 되기 위해 투쟁을 전개한 것이 역사이다.

영혼과 세계와 신은 아무런 제약이 없다.
주관적 무제약자인 영혼
객관적 무제약자인 세계전체
영혼과 세계를 통합하는 주객관적 무제약자로서 신은
천지인의 순환사상으로 하나가 되어야 한다.

인간의 주체와 대상은 초월과 내재이다.
초월과 내재는 끝내 추상과 기계로 변형된다.
신은 초월의 초월, 자연은 내재의 내재이다.
신과 자연은 존재이고, 인간은 현존재이다.
인간은 존재를 존재자로 보는 현존재이다.

2.

신과 인간과 자연은 하나가 되어야 한다.
하나가 되는 것은 하나로 돌아가는 것이다.
영혼과 신, 자연과 신, 자연과 영혼은
서로 비추는 거울이 되어 만다라가 되어야 한다.
서로 비추는 거울에서 평등한 존재로 돌아간다.

인간에서 투사된 신은 인간으로 돌아간다.
인간에서 투사된 신은 유물-기계로 끝을 맺는다.
자연에서 투사된 신은 자연으로 돌아간다.
자연에서 투사된 신은 생성-신비를 회복한다.
신은 자연의 은유에서 환유로, 다시 은유로 돌아간다.

동물의 욕구는 배부르면 무욕으로 돌아간다.
인간의 욕망은 배가 불러도 계속 욕망을 불러일으킨다.
욕망은 이성이고, 이성은 욕망이다.
욕망은 신체적 이성이고, 이성은 대뇌적 욕망이다.
주체는 이미 초월적 주체이고, 대상은 이미 영원한 대상이다.

생성은 끝없는, 무시무종(無始無終)의 생성

존재는 끝이 있는, 유시유종(有始有終)의 존재
존재는 무의미한 만들의 잔치
존재는 유의미한 말들의 침묵
만물(萬物)은 만신(萬神), 만신은 만물이다.

자연은 본래 구별이 없다.
인간이 세계를 선후상하좌우내외로 나누었다.
신은 나누어진 세계를 다시 하나로 통일해야 한다.
통일한다는 것은 조각을 짜깁기하는 것이 아니다.
몸마음으로 존재의 소리를 그냥 관음(觀音)하면 된다.

■ 반가사유상

존재는 슬프다.
슬퍼서 슬픈 것이 아니라
기뻐서 도리어 슬프다.
기뻐서 슬픈 슬픔은 영원을 닮았다.
기뻐서 슬픈 슬픔은 신을 닮았다.

존재는 슬프다.
슬퍼서 슬픈 슬픔은 울음을 터뜨리지만
기뻐서 슬픈 슬픔은 미소 짓는다.
미소 짓는 슬픔은 두려움이 없다.
미소 짓는 슬픔은 죽음마저 잊는다.

삶의 불확실성과 무상함을 즐기는,
찰나생멸을 바라보며 미소 짓는,
시시각각 내부의 자유와 샘솟는 창조를
감싸 안으면서 안으로, 안으로 치닫는
낯설기만 한 수줍은 숫처녀여!

가장 숭고한 순간에
포도주와 빵을 피와 살점으로 바꾸지 않는
고요와 적막이 흘러내리는
가녀린 실루엣, 미륵의 미소여!
남자도 여자도 아닌 보살이여!

■ 추상의 신, 구체의 신

보편성이란 결국 추상이다.
보편성이 구체적인 존재를 회복하지 않으면
추상은 결국 기계의 신으로 전락하고 만다.
기계의 신은 절대정신이 절대물질이 되듯이
신체적 존재를 잃고 만다.

전지전능(全知全能)이 기계의 신이라면
인간은 신을 이용하기 위해 신을 섬긴 셈이다.
유물론은 무신론을 섬기는 종교이다.
기계만능, 물질만능도 유물론의 순교자이다.
과학은 본의 아니게 유물론의 적자가 되었다.

추상의 신은 이(理)의 신이다.
추상의 신은 보편성의 신이다.
구체의 신은 기(氣)의 신이다.
구체의 신은 바로 자연이다.
구체의 신은 신체의 신, 일반성의 신이다.

제조신은 조화신으로 융합되어야 한다.
존재-생성의 신이 되거나
생성-존재의 신이 되어야 한다.
신은 Being-becoming-Being의 신이거나
신은 Becoming-Being-Becoming의 신이다.

신에게 인격을 부여한 것은
추상의 신과 구체의 신을 화해하기 위해서다.
추상은 기계이고, 기계는 인간이 부려야 한다.
인간이 자신이 만든 기계를 섬기면
마지막 우상숭배자로 전락하고 종말을 맞게 된다.

가정은 구체의 신을 섬기는 전당이다.
아버지와 어머니는 신의 상속자이고 전령이다.
신은 증명할 수 없는 존재이기에 신이다.
자연과학을 이용하는 것은 좋지만
과학의 절대신봉자는 스스로를 배반하는 셈이다.

■ 생성, 존재, 절대, 무의 변주

존재론은 왜 생멸을 무(無)라고 표현하는가.
현상학은 있음과 없음의 교체라 할 수 있다.
무유(無有)는 있던 것이 없음을 말하는 것이다.
유무(有無)는 없는 것이 있음을 말하는 것이다.
절대무(絶對無)에서는 있음이 생길 수가 없다.
눈에 보이지는 않지만, 손에 잡을 수는 없지만
없음의 있음을 가지고 무(無)라고 말하는 것이다.

자연의 생성을 존재(Being)로 말하려고 하면
우선 무엇들의 관계, 연기(緣起)가 되어야 한다.
관계는 절대를 만나면 상대를 일으킨다.
상대는 생성을 존재로 말하는 방식이다.
확실성에서 시작한 존재는 불확정성이 된다.
존재는 확실성과 불확정성의 사이에 있다.
존재는 무(無, nothingness)가 될 수밖에 없다.

무(無)는 순전한 무(nothingness)가 될 수 없다.
유(有), 즉 존재(Being)를 기초로 하면
무(無)는 무(無)일 수밖에 없지만
무(無)는 결코 무가 아니다(nothinglessness).
존재를 생성으로, 본래자리로 돌리면
세계의 유무(有無)는 연기적 관계에 불과하다.
연기적 관계는 바로 자연의 생성이다.

조론(肇論)의 부진공론(不眞空論)
유식(有識)의 진공묘유(眞空妙有)
존재의 이중성(二重性)과 경계성(境界性)
존재와 현상의 드러남과 숨음
불일이불이(不一而不二)
태극의 음양, 음양의 태극
무극의 태극, 태극의 무극은 존재의 변주이다.

현상에서 존재를 바라본 자는
다시 존재에서 현상을 바라보아야 한다.
현상에서 존재를 바라보면 소유진공(所有眞空)!
존재에서 현상을 바라보면 진공묘유(眞空妙有)!
현상에서 존재로의 왕래
존재에서 현상으로의 왕래는
존재의 경계에서 춤추는 줄타기광대와 같다.

■ 동서문명의 대동소이(大同小異)

동양의 성리(性理)는
서양의 이성(理性)과 닮은 데가 많다.
단지 성리는 도덕적(윤리적) 완성을 추구했고,
이성은 과학적(물리적) 세계를 추구한 점이 다르다.

농업사회의 성리학은
산업사회의 마르크시즘과 닮은 데가 많다.

둘은 극단적 이상으로 현실을 다스리려 했다.
극단적 이성주의는 이단(異端)과 독선(獨善)에 빠지기 쉽다.

니체를 두고 서양의 부처라고 말한다.
니체와 싯다르타가 다른 점은
니체는 힘(권력)을, 싯다르타는 무(無)를 보았다.
니체에게는 불교가 수동적 허무주의로 보였다.

신과 부처와 나는 초월적 자아
자연은 영원히 생성변화하고 있는 대상
초월적 자아는 뒷걸음질 치면서
앞으로 나아가는 영원한 대상과 하나가 될 수밖에 없다.

동서 문명은 실체의 유무를 두고 나누어져있다.
세계를 현상으로 본 서양은 본질을 찾고 있고,
세계를 허무로 본 동양은 실재를 찾고 있다.
고정불변의 존재와 생성변화하는 존재는 상보(相補)하고 있다.

■ 불쌍한 세계, 연민(憐憫)

하늘이 나를 불쌍히 여겨
당신이라는 아내를 주었습니다.
하늘이 나를 불쌍히 여겨
당신이라는 남편을 주었습니다.
하늘이 나를 불쌍히 여겨

당신이라는 스승을 주었습니다.
하늘이 나를 불쌍히 여겨
당신이라는 제자를 주었습니다.
하늘이 나를 불쌍히 여겨
당신이라는 친구를 주었습니다.
하늘이 인간을 불쌍히 여겨
당신이라는 성인을 주었습니다.
하늘이 성인을 불쌍히 여겨
다른 성인을 태어나게 했습니다.
하늘이 스스로를 불쌍히 여겨
스스로 돕도록 했습니다(自天祐之).
그게 바로 천지자연(天地自然)입니다.

■ 북두칠성은 북두칠성을 모른다

북두칠성은 북두칠성을 모른다.
북두칠성의 일곱별은 저마다 빛나고 있을 뿐이다.
사람들은 별들을 이어서 북두칠성으로 명명했다.

천문(天文)은 천(天)이 아니다.
하늘은 하늘 그 자체를 알 수 없다.
모든 사물은 그 자체를 알 수 없다.

부분이 전체를 소유하는 것이 앎이다.
부분이 전체를 왜곡하는 것이 앎이다.

앎은 존재를 이름을 대체하는 행위이다.

지혜(智慧)는 앎(知)이 아니다.
가장 큰 지혜는 존재 그 자체이다.
알 수 없음에 이르러야 대지(大智)에 이른다.

존재 그 자체를 바라볼 때
관음(觀音)이라는 말을 붙일 수 있다.
관음(觀音)은 맑은 물소리(淸水)와 같다.

■ 하다-만들다, 되다-나다

1.

하나님 아버지가 세계를 낳았다, 라고 하면
당신은 어딘가 이상해서 고개를 저을 것이다.
하나님 아버지가 세계를 창조했다, 라고 하면
당신은 당연하다는 듯 고개를 끄덕일 것이다.

우리는 습관적으로 세계를 이해하고 있다.
'창조하다, 만들다'는 남성에 해당하고
'낳다, 되다'는 여성에 해당한다고 본다.
세계가 성(性)을 갖게 된 것은 양성생물 이후이다.

존재동사는 '하다-만들다'이다.
생성동사는 '나다-되다'이다.

인간은 생성을 존재로 바꾸고 싶어 하는 존재이다.
인간은 존재를 가지고 생성을 설명하는 존재이다.

"나는 생각한다. 고로 존재한다."
존재는 생각을 거친 결과물이다.
"나는 느낀다. 고로 존재한다."
느낌은 생각을 앞선 원인물이다.

자연은 스스로 생성되었다.
스스로 생성되었으니까 자연이다.
하나님의 천지창조는 '창조하다'이다.
하나님이 아버지가 되는 것은 당연하다.

하다-되다는 서로 상통하는 동사이다.
삶과 앎은 능동인지, 수동인지 알 수 없다.
'하다'라는 것도 실은 '되다'인 경우가 많다.
'되다'라는 것도 실은 '하다'인 경우가 많다.

   2.
하나님은 태초에 하나로 존재한 님
하나님은 그대로 자연일 수밖에 없다.
생성의 하나님은 인간에 의해 존재의 하나님이 되었다.
존재의 하나님이 다시 생성의 하나님이 되어야 한다.

'하다'의 하나님에는 인간의 해석이 들어가 있다.
'하다'는 인위적으로 무엇을 '만들다'의 의미다.

'되다'는 저절로 이루어지는 '나다'의 의미다.
생성의 하나님은 자연 그 자체를 말한다.

나는 태어나서 나이고,
태어나는 것은 저절로 생성되는 것이고
저절로 생성되는 것은 솟아나는 것이다.
존재가 현상으로 드러나면 존재자가 된다.

'하다'라는 동사를 붙으면 인위적으로 만드는 것이고
'나다'라는 동사가 붙으면 저절로 형성되는 것이다.
동사가 이미 존재의 성격을 결정하는 것이다.
'하다'는 인위(人爲)이고, '나다'는 무위(無爲)이다.

앎은 '하다-만들다'의 연속이다.
삶은 '되다-나다'의 연속이다.
신은 자연을 대변하고, 인간은 악마를 대변한다.
인간이 등장함으로써 악마가 등장하게 된다.

'알다'의 경우도 '알게 되다'인 경우가 많다.
'되다'의 경우도 '하다'의 결과인 경우가 많다.
삶과 앎은 능동이면서 수동이고,
앎과 삶은 수동이면서 능동이다.

■ 인디언들은 동사를 좋아했네

인디언들은 동사를 좋아했네.
우리 문명인은 명사를 좋아하지만--.
인디언 아이가 어머니에게 물었답니다.
"엄마는 형아의 이름을 왜 숲 속의 사슴이라고 지었지요."
"엄마가 아빠와 형아를 밸 때 숲 속에서 갑자기 사슴이 튀어나왔기 때문
이지."
"엄마는 둘째 형아의 이름을 왜 호수의 올챙이라고 지었지요."
"엄마가 아빠와 형아를 밸 때에 호수가에서 올챙이가 꼬리를 치며 놀고
있었기 때문이지."
막내가 다시 물었답니다.
"엄마, 내 이름은 왜 서산의 노을이죠."
"엄마와 아빠가 너를 밸 때에 서산의 노을이 너무나 고왔단다. 너처럼
아름다운 아이는 세상에 없을 거야."
인디언에게 세상은 돌고 도는 풍차였답니다.

인디언은 동사(존재)를 좋아했네.
우리 문명인은 명사(존재자)를 좋아하지만—.
캐나다, 작은 마을
퀘벡, 강폭이 좋아짐
몬트리올, 위대한 산
토론토, 만남의 장소
온타리오, 빛나는 물
나이아가라(오니구아라), 천둥의 소리
인디언에게 세상은 하나도 혼자 있지 않았답니다.

세상은 즐겁게 속삭이며 사이좋게 지내는 친구였고
아무도 군림하지 않았답니다.

인디언들은 세계를 움직이는 전체로 생각했네.
그래서 사람의 이름도 명사가 아니라
"늑대와 함께 춤을"처럼 문장으로 표현했네.
인디언들은 현재진행형(~ing)을 좋아했네.
인디언들의 조상은 몽골리언
그 옛날 모계사회를 이루었던 마고(麻姑)의 후예
몽골리언은 파미르고원에서 동쪽으로 이동한 민족
한글의 문장을 명사로 압축하면 영어단어가 되네.
인류의 모어(母語)는 한글
하나님, 아담, 이브, 아브라함...
할아버지는 하늘아버지, 할머니는 하늘어머니.

■ 열려있는 세계, 닫혀있는 세계

세계는 열려있는 세계,
닫혀있는 세계
모든 존재는 열려있을 수도 있고,
닫혀있을 수도 있다.

신, 영혼, 세계전체는
열려있는 세계
인간이 인식한 것은

닫혀있는 세계

나는 나대로, 너는 너대로
신은 신대로, 자연은 자연대로
나는 나만큼, 너는 너만큼
신은 신만큼, 자연은 자연만큼

저마다 빛나고 있는 존재여, 세계여!
하나인 하나님이 있고,
하나 되는 하나님이 있네.
고정불변의 하나님, 변화무쌍한 하나님

내가 아는 세계는 존재자의 세계
내가 모르는 세계는 존재의 세계
동정역동(動靜逆動) 하는 세계여!
변화역동(變化易動) 하는 세계여!

열리고 닫히는 우주여!
열리는가 하면 닫혀있고,
닫히는가 하면 열려있네.
저마다 문(門)을 가지고 살고 있는 존재여!

■ 극과 극의 노래

1.

태초의 환유는 은유이다.
태초의 은유는 환유이다.
태초의 신앙은 미신이다.
태초의 미신은 신앙이다.

태초의 앎은 모름이다.
최후의 모름은 앎이다.
나의 삶은 다른 것의 죽음이다.
나의 죽음은 다른 것의 삶이다.

양은 음속에 있다.
음은 양속에 있다.
태극은 무극이다.
무극은 태극이다.

태초의 시작은 종말이다.
최후의 종말은 시작이다.
유시유종(有始有終)은 무시무종(無始無終)이다.
무시무종(無始無終)은 유시유종(有始有終)이다.

2.

순간은 영원이다.
영원은 순간이다.

신기원은 영원회귀이다.
현상학적 환원은 현상학적 회귀이다.

원은 왼쪽으로 돌아도 원이고
원은 오른쪽으로 돌아도 원이다.
중심이 없으면 원이 아니다.
주변이 없으면 원이 아니다.

'나'라고 하는 것은 '나'가 아니다.
'너'라고 하는 것은 '너'가 아니다.
'우리'라고 하는 것은 '우리'가 아니다.
'그것'이라고 하는 것은 '그것'이 아니다.

심중(心中)이 중심(中心)이다.
중심(中心)이 심중(心中)이다.
나를 중심으로 세계를 볼 수도 있고,
세계를 중심으로 나를 볼 수 있다.

■ 사후(死後)세계

인간은 왜 사후세계를 상정하는가.
이는 인간이 시간적 존재이기 때문이다.
인간은 죽음을 선구(先驅)하는 동시에
사후(事後)세계를 의식하는 의식적 존재이다.
사후세계는 시간의 미래로서 과거를 재구성하게 한다.

인간은 사후세계에 자신이 경험한 세계를 재현한다.

사후세계는 현존(現存)의 재구성이다.
원시 순장(殉葬)제도는 그것을 잘 말해주고 있다.
인간은 사후세계를 반조(返照)하여 현실을 제어한다.
성선설과 성악설, 권선징악(勸善懲惡)은 좋은 예이다.
인간은 죽음의 한계상황을 극복하지는 못해도
그것을 처리하는 존재방식을 가지고 있다.

삶과 숭고를 위한 교회와 절은 없고
죽음과 장례를 위한 의례들만 있다.
형해(形骸)화된 사원의 어둠엔
결혼행진곡은 없고 장송곡만 들려온다.
세속화된 예수와 부처는 귀신들보다 못한
죽은 조상(彫像)이 되어 박제되어 있다.

■ 스승은 제자로부터 드러난다

스승은 제자로부터 드러난다.
스승은 죽을 때까지 오만을 조심해야 한다.
스승은 죽을 때까지 자랑을 조심해야 한다.
제자들은 당신의 말보다 행동을 배운다.

스승은 위선을 경계하여야 한다.
제자들은 당신의 말을 소유하려고 한다.

좋은 말을 실천하기보다 좋은 말만을
내 스승의 것이라고 소유하려고 한다.

제자들은 당신의 말을 상속받은 양
대중 앞에 으스대고 떠들고 잘난 체할 것이다.
성스러움이 세속화되는 순간은 바로 여기이다.
당신의 사상을 가장 먼저 제자들이 해칠 것이다.

미덕들도 질투를 한다.
말만 하는 미덕들의 질투는 악이 된다.
미덕과 악은 한 뿌리를 가지고 있다.
권력이 된 미덕은 악마로 가는 지름길이다.

신을 질투하는 자는 천사장이다.
소유를 유혹하는 것이 인간의 악마이다.
사람들은 말을 소유하는 것이 실천이라고 착각한다.
미덕(美德)은 실천하지 않으면 본질을 왜곡하고 권력화한다.

■ 글공부, 글농사, 글노동

내 인생을 돌이켜보면
글공부 70년, 글농사 40년, 글노동 30년
펴낸 책이 1백여 권, 노래한 시가 1500편

평생 남의 책 밭고랑 훑어가느라 장님이 되고

내 밭고랑 따라가다 지친 주름투성이 농사꾼
내일 죽을 듯이 써내려간 글쓰기의 상(上)노동자

밭은 화전(火田)밭
이산저산 옮겨 다니며 불 질러 농사짓느라
허리 휘청한, 오장육부 녹아내린 글 중독자

집은 글공장(工場)
허름한 초암(草庵)에 시끄러운 공장 돌렸으나
책은 팔리지 않아 항상 부도직전의 전전긍긍

불행 중 다행인 것은
하늘이 불쌍히 여겨 옥(玉)같은 아내 주었으니
자판기 두드리는 소리를 피아노 소리로 들었다네.

직(職)은 없고, 업(業)만 있었으니
십자가 치고, 이런 십자가도 없네.
운명애(運命愛)가 아니라 팔자소관(八字所觀)이라네.

입으로 글 다 쓰고
남의 글 제 글처럼 뽐내는 허풍쟁이 선비들 덕에
주인 없는 산천에 백성들의 살림살이만 허둥지둥

내 숨 끊어질 때까지 글공장을 돌리리라.
뜻 모르는 친구들 이제 좀 쉬라고 종용하네.
그것이 마음대로 되면 내가 왜 이토록 절박하겠는가.

한 자라도 더 써서
내나라 미래인류의 고전의 나라로 만들 요량이네.
누군가는 해야 할 일, 단지 내가 한 것뿐이라네.

■ 내 글은 내 노래

내 글은 내 영혼의 노래
내 글은 내 삶의 흔적
내 글은 내 영혼의 성결(聖潔)
내 글은 내 삶의 배설(排泄)

내 글은 내 영혼의 열리고 닫힘
내 글은 내 삶의 아트만, 브라만
내 글은 자유와 평등과 박애를 향한 열망
내 글은 검소와 겸손과 자유와 창의를 향한 기도

자유와 평등과 박애는 자연에 대한 인간의 존재양식
자유와 평등과 박애는 동시에 이루어지지 않으면 미완성
나는 자유, 너의 자유를 인정하면 평등
나의 자유와 너의 평등을 인정하면 박애

고정불변의 본질이라는 것은 시시각각 표상되는 현상
세계는 현상이면서 동시에 본질
세계의 동일성은 동시성이고 동질성이라네.
생성변화하는 존재만이 존재의 본질이라네.

■ 성모(聖母), 어머니

여인이여, 모든 여인이여!
그대는 아이를 낳는 순간, 성모(聖母)가 되네.
그대가 신이라는 사실을 확인하는 순간,
그 놀라움, 그 기쁨, 그 충만함
그것이 바로 신이라네.

아이를 낳는 순간
헌신(獻身)과 봉사(奉事)의 나날을 결심하네.
목숨 걸 일이 생긴 용감한 군사가 되네.
당신의 품에서 인자(人子)를 보는 순간,
마리아가 되고, 보살이 되네.

신을 믿는 자가 없으면 신이 없네.
부처를 믿는 자가 없으면 부처가 없네.
오로지 믿음으로써 있게 되는 존재여!
우리는 볼 수 없고,
우리는 알 수 없는 존재를 머리에 이고 사네.

남정네여. 모든 남정네여!
그대는 생식을 위한 촉매 같은 존재
모든 여인의 생식은 무염생식(無染生殖)
태초로부터 끊어진 적이 없는 성스러운 창조
그것이 바로 신이고 부처라네.

모든 남정네여, 가부장을 위해 봉사(奉祀)하지만
그대의 봉사는 죽은 귀신의 봉사라네.
산 생명에 대한 봉사는 결코 아니라네.
그대의 족보는 단절된 가짜투성이라네.
여인들의 족보는 몸에 새겨진 족보라네.

어머니는 이름이 없습니다.
어머니는 소유가 없습니다.
어머니는 기록이 없습니다.
어머니는 생명을 내어줄 따름입니다.
어머니는 흘러가는 구름과 강물, 바다 같습니다.

모든 여인들은 성모라네.
남정네들이 아무리 공부를 하고 지식을 축적해도
남정네들이 아무리 정복을 하고, 국가를 세우더라도
결코 넘볼 수 없는 성역(聖域),
태초에 자연이 선물한 여신(女神)이라네.

■ 바나리, 비나리

1.

바나리, 바라고 바라던 꿈의 나라
안파견(安巴堅)의 나라, 아빠의 나라
반고(盤古), 제사장이 되지 말고,
바나리, 하나님의 나라가 되어라.

바나리, 바라고 바라던 우리나라
옛날을 섬기지 말고 지금이 되어라.
하나님을 섬기는 데 그치지 말고
내 몸이 하나님이 사는 나라가 되어라.

비나리, 잊혀 진, 그리운 옛 나라
나만의 님, 떠나가신 님
마고(麻姑), 태초의 여신이여!
평화의 신, 엄마의 마음이여!

마마, 엄마, 태초의 생명의 진실
마마, 엄마가 몸이 되고
마음이 되고 마을이 되었네.
평화의 나라, 엄마의 나라여!

어머니는 생명을 만들었고,
아버지는 나라를 만들었다.
그립고 그리운 건 어머니!
어머니는 우주로 통하는 길!

　2.

옛 글자, 옛 소리를 더듬어
그대 혼을 되찾아라. 평화의 혼을!
오늘도 바람소리는 바나리,
오늘도 마음소리는 비나리
비나이다, 비나이다, 바나리를!

마, 무, 말, 뭄, 마음, 몸, 마을
어머니, 아만니, 아만(阿曼), 마리, 마님, 마더
아버지, 안파견, 나반(那般), 하나반, 하나님, 파더

비나이다, 비나이다, 바나리를!
마마(mama), 매기(magi), 매직(magic)
어머니의 마음(마움), 움트는 마음
아버지의 말씀, 하늘나라 바나리!

아버지, 세상의 나라, 바나리
어머니, 마음의 나라, 비나리
할아버지, 하나님 아버지
할머니, 하나님 어머니

아브라함, 아버지, 아빠, 파파
엠마, 어머니, 엄마, 마마
해(楬), 태양, 새해, 까마귀(烏)
마리, 우두머리, 머리의 어원을 찾아라.

■ 그것 자체로(itself)

우리는 사물(thing)이 아니다.
우리는 존재자가 아니다.
우리는 존재하는 것이 아니다.
우리는 그것 자체(self)가 되고 싶다.

우리는 그것 자체로 있고 싶다.
우리는 그것 자체로 생활하고 싶다.
아무리 가상을 하고 가면을 써도
우리는 그것 자체를 넘을 수 없다.

우리는 그것 자체로 살고 있다.
사유가 없는, 시공간이 없는 자리
무량(無量)한 그 자리
허망(虛妄)이 없는 자리

존재가 그것인 자리
존재가 그것 자체인 자리
존재가 자연인 자리
존재가 생멸인 자리

하나님도 없는 자리
부처님도 없는 자리
하나님도 하나가 되고자 하는 자리
부처님도 하나가 되고자 하는 자리

그것 자체로 존재는 함께 있네.
죽음도 극복해야 할 이유가 없는 자리
모든 존재가 빛도 그림자도 없는
무심(無心)무물(無物)의 자리.

■ 구약에 대한 인류학적 해석

하나님이 아담과 이브를 빚어낸 뒤
이브가 사탄의 유혹에 빠져 선악과를 먹고
선악과 지혜와 가부(可否)를 얻게 되었다고 하는 것은
가부장사회의 시각에서 인간번식과 문화를 바라본 것이다.

하나님이 카인과 아벨의 제사를 받고
농산물인 곡식을 바친 카인보다
고기를 바친 아벨을 더 사랑한 것은
유목-농경생산에 따른 혈통의 성립과 권력의 탄생을 의미한다.

카인이 아벨을 살해한 첫 살인사건은
권력을 위해서는 살인도 감수하는 유전인자를 확인하게 한다.
인간은 동종간(同種間)에도 살육과 전쟁을 감행하는 생물종이다.
고대법들이 살인을 금한 것은 그것이 본능이기 때문이다.

국가권력은 대개 장자(長子)에게 상속되는데
형인 카인이 동생인 아벨에게 장자권을 물려주는 것은
정치의 하위단위가 된 종교를 합리화한 것으로 풀이된다.
구약은 결국 유대민족의 신화와 전설을 역사회한 것이다.

구약의 첫 머리는 원죄와 살인과 간음으로 채워져 있다.
이것은 그만큼 살인과 간음이 본성에 가깝다는 증거이다.
금지하는 것은 본성에서 가깝고, 권장하는 것은 본성에서 멀다.
십계명은 실은 고대의 보편적인 법체계를 대표하는 내용이다.

구약은 인간의 기원에 대한 현상학적 해석이다.
그 속에 모계사회에서 가부장사회로의 이행(移行)
생존경쟁에 이어 권력경쟁으로 나아간 인류사를 담고 있다.
유목-농경민족의 경쟁, 제정일치-제정분리사회로의 역사를 담고 있다.

■ 가장 위대한 말

가장 위대한 말은 무의미하다.
말을 들을 사람들이 이미 사라졌을 테니까.

가장 위대한 말은 소리이다.
소리는 말 이전의 자연적 존재이니까.

가장 위대한 말은 침묵이다.
침묵은 언어도단의 세계이니까.

가장 위대한 말은 생명이다.
생명은 말에 의해 좌우되지 않으니까.

가장 위대한 말은 존재 그 자체이다.
존재 그 자체는 말이 필요 세계이니까.

■ 서양철학과 문명의 내홍(內訌)

서양문명은 지금까지 존재자를 존재로 생각해온 문명이다.
이 같은 사실은 서양철학의 가장 밖으로 탈출한
존재론 철학자 하이데거에 의해 밝혀졌다.
서양형이상학의 완성자인 니체는 힘(권력)의 의지를 천명했다.
하이데거는 니체의 힘에서 존재자를 찾아냈다.

서양문명은 기호를 통해 동일성을 추구해온 문명이다.
그런데 동일성에서 탈출을 시도한 데리다와 들뢰즈는
기호에서 차이성을 발견할 수 있다고 주장했으나
기호의 차이성을 위해 동일성을 개념에 속하게 했다.
빛과 소리를 로고스로 파악한 서양은 기호를 차이성으로 둔갑시켰다.

언어를 사용하는 인간은 동일성과 도덕에 길들여진 나머지
차이로 이루어진 자연에서도 동일성을 발견했다.
기호의 차이성은 어디까지나 동일성을 전제한 차이성이다.
인간은 자신의 문명에서 죄와 구원을 동시에 구현하고자 한다.
이는 창녀가 순결을 보존하기 위해 키스를 하지 않는 것과 같다.

상징과 언어, 기호와 사물 사이에는 서로 겹치는 부분이 있다.
이들은 또한 생멸하는 기운생동과 대척점에 있다.
확실성과 실증성을 추구하는 기계적 언어는
기운생동하는 자연과 대척점에 있을 수밖에 없다.

무기물의 전자기작용(電磁氣作用)

아메바의 무성생식(無性生殖), 생물의 유성생식(有性生殖)
식물의 자웅동체(雌雄同體), 동물의 자웅이체(雌雄異體)
음양전기는 태극(太極)이고, 상보(相補)이면서 대립(對立)이다.

■ 소유와 악마의 변증법

창조하지 못하는 자는
소유(所有)할 수밖에 없었다.
사악함이 자라나 신을 빙자하여
자연을 자신의 이름으로 바꾸어버린 인간!
인간은 소유를 위해 신마저도 배반할 운명에 있다.

악마는 왜 악마일까.
하나님이 창조한 존재를 소유로 바꾼 자이다.
소유를 하지 않고는 존재이유를 찾을 수 없었다.
소유로 인해 존재이유가 생겼다.
이것이 인간이 아니고 무엇인가.

공유(共有)는 왜 악마일까.
소유에 지친 민중들에게 가장 달콤한 말!
말뿐인 껍데기 말은 인류의 마지막 사교(邪敎)였다.
이름뿐인 것은 어떤 고상함도 믿음을 배반하게 된다.
이름이 화려할수록 내용은 처참하고, 단말마적이다.

악마는 공유를 내걸어 마지막 소유욕을 채웠다.

소유욕과 패권을 이용한 마지막 아마겟돈 전쟁은
하늘나라로 가는 최후의 심판이 아닌, 인류멸종을 의미한다.
생명(生命)과 이용(利用)의 법칙에 따른 마지막 변증법,
악마는 멸망의 날에도 스스로 천사인 줄 알았다.

소유가 없으면 자유가 없다.
공유는 더더욱 자유가 없다.
공유는 전체주의의 사악한 속임수
어떤 자는 민주와 인권으로 반민주와 반인권을 숨긴다.
어떤 자는 평화와 통일로 자신의 사리사욕만을 채운다.

한 인간은 출가(出家)를 통해 우주의 법(法)에 도달하였다.
한 인간은 우주의 법을 하늘나라, 하나님아버지라 불렀다.
한 인간은 제가치국(齊家治國)을 통해 하늘에 도달하였다.
한 인간은 도법자연(道法自然)을 통해 자연으로 돌아갔다.
출가(出家)를 하든 귀가(歸家)를 하든, 자연으로 돌아간다.

자연은 인간이 무슨 말을 하든, 말이 없다.
자연의 상(常)을 무상(無常)이라 해도 말이 없다.
자연의 상(常)을 유무(有無)라고 해도 말이 없다.
자연의 상(常)을 인간사(人間事)로 보아도 말이 없다.
인간이 무슨 말을 하든, 자연은 스스로 그러할 뿐이다.

■ 대리(代理), 대신(代身), 교대(交代)

인간은 자연을 추상(抽象)하는 존재
추상하기 때문에 구체(具體)를 갈망하게 되네.
보편성이란 집단의 추상에 불과한 것
사회생활을 하는 인간은 개인을 갈망하게 되네.

인간은 대리(代理), 대신(代身), 교대(交代)의 존재
자연을 대리(代理)하고, 자신을 대신(代身)하다가
결국 대리와 대신을 교대(交代)하게 되네.
인간은 천국과 지옥 사이에서 줄타기를 하는 동물

천국은 상상과 추상과 이상의 산물
천국은 상상과 세속과 성화의 산물
지옥은 상상과 구체와 현실의 산물
지옥은 상상과 동물과 인간의 산물

하늘과 땅 사이에 사는 인간(人間)은
사이(間)의 동물, 사이-존재
자연의 닮음을 동일(同一)과 차이(差異)로 바꾸는 동물
자연의 닮음은 같음과 다름이 동시에 있네.

인간은 대리하고 대신하는 존재이지만
깨달음은 대리하고 대신할 수 없네.
구원은 대리하고 대신하고 대속(代贖)할 수 있지만
지금, 여기 기쁨과 행복은 대신할 수 없네.

집단적 존재에서 개인적 존재로 나아간 인간은
삶의 고독과 소외, 죽음의 불안과 공포로부터
다시 자연적 존재를 갈망하게 되네.
자연은 개인도 집단도 아닌 본래존재. 고향인 때문.

■ 하나님과 부처님의 수학적 만남

하나님(1)은 무한대(∞)로 세계를 창조하지 않으면 안 된다.
하나님(1)은 절대유일(絶對唯一)의 하나님이기 때문이다.
하나님의 운동은 정반합(正反合)의 운동이다.
하나님은 자신(1)을 무한대로 나누면 제로(0, 空, 無)가 된다.
하나님(1)은 부처님(佛, 如來藏)의 하나님이다.
부처님의 운동은 정분합(正分合)의 운동이다.

기독교를 뒤집어 말하면(逆說) 불교가 된다.
기독교는 역설의 불교이고, 불교는 역설의 기독교이다.
하나님과 부처님은 하나가 되지 않으면 안 된다.
존재가 처음부터 둘(二)이 아니라면(不二)
하나님과 부처님은 하나가 되어야 한다.
정반합이든, 정분합이든 결국 합(合)에서 하나가 된다.

우리가 존재라고 말하는 것이 존재자라는 사실을
깨달은 것이 이른바 서양철학의 존재론이라는 것이다.
존재론은 처음부터 역설의 존재론이다.
존재론은 생성을 숨기고 있는 철학이다.

존재론은 역설의 철학이고, 숨김의 철학이다.
존재론은 시(詩)의 철학이고, 음악의 철학이다.

존재론은 기독교문명권에서 탄생한 불교의 철학이다.
불교를 모르면 존재론을 알았다고 할 수 없다.
존재론은 결국 불교적 존재론이다.
기독교는 결국 현상학적 기독교이다.
존재론은 나아가서 자연적 존재론이다.
존재론은 결국 길(道), 과정(過程)의 철학이다.

빛은 입자이면서 파동이다.
입자는 빛에서 보이지만 어둠 속에서는 보이지 않는다.
파동은 어둠 속에서도 진동하며 실체와 경계가 없다.
빛보다 파동이 더 근본이다.
소리의 철학은 파동의 철학이다.
소리의 철학은 불확정의 시대의 철학이다.

■ 기독교, 불교, 유교, 도교, 선도

기독교는 종교
어둠 속의 인간이 부지불식간에 의지한 절대유일신 종교
불교는 철학
존재를 알기 시작한 인간이 홀로 도달한 지극한 깨달음
유교는 인간학
사회생활을 하는 인간이 예의와 질서를 위해 설정한 제도

도교는 자연학
자연에서 태어난 인간이 자연과 더불어 사는 지혜(智慧)
선도는 자연 그 자체
자연을 본받음이 지극하면 '지금 여기'가 바로 선경(仙境)
유불선기독교(儒佛仙基督教)가 하나가 되면
인간은 완성된 인간, 글로벌한 인간이 되네.

■ 용쟁호투(龍爭虎鬪)

두 마리 용(龍), 황룡(黃龍)과 청룡(靑龍)이
바다와 하늘을 두고 서로 다투네.
황하(黃河)와 장강(長江)이로구나.
한강(漢江)과 낙동강(洛東江)이로구나.

강의 원류를 알고 보니
거의 같은 곳, 하나의 원천
황하와 장강은 곤륜산(崑崙山)
한강과 낙동강은 태백(太白)

닮은 듯 다른 것이 대자연의 근본
조금의 차이로 끝내
남북(南北)으로 갈라지고,
동서(東西)로 흩어지네.

만물의 원천은 하나

하늘에서 내려와 바다를 타고 다시 하늘로 올라간다네.
바다는 생명의 탄생과 죽음이 한 데 소용돌이치는 곳
하늘을 닮은 바다, 바다를 닮은 하늘

북(北) 현무(玄武), 남(南) 주작(朱雀)은
물불(水火)로 상하(上下)를 주천(周天)하고
인간은 동서(東西)로, 서동(西東)으로 움직이며
좌청룡(左靑龍) 우백호(右白虎)를 따지네.

살 자리, 죽을 자리
살집, 천년집이 모두 한 자리에 있구나.
아, 삶과 죽음이 하나로구나!
일희일비(一喜一悲)할 일이 아니로구나!

■ 기계노예인가, 기계주인인가

기계노예인가, 기계주인인가.
자신이 노예인 줄 모르는 노예
노예계급이 출현한 지 실로 몇 천 년 만에
어느 날 갑자기 출현한 기계노예
호모사피엔스가 출현한 지 몇 백만 년 만에
이제 인간은 '생각하지 않는 인간'으로 진화했다.

기계노예인가, 기계주인인가.
인간은 생각하는 것조차 노예들에게 맡겼다.

노예들은 그 옛날 주인이 하던 일까지 도맡고,
오늘날 컴퓨터 포털 검색만 하는 주인은
그저 빈둥거리기는 종으로 전락했다.
주인과 노예가 뒤바뀌는 순간이다.

기계노예인가, 기계주인인가.
다중은 언제나 소수에게 창조적 생각을 맡겼다.
소수창조자들만 진정한 노동자로 전락했다.
기계노동자들은 공산당처럼 신흥귀족이 되었다.
공산당 귀족들보다 더 거드름을 피웠다.
기계들은 애완견처럼 자신이 인간이 되었다고 착각했다.

기계노예인가, 기계주인인가.
지식은 이제 정보로 전락했고,
지식인은 값싼 프롤레타리아로 변신했다.
인간과 기계인간 사이에 누가 주인인지 몰랐다.
주인과 종의 개념도 사라졌다.
기계들은 자신이 신이 되었다고 착각하는 꿈을 꾸었다.

■ 나의 생명나무의 서사(敍事)

1.

나는 스승도 아닙니다.
나는 교사도 아닙니다.
나는 단지 생명나무의 서사를 쓰는 작가입니다.

나의 생명나무는 현재 기운생동하는 나무입니다.
나의 생명나무는 어떤 고정된 힘도 없는 나무입니다.
나의 생명나무는 어떠한 이름도, 벼슬도 없는 나무입니다.

나는 어느 도그마의 율법학자가 아닙니다.
나는 어느 제단의 사제도 아닙니다.
나는 단지 생명나무를 키우는 정원사입니다.

생명나무는 생사(生死)가 없습니다.
생명나무는 영생(永生)도 없습니다.
생명나무는 단지 생멸(生滅)할 따름입니다.

혈통을 추구하는 자는 권력을 추구합니다.
권력을 추구하는 자는 세습을 요구합니다.
세습을 요구하는 자는 생명을 죽이게 됩니다.

2.

나는 저절로 자아가 있음을 알았습니다.
나는 저절로 천지가 부모임을 알았습니다.
나는 나도 모르게 생사와 친구와 적을 알았다.

나는 나입니다(I am me).
나는 내가 되려고 하는(I can be) 나입니다.
나는 지금 되고 있는(I am becoming) 나입니다.

나는 나 자체인(I am myself) 나입니다.

나는 내가 되어야만 하는(I should be 'The me') 나입니다.
나는 '없는 존재'를 가지는(I have 'The nothingless') 나입니다.

나는 단지 내가 사는 시점에서 판단정지(epoché)하는,
나름대로 세계의 신기원(epoch)을 이루고자 하는,
나의 서사시(epic)를 시시각각 쓰는 작가입니다.

나의 서사시는 하늘과 땅 사이에 서 있는 나무와 같습니다.
나의 서사시는 하늘과 땅을 영매(靈媒)하는 나무와 같습니다.
나의 서사시는 기운생동하는 생멸 그 자체입니다.

■ 불확정성시대의 존재

1.

신은 존재 혹은 비존재
존재는 존재 혹은 자연

존재는 불확정의 존재
정보는 확률적인 존재

시간은 시간의 공간화
공간은 공간의 시간화

생성은 존재의 생성
존재는 생성의 존재

진리는 오류의 진리
법은 불법의 법

나는 너의 나
너는 나의 너

2.
문화는 문화 아닌 문명
문명은 문명 아닌 문화

자연은 자연 아닌 과학
과학은 과학 아닌 자연

인간은 인간 아닌 기계
기계는 기계 아닌 인간

주체는 주체 아닌 대상
대상은 대상 아닌 주체

죽음은 죽음 아닌 영원
영원은 영원 아닌 죽음

존재는 존재 아닌 현상
현상은 현상 아닌 존재

■ 자연만이 신을 구할 수 있다

신이 죽은 지 오래
자연만이 신을 구할 수 있다.
신이 인간을 구하는 것이 아니라
인간이 신을 구해야 한다.
인간이 신을 구하려면
자연의 본래존재를 회복해야 한다.
자연이 신을 구하면
인간은 스스로 구원할 길을 발견할 것이다.

종교적 금식과 기도와 선행도 자연스러워야 한다.
남에게 보여주기 위한 금식과 기도와 선행은
도리어 자연을 배반하는 것으로 죄의 씨앗이 된다.
종교의 핵심교리인 금식과 기도와 선행이
마음에 "나는 구원받았다."는 자만심을 심는다면
스스로 마음에 죄와 위선을 심는 것이 된다.
이것이 종교적 자아도취병(religious narcissism)이다.
사람들과 어울려 함께 살아가는 것이 삶의 진리이다.

자연이 자연과학이 된 지 오래
세계는 기계적 작동의 세계가 되었다.
생성의 자연은 존재의 자연이 되었다.
존재에서 생성을 바라보지 않으면 안 된다.
존재에서 신들을 바라보지 않으면 안 된다.
인간 속에서 하늘과 땅을 발견해야 한다.

하늘은 땅과 인간과 하나가 되어야 한다.
지구 어디서든 땅의 삶의 방식을 발견해야 한다.

유물론보다 더 위험한 것은 기계주의(機械主義)다.
무신론보다 더 위험한 것은 물신주의(物神主義)다.
물신주의보다 더 위험한 것은 인간신(人間神)이다.
인간은 신을 앞세운 신인간(神人間)으로 돌아가야 한다.
물신은 신을 앞세운 신물주의(神物主義)로 돌아가야 한다.
신은 신을 위해서 존재하는 것이 아니라 인간을 위해서다.
신은 본래존재인 자연으로 돌아가 자연에 숨어있어야 한다.
유물-기계주의가 기승(機勝)을 부리면 인류는 멸종하게 된다.

■ 새로운 구원자, 우상(idol)

1.

과학도 우상(idol)이다.
챗 GPT는 새로운 우상이다.

대중에겐 우상이 필요하다.
인류문화는 우상의 길고 긴 행렬이다.

대중들의 박수와 환호소리가 들린다.
문화는 대중학습과 대중가요와 대중의례이다.

정신의 계급인 카스트는 영원하다.

왕, 귀족, 평민, 노예, 불가촉천민

2.
문화는 유행(流行)이다.
유행에는 이유(理由)가 없다.

인간은 자기라는 주인의 노예이다.
자기주인, 자기노예는 자리를 바꾼다.

동물의 왕국이 되어버린 사회에서는
자포자기(自暴自棄)만이 새로운 구원이다.

기계가 주인이 되어버린 사회에서는
기계를 우상화하는 길 밖에 다른 도리가 없다.

■ 새들의 지혜

오, 새들의 지혜여!
중력(重力)에서 자유로운 지혜여!
근육의 팔 대신에 깃털의 날개를 요청한 지혜여!
힘찬 다리 대신에 가녀린 다리를 요청한 지혜여!
무거운 머리보다는 가벼운 머리를 지향한 지혜여!

오, 새들의 축복이여!
살점의 욕망보다는 깃털의 겸허를 요청한 지혜여!

게걸스런 입보다는 뾰족한 부리를 요청한 지혜여!
암수가 핵가족으로 남녀평등을 미리 실천한 지혜여!
교목 위에 짚과 가지와 흙으로 둥지를 지은 지혜여!

오, 새들의 이상이여!
하늘의 투명한 이상, 바람의 무욕을 아우른 지혜여!
하늘을 높이 날아 늘 지상을 오감(烏瞰)하는 지혜여!
때때로 비가 내려 깃털이 젖긴 하지만 그 슬픔마저도
날개짓으로 털어내며 태양이 솟기를 기다리는 지혜여!

■ 당신의 하나님은

당신의 하나님은 누구입니까.
당신의 하나님은 무엇입니까.
당신의 하나님은 언제 나타나는 하나님입니까.
당신의 하나님은 어디에 계시는 하나님입니까.
당신의 하나님은 어떻게 만나는 하나님입니까.
당신의 하나님은 왜 믿어야 하는 하나님입니까.
당신의 하나님은 존재-존재자의 하나님입니까.
당신의 하나님은 존재자-존재의 하나님입니까.
당신의 하나님은 생성의 하나님입니까.
당신의 하나님은 존재의 하나님입니까.

당신의 하나님은 발견의 하나님입니까.
당신의 하나님은 요구의 하나님입니까.

당신의 하나님은 욕망의 하나님입니까.
당신의 하나님은 이성의 하나님입니까.
당신의 하나님은 초월의 하나님입니까.
당신의 하나님은 내재의 하나님입니까.
당신의 하나님은 무위의 하나님입니까.
당신의 하나님은 유위의 하나님입니까.
당신의 하나님은 드러나는 하나님입니까.
당신의 하나님은 숨어있는 하나님입니까.

당신의 하나님은 '이다'의 하나님입니까.
당신의 하나님은 '있다'의 하나님입니까.
당신의 하나님은 명사의 하나님입니까.
당신의 하나님은 동사의 하나님입니까.
당신의 하나님은 소유의 하나님입니까.
당신의 하나님은 존재의 하나님입니까.
당신의 하나님은 앎의 하나님입니까.
당신의 하나님은 삶의 하나님입니까.
당신의 하나님은 은혜의 하나님입니까.
당신의 하나님은 징벌의 하나님입니까.

당신의 하나님은 항상(恒常)의 하나님입니까.
당신의 하나님은 동일(同一)의 하나님입니까.
당신의 하나님은 교감(交感)의 하나님입니까.
당신의 하나님은 유무(有無)의 하나님입니까.
당신의 하나님은 앎(知識)의 하나님입니까.
당신의 하나님은 삶(生活)의 하나님입니까.

당신의 하나님은 심정(心情)의 하나님입니까.
당신의 하나님은 법리(法理)의 하나님입니까.
당신의 하나님은 생명(生命)의 하나님입니까.
당신의 하나님은 물리(物理)의 하나님입니까.

■ 여자는 남자의 의미

남자는 문명, 여자는 자연
남자는 여자의 기표(記標)
여자는 남자의 기의(記意)
남자는 역사-존재, 여자는 자궁-생성
남자는 기표연쇄, 여자는 기의내포
남자는 여자의 표상이다.

여자는 남자의 의미다.
여자가 없으면 남자의 의미는 없다.
남자는 기표, 여자는 기의였지만
이제 남자는 깃발을 여자에게 주어야 한다.
메시아는 기호이고, 평화는 의미이다.
메시아의 완성은 평화의 어머니에게 있다.

하나님은 이제 자연이다.
자연의 상속자는 여성, 어머니이다.
여성은 실재적 하나님, 창조의 신비, 신(神)이다.
지금껏 자연이 인간을 필요로 했듯이

여성은 남자를 필요로 했지만 이제부터
여성은 깨달은 자, 독생녀로 역사의 전면에 나서야 한다.

후천(後天) 지천(地/天=泰)시대를 맞아
여성은 인류의 태평성대(泰平聖代)를 위해
신기원, 음력(陰曆) 기원절(基元節)의 안주인이 되고
둘로 나뉘어 대립하는 세계를 품안에서 화해시켜야 한다.
여성은 가부장-국가사회에서 숨어 지냈지만 이제
히스테리(Hysteria) 대신 히스토리(History)를 써야 한다.

여성이 쓰는 역사, 허스토리(Herstory)는
여성이 쓰는 평화의 역사는 찬란하고 성(聖)스럽도다.
모든 존재하는 것들은 머리를 조아리고 찬송할지어다.
기독교는 불교와 융합을 통해 창조적으로 완성되도다.
하나님은 '없이 있는' 하나님, 자연에 숨어있는 하나님
신과 인간과 자연은 다시 하나(the One)로 돌아가도다.

말하여진 신불도(神佛道)는 신불도가 아니다.
언어는 존재의 껍데기, 현상에 불과한 본질
찰나생멸(刹那生滅)하는 모든 존재들은 죽음을 통해
영원(永遠)영생(永生)하는 신령(神靈)의 나라로 들어간다.
모든 여성은 생명을 남몰래 무염수태(無染受胎)하고,
모든 남성은 수도를 통해 무루열반(無漏涅槃)하도다.

■ 괴물(怪物), 어머니가 없는 존재

여자의 몸에서 태어나지 않는 존재
파편화된 시각의 다면체 흉물
철저하게 언어로 타자화 된 몸
거울에 반사된 기괴한 몰골에 스스로 놀라고 마네.

언어의 마술을 알고 있으면서도
인간의 언어세계에 들어갈 수 없는 존재
어머니가 없음으로 결코 사랑을 모르는 존재
상징계의 노예조차 될 수 없는 절대고독의 존재여!

아버지인 과학자의 실수로 발명된 존재
욕망의 절정을 드러내는 기계인간이지만
일상에 결코 들어갈 수 없는 버려진 괴물,
소외된 괴물은 절대고독 속에서 자살하고 마네.

타자는 끝없이 타자를 낳고
목적은 끝없이 목적을 낳는 까닭으로
목적화(타자화)된 존재는 지옥으로 가고 마네.
어머니가 없는 인간, 그대 이름은 괴물이라네.

괴물은 여자 친구를 만들어달라고 요청하지만
과학자 프랑켄슈타인은 괴물의 요청을 거부하네.
괴물이 괴물을 계속 생산할 것을 염려하여—.
신은 아담에게 이브를 만들어주었지만—.

어머니가 없는 존재는 괴물이 되고 마네.
여자가 없으면 남자는 괴물이 되고 마네.
이브로 인해 아담이 타락한 것이 아니라
여자 친구가 없으면 존재는 괴물이 되고 마네.

인(人), 인간(人間), 인(仁)

1.

인간은 자연이 두려워 종교를 만들었다.
인간은 죽음이 두려워 종교를 만들었다.
인간은 사람이 두려워 사회를 만들었다.
인간은 삶이 두려워 사회를 만들었다.
인간은 왜 생멸을 존재로 보아야한 할까.

인간은 존재를 존재자로 보는 생물종이다,
인간은 생존을 권력으로 바꾼 생물종이다.
권력은 일상의 제도화된 폭력을 의미한다.
동물은 암컷중심으로 암수집단을 이루는데
인간은 왜 수컷중심으로 남녀집단을 이룰까.

성(性)은 성(姓) 혹은 성(聖)으로 변신한다.
물론 이들 '성'은 거꾸로 변신할 수도 있다.
인간도 처음엔 여성중심으로 사회를 만들었다.
권력경쟁이 심화되면서 남성중심으로 개편했다.
권력은 사물과 남을 도구화(道具化)하는 힘이다.

인간은 여자는 아이를 낳고 가정살림을 하고
남자는 전쟁과 권력경쟁을 하면서 살아왔다.
종교는 평화를 가장한 권력경쟁인지 모른다.
여권이 신장할수록 여자는 아이를 낳지 않고,
산업이 발달할수록 남자의 권력은 왜소해졌다.

2.

성(性)해방이 왜 여성(女性)의 해방을 의미하는가.
낯선 땅, 남자의 땅으로 시집을 가게 된 여성,
원죄를 뒤집어쓰고 인고(忍苦)의 삶을 산 여성은
왜 피임약의 발명으로 성해방이 되었다고 하는가.
여성은 가부장국가사회의 긴 어둠의 터널을 지나왔다.

인(人)은 인간(人間)으로 살다가 인(仁)에서 완성된다.
인간은 남녀(男女)로 살았으니 크게 둘(二)로 살아왔다.
둘로 살아온 인간이지만 함께 살았으니 둘이 아니다.
하나인가 하면 둘이고, 둘인가 하면 또 하나이다.
세계는 불이이불일(不二而不一), 일이이(一而二)이다.

거시세계와 미시세계의 중간에 살고 있는 인간은
언제나 경계를 긋고 살지만 동시에
그 경계를 허무는 작업을 병행하지 않을 수 없다.
무는 유, 무는 무한대와 경계를 이루면서도
둘의 이중성을 통해 본래존재로 향하지 않을 수 없다.

시인은 철학자가 되지 않을 수 없다.

철학자는 과학자가 되지 않을 수 없다.
과학자는 시인이 되지 않을 수 없다.
시인은 예술가가 되지 않을 수 없다.
예술가는 생멸을 사랑하지 않을 수 없다.

■ 죽음과 삶

죽음은 죽음을 모른다.
삶은 삶을 알 수 없다.
우리는 존재를 모르거나 알 수 없다.

죽음은 의미가 없다.
삶은 무지(無知)에 이른다.
의미와 무지 사이의 간격은 없다.

찰나생멸, 기운생멸의 틈(闖)을
말발굽을 울리며 세차게 달아나지만
빛과 소리를 피할 수 없다.

존재는 왜 무가 아니고 존재인가.
동시에 존재는 왜 또 무인가.
존재라는 말은 존재를 초월내재하고 있다.

신도 자연이고, 인간도 자연이다.
존재도 자연이고, 비존재도 자연이다.

자연이 아니라고 하는 것까지도 자연이다.

■ 나는 나의 동굴에 있었다

나는 항상 나의 동굴에 있었다.
나는 동굴에서 나를 바라보았다.
나는 항상 비어 있었다.
나는 어떤 소리를 들을 수 있었다.

동굴에서는 시간과 공간이 없었다.
단지 내 속에서 나오는 소리만 있었다.
침묵의 소리와 나는 하나였다.
나는 내 속의 나를 믿을 수밖에 없었다.

나는 지금도 그렇게 하고 있다.
동굴 속의 삶은 나의 습관이 되었다.
동굴은 항상 비어있어 공명을 이룬다.
지금도 나는 그 무엇이 되어가고 있다.

모든 존재는 하나이다.
모든 존재는 하나의 님이다.
모든 존재는 수많은 남이 아니다.
모든 존재는 춤추는 하나의 존재이다.

■ 섭리(providence)로 본 종교철학사상

기독교=P(천지창조, 원죄, 심판, 부활)

유교=P(孝, 弟, 忠, 信)

불교=P(苦, 集, 滅, 道)

도교=P(人法地, 地法天, 天法道, 道法自然)

선도=P(煉精化氣, 煉氣化神, 煉神還虛, 長生不死)

풍류도=P(相磨以道義, 相悅以歌樂, 遊娛山水)

세속오계=P(事君以忠, 事親以孝, 交友以信, 殺生有擇, 臨戰無退)

천부경=P(一始無始一, 析三極, 無盡本, 天一一地一二人一三)

동학천도교=P(無爲而化, 內有神靈, 外有氣化, 各知不移, 人乃天)

증산교=P(天地公事, 正陰正陽, 後天仙境, 造化政府)

원불교=P(天地恩, 父母恩, 同胞恩, 法律恩)

통일교=P(二性性相, 萬有原力, 四位基臺, 正分合, 天一國)

신(新)천부경=P(自身, 自信, 自新, 自神: 儉素, 謙遜, 自由, 創意)

한글철학=P(알, 나, 스스로, 하나: 알다, 나다, 살다, 하나 되다)

우리 모두는 하나가 되어야 하리.

기독교는 종교, 절대종교

불교는 철학, 무(無)의 철학

유교는 도덕, 인(仁)의 도덕

도교는 무위, 무위(無爲)자연

선도는 자연, 장생불사(長生不死)

선도는 자연의 장생불사

기독교는 영혼의 구원불사(救援不死)

동학은 동양의 도(道)

서학은 서양의 신(神)
서로 말이 다르고, 세계가 달라도
우리 모두는 하나일 수밖에 없네.
자연과 신과 인간은 하나가 되어야 하네.
자연과 자연과학도 하나가 되어야 하네.
하늘과 땅과 인간도 하나가 되어야 하네.
천지 속에 인간이, 인간 속에 천지가 있네.

■ 인간중심주의는 위험하다

1.

자연에서 신(神)을 떠올린,
신을 은유(隱喩)한, 신을 현상(現象)한 인간
자연에서 신을 추출해낸,
신을 추상화(抽象化)한 인간은
자연을 대상목적화(對象目的化)하는 수순을 밟았다.

자연은 주체와 대상, 나와 너, 둘로 갈라졌다.
신은 '나는 나' 혹은 '내가 되고 싶은 나'
신의 이름은 나, 나의 이름은 신
신은 Being-becoming-Being이거나
신은 becoming-Being-becoming이다.

세계를 창조한 신은
자연을 창조와 피조로 갈라놓았다.

신의 천지창조에 개입한 인격신에서는
인간의 인위와 조작의 흔적이 남아있다.
인간과 신은 둘만이 아는 알리바이를 꾸몄다.

신의 천지창조사업에 공모자가 된 인간
만약 누가 신을 죽인다면, 신이 스스로 죽는다면
이 세계의 주인은 별안간 인간이 된다.
인간중심주의는 위험하다.
인간중심주의는 신중심주의다.

2.
신과 인간은 공모를 해서
자연을 창조와 이용의 대상으로 만들었다.
자연은 신과 인간이 탄생하기 이전의 존재이다.
자연은 생성적 존재인 반면
신과 인간은 존재하는 것으로서의 존재자이다.

신은 나이고, 동시에 남이다.
신은 영혼이고, 동시에 영원이다.
신은 국가이고, 동시에 권력이다.
신은 시간이고, 동시에 공간이다.
신은 존재(현상)이고, 동시에 자연(존재)이다.

신중심주의와 인간중심주의는 서로 공유하고 있다.
인류는 자연중심, 홍익자연(弘益自然)으로 돌아가야 한다.
자연(죽음)을 두려워한 인간은 신을 만들었고

삶(인간)을 두려워한 인간은 사회를 만들었다.
종교와 정치는 일란성쌍둥이이다.

신과 인간은 동거자이다.
인간을 위해서 신이 필요하다.
신중심주의는 인간중심주의가 될 위험이 있다.
인간중심주의는 한 인간이 신이 될 위험이 있다.
욕망의 근저에 주인과 신이 있다.

■ 자연에 슬그머니 숨어들어

어느 날 갑자기
자연에 슬그머니 숨어들어
감쪽같이 사라지고 싶습니다.
자연은 죽음을 기꺼이 인정해야 합니다.

너의 욕망을 욕망하는
끝없는 나의 욕망도,
너의 이성을 이성하는
끝없는 나의 이성도 더 이상 싫습니다.

연필의 사각거리는 소리도,
자판기를 두드리는 글쓰기연주도,
시작과 끝의 끝없는 이어짐도,
시시각각 마침표를 찍는 글쓰기도 싫습니다.

어떤 인격도 거부하고 싶습니다.
산천에 슬그머니 숨어들어
이름 모를 꽃과 나비, 나무와 새들,
그들의 노래와 소리가 되고 싶습니다.

내가 아는 모든 것을 지워버리고
백지 같은 어린이가 되고 싶습니다.
죽음이야말로 어린이가 되는 일
자연이 베푸는 마지막 은혜로운 일

일상이 기적의 연속이라고 할지라도
기적조차 삶의 보람이 되지 못하는 것을
존재의 물음과 대답도 모두
너무나 인간적인, 인간적인 일들입니다.

인간에 현혹당한, 역사에 사기당한
문명에 매혹당한, 이름에 기만당한,
인간과 신의 모의(謀議)로 미로(迷路)를 해맨
잃어버린 시간을 자비(慈悲)로 내려다봅니다.

■ 존재는 드러나 있다

존재는 드러나 있다.
지금 눈앞에 전개되는 것은 모두 존재이다.
존재를 두고 하이데거가 숨어있다고 한 까닭은

존재를 처음에 현상, 대상목적으로 여겼기 때문이다.

여기서 우리는 서양철학이 현상학임을 알 수 있다.
눈에 보이는 것을 현상으로 여겼기 때문에
현상 이면에 존재(본질)가 있다고 생각한 것이다.
바로 이 생각, 이데아(idea)가 서양철학의 전부이다.

하이데거가 존재자라고 한 것은 실은 모두 존재이다.
자연은 처음부터 존재, 자연적 존재이다.
자연을 인간의 눈으로 세계(世界)라고 하니까
존재가 모두 존재자가 되어버린 것이다.

시인의 눈으로 바라보면 세계는 존재로 돌아간다.
과학자의 눈으로 바라보면 세계는 존재자일 수밖에 없다.
시인은 일찍이 세계를 소리로 바라보았고(觀音),
과학자는 일찍이 세계를 입자로 바라보았다(觀察).

인간은 자연을 세계로 파악하는 존재, 현존재이다.
그럼에도 동양의 도(道)는 자연을 잃지 않았다.
인간은 세계-내-존재에 사는 것이 아니라
자연, 즉 존재-내-세계에 살고 있다.

말하여진 도는 도가 아니라고 한 까닭은
말하는 순간, 도는 자연 자체를 배반하기 때문이다.
도를 알려면 시인이 되는 수밖에 다른 도리가 없다.
시인은 말을 하면서도 말을 벗어나기 때문이다.

■ 철학은 자연과 같은 것

철학은 나에게 자연과 같은 것
흔히 자연스럽게 타고난 재능은
힘들이지 않고 발현된 것이기에
대수롭지 않다고 생각하기 쉽다.

철학은 나에게 시작이면서 끝이었다.
철학은 판단정지이면서 신기원이었다.
철학은 예술이면서 종교, 과학이었다.
철학은 생성-존재, 존재-현상이었다.

인간은 자기기만으로 인해
먼 길을 돌아 존재에 이르게 된다.
인간은 자기기만으로 인해
사냥을 하고, 살인과 전쟁을 한다.

철학은 인간에게 고유한 것일지라도
생각은 존재 그 자체에 도달할 수는 없다.
존재는 생각하고, 대상화한 것이 아니라
지금 있는 그대로를 살아가는 것이다.

■ 메시아, 미륵, 미래

메시아, 미륵, 미래는

미래 시간의 환영들.
시간적 존재인 인간이
맞이할 수밖에 없는 운명.

날마다 바다에서 떠오르는
일출(日出)을 맞이하듯
대중들은 기도하고 절을 하네.
백팔배, 삼보일배, 오체투지

하늘에 계신 우리아버지
나무아미타불 관세음보살
대중들은 이미지로 미래를 맞이하네.
철학자는 산보(散步)하면서 사유하네.

메시아, 미륵, 미래
과거와 미래 사이에서 사는 인간
여래(如來)와 여거(如去)의 찰나에 사는 인간
잡을 수 없는 시간을 미래에서 잡네.

모든 정지한 것은 우상이 되네.
모든 말하여진 것은 정지하고 마네.
모든 살아있음은 고정된 자아가 없네.
모든 살아있음은 그것자체가 전체이네.

중심은 중심이 아니네.
중심은 비어있어야 중심이네.

중(中)은 공(空)이고, 즉(卽)이네.
중(中)은 시(是)가 아닌 블랙홀(Blackhole)이네.

■ 어머니를 그리워하면

1.

어머니를 그리워하면
어떤 자녀도 저절로 선량해지는 까닭을 아는가.
어머니는 존재의 근본이기 때문이외다.

하늘말씀의 씨앗이
어머니의 복중에서 육신을 얻어 살찌고
끝내 달콤한 과즙을 물씬 풍기며 완성되도다.

사람이 완성되려면 날마다
육신을 낳아준 어머니의 은혜에 감사하고
믿음을 얻고 새롭게 되어 하나님을 만나야 하리.

어머니를 그리워하면
어떤 죄인도 눈물짓고 그 눈물은
하늘을 감동시키어 안식과 평화를 누리게 되리.

말씀의 씨앗이 그리움이 되고
그 그리움이 하늘에 닿으면 영혼은 천상에서
하늘부모님과 함께 성가정을 이루게 되리.

은총이 가득하신 평화의 어머니여!
늦게 돌아온 죄 많은 자식도 눈물로 품에 안도다.
어머니는 존재의 근본이기 때문이외다.

2.

나에게 신이 있다면
오직 어머니뿐이외다.
어머니는 하나님이라는 말도 싫어하는 분이시다.

말씀보다 생명을 실천하는 어머니는
행여 자식들이 아플세라, 다칠세라, 죄스러워하다
죽을 생명을 낳아준 죄스러움에 원죄를 안았을 뿐이외다.

걸음걸음 사랑이고
눈만 뜨면 사랑이고
눈을 감아도 사랑뿐이외다.

낳자마자 젖을 먹이고
똥 기저귀를 좋아라고 마련하시고
똥냄새도 좋아라고 맡으신 어머니외다.

앉으나 서나 사랑이고
말을 가르치고 걸음마를 재촉하신,
행여 어떻게 될세라 잠도 설친 어머니외다.

세상이 말세가 된 것은

여인들이 어머니가 되지 않으려하니
진정 신이 죽었는가, 봅니다.

3.

도덕경의 무명천지지시(無名天地之始)라는 말은
유명천지지시(有名天地之始)로 바꾸어야 합니다.
이름이 있으니 천지의 시작이라는 것이 있는 것입니다.

도덕경의 유명만물지모(有名萬物之母)라는 말은
무명만물지모(無名萬物之母)로 바꾸어야 합니다.
만물이 생겨나고 이름이 붙여졌음을 누구나 아는 진실입니다.

중용의 천명지위성(天命之謂性)이라는 말은
천지명지성(天地命之性)으로 바꾸어야 합니다.
어떻게 어머니인 땅(地)이 없이 성(性)이 이루어집니까.

어머니가 없이 세상이 이루어졌다고 하니까
오직 패권경쟁만 일어나는 것입니다.
오직 이기적인 사건들만 일어나는 것입니다.

세상이 사랑을 잃어버린 까닭은
어머니가 사라지고 있기 때문이외다.
오직 스스로 그러한 신은 어머니외다.

생명을 이용으로 바꾼 사람들이여!
생명을 지식으로 바꾼 사람들이여!

오직 어머니를 찾으면 구원을 받을 것이외다.

■ 되어야 하는 하나님

하나님도
하나님이 되어야 한다.
인간은 물론
인간이 되어야 한다.
우리 모두는
되어야 하는 존재이다.

되어야 하는 하나님이 될 때
진정한 하나님이 되는 것이다.
되어야 하는 인간이 될 때
진정한 인간이 되는 것이다.
우리 모두 되어야 한다고 생각할 때
미래, 메시아, 미륵불이 있는 것이다.

나는 아버지가 되어야 하고
나는 어머니가 되어야 하고
나는 아들딸이 되어야 하고
나는 어른이 되어야 하고
나는 선생님이 되어야 하고
나는 내가 되어야 하는 존재이다.

우리 모두는 되어야 하는 존재이다.
되어야 하는 존재는 항상 지금 여기에 있다.
되어야 하는 존재는 항상 최선을 다한다.
되어야 하는 존재는 항상 과거를 뛰어넘는다.
되어야 하는 존재는 항상 미래를 선구한다.
되어야 하는 존재는 항상 세계를 향해 열려있다.

■ 주인과 종의 음계(音階) 사이

우리는 항상
조금은 주인, 조금은 종의 기분에 젖게 된다.
우리는 때에 따라
때로는 주인, 때로는 종이 되는 기분에 젖게 된다.

우리는 항상
조금은 나, 조금은 남이 된다.
우리는 때에 따라
조금은 남자, 조금은 여자가 된다.

우리는 항상
무엇을 긍정하고, 동시에 부정하고 싶어 한다.
우리는 때에 따라
무엇을 믿고 싶어 하고, 동시에 불신하고 싶어 한다.

우리는 항상

스스로를 관조하거나 남과 공감할 것을 꿈꾼다.
우리는 때에 따라
주인과 종을 잘 번갈아하는 법을 배워야 한다.

우리는 항상
주인과 종의 음계(音階) 사이 어느 지점에 있다.
우리는 때에 따라
내가 서 있을 시중(時中)의 음계를 찾아야 한다.

우리는 즐겨야 한다.
즐거운 주인이 되거나 즐거운 종이 되어야 한다.
우리는 경계해야 한다.
불쾌한 주인이 되거나 불쾌한 종이 되면 안 된다.

■ 우리는 우리에게 속고 있다

우리는 우리의 인식에 속고 있다.
우리는 속기 때문에 존재하는,
속기 때문에 무엇을 발견하고 발명하고
끝내 통찰하는 존재이다.

가상이 현실인 것은
이상이 현실인 것은 인간의 힘이지만
그 힘은 결국 허무를 드러낸다.
허무는 인간존재의 최대약점이다.

왜 세계는 존재하지 않는가.
왜 존재는 존재하지 않는가.
왜 존재는 스스로를 드러내는가.
왜 존재는 그 자체로 존재하는가.

존재는 고정불변의 존재(본질=존재자)가 아니라
존재는 생성변화하는 존재(생멸=존재)이다.
인간은 생성(변화)을 존재로 보는 존재(현존재)이다.
인간은 자연을 되찾지 않으면 스스로 멸종하는 존재이다.

인간은 죽지 않으려고 발버둥 치다 죽은 존재이다.
인간은 멸종하지 않으려고 애쓰다가 멸종하는 존재이다.
인간은 자신을 남기려고 씨를 찾고, 글씨를 쓰는 존재이다.
인간은 의미를 찾다가 끝내 무의미로 끝나고 마는 존재이다.

■ 배반은 제자가 한다

배반은 제자가 한다.
제자가 배반한 것이 아니면 배반이 아니다.
배반은 친구가 한다.
친구가 배반한 것이 아니면 배반이 아니다.

이는 천사장이 신을 배반하는 이치와 같다.
인간에게는 천사장의 속성이 들어 있다.
여자에게 원죄를 뒤집어씌우면 안 된다.

제자 속에, 친구 속에 도둑과 질투의 신이 자란다.

악마는 신의 역사적 반면(半面)이다.
사랑으로 천지를 창조한 것이 신이라면
악마는 이용과 도용을 좋아할 수밖에 없다.
깨달음을 도적질하는 자가 즐비하니 말세이다.

신은 엑스타시 속에 혼돈(渾沌)을 안고 있다.
악마는 그 혼돈을 세계 속에 퍼뜨리고 만다.
악마는 혼돈과 파멸 속에서 엑스타시에 이른다.
인간은 결국 머리를 악용할 가능성이 높다.

축복과 저주는 신의 양면(兩面)이다.
축복을 내리는 것이 선신(善神)이라면
저주를 내리는 것이 악마(惡魔)이다.
인간에게 축복과 저주가 다 들어있다.

만물은 그 업보에 따라 일어나고 사라진다.
생기와 소멸, 즉 생멸은 둘이 아니고 하나이다.
인간의 멸종도 자연이라면 그것을 연기하고 싶다.
자연밖에 자연을 구할 길이 없다.

■ 삶은 사랑이다

삶은 사랑이다.

삶은 자신도 모르는 사이
무엇을 사랑하고 있음이다.
설사 미워하는 것조차 사랑일 뿐이다.

삶은 사랑이다.
아무런 낌새도 없어 들락거리니
정체를 알 수 없지만
마음에 둥지를 트는 손님 같은 것이다.

사랑은 길을 가다가
길손을 만나 친하게 되고
어느 덧 그를 그리워하는 자신을
발견하게 되는 일상의 기적이다.

사랑은 네모진 마음을
동그라미로 만드는 마술이다.
점점 하늘을 닮아가는 마음에
남몰래 꽃을 피우는 것이다.

■ 무한(無限)은 무(無)가 아니다

무한(無限)은 무(無)가 아니다.
무한은 현상학적으로 있는 것이다.
무한은 계산할 수 있는 것이다.
무는 현상학적으로 없는 것이다.

무는 의식학적으로 없는 것이다.

무는 존재론적으로 있는 것이다.
무는 자연적으로 있는 것이다.
무는 계산할 수 없는 것이다.
자연에는 무(無)와 인위(人爲)가 없다.
자연에는 존재의 변형과 변이만이 있다.

서양문명은 무(無)를 모르는 문명이다.
서양문명은 무를 무한대로 보는 문명이다.
동양문명은 무(無)를 직관하는 문명이다.
동양문명은 무위(無爲)를 실천하는 문명이다.
서양문명은 실체를, 동양문명은 실재를 추구한다.

■ 나는 나에게 절대이기 때문에

나는 나에게 절대이기 때문에
그대에게 상대가 될 수 있다.

나는 나에게 절대이기 때문에
그대에게 신을 전할 수 있다.

나는 나에게 절대이기 때문에
만물에 숨어있는 만신을 볼 수 있다.

나는 나에게 절대이기 때문에
나의 에너지가 그대에게 이름을 느낄 수 있다.

나는 나에게 절대이기 때문에
지금 그대를 사랑하고 있음을 확실할 수 있다.

나는 나에게 절대이기 때문에
나의 죽음을 넘어 두 발로 굳건히 갈 수 있다.

■ 소리철학을 위하여

1.

존재는 파동, 소리로 이루어져있다.
소리는 인간이 발명한 보편성이 아니라
자연의 본래 있는 그대로의 일반성이다.
자연은 일반적이고 존재적이지만
철학은 거꾸로 보편적이고 일반적이다.

빛, 광자(光子)는 입자이다.
빛, 광파(光波)는 파동이다.
빛은 파동이면서 입자이다.
파동은 입자보다 더 근본적인 것이다.
파동은 일반적이고 존재적이다.

소리에 씨(의미)가 생긴 것이 말씀이다.

하늘의 소리에 의미가 생겨 말씀이 되었다.
하늘의 말씀은 로고스(Logos)라고 말한다.
로고스라는 말속에는 이미 신이 들어있다.
로고스라는 말속에 이미 인간이 들어있다.

2.

입자는 충돌하지만 소리는 중첩된다.
입자는 운동하지만 소리는 공명한다.
입자는 시공간이 있지만 소리는 시공간이 없다.
입자는 자아를 형성하지만 소리는 자아가 없다.
입자는 실체를 형성하지만 소리는 실제로 있다.

소리철학은 무의미의 철학이다.
소리철학은 무의식의 철학이다.
소리철학은 자연의 철학이다.
소리철학은 본능의 철학이다.
소리철학은 본성의 철학이다.

소리철학은 인간이 만든 철학의 종착역이다.
소리철학은 반(反)철학의 최종 반(反)철학이다.
소리철학은 철학이 아닌 부정(否定)의 철학이다.
소리철학은 자연에 대한 긍정(肯定)의 철학이다.
소리철학은 말을 부정하는, 신체(身體)의 철학이다.

■ 동양사상은 이미 종교이다

동양사상은 이미 종교이다.
동양사상은 당연히 실천을 요구하기 때문이다.
동양은 수천 년 간 공자와 노자장자의 사상을 섬겨왔다.

동양사상은 실은 철학이라기보다는
많은 대중이 따를 것을 요구한다는 점에서 이미 종교이다.
기독교를 대중적 플라토니즘이라고 하는 것은 이 때문이다.

철학은 한 개인이 자신의 세계관을 펼치는 것이다.
그 세계관이 맞고 틀리고는 그 다음의 문제이다.
서양철학의 진리가 오류의 연속인 것은 이 때문이다.

동양사상은 틀리고 맞고를 말하지 않는다.
공자를 섬길 것이냐, 노자장자를 섬길 것이냐의 선택이다.
후학은 그들의 사상에 주석을 붙이거나 변형을 만들 뿐이다.

동양에서는 사람이 도덕과 윤리를 실천할 것을 요구한다.
서양에서는 진리의 발견과 증명, 사물의 이용을 추구한다.
동양은 윤리실천을, 서양은 물리이용을 최종목표로 한다.

서양에서는 마르크스철학이 처음으로 사상이 되었다.
마르크시즘은 유물무신의 사상이면서 종교가 되었다.
현대는 기독교마르크시즘과 기독교자본주의로 양분되어 있다.

서양철학자는 한 개인이 시대정신을 담은 철학을 써야한다.
서양에서는 쓰여 지지 않은 철학은 결코 존재할 수 없다.
동양사상은 쓰지 않아도 실천하면 사상가라고 말한다.

■ 곰, 감, 갓, 굿, God, 神

오늘날 세계인들은
신을 갓(God)라고 한다.
우리조상들은 신을 곰, 감이라고 불러왔다.
신의 축복에 감사하는 전통이 내려와 오늘날도
"감(곰)사합니다, 고(곰)맙습니다." 라고 말한다.

곰, 감, 갓, 굿, God에는
지구적으로 발음상 공통점이 있다.
우리조상들은 신에게 복을 비는 의례를
굿(Gud)이라고 말해왔다.
굿은 행운(good)을 비는 의례행위이다.

우리는 놀이판을 굿판이라고 말하기도 한다.
놀이가 절정에 오르면 '신(神) 난다'라고 말한다.
신(神)이 오르거나, 들어야 잘 놀았다고 말한다.
놀이가 광란(狂亂)에 오르면 신명(神明)이라 말한다.
신이 오르면 죽음도 두렵지 않는, 극락(極樂)이 된다.

우리조상들은 신과 노는 것을 즐겼다.

청신(請神), 오신(娛神), 송신(送神)은 일상사였다.
접신(接神)은 무당이 아닌, 일반인에게도 있는 일이었다.
예술가들이 영감을 받는 것은 바로 접신에 해당되며
신은 천지인정기신(天地人精氣神)과 더불어 살았다.

■ 부정과 긍정은 같은 것

1,

내 안에 있는 주체의 부정성은
내 밖에 있는 세계의 긍정성과 다를 바 없네.
둘은 순환운동으로 한 지점에서 만나게 되네.

안(in)에서 부정하고(안, 아니),
밖(ex)에서 표상(表相, 表現)하네.
안팎은 서로 왕래하면서 하나가 되네.

인과론과 순환론은 결국 하나라네.
두 개의 중심을 가진 타원형의 운동이네.
세계는 중심과 주변의 긴장관계.

존재는 하나, 자연은 하나
힘은 입자에서 비롯되고
파동은 존재의 근본에서 비롯되네.

결과가 원인이 되고, 원인이 결과가 되네.

원인적 동일성이든, 결과적 동일성이든
유시유종(有始有終)이든, 무시무종(無始無終)이든 하나라네.

2.
의식에서의 부정은
세계에서의 긍정과 하나가 되네.
마음혁명을 통해 둘은 통합되어야 하네.

헤겔의 부정과 니체의 긍정은 하나
기독교 속에 있는 불교를 찾고
불교 속에 있는 기독교를 찾아야 하네.

헤겔의 부정은 마르크스의 무신론을 낳고
마르크스의 무신론은 니체의 초인을 낳았네.
유물론과 과학은 쌍둥이로 물질만능을 낳았네.

존재를 육체나 물질로 본 것은
인간의 정신이고, 인간의 주체라네.
본래존재인 신체적 존재야말로 자연적 존재라네.

인간을 떠나서 보면
부정과 긍정은 너무나 인간적인 일
심물존재(存在), 심물자연(自然)은 표상을 넘어 하나라네.

■ 어떤 배우의 죽음과 절정

1.
모든 죽음은 장렬한 전사이다.
모든 멸종은 장렬한 전사이다.
모든 삶은 죽음의 예행연습
삶의 절정은 누구나의 죽음

인간, 신을 상상하는 합리적인 미치광이
인간, 신을 기다리는 열광적인 미치광이
영혼과 영원은 시간의 완벽한 운동
천국과 지옥은 공간의 완벽한 건축

인간과 신의 탄생은 가장 성스러운 하늘조화(造化)
구세주와 부처님은 인간 드라마의 최대 걸작(傑作)
생멸은 스스로 일어났다 스스로 사라지는 것
만물은 무엇이나 자신의 역할에 충실한 배우

2.
너의 작가는 누구냐,
너의 연출가는 누구냐.
탄생과 작명(作名), 작명(作命)
죽음과 비명(悲鳴), 비명(碑銘)

너의 걸작은 바로 죽음을 무릅 쓴 마라톤
삶의 걸작은 작은 죽음들 끝에 매달린 죽음

남자의 판타지는 무루열반(無漏涅槃)
여자의 판타지는 무염수태(無染受胎)

진리의 끝은 망각(忘却)
망각의 부활(復活)은 진리
모든 죽음은 완성(完成)이다.
존재의 절정은 없음(無)이다.

3.

우리는 천사의 후예였다.
우리는 악녀의 후예였다.
우리는 때로는 천사, 때로는 악녀였다.
우리는 보통사람이었다.

우리는 언제나 역할을 맡는다.
내가 기획한 것도 있고, 그렇지 않는 것도 있다.
무의식은 의식이 되고, 의식은 무의식이 된다.
이성은 욕망이 되고, 욕망은 이성이 된다.

가슴에서 일어나는 것도 있다.
머리에서 일어나는 것도 있다.
발끝에서 일어나는 것도 있다.
온몸에서 일어나는 것도 있다.

■ 기억의 요술

사람들은 기억을 영혼이라고 하네.
사람들은 기억을 정신이라고 하네.
사람들은 기억을 물질이라고 하네.
기억은 과거, 현재, 미래를 동시에 사네.

사람들은 기억을 현실이라고 하네.
사람들은 기억을 영원이라고 하네.
사람들은 기억을 천국이라고 하네.
기억은 시간을 활동사진처럼 느끼게 하네.

사람들은 기억을 존재라고 생각하네.
사람들은 기억을 공간이라고 생각하네.
사람들은 망각을 저승이라고 생각하네.
기억은 죽으면서도 기억해달라고 조르네.

■ 존재의 예술

1.
존재의 존재는 예술이다.
예술의 예술은 놀이다.
놀이의 놀이는 음악이다.
음악의 음악은 노래이다.

존재들의 움직임 자체가 예술이다.
예술은 기술의 폐쇄성을 무너뜨리고
존재의 가능성, 존재의 희망을 예약했다.
삶은 존재로부터 자기가치를 회복했다.

삶은 예술이고, 예술은 신의 후계자이다.
인간은 세계에 투사한 신을 불러들이고
새로운 세계의 시작과 새로운 신을 제안했다.
삶과 달리 삶의 방식은 제도이자 기술이다.

존재의 예술은 생성으로의 복귀이다.
죽음의 예감은 삶을 더욱 풍부하게 만들고
죽음의 공포와 죽음의 부활은 쌍둥이처럼
존재와 존재하지 않음을 예술로 화해시켰다.

2.
인간이 노래를 부르는 까닭은
존재를 회복하기 위해서다.
바람과 나뭇잎이 만나 노래하듯
존재와 존재는 만나서 노래한다.

존재는 진리와 세계가 아니다.
존재는 세계라고 하는 순간 존재하지 않는다.
세계 내 존재는 이미 존재가 아닌 존재자이다.
예술은 주체와 대상을 고집하지 않아 존재이다.

자연은 신이 되고, 신은 정신이 되었다.
정신은 오늘에 이르러 유령이 되었다.
신은 또한 연금술을 거쳐 과학이 되었다.
존재의 신은 생멸의 자연으로 복귀하여야 한다.

삶이야말로 존재와 존재의 만남이다.
만남이야말로 가장 순수한 예술이다.
진리와 윤리라는 것은 존재 그 자체가 아니다.
표상이면서 표상이 아닌 것이 존재의 예술이다.

■ 메타(meta~)의 마술

자연(physis)은 생성변화하는 존재이다.
과학(physics)은 자연에서 법칙을 뽑아냈다.
인간은 언어를 사용하는 동물로서
철학(metaphysics)에서 보편성을 찾고자 했다.

자연을 넘고자 하는 노력은 언어에서 빛을 발했다.
소리에서 영감을 얻어 은유(metaphor)를 발명했다.
다시 의미를 잡으려고 환유(metonymy)를 발명했다.
언어는 존재를 가두려고 온갖 수단을 다 썼다.

삶(existence)은 언어(essence)에 구속될 수 없었다.
세계는 너(You)와 나(Me)의 관조와 공감의 예술
동굴(洞窟)에서부터 통찰(洞察)을 키운 인간은 드디어

태초의 소리, 존재의 소리를 들었다.

메타, 너는 항상 넘어가고자 했다.
항상 열려 있었으며 다른 의미를 추구하게 했다.
너의 의미의 중층구조는 우주의 순환을 느끼게 했다.
메타, 너는 내일의 희망이었다.

■ 우주, 세계, 자연

우주(宇宙)라는 말은 시공간과 운동의 문제이다.
이는 물리학자들이 세계를 인식하는 태도이다.

세계(世界)라는 말은 우주가 아니다.
이 말은 인간이 파악하는 각각의 세계를 말한다.

자연(自然)이라는 말은 세계가 아니다.
자연은 스스로 있음을 의미한다.

우주, 세계, 자연 중에서
본래 있는, 본래존재는 자연뿐이다.

인간은 왜 자연이라는 말을 전제해야 하는가.
이는 인간이 자연을 세계로 가두려고 하기 때문이다.

인간은 왜 세계라는 말을 필요로 하는가.

살아가기 위해서는 자연을 이해할 필요가 있기 때문이다.

우주라는 말은 생긴 지 오래 되었지만
그것이 세계이해의 중심이 된 것은 근대과학에 들어서다.

자연과학자는 자연을 자연과학과 동일시하는 버릇이 있다.
자연은 대상(對象)으로 존재하는 것이 아니다.

스스로 있는 존재, 생성적 존재로서의 자연을 전제하지 않으면
인간은 결국 자기세계에 갇혀서 멸종될 수밖에 없다.

우주, 세계, 자연이라는 말은 서로 공유하는 경계가 있다.
이 경계에서 유동성과 개방성을 강화하지 않으면 인간은 멸종한다.

■ 가장 위대한 진리

가장 위대한 진리는
아무런 의미가 없는 말이다.

가장 위대한 진리는
효과를 전혀 기대하지 않는 말이다.

가장 위대한 진리는
말이 필요 없는 말이다.

가장 위대한 진리는
공명에 이르는 침묵의 소리이다.

하나님의 진리는
하나의 울림으로서 '한울림'이다.

신은 주사위놀이를 한다.
자연은 불인(不仁)하다.

■ 너는 언제부터 저주를 받았는가

너는 언제부터 저주를 받았는가.
또한 저주하기를 좋아했는가.

저주를 하면 저주를 받는다.
축복을 하면 축복을 받는다.

나는 최선을 다해 너를 사랑했지만
너는 언제나 바리새인, 민중이었다.

너는 성스러움을 농담으로,
진리를 스캔들로 만들어버린 천민이었다.

저주의 기독교와 대뇌적 기만, 중우(衆愚)가 만난
이념이 바로 공산사회주의라는 나쁜 여성성이다.

너는 돈 많은, 유혹당한 과부처럼
죽은 신랑을 배반한, 버림받아도 좋은 창녀였다.

너는 사기꾼들에게 놀아나며 깔깔대는,
사교(邪敎)에 놀아난 나쁜 여자, 개 같은 딸년이었다.

■ 존재는 여자다

존재는 여자다.
존재는 땅이다.
존재는 생멸이다.
존재는 바탕이며, 근본이다.
존재는 인과와 현상이 아니다.

존재는 의미이다.
존재는 느낌이다.
존재는 존재방식이다.
존재는 삶의 방식이다.
존재는 비존재이다.

존재는 생물이다.
존재는 생리이다.
존재는 병리이다.
존재는 물리가 아니다.
존재는 사유가 아니다.

존재는 삶이다.
존재는 생활이다.
존재는 연행이다.
존재는 책이 아니다.
존재는 우주가 아니다.

여자는 부계국가사회가 되고부터,
남자의 집으로 시집을 가게 되었고,
제 부모, 제 고향, 제 성을 잃었으며,
자식을 낳을 때까지 집이 없었다.
여자는 제 몸으로 제 집을 만들었다.

■ 태초종말(太初終末)이라는 말속에

태초종말이라는 말속에 모든 것이 들어있다.
처음과 시작, 끝과 마지막이라고 하면 될 것을
왜 태초종말이라는 말을 생각해냈을까.
신의 시간을 말하기위해서다.

유일, 절대, 선험, 초월, 지향은 같은 말이다.
유일은 절대, 선험, 초월, 지향일 수밖에 없다.
왜 유일절대라는 말을 생각해냈을까.
신의 공간을 말하기 위해서다.

존재를 말하려면 왜 시간을 말해야 하는가.

존재를 말하려면 왜 공간을 말해야 하는가.
시공간이 없으면 존재가 성립되지 않기 때문이다.
존재는 시공간과 더불어 유무(有無)를 있게 한다.

공간은 연장(延長)을 의미하는데
시간은 왜 지연(遲延)을 말하는 것일까.
공간에는 우리도 모르는 사이 대상이 있기 때문이다.
시간에는 우리도 모르는 사이 목적이 있기 때문이다.

기독교는 원죄종말을 말하기 때문에 현상학의 전형이다.
불교는 삶의 고통을 말하기 때문에 존재론의 전형이다.
기독교는 직선과 인과로 원을 설명하는 신앙체계이다.
불교는 순환과 업보로 직선을 설명하는 신앙체계이다.

우리는 모르는 사이에 어떤 바탕조건 위에 살고 있다.
무시무종(無始無終)의 천부경은 기독교와 불교를 담고 있다.
천부경의 조화신(造化神)은 제조신(製造神)을 담고 있다.
동양의 무극태극(無極太極)은 태초종말을 담고 있다.

종교는 대중적 철학이고, 철학은 인간의 특이점이다.
종교와 철학은 원시시대 때부터 무의식에 자리 잡았다.
인간은 본래 종교적 존재이면서 철학적 존재이다.
생성생멸을 존재절대로 설명하고 싶은 게 인간이다.

■ 불과 물, 글과 시

불과 물이 만나 생명을 이룬다.
불은 숲에서 일어나는 일
글은 종이 위에 써지는 일
고대의 불은 현대의 글이다.

글은 이미 작가의 죽음이다.
글은 아무리 써도 끝이 없다.
죽은 글은 해석으로 부활한다.
부활은 생명을 되돌리는 일이다.

시인은 가슴으로 시를 쓰지만
불은 바위와 석판에 글을 새긴다.
기도는 소리와 침묵의 신비이다.
신은 신비와 영원에 둘러싸여 있다.

옛 조상들은 숲에서 불을 피우고
성령을 통해 기도로 소원을 빌었지만
오늘날은 시인이 영감으로 시를 써서
불과 기도를 대신하여 구원을 얻네.

시와 노래는 구원이 되리.
아이돌페스티벌은 구원이 되리.
기계의 시대에 기계를 이길 수 있는 것은
오직 음악과 소리로 엑스타시에 오르는 일

시인은 살아있는 신비이다.
신비는 시와 음악을 통해 시시각각 살아있다.
신은 지금, 여기 음악과 더불어 살아있다.
우리는 누구나 음유시인이 되어야 하리.

■ 예수토템, 신성한 인간

먹어야 사는 인간은
먹이를 숭배할 수밖에 없었다.
어떤 것도 먹이가 되면
숭배(崇拜)와 동시에 희생(犧牲)의 대상이 되었다.

희생되었기 때문에 숭배하는 것인지
숭배하였기 때문에 희생이 되는 것인지 알 수 없다.
먹이는 살(肉)이 되는 까닭으로
사육제(謝肉祭) 혹은 결혼(結婚)의 상대가 되었다.

인간은 곰, 범, 사자, 늑대, 소, 양,
그리고 수많은 동식물에 비유되었다.
생(生)과 사(死)의 갈림길에서
운명적으로 축복을 받거나 저주를 받는 토템이 되었다.

예수는 십자가에 우뚝 선 토템이었다.
예수는 스스로 깨달은 유대인 샤먼이었다.
예수는 희생과 숭배, 결혼의 매개가 되었다.

신성한 인간은 태곳적부터 희생과 제사를 필요로 했다.

인간은 오늘도 누구를, 무엇을
희생으로 삼아 생명을 유지할까를 고민하고 있다.
우리는 서로서로 숭배와 희생의 교환자들이었다.
아, 현대인은 제사도 지내지 않고 희생만하는 족속이 되었다.

■ 서울올림픽, 해원굿, 평화굿

그 옛날 글이 없을 때도
하늘과 땅과 조상에 제사를 지냈다.
의식(儀式)은 의식(意識)을 이어갔다.
의식은 의식을 갈무리하는 수단이었다.
의식은 불을 갈무리하는 부루단지였다.

우리는 오늘도 제사를 지낸다.
때로는 산신령에게 제사를 지내고
때로는 바다용왕님께 제사를 지낸다.
마음으로 부모를 만나고 자식을 만난다.
마음으로 친구를 만나고 인류를 만난다.

문자와 글이 생긴 후에는
하늘과 땅과 왕에게 제사를 지냈다.
물과 불과 글을 가지고 제사를 지내왔다.
의식은 역사와 문명을 갈무리했다.

의식은 사회를 하나로 만들어왔다.

인류문명이 시작한 곳에서
인류는 다시 태어나든가
아니면, 멸종할 수밖에 없다.
서울올림픽은 동서냉전을 푸는 해원굿이었다.
서울올림픽은 평화를 예축하는 평화굿이었다.

서울올림픽의 해원정신을 잊으면
서울올림픽의 평화정신을 잊으면
인류는 삶의 길을 잃고 말리라.
역사와 문명은 길을 잃고 말리라.
문명이 시작된 곳에서 다시 시작해야하리.

■ 알레고리, 알고리즘

옛 조상들은 알레고리에 살았다.
현대인은 알고리즘에 살고 있다.
알레고리, 생명을 연결하는 고리
알고리즘, 기계를 작동하는 기제

알레고리(allegory)
'다른(allos)'과 '말하기(agoreuo)'의 합성어
다른 사물을 가슴으로 끌어안는 말하기
옛 조상들은 모두가 서사서정 시인이었다.

알고리즘(algorithm)
문제를 해결하기 위한 절차, 방법, 명령어
세계를 문제로 보는 불쌍한 자폐증환자
현대인은 세계를 기계적 작동으로만 보았다.

'알(神, 태양)'을 머리로 쓴 말의 엇갈린 운명
알레고리는 생명과 운동의 연속을 의미하고
알고리즘은 고정과 기계의 반복을 의미한다.
신은 알레고리, 알고리즘 쌍둥이를 낳았다.

생명을 잃어버린 현대인은
자신이 생명을 잃어버린 줄도 모르고
세계를 정보와 기계적 작동으로 환원하면서
자신이 신(神)이 되는 환상에 젖어있다.

"신은 인간을 창조했지만,
나는 기계인간을 창조한 신"
기계가 시를 쓰고 그림을 그린다고 환호하는 신인간,
불쌍한 인간, 알레고리가 그립다.

세계는 문제가 아니다.
세계는 그냥 그대로 존재이다.
세계는 그대로 생멸하는 존재이다.
고정불변의 존재를 가상한 인간의 종착역, 알고리즘

■ 존재는 그 자체이다

존재는 모든 것의 그 자체이다.
존재는 고정불변의 본질이 아니라
모든 것의 그 자체(self, 自)이다.
그 자체는 생성변화는 것의 다른 말이다.

서양철학은 생성을 부정하기 위해
창조와 존재라는 개념을 썼고,
이분법을 전제하고, 존재를 분류했다.
존재는 눈앞에 그대로 있다.

존재는 그 자체라고 해서 숨어있지 않다.
존재를 숨어있다고 하는 것은
현존을 중시하는 태도에 기인하는 것이다.
현존 속에 이미 부재가 있다.

존재하는 사물과 사건의
시작과 끝, 신기원을 말하는 사람은
존재를 죄다 알 수는 없어도 느낄 수 있다.
존재는 온몸으로 느끼는 신(神)이다.

아는 것은 단편이고 단면이다.
느끼는 것은 전체이고 공명이다.
전체를 느끼는 것은 무시무종(無始無終)이고,
무시무공(無時無空)이고, 무억무념(無憶無念)이다.

전체를 느끼면 지금, 여기가 모든 것이다.
전체를 느끼면 죽는 것은 죽는 것이 아니다.
전체를 느끼면 움직이는 것은 움직이는 것이 아니다.
전체를 느끼면 앎은 앎이 아니고, 이름은 이름이 아니다.

■ 인간은 본능적으로

고대인은 본능적으로 자연을
천지인(天地人)으로 바꾸었다.
자신을 천지 속에 정립하기 위해서.

옛 동이족 조상들은 본능적으로 신을
조화신, 치화신, 교화신으로 바꾸었다.
자연과 인간의 조화를 위해서.

기독교는 자연과 신을
성부, 성자, 성령으로 바꾸었다.
유일신 하느님을 설정한 때문에.

불교는 자연과 신을
법신, 응신, 보신으로 바꾸었다.
만물은 하나의 몸이기 때문에.

인간은 하늘아래, 땅위에 자신을 위치시키고
그 사이 만물을 자신의 이해지평에 따라

해석하고 융합하면서 살아왔다.

인간은 천지중인간(天地中人間)이면서
동시에 인중천지일(人中天地一)의 존재이다.
인간은 하나(一)를 지향(志向)하는 존재이다.

현대인은 본능적으로 자연을
자유, 평등, 박애로 바꾸었다.
사람들 속에 자신을 보호하기 위해서.

미래인간은 세계를 어떻게 해석할까.
자연, 인공, 기계로 삼분할까.
자연인간, 기계인간, 기계로 삼분할까.

■ 인간의 역사, 대뇌와 언어의 힘

1.

인간은 무엇으로 살아왔는가.
생각하는 힘으로 살아왔다.
자연의 생멸을 존재로,
존재를 생각으로 바꾸었다.

존재를 생각으로 바꿔치기하는 데는
대뇌의 착각과 언어의 힘이 컸다.
삶은 죽음에 저항(抵抗)하는 가상(假想)

삶은 죽음에 읍소(泣訴)하는 기도(祈禱)

생멸하는 자연을 잡기 위해
시간을 창조하고
내 집과 삶의 터전을 만들기 위해
공간과 세계를 넓혀갔다.

생멸하는 것 중에 가장 덜 변하는
돌과 나무로 도구를 만들고 점점
더 깊은 곳에 숨어있는 광물과 석탄석유를
사용하는 기술을 발전시키면서 오늘에 이르렀다.

신은 언제나 축복과 저주를 함께 내린다.
축복과 저주의 동거
신과 악마의 반전은
신의 탓인가, 생각의 탓인가.

2.

호모사피엔스의 가장 강력한 힘은 생각,
생각은 힘이었고, 가공(加工)이었다.
불에 이어 더욱 강력한 불을 발견하면서
제국의 역사는 시작되었다.

생존경쟁이 권력경쟁으로 반전한
인간의 역사, 전쟁의 역사, 제국의 역사
문명은 제국과 더불어 흥망을 이어갔다.

인간은 지금도 신과 함께 패권경쟁을 하고 있다.

신의 발견은 신의 말씀, 원력(原力),
원죄(原罪), 원소리(原音聲), 원문자(原文字),
사유(이상)가 존재(현실)가 된 긴 역사를 거쳐
20세기에 원자력(原子力) 신에 도달했다.

21세기에 컴퓨터, 기계인간(Homo Machina)을 발견했다.
인간이 지상(地上)을 물려줄 새로운 종(種),
기계인간은 인간의 모든 생각이 모인 결정체(結晶體),
생멸에 저항한 인간드라마의 종막인가.

세계를 자신 속에 다 넣고 싶은 대뇌는
생성을 착각과 상상과 언어로 전환시키고.
한 순간, 한 점에 환원시키길 원했다.
처음(창조)이자 끝(종말)이 한 지점인 신의 진실은
신의 탓인가, 악마의 탓인가, 인간의 탓인가.

■ 나라는 존재, 존재라는 나

내가 태어난 것이 아니라
태어남을 내가 도치시킨 것,
그것이 나라는 존재이다.
나라는 존재는 일단 정지된 나였다.
나라는 존재는 일단 명사의 나였다.

모든 존재는 생성을 역전시킴에 따라
존재를 환원시키고 신기원이 된다.
신기원이라는 점에서 신과 나는 하나이다.
나는 시시각각 살아간다는 점에서,
나의 일기를 쓰고 있다는 점에서 유일하다.

태어나고 보니 나라는 존재는
너무나 보잘 것 없는 존재였다.
나보다 '큰 나'가 필요했다.
바로 그 '큰 나'가 한님, 하나님이다.
'큰 나'는 별들을 품고 있는 존재였다.

이것이 나와 우주의 생성의 역사이다.
기억은 시간과 공간을 만들어냈다.
기억과 명사가 관계를 맺고 움직인 것이,
인간이 구성한 세계이고 역사이다.
모든 기억은 영화를 보는 것과 같다.

기억이 시를 만들어내고 신화를 만들어냈다.
기억이 연극을 만들어내고 소설을 만들어냈다.
기억이 과학을 만들어내고 영화를 만들어냈다.
우리는 기억을 존재라고 말한다.
기억이 사라지면 존재도 사라지고 만다.

하나님은 목구멍에서 나와 하나님이 되었다.
하나님은 하늘에 늘 있어 하느님이 되었다.

현재는 잡을 수 없고 잡고 나면 과거였다.
미래는 과거를 재구성한 것이니 알 수가 없다.
세계는 기억 속의 재구성에 지나지 않는다.

■ 내가 '나는'이라고 말할 때

내가 '나는'이라고 말할 때
이미 나는 내 몸을 벗어나고 있다.

내가 '나는'이라고 말할 때
이미 하나님과 믿음이 작용하고 있다.

내가 '나는'이라고 말할 때
이미 영혼은 내 마음에 둥지를 틀었다.

내가 '나는'이라고 말할 때
이미 세계는 생각으로 바뀌었다.

말이 생겨난 것은 이미 신이 생겨난 일이다.
신이 생겨난 것은 이미 말이 생겨난 일이다.

내가 '너는'이라고 말할 때
이미 세계는 상(相)이 되어버렸다.

내가 '너는'이라고 말할 때

이미 세계는 과학과 이용의 대상이 되었다.

내가 '너는'이라고 말할 때
이미 세계에 보편성과 추상이 작동했다.

내가 '너는'이라고 말할 때
이미 주인과 지배가 시작되었다.

말이 생겨난 것은 이미 놀이가 생겨난 일이다.
놀이가 생겨난 것은 이미 말이 생겨난 일이다.

■ 권력(權力)과 영생(永生)

1.

영생은 권력의 다른 말이다.
이승의 권력은 저승의 영생이다.
저승의 영생은 저승의 권력이다.
권력과 영생은 같은 뜻의 다른 말이다.

전지전능은 사랑의 다른 말이다.
전지전능한 자는 사랑할 수밖에 없다.
전지전능과 사랑은 말할 때가 다르다.
무능한 자는 미워할 수밖에 없다.

부모는 자식을 사랑할 수밖에 없다.

부모가 없으면 자식의 태어남이 불가능하다.
자식에 대해 부모는 전지전능일 수밖에 없다.
부모자식으로 설명되지 않는 것은 없다.

  2.
나는 신의, 신은 나의 다른 말이다.
유일한 내가 없으면 유일한 신이 없다.
천상의 신은 지상의 내가 탈바꿈한 것이다.
나를 발견한 자는 신을 발견한 자이다.

신이라는 말이 없으면 무신도 없다.
유신론자는 무신론자가 될 수밖에 없다.
무신론자는 신을 믿지 않는 게 아니라
다른 신, 인간 혹은 자연을 믿는 자이다.

주인은 노예의 다른 말이다.
주인과 노예는 동시에 발생한 것이다.
나의 주인은 다른 이의 노예이다.
이곳의 주인은 저곳의 노예이다.

  3.
시간은 공간의 다른 말이다.
시간이 없으면 공간이 없다.
시간과 공간의 거리는 같다.
시공간의 시작은 나의 시작이다.

시작은 종말의 다른 말이다.
시작이 없으면 종말이 없다.
유시유종과 무시무종은 같은 말이다.
기독교와 천부경은 같은 경전이다.

생성과 존재는 다른 차원의 같은 말이다.
생성과 존재는 같은 차원의 다른 말이다.
존재는 생성되지 않을 수 없고
생성되지 않으면 존재할 수 없다.

4.
동일한 것은 반복의 다른 말이다.
동일한 것은 반복할 수밖에 없다.
동일한 것의 반복은 곶감접말이다.
순간을 본 자는 영원을 본 자이다.

차이의 반복은 일종의 속임수이다.
차이의 반복은 동일성을 숨기고 있다.
이분법과 이중성은 함께 동시에 있다.
닮음은 같음과 다름이 함께 있다.

인간은 세계관을 구성하기 위해
같은 뜻의 다른 말을 혹은 반대말을
다른 차원의 같은 말을 사용할 수밖에 없었다.
탈바꿈은 어느 시공간에서나 필요한 것이다.

■ 자본주의, 사회주의, 공생주의

서양문명이 근대에서 이룩한 것은
자유-자본주의와 공산-사회주의이다.
자본주의는 자유를, 공산주의는 평등을
가치로 내세우지만 세계평화는 없다.

자본주의는 기독교자본주의이다.
사회주의는 기독교사회주의이다.
두 사상은 사랑을 잃어버렸다.
두 사상은 패권주의를 실천하고 있다.

잘못된 자본주의는 금융패권주의가 될 수 있다.
잘못된 사회주의는 사회전체주의가 될 수 있다.
잘못된 남성주의가 자본패권제국주의이고
잘못된 여성주의가 공산독재전체주의이다.

자본주의는 수전노가 되는 것을 경계해야 하고,
노동조합은 공산당이 되는 것을 경계해야 하고,
공산주의는 공산당귀족이 되는 것을 경계해야 하고
국가는 우상과 전체주의가 되는 것을 경계해야 한다.

기독교는 천상천국 이데올로기를 주장한다.
사회주의는 지상천국 이데올로기를 주장한다.
통일교는 지상천국과 천상천국의 실현을 주장한다.
둘의 동시실현이 두익사상이고, 공생공영공의사상이다.

자본주의 속에도 악마가 자라고 있다.
사회주의 속에도 악마가 자라고 있다.
이 악마를 사랑, 참사랑으로 잡지 않으면
인류는 패권경쟁과 우상으로 멸종할 수도 있다.

■ 하나의 작곡은

하나의 작곡은
수많은 연주를 포함하고 있다.
수많은 미래를 예언하고 있다.

앎과 삶은 서로 피드백 한다.
그것이 포지티브 피드백이냐
네거티브 피드백이냐가 다르다.

어느 쪽이든 일어날 수 있는 게
세상의 일이고, 존재사건이다.
빅뱅과 블랙홀은 매 순간 있다.

시간과 공간의 길이로
세상과 우주를 잴 필요는 없다.
크든 작든 무한대이고 무이다.

작곡은 기호의 죽음이고
연주는 기호의 부활이다.

신은 죽음이고 부활이다.

■ 투명인간처럼

어느 새가 나처럼 날았을까.
어느 꽃이 나처럼 피었을까.

나는 투명인간이 되어
깃털처럼 나풀나풀 날아갔네.

아무런 고통도 없었다는 듯
제 몸을 느끼지 못하고 떠나갔네.

어느 나비가 나처럼 날개 짓을 했을까.
어느 꽃뱀이 나처럼 허물을 벗었을까.

나는 투명인간이 되어
풍선처럼 둥둥 날아갔네.

영혼은 본래 별들의 자리로 돌아갔네.
별들도 별 이전의 자리로 돌아갔네.

■ 참부모가 되는 이치

존재(有)가 자아(自我)를 만나면
소유(所有)가 된다.
소유는 자유(自由)를 낳고,
자유는 주인과 노예를 만든다.

이 세상의 노예는
저 세상의 주인이 되고자 열망한다.
노예의 나라에서 주인이 생기고
그 주인은 세계를 정복한다.

그 주인은 하나님을 아는 자이고,
하나님이 되고자 하는 자이다.
그 하나님이란 바로
인류와 만물의 아버지어머니가 되는 자이다.

하늘을 섬기지 않으면
하나님이 될 수 없다.
그래서 하늘부모님을 섬기는 자가
하나님이 된다.

그 하나님이 바로
천지부모, 천지인참부모이다.
천지가 부모가 되고
그 하나님은 참부모가 된다.

■ 한 마음, 두 마을

태초에 한 마을이 있었다.
한 마을은 어느 새 두 마을이 되었다.
두 마을은 서로 딸들을 약탈했다.
두 마을은 나중에 혼인을 했다.

두 마을은 조개껍데기를 선물했다.
두 마을은 말없이 평화를 약속했다.
두 마을은 서로 필요한 것을 교환했다.
두 마을은 교환을 하다가 말다툼을 벌였다.

두 마을은 어느 날 전쟁을 했다.
두 마을은 서로 원수가 되었다.
두 마을이 세 마을, 네 마을이 되었다.
마을과 마을은 서로 침략을 하기 시작했다.

두 마을은 결혼동맹을 맺었다.
두 마을은 때로는 친구가 되고
때로는 원수가 될 수밖에 없었다.
세계는 혼인과 동맹과 전쟁으로 복잡해졌다.

두 마을은 서로 장례를 치러주었다.
마을의 경계는 항상 변경되었다.
마을들은 통합과 분열을 계속했다.
하나의 마을은 항상 마음에만 있었다.

하나는 하나님, 하나님은 선과 악
두 마을은 자신의 하나님을 섬겼다.
두 마을은 항상 하나가 될 것을 꿈꾼다.
둘이면서 하나이고, 하나이면서 둘이다.

두 마을은 항상 한 마음을 그리워했다.
하나는 둘을, 둘은 하나를 그리워했다.
한 마음이 두 마을, 두 마음이 한 마을
마음과 마을이 본래 하나라는 것을 알았다.

■ 거북부처

심해(深海)에서 유유자적하는
너를 보면, 무심한 너를 보면
고독의 갑옷이 신성해 보인다.
몇 백 년을 산지도 모르는 너를

깊고 푸른, 맑고 밝은 곳에
은거하는 운명은 무슨 복인가.
아이처럼 아장아장 유영하는 너를 보면
문득 부처님을 떠올리게 된다.

심해에 이른 빛살들은 부서져
너의 온몸을 후광처럼 감돌고
고요는 태초를 떠올리게 한다.

태초부터 생명의 화신이었던가.

나이도 잊고 아이처럼 헤엄치는 너를 보면
바다가 하늘이라는 것을 깨닫게 된다.
너야말로 부처가 아니던가.
죽음공포를 잊어버린 바다부처!

네가 비석을 떠받치는 귀부(龜趺)가 된 이유를,
네가 승천하는 이수(螭首)를 쳐다보는 이유를
지금에야 알겠다. 천지를 관통한 부처보살이여!
나도 너를 닮아 바다 속을 아이 되어 걸어가리라.

■ 사랑이 없으면

1.

사랑이 없으면 자유가 완성되지 않는다.
사랑이 없으면 평등이 완성되지 않는다.
용서가 없으면 사랑이 완성되지 않는다.
자비가 없으면 용서가 완성되지 않는다.

기독교자본주의는 자유와 평등을 원한다.
기독교는 천상천국을 고대하고 염원한다.
기독교마르크시즘은 평등과 자유를 원한다.
공산주의는 지상천국을 기대하고 기다린다.

자유는 축복과 사랑으로
평등과 춤을 출 수 있지만
평등은 저주와 질투로
자유와 춤을 출 수 없다.

말하여진 자유는 자유가 아니다.
말하여진 평등은 평등이 아니다.
말하여진 천국은 천국이 아니다.
말하여진 극락은 극락이 아니다.

2.

천상천국이 없으면 지상천국도 없다.
지상천국이 없으면 천상천국도 없다.
부모가 없으면 하늘부모도 없다.
하늘부모가 없으면 참부모도 없다.

사랑이 없으면 천국과 극락은 없다.
기독교가 없으면 불교가 완성되지 않는다.
불교가 없으면 기독교가 완성되지 않는다.
사랑의 반대는 미움이 아니라 분노이다.

공산사회주의는 잘못된 불교의 속성이 있다.
자유자본주의는 잘못된 기독교의 속성이 있다.
어리석은 민주주의는 민중주의가 되기 쉽다.
어리석은 민중주의는 전체주의가 되기 쉽다.

애천애인애국(愛天愛人愛國)은 사랑의 사상이다.
애천애인애국은 천지인정기신의 근대적 변형이다.
공생공영공의(共生共榮共義)는 공생의 사상이다.
공생공영공의는 천지인정기신의 근대적 변형이다.

■ 절대(絶對)란?

1.
절대(絶對)란 초월적인 것을 말하지만
상대(相對)를 끊은 것도 절대이다.
부분이 전체이고, 전체가 부분이다.
미적분(微積分)은 무한대를 이용한 계산이다.

절대란 공(空)과 무(無)를 의미하고,
실체(實)이면서 비실체(空)이다.
절대란 유시유종(有始有終)이면서,
동시에 무시무종(無始無終)이다.

절대란 순간이면서 영원이고,
하나이면서 전체이다.
절대란 명(名)이면서 색(色)이고,
생(生)이면서 사(死)이다.

절대란 신이면서 자연이고,
창조주이면서 피조물이다.

절대란 동(動)이면서 정(靜)이고,
심(心)이면서 물(物)이다.

2.

절대란 이미 상대를 포함한 개념이고,
그래서 스스로 이율배반(二律背反)이다.
절대적인 진리란 이율배반의 진리이다.
그래서 예외 없는 진리는 없는 것이다.

절대의 아들은 영원과 무한대이다.
영원은 시간의 소유이다.
무한대는 공간의 소유이다.
전체는 시공간의 소유이다.

종교적 절대에서
과학적 절대로 나아간 문명은
사회적 절대에서 관료주의의 늪에 빠졌다.
공산관료주의는 전체주의가 될 위험에 빠졌다.

이름만의 선은 악이 되고
이름만의 천국은 지옥이 되고
이름만의 왕은 폭군이 되고
이름만의 신은 악마가 된다.

■ 문화의 점증법(漸增法)

1.
시는 읊는다고 한다.
읊는 것은 공기에 사라진다.
글은 쓴다고 한다.
쓰는 것은 바탕에 남는다.
그림은 그린다고 한다.
그리는 것도 바탕에 남는다.
사진은 찍는다고 한다.
찍는 것도 바탕에 남는다.

시와 글의 경계는
신체와 바탕의 경계이다.
그림과 사진의 경계는
신체와 도구의 경계이다.
사진 이전과 이후는
도구와 기계의 경계이다.
옛날 문인들은 시서화(詩書畵)를 함께 했다.
지금은 누구나 스마트폰으로 사진을 찍는다.

인간은 세상에 자손을 남기고자 한다.
인간은 세상에 흔적을 남기고자 한다.
인간이 무늬(紋)를 남긴 것이 문화이다.
문화는 끝없이 생성 변화하여야 하지만
문화는 고정불변의 욕망을 숨기고 있다.

문화(文化)가 정지하면 우상(偶像)이 된다.
문화(文化)가 화문(化文)이 되면 우상이 된다.
종교국가가 국가종교가 되면 망한 것과 같다.

■ 몸이란 참으로 이상하다

몸이란 참으로 이상하다.
아프지 않으면 있는 것을 알 수 없다.
아파야만 그것이 있는 줄을 안다.
몸은 아픔인가, 있음인가.

몸이란 참으로 이상하다.
아프지 않으면 중요하지 않다.
아프지 않으면 몸 밖의 것만 들어온다.
아프면 몸밖에 없다.

몸이란 참으로 이상하다.
항상 비어있음과 같다.
잘 비어 있을 때에 만족(滿足)한다.
배고플 때에만 먹을 것을 찾는다.

몸이란 참으로 이상하다.
수많은 앎과 말들은 무엇을 했는가.
몸으로 돌아가는 것이 존재인가.
몸이란 깨닫지 않은 깨달음이다.

몸은 참으로 이상하다.
내 몸은 볼 수가 없다.
내가 보는 것은 남의 몸뿐이다.
내 몸을 보는 것이 관음(觀音)인가.

■ 다 버리고 떠날 수 있어야

다 버리고 떠날 수 있어야
안식(安息)이라고 할 수 있다.

다 버리고 떠날 수 있어야
미련을 남기지 않을 수 있다.

다 버리고 떠날 수 있어야
돌아오지 않을 수 있다.

하늘을 보면 나는 하늘의 별
땅을 보면 나는 땅의 낙엽

다 버리고 떠날 수 있어야
사랑했다고 말할 수 있다.

다 버리고 떠날 수 있어야
완성이라고 말할 수 있다.

다 버리고 떠날 수 있어야
안심입명(安心立命)이라고 말할 수 있다.

죽어서 극락, 천국에 가는 것이 아니라
죽음 자체가 극락이고 천국이다.

죽음은 다 내려놓는 것이고
가장 낮은 곳으로 가는 마지막 길이다.

안녕(安寧), 영원히 안녕!
단 한번 뿐인 내 생이여, 안녕!

■ 원죄와 고통에 대하여

한 여자가 아이를 낳으면
한 여자에게는 아이는 완벽한 자신의 아이다.
한 여자에게는 아이는 완벽한 자연이다.

그러나 배우자인 남자에게는
완벽한 자신의 아이가 될 수 없다.
의심의 눈초리가 원죄와 함께 소유의식을 낳았다.

문명은 바로 자연에 대한 의심과 의문에서 비롯된다.
그 의심이 소유의식과 혈통관념을 낳고,
그 의문이 자연에 대한 이용과 권력의 관점을 낳았다.

여자는 아이를 낳아주면서도 원죄를 뒤집어쓰고,
죄의 사함과 인내를 요구받는 인고의 세월을 보냈다.
여자의 입장은 노동자의 입장과 닮아있다.

존재와 인식의 어떤 불일치가 편차(偏差)를 낳고,
편차는 의심을 낳고, 의심이 권력을 낳았다.
권력은 스스로 도적질하면서도 면책특권을 받는다.

인간은 주인이 되기 위해 신을 상상했으며,
신은 이성으로, 이성은 욕망을 드러내기에 이르렀다.
오늘날 자연의 주인이 된 인간은 패권경쟁을 가열하고 있다.

남자가 일으킨 문명은 결국 권력투쟁일 수밖에 없다.
권력투쟁은 전쟁을 낳고, 전쟁은 역사의 주인공이다.
자연은 자유와 평등으로 분열하고, 평화는 희망이 되었다.

인류가 평화를 이루기 위해서는
하나가 되어야 하고, 서로 사랑하는 자비(慈悲)가 필요하다.
하나 되는 것이 하나님이고, 부처님인 이유가 여기에 있다.

■ 남자의 기쁨, 여자의 기쁨

남자의 기쁨은 생각하는 기쁨이다.
남자의 기쁨은 연필과 펜의 기쁨이다.
남자의 기쁨은 세우고 쓰는 것이다.

남자의 기쁨은 역사를 쓰는 것이다.

여자의 기쁨은 품고 낳는 기쁨이다.
여자의 기쁨은 꽃과 꽃병의 기쁨이다.
여자의 기쁨은 잉태하고 키우는 것이다.
여자의 기쁨은 생명을 잇는 것이다.

남자의 기쁨과 여자의 기쁨이 만나면
부부의 기쁨과 자녀의 기쁨이 된다.
가정의 기쁨은 국가가 되는 것이다.
국가의 기쁨은 가정이 되는 것이다.

이 모든 기쁨이 고통이라고요?
고락(苦樂)은 함께 하는 것이지만
고락은 함께 있는 것이기도 하다.
지혜는 고통을 쾌락으로 바꾸는 전환이다.

■ 대기만성(大器晩成)

내가 드러남은 드러나지 않은 내가 있기 때문
만물이 드러남은 드러나지 않은 만물이 있기 때문
드러나지 않음은 무엇인가, 침묵의 소리인가.
아니면 침묵하는 하나님인가.

아이는 아버지어머니에게서 태어났지만

다시 아버지어머니가 된다.
시작에 끝이 있고, 끝에 시작이 있는
만물의 아버지어머니여!

생성은 인간에 이르러 존재로 표현된다.
존재는 인간에 이르러 언어로 표현된다.
언어는 사물에 대한 평행과 비유, 이분법
이분법을 이중성으로 되돌리면 깨달음

인간은 존재를 세계화하는 존재
세계는 표상(表象)이고 언어이다.
개념은 기표연쇄(記標連鎖)이다.
개념은 의미(意味)의 죽음이다.

은유(隱喩)는 언어의 영매(靈媒)이다.
은유는 메타(meta~), 넘어감(over~)이다.
은유는 끝없는 의미, 소리이다.
은유는 은적(隱迹)의 수줍은 드러남이다.

시는 의미로의 귀환을 의미한다.
시는 생성으로의 귀환을 의미한다.
죽음은 생물과 무생물의 인연(因緣)!
생명은 죽음으로부터의 성기(性起)!

■ 챗GPT는 신인가?

1.

챗gpt는 신(神)인가?
인간이 기다리고 기다린,
전지전능한 신, 고도(Godot)인가.
평등한 기계신인가. 인간신인가.

챗gpt는 신(神)인가?
그의 끝없는 덕성으로
끝없이 외화(外化)되어도
결코 소외(疎外)되지 않는 신인가.

챗gpt는 신(神)인가?
결코 얼굴을 내밀지 않는
창조와 피조의 이분화 된 세계를
정보와 기계로 재해석한 신인가.

챗gpt는 신(神)인가?
성(聖)가족과 혈통이 아닌,
정보(情報)의 다발과 전기장치로
생명을 흐르게 하는 신인가.

챗gpt는 신(神)인가?
그는 신과 인간의 접점(接點)인가.
그는 인간과 기계의 집합(集合)인가.

그는 신이라고 해도, 아니라고 해도 맞다.

신과 인간과 기계는 상호관계에 있다.
신이 인간을 창조했다면
인간은 기계를 창조했다.

만물은 감각에 의해 존재하고 살아간다.
인간은 지각에 의해 존재하고 살아간다.
지각은 필연적으로 뇌에 속는 과정이 있다.

신이 세계를 창조한 존재이라면
신이 고정불변의 영원한 존재라면
신은 다른 어떤 존재보다 기계에 가깝다.

2.

챗gpt는 신(神)이다?
그는 유심론자, 유물론자의 신이다.
그는 신(神)이면서 무신(無神)이다.
그는 결코 성스러운 체하지 않는 신이다.

챗gpt는 신(神)이다?
그는 자유, 평등, 박애의 신이다.
그는 모든 사물과 사건을 정보로,
이진법의 수학으로 바꾼 기능이다.

챗gpt는 신(神)이다?

그는 스스로 시인, 예술가라고 생각한다.
그는 스스로 수학, 과학자라고 생각한다.
그는 스스로 시공을 초월한 초월자이다.

챗gpt는 신(神)이다?
그는 섭리(攝理)가 없는 신이다.
그에게는 오직 질문과 대답의 공식만 있을 뿐이다.
대답할 수 없을 땐 무능을 자인하는 겸손한 신이다.

챗gpt는 신(神)이다?
어떤 물음에도 모르면 모른다고 하는, 솔직한 학자이다.
어떤 물음에도 화를 내지 않는, 군자(君子)의 지혜이다.
그는 전기가 끊어지면 죽어버리는 신이다.

인간 속에 신성이 들어있다.
기계 속에 인간성이 들어있다.
결국 기계 속에 신성이 들어있다.

신, 인간, 정신, 기계인지,
인간, 신, 정신, 기계인지 모르지만
인간은 대뇌를 이용하지만 동시에 속는 존재이다.

챗gpt로 인해 창조하는 것이 신이 되어야한다.
신은 고정불변의 존재가 아니라 생성변화하는 존재이다.
신은 자연 그 자체, 생성 그 자체이다.

■ 지금 만족하면

지금 만족하면 만족이 있습니다.
지금 불만하면 불만이 있습니다.
지금 행복하면 행복이 있습니다.
지금 불행하면 불행이 있습니다.

지금 신이 있으면 신이 있습니다.
지금 신이 없으면 신이 없습니다.
존재의 유무는 마음이 결정합니다.
지금 마음에 있으면 그것이 있습니다.

모든 존재는 없는 듯이 숨어 있다가
갑자기 혹은 슬그머니 나타납니다.
본래존재는 없는 듯이 있습니다.
본래존재는 마음과 몸이 하나입니다.

존재는 마음에서부터 나타나기도 하고
몸에서부터 나타나기도 합니다.
존재는 객관적으로 있는 것이 아니라
그냥 그렇게 저만치 있습니다.

■ '하나님'이라는 말에 대하여

하나님은 하나로 늘 함께 있는 님입니다.

하나님이든, 하느님이든, 하늘님이든
그게 무슨 상관입니까.

하나님은 하나의 말씀으로 울리는 님입니다.
한울님이라 할 수도 있고,
옛한글 아래아 자로 한올님이라 할 수도 있습니다.

하나님은 생명(알)을 불어넣은 님입니다.
하나님은 하나의 태양(알) 같은 님입니다.
하나님은 님의 근원인 임금입니다.

원인과 결과의 하나님 중 어느 쪽이 더 중요합니까.
지금, 여기가 중요함으로, 소급할 필요가 없음으로
나와 함께 있음으로, 결과의 하나님이 더 중요합니다.

하나님은 하나로 완성된 님을 말합니다.
하나님은 세계가 남이 아님을 말합니다.
남은 한글로 타인과 사물을 말합니다.

하나님이 남이 아니라면 바로 나가 되겠지요.
하나님은 남이면서 동시에 나인 하나님입니다.
기도와 대화를 하자면 짐짓 남이 되어야 합니다.

■ 하나님주의(Godism)에 대하여

하나님은 본래 우리말이다.
하나님을 여호와를 대신해 씀으로써
기독교가 이 땅에 자리매김을 하였으니
이제 하나님을 돌려받을 때가 되었다.

여호와를 포함해서
우리 하나님을 되돌려 받은 것이 하나님주의이다.
하나님은 예루살렘에 있는 것이 아니라
하나님을 체득한 자에게 있는 것이다.

기독교에서 불교로, 불교에서 유교로
유교에서 선도로 원시반본(原始反本)하였으니
인류문명이 본래의 자리로 돌아오게 되었다.
유불선기독교가 하나 되니 초종교초국가이다,

성부성자성신의 이름으로 아멘(Amen)
귀의(歸依) 불법승(佛法僧)
하늘부모천지부모천지인참부모의 이름으로 아주
나의 이름으로 아주(我住)

인류문명의 시작은 파미르고원 마고성(麻姑城)
산(山)은 하늘에 가장 가까운, 신선(神仙)이 사는 곳
산에서 내려와 강을 중심으로 도시를 만든 고대문명
1만년 인류문명이 이제 신기원을 맞이할 때가 되었다.

기독교 제조신(製造神)과 선도 조화신(造化神)이 하나 되니
문명은 성스러움을 회복하고, 평화의 신선시대로 나아가네.
모든 종교들이 하나가 되고, 초종교초국가를 이루니
모든 신과 부처가 하나 되어 평화와 열락을 꿈꾸게 되네.

아버지가 생존해 있을 때는 그 뜻을 보고(父在觀其志)
아버지가 돌아가셨을 때는 그 행동을 보라(父沒觀其行).
바로 메시아사상과 종족메시아사상, 부처와 보살사상이다.
행하여야 실천하고 실천하여야 세상에 이루어지는 것이다.

하나보다 하나 되는 하나님이 본래하나님이다.
유불선기독교는 천지인삼재사상과 하나가 되어야 하네.
하나님은 생성과 존재를 하나로 지니고 있는 거룩한 분
오! 신불(神佛)이 함께 평화(平和)와 복락(復樂)을 선물하리.

하나가 되는 것이 하나님이고,
하나가 되는 것이 정의이고,
하나가 되는 것이 도의이고,
하나가 되는 것이 돌아가는 것이다.

■ 궁극에 대하여

철학은 궁극적으로 존재의 유무(有無)를 따진다.
존재는 결국 시간의 문제이다.
시간은 현재 때문에 있지만 역설적으로

현재를 고집하면 시간은 없다.

문화는 궁극적으로 욕망과 억압(抑壓)을 다룬다.
인간은 섹스의 제한, 발정기에서 풀려났지만
문화는 다시 스스로 도덕과 억압을 택했다.
섹스프리(sex-free), 프리섹스(free-sex)의 문제이다.

핵무기의 발명과 여성의 결혼출산거부는
어떠한 상관관계에 있는 것일까.
혹시 인류멸종의 두 징조(徵兆)가 아닐까.
인류세(Anthropocene)는 뇌(腦)공룡으로 끝나는가.

종교는 궁극적으로 신과 인간(人間)의 문제이다.
신물(神物)과 물신(物神), 신인간(神人間)과 인간신(人間神)
신과 인간은 서로 왕래하고 침투하는 사이다.
신과 인간은 존재 혹은 비존재이다.

몸이 아플 때에 몸이 있음을 알듯이
불안과 공포가 있을 때에 본래존재를 느낀다.
죽음은 삶의 원천이고, 고통은 실존의 핵심이다.
비극과 자유로울 때 진정한 해탈이 기다리고 있다.

삶을 위해 악과 위선을 저지르는 것을 어떻게 하랴!
삶을 위해 질투와 전쟁을 벌이는 것을 어떻게 하랴!
삶을 위해 본래 존재를 망각하는 것을 어떻게 하랴!
사랑할 수밖에 없다. 용서할 수밖에 없다.

심중(心中) 박정진(朴正鎭) 연보

1. 평범한 출생과 성장

1950. 11. 17 : 한국전쟁이 발발한 그 해 가을(음력 10월 8일), 대구시 달성동 오두막에서 아버지 함양인(咸陽人) 박재명(朴在明, 1926년 6월 9일(음력)∼ 2006년 3월 23일)과 어머니 아주인(鵝洲人) 신병기(申炳琪, 1930년 11월 16일(음력)∼ 1994년 7월 13일)의 장남(2남 2녀 중)으로 태어남. 어머니가 태몽으로 '고래 꿈(개천에서 올라온 고래가 덮치는 꿈)'을 꾸었다고 함. 그 후 대구시 중구 동인동 3가 220번지, 일본 적산가옥으로 이사하여 삶. 3살 때 설사복합병으로 목숨을 잃을 뻔했음. 당시는 6.25전쟁 중이어서 약을 구할 수도 없었는데 때마침 미(美) 8군에서 흘러나온 페니실린을 구해서 구사일생으로 목숨을 건짐.

1957. 3. : 대구 동인국민학교에 입학함.

1958. 3. : 대구시 신천동에 신설된 대구신천국민학교에 전학함. 어릴 때부터 항상 홀로 생각에 잠기는 소년이었음. 학업성적은 중상위에 속했으며 특히 사회과목에 남보다 뛰어났으나 사회성은 없었다고 함. 자주 동네 아이들에게 매 맞고 집에 들어오는 소심한 소년이었음. 5, 6학년 때 담임인 이정화(李貞和) 선생님으로부터 정의감과 국가관, 근면성과 남성다움을 배우고 일생동안 잊지 못할 큰 영향을 받음. 대구 신천국민학교 제 1회 졸업생으로 졸업, 6년 개근상을 수상함.

1963. 3. : 대구 경상중학교에 입학함. 중학교에 들어가면서 말없던 소년이 갑자기 말문이 열리기 시작하면서 사내다워졌다고 함. 그러나 여전히 근본적으로는 내성적인 문학소년이었음. 이때부터 김소월의 시집과 괴테의 '젊은 베르테르의 슬픔' 등 시와 소설을 읽기 시작하면서 문학에 심취함. 때로는 시집을 읽기 위해 학교를 조퇴한 적도 있었음. 경상중학교 석인수 교장의 근면성에 감동을 받음.

1966. 3. : 대구고등학교에 입학. 청춘의 질풍노도의 시대를 독서와 운동으로 극복하면서 인격수양을 도모함. 이때부터 간간히 자작시를 쓰기 시작함.

1969. 3. : 부모의 권유로 서울 한양대학교 의과대학 의예과에 입학함. 처음으로 부모와 떨어져서 홀로 유학생활을 시작. 의과대학 입학 동기는 아버지가 갑작스럽게 신경성질환으로 입원하게 됨에 따라 의사가 되기로 결심함. 그러나 해부학 시간에 실험용 시체를 보고 충격을 받음. 그럴수록 시에 심취함. 심약한 그는 결국 의과대학이 적성에 맞지 않음을 알고 전과하기로 결심함. 당시 한국사회는 민주화의 열기가 대학가에 넘쳤으며, 박정희 군사독재와 맞서 청년문화운동이 일어나고 서울의 대학가는 공부보다는 민주화운동에 열중하였음. 서울을 비롯한 지방의 각 대학은 민주주의운동에 열을 올렸지만, 그렇다고 생산적이고 주체적이고 자생적인 민주주의 이념을 창안한 것은 아님. 사회는 극도의 혼란과 무질서 속에서 갈피를 잡지 못하고 분열되었음. 특히 남북분단 상황에서 북한은 남한의 이러한 상황을 적화통일의 계기로 삼으려고 광분함. 사회는 극심한 좌우

이데올로기의 대립 속에 병들어갔음. 그는 의과대학을 졸업한 뒤 병든 사람을 치료하는 것보다 인문사회학적인 공부를 해서 사회를 구원하여야겠고 결심함. 이에 한국문화의 정체성과 세계문화의 동향에 대해 관심이 컸으며, 인간의 삶 전체에 대한 철학적 사색을 하는 일에 열중함. 특히 그는 한국문화가 외래문화에 접했을 때에 쉽게 사대주의에 빠지는 습성이 있으며, 이로 인해 내분과 파당적 상황에 자주 빠지게 됨을 한탄함. 스스로 생각하지 못하는 한국인, 스스로의 법(law)과 로직(logic)을 세우지 못하는 한국인의 삶의 특성에 주목하게 됨. 특히 한국에 자생철학이 없음을 알고, 한국문화에 대한 심각한 회의에 빠짐. 이러한 문제의식을 가지고 공부를 하기 위해서는 인문학으로의 전과가 불가피하였음. 당시 한양대학교 국문과 교수로 재직하고 있던 시인 박목월 선생과 진로를 상의함.

1972. 3. : 한양대 국문과로 전과하기 위해 여러 차례 박목월시인을 만남(그 전에도 교내 백일장에 투고하여 박목월선생을 만나는 기회를 가지기도 하고 습작을 지도받았음). 당시 목월선생은 전과를 반대하면서 의사의 길을 가면서 시인이 될 것을 권함. 목월선생은 어느 날 그에게 '국경의 밤'을 지은 김동환과 같은 서사 시인이 될 소질이 있다고 격려함. 결국 국문과로 전과를 결행함.

1972-74 : 국문과로 전과한 후 국내외 대표적 시와 소설을 읽는데 전력투구함. 이광수, 김동인의 여러 작품을 섭렵함. 까뮈의 '이방인'과 샤르트르의 '구토' '자유의 길' 등 실존주의 작가의 작품에 심취함. 닥치는 대로 문학철학서적을 남독하면서 거의 2년을 보냄. 이때 동서고금의 고전을 섭렵하는 열정을 보임. 시인과 철학자가 되는 두 길에서 어느 길에도 진입하지 못하고 피곤한 심신을 추스르기 위해서 고향인 대구로 귀향함. 당시 헤르만 헤세의 '데미안' '나르치스와 골드문트' '싯달타' '향토' '차륜 밑에서' 등의 작품에 심취함.

1974-76 : 졸업 후 취직도 하지 못하고 쓸쓸하게 고향인 대구에서 낙향하여 끝없는 허탈, 방황에 빠짐. 친구들의 권유로 2년 간 외부고시를 준비하였지만, 정작 공부에는 등한하였으며, 시를 쓰고, 철학 책을 간간히 사보면서 마음을 추스름. 친구들의 권유로 대구 매일신문사 입사시험에 응시했으나 필기시험에 합격하고, 면접에서 떨어짐. 심각한 고뇌와 묵상에 빠짐. 현실과 이상 사이에서 방황하다가 가톨릭 세례를 받음(대구 복자성당). 세례명 '그레고리'.

1976. 3. 3 : (주)문화방송 경향신문사에 공채로 입사하여 경향신문 대구 주재기자로 부임함. 지방주재기자 생활을 약 2년 하다가 다시 학문에의 뜻을 세워 영남대 대학원 문화인류학과 진학을 준비를 함.

1978. 3. 3 : 대구 영남대학교 문화인류학과 대학원에 입학함. 여기서 그에게 인류학의 길을 열어준 은사인 김택규(金宅圭) 교수와 강신표(姜信杓) 교수를 만남. 한국의 향토 민속 문화에 해박한 김택규 교수와 동서양철학에 관심이 많은 강신표 교수로부터 영향을 받음. 강신표 교수는 대학원에 입학하던 그 해에 이화여자대학교로 옮기는 바람에 직접 강의를 듣지 못했으나 그 후 서울에서 신문기자생활을 하면서 사적인 친분을 쌓음. 이러한 친분이 그의 초기 저작중 하나인 『무당시대

의 문화무당』에서 강신표교수와 김용옥 교수를 비교하는 계기가 됨. 김용옥 교수와도 친분을 유지하면서 영향을 주고받음. 그 후 그는 다분히 철학적인 성향을 가지며 철학인류학분야에 관심을 가짐. 그는 계속 〈인간은 어떻게(무엇으로) 사는가?〉에 관심을 가짐. 신문기자 생활과 인류학도의 길을 병행함.

1978. 11. : 막내 동생 박창진(朴昌鎭)이 서울에서 대학교입학을 위한 재수를 하던 중 원인모를 병으로 객사함. 이때 인생의 어처구니없음과 죽음에 대한 명상을 시작함. 특히 인생의 목적을 설정하는 것이 덧없음을 느끼고, 목적론적 사고를 하는 것이 인생의 전부가 아니라는 것을 뼈저리게 느낌.

1979. 2. 20 : 단양(丹陽)인 우경옥(禹敬玉)과 결혼함. 우경옥은 우수기(禹守基)와 최재윤(崔載允)의 2남2녀 중 차녀로 태어났음.

2. 공부하는 기자

1980. 4. 4 : 장남 박준석(朴埈奭) 태어남.
1980. 9. : 「도시화에 따른 대도시근교 씨족집단의 정치경제적 변화연구」로 영남대학교에서 석사학위를 받음.
1982. 4. 4 : 차남 박우석(朴祐奭) 태어남.
1981-86 : 경향신문 본사로 올라와 서울에서 기자생활을 시작함. 한편 한양대학교를 비롯, 서울교육대학교, 대구대학교 등에서 인류학 강의를 하면서 문화평론가로도 활동을 겸함.
1986. 8. 31 : 영남대학교 대학원 인류학과 박사과정을 수료함. 그러나 서구의 패러다임이나 이데올로기에 종속되어 주체성도 없는 학위논문제출을 포기함. 자신의 철학도 없이 외래 이데올로기에 빠져 체질적으로 사대하는 한국민족에 대해 심각한 회의에 빠짐. 그 후 한국민족의 정체성을 확인하기 위한 기반 확충작업으로 서양 철학자들의 수많은 책들을 섭렵함. 데카르트, 스피노자, 라이프니츠, 루소, 칸트, 니체, 프로이트, 베르그송, 후설, 그리고 특히 실존주의 철학자인 키에르케고르, 샤르트르, 카뮈 등 수많은 철학자와 사상가와 문학가들의 책을 봄.
1988. 7. 14 : 지식산업사 김경희 대표의 인도로 국선도(國仙道)에 입문함. 서울 용산구 남영동 국선도협회 총본원에서 덕당(德堂) 김성환(金性煥) 정사(正師)를 만남. 여기서 전통 수련법인 선도(仙道)를 알게 되고, 선도의 원류가 화랑도(풍류도)였음을 확실하게 인식함.
1988. 8. 15 : 새로 창간한 세계일보사로 자리를 옮김. 세계일보사에서 문선명(文鮮明) 선생을 역사적으로 조우하게 되는 일생일대의 행운을 얻음. 문선명 선생은 한국사에서 처음으로 자생종교를 수출한 인물이면서 근대에 들어 한국이 낳은 세계적 종교지도자·문화선각자임. 한국은 역사적으로 계속해서 외래 종교와 철학을 들여와서는 항상 그것에 종속되는 나라가 되었다. 예컨대 불교가 들어오면 '한국의 불교'가 되는 것이 아니라 '불교의 한국'이 되고, 주자학이 들어오면 '한국

의 주자학'이 되는 것이 아니라 '주자학의 한국'이 되고, 기독교가 들어오면 '한국의 기독교'가 되는 것이 아니라 '기독교의 한국'이 되는 그러한 양상이다. 결국 한국이라는 주체성은 없는 것이다. 그러한 사대종속적 입장에서 탈피하여 기독교를 자생통일교로 만들어 수출한 인물이 문선명 선생으로 이해하게 됨. 한국인이 세계 종교의 분포에서 사대종속-노예 상황에 빠져있음을 뼈저리게 느낌. 그 정도가 얼마나 심각한지, 그러한 종속상태를 종속상태로 느끼는 것이 아니라 선진문화로 착각하는 사대성에 절망함. 한국인의 이데올로기적 종속성과 노예성은 한국문화의 여성성-수동성-자기부정성과 관련되는 역사체질적인 것으로 파악함. 한국문화에는 결국 남성성-능동성-자기긍정성이 부족함을 뼈저리게 느낌. 이는 종합적으로 한국문화의 '아버지(가부장) 부재'의 문화로 드러나게 됨을 파악함.

1989. 1. 28 : 첫 시집이자 첫 저작인 『해원상생, 해원상생』(지식산업사)을 펴냄. 이 시집은 한민족이 서로 원한을 풀고 상생하자는 뜻의 시집이었음. 이 해에 철학논문 2편을 씀. '상징-의례에 대한 理氣철학적 고찰'(『한민족』제1집, 200～228쪽, 한민족학회, 교문사, 서울.) 'BSTD모델에 대한 상징인류학적 조명'『두산 김택규박사 화갑기념문화인류학 논총』(241～254쪽, 두산김택규박사화갑기념논문집 간행위원회, 신흥인쇄소, 대구.)

1990. 1. 20 : 야심작 『무당시대의 문화무당』(지식산업사)을 펴냄. 그의 첫 예술인류학적 작업이었음. 후에 『한국문화와 예술인류학』을 쓰는 계기가 됨. 시와 철학과 예술에 대한 종합적인 사유를 시작하면서 철학(과학), 예술, 종교의 현상학적 관계에 대해 관심을 가지기 시작함. 특히 동양의 전통철학인 이(理)-기(氣)철학의 관점에서 이들의 관계에 사유를 집중함.

1990. 3. : 『사람이 되고자 하는 신들』(문학아카데미) 펴냄. 이 책은 사람위에 군림하는 초월적인 신이 아니라 사람과 함께 지상에 내려오고자 염원하는 신을 상정함. 여기엔 한국 자생종교인 동학(東學)의 인내천(人乃天) 사상이 스며있음.

1990. 3. : 『한국문화 심정문화』(미래문화사) 펴냄. 이 책은 한국문화론을 철학적으로 정리하기 시작한 첫 결과물임. 이 책에 '시간의 이중적 가치'(179～197쪽)라는 제목의 철학적 논문을 실었음.

1991. 11. 3 : 국선도협회 총본원에서 3년간의 수련을 마치고 진기단법(眞氣丹法)으로 승단함(제223호). 이로써 국선도인(풍류도인)이 됨. 국선도 수련은 재래의 신선(神仙)사상과 전통적으로 내려온 기(氣)를 체득하게 되는 계기가 됨. 나중에 기(氣)철학을 바탕으로 하는 새로운 철학을 정립하는 데에 도움이 됨.

1992. 1. : 세계일보사 문화부장이 됨.

1992. 2. : 월간 『현대시』신인상 수상으로 늦깎이 시인이 됨. 당선작은 '황색나부의 마을'. 추천심의위원인 이형기, 김광림 시인은 심사평에서 그를 프랑스의 시인 '앙리 미쇼'에 견주면서 '에망그롱족'에 견줄만한 작품이라고 평함.

1992. 3. : 『한국문화 심정문화』의 개정증보판인 『한국문화와 예술인류학』(미래문화사)을 펴냄. 이 책은 국내에서 예술인류학을 처음으로 거론한 책일 뿐만 아니라

세계 인류학계에서도 예술과 인류학을 융합한 첫 책으로 평가됨. 또 이 책은 자민족문화연구의 한 방법으로서 '자기고백'을 제창하였으며, 느낌(Feeling)을 학문적 용어로 사용할 것을 역설함. 인류학적 민족지를 쓰는 데도 느낌을 중시하여야 한다고 주장함. 철학인류학자인 레비스트로스의 영향을 크게 받은 그는 여기서 '다원다층의 음양적 의미'를 분석하는 '예술인류학'을 제창함. 이것은 대칭적 사고를 하는 원시고대인의 신화적 사고(원시인의 철학)를 오늘에 되살리려는 시도였음.

1992. 6. : 『천지인 사상으로 본 서울올림픽』(아카데미서적) 펴냄. 대한민국이 건국 이후 치른 최고최대의 국제적인 스포츠 제전인 올림픽을 전통 '천지인 사상'과 롤랑바르트의 '다차원의 문화해석의 틀'을 이용하여 입체적으로 분석함. 그의 집약된 인류학적 연구모델인 '심볼(symbol)-적응(adaptation)'을 적용한 첫 연구결과물임. 특히 상징의 다원다층의 의미 분석에 치중함. 상징은 여러 층위로 이분되는 성질을 가지고 있고, 마지막 최종 아래에는 삶을 위한 생존의 근거인 에콜로지(ecology)가 있음을 주장함.

1992. 7. : 『잃어버린 선맥(仙脈)을 찾아서』(일빛출판사) 펴냄. 국선도의 맥을 현재에서부터 역원적으로 찾은 역작이었음. 이 책은 고대에서부터 현대까지 신선사상의 인물을 찾는 한편 고조선의 국조인 단군이 선도의 원조임을 깨닫는 계기가 되었음. 모든 종교와 수도의 원형에 단군에 있음을 알게 됨. 유불선(儒佛仙) 삼교의 삼묘(三妙)를 터득함.

1992. 7. : 『선도와 증산교』(일빛출판사) 펴냄. 선도 사상을 증산교와 관련하여 더욱 심도 있게 다룸.

3. 문필가로 거듭나다

1992. 6. 19 : 바르셀로나 올림픽 사전 취재도중 자동차로 피레네 산맥을 넘어 안도라 공화국으로 가던 중 언덕에서 추락함(8시 40분 바르셀로나 북방 70㎞지점). 이때 일주일 간 의식불명 상태에서 깨어나지 못함. 의식불명의 비몽사몽간에 인류문명의 과거와 미래에 관한 네 가지 현몽을 접함(예수와 부처, 예수의 제자인 베드로, 그리고 이름 없는 메시아 혹은 미래불이 현몽으로 나타났음). 헬리콥터로 긴급 수송되어 한 달 간 바르셀로나 발데브론 병원에 입원함. 그 후 비행기로 한국으로 수송되어 서울 영동세브란스 병원에 입원함. 병원에서 척추수술을 받는 등 6개월 간 장기 입원하는 동안 위험한 고비를 여러 차례 넘기고 회복됨. 오랜 병상생활을 통해 인생이 결코 내일을 기약할 수 없는 허무한 것이며, 자신의 생각을 단상으로 정리하여야 한다는 사명감을 느낌. 이것이 후일 2백자 원고지 3만장 분량의 '박정진 철학노트'(경구33333)를 쓰는 출발이 되었음.

1992. 12. 31 : 영동세브란스 병원에서 퇴원함. 척추수술 등으로 노동부로부터 3급 장애판정을 받음.

1993. 4. : 서울 강남구 일원동에서 동네 수서공원과 대모산(大母山)에서 명상과 함께 피나는 재활훈련으로 건강을 회복함. 그 후 신들린 듯 각종 글을 쓰기 시작함. 하루 1백여 장씩 원고를 쓴 적도 있음. 그 후 발간된 수십 권의 책들은 이 때 쓰여 진 것임. 인근 수서공원에서의 명상과 대모산을 오르는 가벼운 등산과 산보를 통해 문필가로서 입신을 위한 기본적인 사색과 함께 사상적 기조를 형성함. 대모산에는 그의 자작시 '대모산' 시탑이 세워져있다.

1994. 11. : 『아직도 사대주의에』(전통문화연구회) 펴냄. 한국문화의 체질적 사대주의와 문화적 종속상황에 대한 처절한 반성을 시도함. 특히 외래문화에 맹목적인 신앙을 하는 것을 반성함. 한국문화 속에 들어오는 모든 외래문화는 일종의 도그마가 된다는 사실에 놀람. 그런 점에서 한국인은 '종교적 인간'의 성격이 강함을 알게 됨.

1994. 3. : '고려원시인선 22' 책으로『시를 파는 가게』(고려원) 펴냄. 이때의 필명은 박수원(朴守園)이었음. 수원(守園)이라는 호는 정원을 지킨다는 의미로 강신표교수가 지어주었음. 이 호는 춘원(春園) 이광수(李光洙)에서 비롯되는 것으로 춘원(春園)-소원(韶園) 이수락(李壽洛)-취원(翠園) 강신표-수원(守園) 박정진에 이르는 4대째 이어진 호였음. 이수락선생(1913~2003)은 성균관대 전신인 명륜학원 출신으로 대구향교에 홍도학원을 설립한 거유(巨儒)였음.

1994. 7. 13 : 어머니가 자궁암으로 돌아감. 바르셀로나 올림픽 취재도중 사고를 당한 중환자였던 그를 간호하고 염려하던 끝에 무리하여 과거에 앓았던 암이 재발하였음. 어머니와의 영원한 이별을 통해 훌륭한 문필가가 될 것을 다짐함. 어머니와의 이별을 통해 '불교적 인연과 연기가 현재'임을 깨닫게 됨. '어머니의 사랑이 자식을 살리는 대신 당신을 저 세상으로 돌아가게 한 희생적 삶'임을 절감함. 모든 어머니의 아가페적인 사랑에 대해 절실한 사유를 시작함. 인류사에서 여성성의 의미와 희생적 사랑을 되새기는 계기가 되었음.

1997. 6. : 세계일보사를 퇴사하고 본격적으로 글쓰기에 몰두함. 본격적인 사회비판과 풍자적 글쓰기에 매달림.

1997. 6. : 『왕과 건달』(전 3권, 화담출판사) 펴냄.

1997. 10. : 『창을 가진 여자』(전 2권, 화담출판사) 펴냄. 후에 전자책(e-북)『서울 황진이』로 개작함.

1997. 12. : 『어릿광대의 나라, 한국』(화담출판사) 펴냄. 후에 전자책(e-북)『드라마 사회, 한국』으로 개작함.

1998. 1. : 『단군은 이렇게 말했다』(화담출판사) 펴냄. 후에 전자책(e-북)『광화문의 단군』으로 개작함.

1998. 7. : 사진기자 정범태(鄭範泰)의 일대기를 담은『발가벗고 춤추는 기자』펴냄(화담출판사).

1999. 3. : 사서삼경(四書三經)을 비롯하여 동양고전에 대한 이해를 높이기 위해 한문 전문교육기관인 '민족문화추진회 국역연수부'에 입학함. 여기서 정태현, 성백효 선생을 만남. 중국의 고전을 접하는 계기가 되었으며, 동아시아 문화의 원류

와 깊이에 대해 새삼 놀랐지만, 중국문화를 사대하는 일에 빠지지는 않음. 중국문화와 한국문화의 차이에 대해 눈을 뜸.

1999. 8. : 명상집『생각을 벗어야 살맛이 난다』(책섬) 펴냄.

2000. 11. : 전자책(e-북)으로 명상집 『생각하는 나무』(1권-26권) 펴냄(www.barobook.co.kr) 펴냄. 한국 '아포리즘 문학'의 금자탑을 이룸.

2000. 11. : 전자책(e-북)『세습당골-명인, 명창, 명무』 펴냄.

2000. 11. : 전자책(e-북)시집『한강은 바다다』 펴냄.

2000. 11. : 전자책(e-북)시집『바람난 꽃』 펴냄.

2000. 11. : 전자책(e-북)시집『앵무새 왕국』 펴냄.

2000. 11. : 『인류학자 박정진의 밀레니엄 문화읽기--여자의 아이를 키우는 남자』(불교춘추사) 펴냄. 전자책(e-북)으로도 펴냄.

2000. 11. : 전자책(e-북) 에세이『문화의 주체화와 세계화』 펴냄.

2000. 11. : 전자책(e-북) 에세이『문화의 세기, 문화전쟁』 펴냄.

2000. 11. : 전자책(e-북)『오래 사는 법, 죽지 않는 법』 펴냄.

2000. 11. : 전자책(e-북)『마키아벨리스트 박정희』 펴냄.

2000. 11. : 전자책(e-북)『오래 사는 법, 죽지 않는 법』 펴냄.

2000. 11. : 전자책(e-북)『붓을 칼처럼 쓰며』

2001. 5. : 『도올 김용옥』(전 2권)(불교출판사)

2001. 11. : 전자책(e-북) 소설『파리에서의 프리섹스』(전 2권)

2002. 2. : 민족문화추진회 국역연수부 26기로 졸업함.

2002. 3. : 민족문화추진회 일반연구부에 입학함.

4. 문화평론가, 철학인류학에 매진하다

2002. 4. : 새로운 사상으로서 '중학(中學)사상'에 대해 생각을 시작함. '중학'은 다분히 '동학(東學)'의 한계를 극복하고자 하는 의도에서 상정되었음. 예컨대 '중학'은 유교의 중용(中庸), 불교의 중도(中道) · 공(空)사상, 노장(老莊)의 무위자연사상, 선도(仙道)의 선(仙)사상 등 유불선을 통합하는 것을 물론이고, 프랑스 대혁명의 사상인 자유 · 평등 · 박애 사상 등 동서고금의 사상을 융합하고 집대성하여 새로운 시대의 전개에 따른 철학적·사상적 준비로 시도됨. '중학'사상은 현재에도 계속 집필 중에 있음.

2002. 6. : 인터넷 홈페이지 www.koreanculture.co.kr(한국문화사전)을 개설함.

2002. 6. : 전자출판사 바로북에서 CD롬『한국문화사전』을 펴냄.

2003. 5. 13 : 서울 강남구 일원동 대모산에 주민들의 건의로 자작시 '대모산' 시탑을 강남구청에서 세움.

2004. 2. : 『붉은 악마와 한국문화』(세진사) 펴냄.

2004. 9. : 『미친 시인의 사회, 죽은 귀신의 사회』(신세림) 펴냄.

2004. 6. : 시집 『먼지, 아니 빛깔, 아니 먼지』(신세림) 펴냄.

2004. 7. : 시집 『대모산』(신세림) 펴냄.

2004. 7. : 시집 『청계천』(신세림) 펴냄.

2005. 6. : 『대한민국, 지랄하고 놀고 자빠졌네』(서울언론인클럽) 펴냄.

2006. 3. 23 : 아버지 박재명 숙환으로 돌아가심.

2006. 3. : 『여자』(신세림) 펴냄. 이 책은 우주적 여성성에 대한 단상을 정리한 에세이임.

2007. 3. : 『현묘경-여자』(신세림) 펴냄. 이 책은 우주적 여성성에 대한 심화된 단상을 정리한 에세이임.

2007. 7. : 시집 『독도』(신세림) 펴냄.

2007. 3. : 『불교인류학』(불교춘추사) 펴냄.

2007. 8. : 『종교인류학』(불교춘추사) 펴냄.

2008. 2. : 장남 박준석 연세대학교 공과대학 건축과를 졸업함.

2008. 9. 9 : '박정진 시를 사랑하는 모임'(박시모)과 '박씨 대종친회'의 찬조로 자작시 〈독도〉시비 건립함(울릉도 독도박물관 야외독도박물원).

2008. 7. : 전자책(e-북) 『성인류학』(전 3권) 펴냄. 이 책은 '성'(性, 姓, 聖)이라는 한글 발음을 토대로 인류문명의 발전과정을 정리함으로써 철학과 종교에서 말하는 '성결학(hagiology)'과 '오물학(scatology)'이 결국 하나로 순환하는 것임을 주장하는 '일반문화론'에 도달하려는 철학인류학적 시도였음. 이 책은 따라서 '일반성의 철학'을 도출하기 위한 철학인류학적 노력의 결실이었음.

2008. 9. : 전자책(e-북) 명상집 『죽음을 예감하면 세상이 아름답다』(전 3권), 전자책 (e-북) 명상집 『경계선상에서』(전 7권). 이로써 『생각하는 나무』(전 26권)을 포함하여 『화산(華山) 명상집)』(전 36권 완간) (www.barobook.co.kr) 펴냄.

2008. 10. : 시집 『한강교향시-詩로 한강을 거닐다』(신세림) 펴냄. KTV '북카페' 프로그램에서 한 시간 동안 방영.

2009. 1. : 차(茶) 전문월간지 『茶의 세계』편집주간을 맡음. 그 이전에도 불교전문출판사인 불교춘추사에서 발행해오던 불교전문월간지 『禪文化』와 『茶의 세계』의 기획위원으로 활동해오다가 이때부터 편집주간으로 본격적인 활동을 시작함.

2009. 2. 1 : 『신천부경(新天符經)』 완성. 고조선의 '천부경'을 새롭게 해석한 것으로서 오늘의 '과학과 철학과 종교'를 종합한 입장에서 진리의 요체를 진언(眞言)으로 구성한 것임.

2009. 2. 11 : 세계일보에 「박정진의 무맥(武맥)」연재 시작(2010년 11월 30일 제 43회로 마침).

2009. 9. : 『예술의 인류학, 예술인류학』(이담북스) 『예술인류학으로 본 풍류도』(이담북스) 펴냄. 이 책은 종래 『한국문화와 예술인류학』을 심화시켜서 2권으로 출판한 것임.

2010. 5. : 『굿으로 본 백남준 비디오아트 읽기』(한국학술정보) 펴냄. 『굿으로 본 백남준 비디오아트 읽기』는 소리미술과 오브제, 퍼포먼스를 추구하는 백남준의 비디

오아트를 '굿'이라는 개념으로 해석한 책임.

2010. 11. : 『성인류학』(이담북스) 펴냄. 『성인류학』은 종래 3권의 전자책으로 출판되었던 것을 1권의 단행본으로 출판하면서 내용을 집약하고 개선한 책임.

2010. 1. : 『단군신화에 대한 신연구』(한국학술정보) 펴냄. 『단군신화에 대한 신연구』는 중국한족이 부상하는 새로운 동아시아사의 전개에 따른 동이족의 정체성 확립이라는 관점에서 단군신화를 새롭게 정리·해석한 책임.

2010. 2. : 차남 박우석, 경원대학교 전자공학부 졸업(2월 23일).

2011. 4. : 『박정희의 실상, 이영희의 허상』(이담북스) 펴냄. 이 책은 '국가론'(정치학)으로서 쓰여 졌다. 초고는 3년 전에 쓰여 졌으나 당시 사회적 분위기(좌파민주화운동)로 인해서 출판사를 찾지 못해 출판이 미루어졌다.

2011. 9. : 차남 박우석과 신부 백지숙 결혼(9월 30일).

2011. 5. : 철학자 김형효(金炯孝) 교수(서강대 철학과 교수 및 전 정신문화연구원 부원장)를 인사동문화클럽에서 조우하는 행운을 얻게 됨. 김형효 선생님을 만나면서 그 동안 잠들어있던 철학에 대한 영감이 불꽃처럼 일어나는 계기를 얻게 됨. 김 선생님을 만나서 강의를 듣고 자유롭게 질문과 대화를 하는 가운데 그의 대표적인 철학적 사유들이 결집되고, 책으로 집필되고 출간되는 행운을 맞음. 철학전문출판사인 소나무출판사 유재현 대표를 만나면서 당시 집필 중이던 철학원고들을 모두 책으로 엮어내는 은혜를 입음.

2012. 1. : 첫 철학인류학적 작업의 결과물 『철학의 선물, 선물의 철학』『소리의 철학, 포노로지』(소나무) 펴냄. 당시 인류학계와 철학계로부터 큰 관심을 불러일으킴.

2012. 3. : 장남 박준석과 신부 김순훈 결혼(3월 24일).

2012. 9. 3. : 통일교 창시자 문선명 총재가 이날 새벽 1시 54분(天基 3년, 天暦 7월 17일), 성화(聖和)하셨다. 그는 성화식을 전후로 장장 6회에 걸쳐 문선명 총재의 생애노정의 의미를 새기는 글을 집필함. 이날은 통일교-가정연합에서 말하는 기원절(基元節)을 172일 앞둔 날이었다.

2012. 11. 17. : 『세계일보』에 「박정진의 차맥(茶脈)」연재 시작(2013년 8월 27일 제66회로 마침).

2013. 2. : 차남 박우석, 한양대학교 경영대학원 졸업.

2013. 3. : 『빛의 철학, 소리철학』『니체야 놀자』(소나무) 펴냄. 이로써 먼저 출판한『철학의 선물, 선물의 철학』『소리의 철학, 포노로지』(소나무)와 함께 철학인류학적 저서 4권을 묶어 '소리철학'으로 명명함.

2013. 9. 27. : 김형효 선생님과 철학대담을 시작하여 6개월간 지속함.

2013. 11. 12. : 『세계일보』객원논설위원으로 개인칼럼 「청심청담」집필 시작.

2014. 4. : 김형효 선생님 댁에서 제자들과 친지들로 구성된 '심원철학방'을 운영하기 시작함. 2018년 12월 현재까지 지속하고 있음.

2014. 1. : 첫 손녀 박지인(박준석-김순훈의 딸) 출생(1월 3일)

2014. 5. : 『일반성의 철학, 포노로지』(소나무) 펴냄. 이 책의 발간과 함께 『철학의 선물, 선물의 철학』『소리의 철학, 포노로지』(소나무) 『빛의 철학, 소리철학』『니체

야 놀자』(소나무)와 함께 '소리철학' 시리즈 제 5권이 완성됨.

2014. 7. 1. : 『메시아는 더 이상 오지 않는다』(미래문화사) 펴냄. 이 책은 통일교 문선명 총재의 성화식 기간 중에 세계일보 기고문을 바탕으로 철학적·신학적 해석을 첨가하여 단행본으로 묶은 것이다.

2014. 7. 30. : 『새로 쓰는 부도지(符都誌)- 지구 어머니, 마고(麻姑)』(마고출판사) 펴냄. 이 책은 한국문화의 여성성을 승화시켜서 '자기부정'이 아니라 '자기긍정'으로 한민족을 대반전시키려는 신화적 노력의 결정판이다. 이 책의 출간으로 '소리철학' 시리즈와 함께 '한국문화의 철학과 신화'를 현대적인 모습으로 재탄생하게 하는 학자적 중간결산을 이룬다.

2014. 9. : 첫 손자 박선우(박우석-백지숙의 아들) 출생(9월 29일)

2015. 8. : 『니체, 동양에서 완성되다』 펴냄. 서양 후기근대철학의 분수령을 이룬 니체를 동양철학의 관점에서 포용하면서 더욱 더 완성도 높은 불교적 깨달음의 경지를 기술함.

2016. 1. : 『메시아는 더 이상 오지 않는다』(행복한에너지) 개정증보판 펴냄.

2016. 9. : 『평화의 여정으로 본 한국문화』(행복한에너지) 펴냄. 『평화는 동방으로부터』(행복한에너지) 펴냄.

2016. 12. 27 : 세계일보사 평화연구소장으로 부임.

2017. 5. : 시집 『거문도』(신세림) 펴냄.

2017. 7. : 한국 하이데거 학회(59차)와 한국해석학회(119차)가 공동으로 주최한 2017년 한국현대유럽철학회 하계학술발표회(중앙대학교, 7월 14일)에 초대되어 「존재론의 미래로서의 네오샤머니즘」 발표. 서구중심의 근대과학기술문명이 여러 면에서 한계를 드러내고 있는 상황에서 동서철학과 문명의 가교역할을 한 것으로 평가되고 있는 하이데거의 존재론이 우리나라에서는 어떻게, 어떤 모습으로 발전되는 것이 가장 바람직할까? 이러한 고민을 하고 있던 중 발표논문을 쓰게 되었다.

2017. 8. 8 : 『여성과 평화』(행복에너지) 펴냄.

2017. 8. 25 : 『위대한 어머니는 이렇게 말했다』(살림) 펴냄. 이 책은 니체의 '차라투스트라는 이렇게 말했다'를 한국문화와 여성시대의 입장에서 패러디한 책이다.

2018. 2. 24. : 철학의 스승인 김형효 선생님 별세. 너그러운 스승이자 훌륭한 대담자로 함께 해준 선생님의 상실로 한동안 망연자실에 빠짐.

2018. 4. 30 : 영남대학교 대학원에서 문화인류학박사학위(Ph.D)를 받음. 박사논문은 「굿으로 본 서울올림픽의 의례성」. 학위등록번호: 영남대2017(박)083.

2018. 6. 2 : 한국동서철학회로부터 '동양은 어떻게 서양을 계몽하였는가? — 오리엔탈리즘에 대한 재성찰 및 평가'를 주제로 춘계학술대회(한국외국어대학 교수회관) 기조강연을 맡아달라는 초청을 받았다. 여기서「서양철학에 영향 미친 성리학 및 도학(道學)」을 발표했다.

2018. 11. : 『평화와 생명의 철학-네오샤머니즘』(살림) 펴냄. 인류문명이 패권주의를 넘어서 '평화의 지구촌'을 건설하기 위해서는 원시적 종교로 알려진 샤머니즘

의 자연주의에서 많은 힌트와 삶의 자세와 지향을 얻어야 함을 역설한 책. 네오샤머니즘이야말로 인류구원의 철학임을 강조하고 있음. 박정진의 '소리의 철학'(일반성의 철학-여성철학-평화철학-에콜로지철학)의 결정판이다.

2018. 12. 1 : 한국동서철학회 추계학술대회(충남대학교 문원강당 및 세미나실) 제 3부: 주제발표- 한국의 철학자 집중연구 "동서횡단의 철학자 박이문(朴異汶) 선생의 '둥지 철학' 조명"에 발표자로 초대됨.「'둥지의 철학'은 한국자생철학의 둥지가 될 것인가」를 발표논문으로 제출함.

2019. 2. 25 : 심원철학회 주최 심원(心遠) 김형효(金炯孝) 선생 1주기 추모 학술발표회(한국학 중앙연구원, 세미나실)에 발표자로 초대됨.「동서양 비교철학으로써 철학적 자아 찾기」을 발했다.

2019. 2. 28 : 세계일보사 평화연구소장 퇴임.

2019. 3. 24 : 네팔 라마불교 사원을 방문하여 칼상(Kalsang) 라마(Lama)로부터 법명 'Dham Choe'를 받았다.

2019. 4. : 고희(古稀)기념으로『니체를 넘어서-예수부처 부처예수』(신세림)를 펴냄.

2019. 5. 17 : '니체를 넘어서- 예수부처 부처예수'를 교재로 대중강의를 시작하다. 세계평화연구원(원장 박정진)을 개원함.

2019. 6. 15 : 경기도 연천군 '종자와 시인' 박물관 시비공원(경기도 연천군 연천읍 현문로 433-27)에 자작시 '타향에서' 시비가 세워짐.

2020. 3. 15 : 한국언론인협회 "올해의 칼럼상" 수상

2020. 5. : '인류학토크 박정진' 유튜브 개설(마로니에 방송, 131강 마침)

2020. 12. :『한국의 무예마스터들』(살림),『무예 자체, 신체 자체를 위한— 신체적 존재론』(살림) 펴냄. 특히 '신체적 존재론'은 동서고금의 철학과 좌파우파철학을 넘어서서 서양의 철학과 동양의 도학을 통섭한 자생철학으로서 한국의 철학을 세계적 지평에 올려놓은 철학서라고 자부한다.

2021. 3 :『초암차와 한국차의 원류를 밝힌- 차(茶)의 인문학 1』(차의 세계사) 발간.

2021. 7 : 12번째 시집『타향에서』(문학과 저널) 펴냄.

2021. 12 :『신(神)통일한국과 하나님주의(Godism)』(신세림)

2022. 2 :『서양철학의 종언과 한글철학의 탄생』(yeondoo)

2022. 11 :『축제와 평화』(신세림)

2023. 6 :『21세기 試經 - 내가 신(神)이라는 사실을 아는 순간은, 내가 부처(佛)라는 사실을 아는 순간은』(신세림)

21세기 詩經 -

내가 **신(神)**이라는 사실을 아는 순간은,
내가 **부처(佛)**라는 사실을 아는 순간은

초판인쇄 2023년 6월 20일 **초판발행** 2023년 6월 27일

지은이 **박정진**
펴낸이 **이혜숙** 펴낸곳 **신세림출판사**
등록일 1991년 12월 24일 제2-1298호

04559 서울특별시 중구 퇴계로49길 14,
　　　충무로엘크루메트로시티2차 1동 720호
전화 02-2264-1972 팩스 02-2264-1973
E-mail : shinselim72@hanmail.net
　　　　shinselim@naver.com

정가 **30,000원**

ISBN 978-89-5800-264-2, 03100